Ma bible du devenir parent

De la conception aux premiers mois de bébé

ISBN : 978-2-37883-207-0

Dépôt légal : mai 2023
Achevé d'imprimer en avril 2023 par Typo'Libris

Aurélie Leroy

Ma bible du devenir parent

De la conception aux premiers mois de bébé

KiWi

L'objet de cet ouvrage est de favoriser les premiers liens d'attachement de bébé avec ses parents en toute sérénité lors du devenir parent, jusqu'à la naissance, et lors de la rencontre, ainsi que lors des premiers moments et des premières fois, durant les premiers jours et premiers mois de bébé.

Ce livre est un manuel pratique et explicatif basé sur ma méthode spécifique et innovante liée à ma double expertise d'infirmière puéricultrice diplômée d'État et de sophrologue certifiée RNCP et énergéticienne.

Il traite de la sérénité des enfants et de celle des adultes lors du devenir parent, de la grossesse, des toutes premières fois et des tout premiers moments, de l'arrivée à la naissance et à la rencontre parents-bébé.

Cette méthode MSVP est appelée : « Méthode d'accompagnement en sophro-puériculture MSVP – Méthode Sérénité à Votre Portée – Périnatalité, Parentalité-Petite enfance », marque déposée INPI.

SOMMAIRE

AVANT-PROPOS

Tout commence là.

J'entends et ressens que ce n'est pas le moment pour ma mère de me faire venir au monde, tout au moins dans sa tête, parce que son corps en a décidé autrement : j'arrive le 14 octobre, avec un peu plus d'un mois d'avance.

Je n'ai pas souvenir de l'accouchement, mais voici ce qui est resté ancré en moi, profondément, dans la mémoire de mes entrailles.

Ma maman a perdu les eaux. Les contractions sont de plus en plus rapprochées et le col est en train de se modifier. Mon arrivée est imminente. Ce corps m'invite vers la sortie. En même temps, je suis tiraillée par une voix, par des discussions : « Non, je ne veux pas, reste là, tu n'as pas à sortir, ce n'est pas le moment, je ne l'ai pas décidé. »

Je viens au monde dans ce climat de contradictions, alors que j'ai à peine eu le temps de prendre mes marques dans ce nouvel univers.

Ces mots arrivent dans les oreilles de ma mère, et font aussi écho dans mon corps et ma tête à ce moment-là : « Votre bébé a un ictère, il doit être transféré dans un hôpital, car nous n'avons pas l'équipement médical au sein de la clinique pour le prendre en charge. »

Je ressens chez ma mère un grand désarroi, mêlé à de l'angoisse. Cette vague émotionnelle me submerge.

Me voilà donc partie dans une ambulance, ôtée brutalement à ma mère pendant plusieurs jours. Celle-ci est désemparée et désarmée face à cette séparation soudaine. Un nouvel imprévu, un nouveau coup dur pour mes parents, me laissant moi, bébé, dans une incompréhension de ce qui se passe autour de moi.

Je me retrouve dans une boîte dont je perçois les contours. Elle me semble hermétique. Personne ne m'entend lorsque je pleure et surtout, j'ai l'impression que personne ne peut me sécuriser, alors que j'avais tant de repères au cœur du nid utérin. Les sons de l'extérieur me paraissent décuplés. J'entends encore un bruit fort et impactant lorsque quelque chose est posé sur le haut de l'incubateur, comme un bruit assourdissant. Ce vacarme, je l'ai retrouvé dans ma mémoire du corps à l'occasion de mes explorations en sophrologie autour de mes ressentis internes les plus profonds.

Pourquoi partager avec vous le contexte de ma naissance et de mes premiers jours de vie ? Simplement, parce qu'il a contribué à ce que je suis, personnellement et professionnellement.

Depuis près de vingt ans, j'accompagne des parents et leurs enfants afin qu'ils puissent évoluer dans la sérénité et la quiétude. Je suis passionnée et attentive au fait de faire entendre et respecter la voix, l'intérêt du bébé, dans ses ressentis et ses besoins, d'où mon parcours professionnel me conduisant à devenir infirmière puéricultrice, puis quelques années plus tard, sophrologue certifiée RNCP et également énergéticienne.

Ma naissance remonte aux années 1980. Depuis, de nombreux progrès ont été réalisés en matière de prise en charge du bébé prématuré, nécessitant des soins spécifiques. Aujourd'hui, on sait recréer une ambiance calfeutrée, un nid sécurisant rappelant aussi le contour de la cavité utérine. Le contact en « peau à peau » est favorisé dès que possible avec le ou les parents. Les nourrissons sont davantage dans la chambre occupée par leur mère à la maternité.

Pourtant, la marge de progression demeure importante. Il s'agit d'une nécessité pour le développement psychoaffectif de l'enfant et la construction d'un lien équilibré avec ses parents.

La sérénité permet un développement plus harmonieux, une sécurité interne du bébé et de celle de ses parents au quotidien. Elle permet également de prévenir des difficultés ou pathologies relationnelles.

Mes deux métiers me permettent une compréhension affinée des premiers liens du bébé et de ses parents, grâce à des outils pragmatiques.

C'est dans ce sens que j'ai décidé de créer la méthode MSVP « Méthode Sérénité à Votre Portée » que je vous propose de découvrir au fil des pages.

Ce livre peut être un support qui vous accompagnera au fil des mois, voire des années, en allant y chercher l'information adaptée à l'âge de l'enfant, à son besoin du moment et au vôtre.

Très bonne lecture à vous !

INTRODUCTION

Ce livre est accessible au grand public : parents, grands-parents, professionnels de la santé et de la petite enfance qui accompagnent les futurs parents et leurs bébés.

La méthode MSVP permet aux bébés et à leurs parents de vivre, de ressentir et d'expérimenter plus de sérénité et d'apaisement lors des premiers liens parents-bébé, durant cette période si cruciale et précieuse de la préparation à l'accueil de son enfant jusqu'à sa première année de vie.

Cette méthode a été créée par mes soins d'après mon expérience professionnelle d'infirmière puéricultrice en PMI (Protection maternelle et infantile) initialement, puis actuellement en tant sophrologue énergéticienne et IDE (infirmière diplômée d'État) puéricultrice indépendante.

Les parents ont besoin d'un outil concret à expérimenter avec leur bébé ou jeune enfant, afin de les aider à être plus sereins dans les différentes étapes du devenir parent et durant les premières années de vie de l'enfant.

J'ai également constaté que cette période est charnière et déterminante dans la construction des premiers liens entre les parents et leur enfant et dans le développement psychoaffectif de ce dernier. Il est indispensable d'être serein durant cette période, afin de prévenir d'éventuelles difficultés relationnelles enfant-parents.

Permettre aux bébés et aux parents d'être apaisés durant les premières années de vie préservera aussi la santé globale de l'enfant en plein développement.

Ma riche expérience professionnelle en tant que puéricultrice en protection materno-infantile, mon activité actuelle en tant qu'infirmière puéricultrice et sophrologue certifiée RNCP en libéral m'ont permis d'acquérir une expertise spécifique de ce lien parents-bébé.

Grâce à ma méthode, les parents pourront trouver leurs propres clefs et ressources en piochant dans les différents apports contenus dans l'ouvrage (notions importantes à retenir, témoignages vécus, conseils en parentalité et périnatalité et pratiques à appliquer dans le quotidien des futurs parents et de leur bébé). Ce guide vous apportera des réponses : il vous accompagnera au fil du temps, lors des étapes du devenir parent et pendant la première année de votre bébé.

Les pratiques sont inspirées à la fois de la sophrologie (qui justement se vit et s'expérimente au quotidien), de la méditation, de l'hypnose (étant donné que la sophrologie est elle-même inspirée de la méditation, du yoga et de l'hypnose), de l'haptonomie et également d'apports théoriques et explicatifs en matière de soutien et d'accompagnement en périnatalité, parentalité et enfance.

Les pratiques en sophro-puériculture MSVP vont permettre aux futures mères de se mettre dans un état méditatif afin de les aider à se poser, à lâcher prise et à faciliter leur sommeil. Cela va, en parallèle, avoir une influence directe sur leur bébé qui en ressentira, lui aussi, les effets positifs et les bénéfices sur son propre sommeil. Cela répond à l'enjeu essentiel de l'équilibre de l'enfant.

En effet, plus le sommeil de l'enfant est satisfaisant, plus il participe à son développement neurophysiologique. En outre, il aide à prévenir certains troubles, comme les troubles neurodéveloppementaux, TDHA, troubles émotionnels, difficultés dans les apprentissages ou retard dans ses acquisitions.

Ce livre pratique n'a pas pour but d'être scientifique ou psychologique. Il permettra plutôt aux parents de pouvoir bénéficier de notions essentielles et importantes à connaître lors des premiers liens avec leur bébé, du devenir parent à la première année de l'enfant.

Ils pourront mettre en application des pratiques concrètes en saisissant leur sens et leur intérêt autant vis-à-vis de leur bébé que d'eux-mêmes.

Dans mon ouvrage, mon propos sera centré sur l'accompagnement du bébé et des parents autour des premiers liens d'attachement lors de la grossesse jusqu'au premier anniversaire de l'enfant.

Celui-ci permet d'instaurer la sérénité et l'apaisement dans la relation parents-bébé. Il peut contribuer à prévenir le burn-out parental, les dépressions post-partum ou les difficultés relationnelles entre le bébé et ses parents.

Ma méthode constate la nécessité d'un concept actuel, mais qui reste intemporel : le « prendre soin ». La médecine contemporaine et de demain passe et passera, de plus en plus et de façon systématique, par la prise en compte de l'état global de la personne, en incluant l'état émotionnel de l'être humain – ce dernier étant pour moi déterminant dans la prévention et la préservation de la santé physique et psychique, particulièrement durant cette période essentielle de la toute petite enfance.

J'ai pu constater au regard de mon histoire personnelle – de mon expérience de mère et de mon parcours professionnel – qu'il est essentiel que le parent et le bébé se sentent dans un état de bien-être, de sécurité interne et de sérénité au quotidien.

Il est parfois utile que les parents puissent être, de façon plus consciente, à l'écoute de leurs sensations, de leurs ressentis et de leurs émotions, afin de mieux les comprendre et de pouvoir s'en libérer pour accéder à cet état d'apaisement. Sachant que le bébé est, de façon spontanée et innée, connecté à ces ressentis, il est utile que le parent et le bébé puissent se sentir et/ou se ressentir pour mieux se comprendre et s'accorder.

Ainsi, mon projet longuement maturé m'a permis de faire émerger la création de cette méthode innovatrice spécifiquement pour les parents et les bébés.

Elle permet aux parents d'accéder à cette écoute plus facilement. Ils peuvent également, à leur rythme, l'utiliser et ainsi vivre plus sereinement les différentes étapes du devenir parent lors des premiers jours, mois de vie et première année de leur enfant.

J'ai donc à cœur, grâce à cet ouvrage, de pouvoir partager mon savoir-être, mon savoir-faire, mon expérience de vie et mon vécu, mais surtout mon expérience professionnelle et mon expertise auprès des parents, des bébés et des jeunes enfants.

Ce livre est constitué de deux parties.

À travers cet ouvrage, les parents pourront piocher dans ce qui leur parle et qui est utile pour eux. Dans chaque partie, vous avez à la fois des contenus théoriques (des notions importantes à retenir), des témoignages, et des mises en pratique à appliquer à travers ma méthode. Ces mises en application sont diverses propositions de réponses à ce qui a été abordé dans les sous-parties précédentes.

Ce manuel pratique va permettre d'accompagner au mieux les personnes dans leur vie, au cours de leur projet de devenir parent, et le fait de l'être. Il va ainsi les suivre dans la construction de leur parentalité et leurs premiers pas dans ce nouveau rôle. Grâce à ce livre, le lecteur pourra se mettre dans la peau du bébé lors de sa vie in utero, et lors de ses premiers instants, dès sa naissance et pendant sa première année de vie (la rencontre in utero, la rencontre et l'accueil du bébé, et au cours des étapes charnières de sa première année de vie).

Dans cet ouvrage, je souhaite vraiment mettre en évidence la mère qui se pose, qui s'apaise, qui ralentit son rythme pour apaiser son bébé et ce, dès la naissance (et durant la petite enfance). Au fil de votre lecture, vous verrez comment apprendre aux très jeunes enfants à méditer, pour sentir la paix intérieure de façon régulière, ce qui leur permettra par la suite d'en retirer tous les bienfaits. Vous « étudierez » également la manière de contrôler ce flot de pensées qui vient du mental et peut envahir la mère et le père et avoir aussi des conséquences sur le bébé. En effet, celui-ci sent cet envahissement sans savoir d'où cela vient, il perçoit une indisponibilité parentale. Les parents peuvent ne pas être présents sur le plan psychique, car trop préoccupés et envahis par des pensées angoissantes, stressantes.

Dans les pratiques que je propose, les parents expérimentent la visualisation créatrice, associée à la loi d'attraction. C'est une « loi » qui veut dire que l'on est capable d'attirer à soi ce que l'on souhaite. Dans notre cas, cette visualisation créatrice permet que les parents et leur bébé puissent attirer et sentir en eux l'état d'apaisement, de sécurité et de sérénité, de bien l'imprégner et de le diffuser dans tout le corps, les organes et dans chaque cellule. Tout comme la mémoire du corps l'ancre en eux psychiquement et dans l'inconscient, celui qui dirige 95 % de nos actions et notre être, de façon globale.

Toutes ces situations permettent aux parents et aux bébés de valoriser leurs ressources et tous les pleins potentiels, en totale confiance et sécurité. Elles donnent donc les moyens suffisants aux parents qui se sentiront désormais capables d'agir et pourront s'autoriser à rayonner de bonté, d'amour, de sérénité, de sécurité, d'authenticité, de grandeur, de tout leur potentiel de parent. L'enfant, quant à lui, saura agir et entretenir tout cela dès le tout début de sa vie jusqu'à sa vie d'adulte.

Témoignages de parents et de professionnels

J'ai appris à m'écouter et à écouter mon bébé.
Audrey, maman de Louise

Si j'avais pu bénéficier d'un accompagnement en sophro-puériculture MSVP lors de ma grossesse, j'aurais sans doute évité la dépression du postpartum dont j'ai eu beaucoup de mal à me relever et qui a impacté ma relation avec ma fille lors de ses premiers mois de vie.
Raphaëlle, maman et professionnelle de santé qui a suivi la formation MSVP

Si j'avais eu cet accompagnement lors de mes trois grossesses, je n'aurais pas accouché prématurément et j'aurais beaucoup mieux vécu ces moments, car je n'arrivais pas à me reposer, à me poser ni à m'apaiser dans ma tête et mon corps.
Élodie, maman de trois enfants

La méthode MSVP permet de mieux se centrer sur les besoins du bébé et des parents. Je suis ravie d'avoir découvert et d'être formée à cette méthode. Je regrette qu'elle ne soit pas enseignée systématiquement dans les écoles de santé.

Dounia, infirmière puéricultrice depuis cinq ans dans un service de néonatalogie dans le sud de la France

Merci Aurélie pour ton intervention qui m'a permis d'apaiser mon fils de 3 mois et moi aussi par la même occasion.
Manon, maman d'Hugo (1er enfant)
Motif de consultation : pleurs intenses et fréquents du bébé et épuisement maternel

Au début, j'étais un peu sur la défensive. Je suis venu parce que la maman m'a demandé de l'accompagner. Puis, j'ai compris que les choses se feraient à mon rythme, à partir de mes envies et de ce que j'étais.
Nicolas, papa de Jules
Motif de consultation : parcours PMA

Cette méthode m'apporte des outils très concrets dont je vois l'efficacité au fil de mes accompagnements professionnels.
Deborah, infirmière puéricultrice

Merci Aurélie ! Tu nous as donné des outils qui nous ont permis de créer notre propre mode d'emploi pour accueillir nos émotions ainsi que celles de nos enfants.
Valérie et Stéphanie, mamans d'Alban (3 mois) et Théo (3 ans)

Cette méthode d'accompagnement devrait être intégrée dans les soins de développement auprès des bébés prématurés ou nés à terme autant dans les services de soin intra-hospitalier qu'en extrahospitalier. Elle contribue à la prévention santé de l'enfant et de ses parents lors de la période périnatale (les fameux 1000 premiers jours).
Marion, infirmière puéricultrice

J'ai consulté car j'ai vécu une première grossesse difficile et les premiers mois avec mon bébé ont été également compliqués (du reflux, des coliques et un allaitement compliqué). Je souhaitais pour ma seconde grossesse et l'accueil de mon second enfant vivre les choses de manière plus sereine et plus apaisée. Cet accompagnement m'a permis d'avoir des supports et des pratiques pour vivre pleinement ma deuxième grossesse, me relier à mon bébé sereinement, réduire mon stress et mon anxiété et ceux de mon bébé.
Vanessa, maman de deux enfants

MA PRÉSENTATION

Qui suis-je ?

Je suis infirmière puéricultrice diplômée d'État, sophrologue certifiée RNCP et énergéticienne spécialisée dans l'accompagnement du bébé, du jeune enfant, de l'enfant, des parents et futurs parents, expérimentée dans l'accompagnement en périnatalité, parentalité et enfance. Je suis également formatrice et auteur.

En quoi consiste ma méthode ?

J'ai créé ces pratiques grâce à mon expertise et mon expérience, ma double posture. J'ai utilisé, tout au long de cet ouvrage, divers outils et disciplines, telles que, bien sûr, la sophrologie, la méditation, l'haptonomie mais aussi l'hypnose et l'énergétique.

Il faut savoir que j'ai écrit quasiment toutes les pratiques en écriture intuitive avec des puissances énergétiques bienfaitrices et bienveillantes, avec un pouvoir d'apaisement du corps et de l'être profond.

Je suis convaincue que les enfants et leurs parents peuvent être suivis autrement, afin de valoriser pleinement leurs ressources et leurs compétences.

Quel est le but de cette méthode ?

Apaiser l'être au plus profond, ici et maintenant. Pouvoir revivre cet apaisement du corps, cette sérénité, tout cela dans un but de réparation, de reprogrammation, de restructuration de l'être.

Permettre à chaque individu de mobiliser ses propres ressources, avec pour objectif une forme d'autoguérison de l'individu lui-même ou vis-à-vis du bébé ou de l'enfant et possibilité de le faire entre parents-bébé, parents-jeune enfant ou parent-enfant.

Sécuriser le lien parents-bébé, prévenir des difficultés liées à l'insécurité qui s'installe, ou bien transformer cette dernière en apaisement qui permettra donc de vivre concrètement la période périnatale si cruciale, de manière sécurisée, de façon interne, à travers le corps, les ressentis et l'être profond.

Permettre un bon développement psychoaffectif et une construction physique et psychique stable, basée sur des fondations sûres. Consolider ses bases permettra une stabilité et une sécurité interne fondamentale pour l'équilibre de chacun.

Mon ouvrage MSVP est une sorte d'accompagnement spécifique, tant pour les familles que pour les professionnels travaillant auprès d'elles. Cela va avec le lâcher-prise, la sécurité, la consolidation, l'amélioration du sommeil, le renforcement ou la réparation du socle de sécurité, du tout début de la vie d'un être. C'est indispensable à son équilibre et à son apaisement interne de façon durable. Les fondations n'en seront que plus fiables.

Quels sont les intérêts bénéfiques de la méthode MSVP ?

Permettre aux publics concernés d'accéder à la sérénité, la sécurité et l'apaisement par leurs propres moyens, de pouvoir le faire en autonomie en étant acteurs de leurs démarches et en découvrant leurs propres ressources.

Permettre que l'énergétique, la méditation et la sophrologie soient reconnues dans l'accompagnement en parentalité et périnatalité dans le domaine du soin en général.

Pouvoir être mis en application par les professionnels de la santé au sein de la néonatalogie, maternité et pédiatrie, dans les domaines de la petite enfance.

Agir sur la santé du bébé et du parent, de façon réelle et concrète par un soin non médicamenteux, non intrusif, qui dispose d'un puissant pouvoir d'apaisement.

Prévenir et diminuer le stress et l'anxiété qui ont un impact majeur dans la santé globale de la personne à tout âge.

Permettre aux professeurs et au grand public d'être sensibilisés à ces pratiques et de les utiliser de façon simple, accessible, afin de profiter des bienfaits et des bénéfices.

Mettre en évidence que le soutien et l'accompagnement parental et périnatal du bébé, de l'enfant, de l'adolescent et du parent peuvent se faire à travers ces approches et que surtout, ils apportent de réels bénéfices lors de leur mise en application tous les jours.

Mettre à profit mon expertise et mon expérience sur le terrain. Par cela, j'ai pu prendre du recul. J'ai obtenu des témoignages sur les difficultés rencontrées par les futurs parents, jeunes parents et parents. Ma longue expérience m'a conduite auprès de parents des plus démunis et vulnérables, mais également dans la protection maternelle et infantile et dans ma passion pour l'accompagnement du bébé, de l'enfant et des parents. J'ai en effet rencontré et suivi des familles au cœur de leur intimité, des familles en grande souffrance et en grandes difficultés affectives ou émotionnelles, en manque de fondations et de repères, induisant une grande fragilité parentale et infantile. Je cherchais des outils différents et innovants à appliquer dès le tout début de la grossesse, et même dans le processus du devenir parent, afin de prévenir les risques liés à une insécurité affective et émotionnelle, mais aussi afin d'apaiser ces personnes durant cette période périnatale, et de réparer, consolider ou revivre cette période cruciale de façon plus sereine.

Mon expérience de mère de trois enfants m'a également beaucoup aidée, ainsi que mes ressentis, revisités grâce à la sophrologie, de ma propre petite enfance. Mon double regard à la fois de mère et de professionnelle m'a permis d'obtenir le recul nécessaire pour écrire cet ouvrage et créer cette méthode.

Pour qui ?

- Futurs parents.
- Parents.
- Adultes (revisiter de façon plus apaisée leur enfance et aller au contact de l'enfant intérieur).
- Bébés, jeunes enfants, enfants et adolescents.

Pourquoi ?

Revenir à l'apaisement durant la période périnatale autour du projet de bébé, de son arrivée, de l'attente de celui-ci, de la grossesse, de la rencontre, de l'accueil du bébé, des premières fois et des premiers moments. Tout ceci tend à adoucir cette période qui est là, dans le concret, c'est-à-dire que vous la vivez réellement et que vous souhaitez appréhender ces moments sereinement. Vous aspirez également à ce que votre bébé vive aussi ces instants de la même façon, à savoir de manière plus tempérée. En tant que parent, vous voulez en faire aussi bénéficier, par effet miroir, votre jeune enfant ou ado. Celui-ci peut aussi effectuer certaines pratiques pour se remémorer des moments de sa propre période périnatale. Vous la revivez en tant que parent à travers votre enfant.

Quels sont les résultats concernant la mise en application de la méthode MSVP ?

J'utilise ma méthode auprès des parents, bébés et enfants, au sein de mon cabinet professionnel, ainsi qu'en EAJE auprès des bébés, jeunes enfants et professionnels de la petite enfance. J'anime également des ateliers collectifs « bébés-parents ». Ces deux techniques apportent de très bons résultats.

Je forme également des professionnels de santé petite enfance, qu'ils soient en intrahospitalier (service de pédopsy, service maternité, service de néonatalogie) ou en extrahospitalier (PMI, EAJE, RAM), afin qu'ils puissent mettre en application la méthode MSVP « Méthode Sérénité à Votre Portée » sur le terrain. Les résultats en sont également très satisfaisants.

Pour finir, je suis de même amenée à sensibiliser les professionnels de la santé et de la petite enfance, en intervenant notamment au sein des relais petite enfance et auprès des étudiantes puéricultrices à l'école de puéricultrices du CHU de Montpellier.

- **Comment ?**

Grâce aux explications, aux témoignages, ainsi qu'aux notions, à travers toute mon expérience de près de 20 ans.

Dans la première partie, je présente le côté théorie, avec des témoignages et notions. Dans la deuxième partie, je vous amène à expérimenter concrètement ces pratiques qui vont venir prendre tout leur sens. Vous allez tester ce qui vous parle, ce qui fait écho en vous, en piochant dans la première grande partie comprenant des explications et argumentations, des notions essentielles et témoignages sur trois phases :

→ présentation de la méthode, pourquoi ce livre et ce thème ;

→ le projet bébé, le devenir parent et la grossesse ;

→ l'accueil, la naissance, la rencontre, les premières fois et les premiers moments entre le bébé et ses parents.

La deuxième grande partie comprend la mise en application des pratiques, soit :

→ lorsque vous débutez dans la sophrologie, la méditation et l'énergétique, lors de pratiques initiales et pouvant être utilisées à n'importe quelle phase ;

→ durant la phase du projet bébé, du devenir parent et de la grossesse ;

→ durant la phase d'accueil, de la naissance, de la rencontre, des premières fois et des premiers moments parents-bébé.

Vous allez donc lire ces dernières lignes qui auront tout leur sens, car je vous aurai expliqué en première partie en quoi cela a son importance, en quoi c'est utile pour le parent et le bébé de connaître, d'expérimenter, d'appréhender toutes ces notions, réflexions et pratiques. Celles qui vous parlent prendront un sens pour vous. Vous êtes la personne la mieux placée pour savoir ce qui est bon pour vous ou votre enfant. Votre progéniture sait également dans son for intérieur, ce qui est bon et utile pour lui. Vous allez vous faire confiance, à vous comme à vos ressentis, et mettrez en évidence vos ressources et celles de votre enfant.

Vous pouvez lire ces prochaines lignes à votre rythme. Vous pourrez également aller plus loin en expérimentant les pratiques avec ma méthode spécifique MSVP « Méthode Sérénité à Votre Portée ».

Partie 1

EXPLICATIONS, TÉMOIGNAGES ET NOTIONS ESSENTIELLES

INTRODUCTION

Tout parent porte de l'affection et de l'amour à son enfant (hormis dans les cas de carences extrêmes les rendant impossibles, mais il y a aussi une forme d'amour, même si celui-ci est destructeur et nocif, dans ces cas-là). Néanmoins, il ne suffit pas d'aimer son enfant pour lui permettre de se sentir serein, apaisé et qu'il puisse s'épanouir en toute quiétude.

Dans ce livre, j'ai décidé d'aborder la sérénité du bébé au quotidien. En effet, il existe peu d'ouvrages vous permettant d'avoir des outils concrets applicables du devenir parent à la première année d'un enfant. Cet ouvrage vous indique donc ce qui va vous être utile.

Ce qu'il faut retenir en référence à la citation de Maria Montessori : « Les parents parfaits n'existent pas ! »

Il faut donc accepter d'être en mouvement, de se réajuster sans cesse et d'avancer pas à pas avec son enfant.

Ce livre sur la sérénité du bébé est novateur et très bénéfique pour le parent dans le devenir parent et pour le bébé durant ses tout débuts de vie, car la base de la construction physique et psychique d'un être humain va s'établir durant cette période charnière.

Parce que ma priorité est l'épanouissement, la bientraitance et le bien-être de l'enfant, je souhaite partager mon savoir-faire, mon savoir-être et toutes les connaissances que j'ai acquises autour de l'humain, et plus précisément autour des parents et de l'enfant.

Je crée un accompagnement et des pratiques spécifiques pour les bébés et les parents, grâce à l'inspiration de plusieurs approches comme la sophrologie, la méditation, l'hypnose, l'haptonomie et l'énergétique.

- **Parce que tout est amour...**

Qu'est-ce que l'amour ressenti par le parent vis-à-vis du bébé ? Du bébé vis-à-vis de ses parents ? Qu'est-ce que le lien d'amour inconditionnel ? Difficile de l'expliquer en quelques mots. On peut plutôt le sentir, le ressentir. Nous pouvons encore plus le percevoir lorsque nous nous concentrons sur notre cœur...

Vous-même pouvez faire cette expérience.

Prenez le temps de vous installer confortablement dans un endroit calme et accordez-vous du temps ; appréciez de prendre un temps spécialement pour vous, l'espace d'un instant.

Vous pouvez fermer les yeux, puis vous allez penser à une personne qui compte à vos yeux.

Vous allez vous imaginer en présence de cette personne. Vous l'imaginez face à vous, tout en vous centrant sur ce que vous sentez, ressentez à l'intérieur.

Puis, toujours en étant bien présent à votre espace intérieur, cette personne va se déplacer tranquillement tout près de vous, s'approcher de plus en plus, tout doucement, et vous enlacer. Vous ressentez toutes les sensations qui accompagnent ce moment.

C'est à ce moment précis que vous ressentez l'Amour. C'est bien cela, l'amour avec un grand A, cette sensation de force et de puissance unique et authentique.

Parfois, certaines personnes peuvent avoir peur de se laisser aller à l'amour. Elles le fuient, lui résistent, l'évitent... En effet, l'adulte a parfois l'habitude de tout décortiquer, tout analyser, donc peut avoir du mal à se laisser aller à cet élan, ce sentiment pur, sans ressentir simultanément de la méfiance et/ou de la peur.

L'adulte peut avoir inscrit en lui des freins, des craintes, à travers ses expériences passées, ses croyances, ses appréhensions, ses peurs. Il ne sait plus comment accueillir l'amour authentique, celui qui nous arrive, non pas par notre mental, mais celui qui nous transperce à travers nos ressentis, nos sensations au niveau de notre corps, notre cœur et nos tripes, notre conscient et surtout notre inconscient. Ainsi, l'adulte a parfois du mal à accueillir l'amour avec un grand A.

Prenons l'exemple du bébé qui découvre son monde et le monde qui l'entoure, à travers ce qu'il ressent, perçoit au niveau de ses sensations, de ses ressentis, et au niveau de son corps. Il décode tout ce qu'il a autour de lui et en lui, de façon intuitive et instinctive, en étant dans l'authenticité du ressenti, de ce qu'il éprouve. Il ressent cet amour, sans y poser des mots...

Cela est possible aussi pour nous, adultes. Nous pouvons trouver ou retrouver cette capacité d'écoute instinctive, innée, comme un petit enfant. Il suffit de se poser, de lâcher le mental et d'écouter notre propre cœur, sans se laisser brouiller par notre analyse, notre jugement, nos croyances et nos expériences passées. Juste écouter ce qui se vit en nous...

Nous prenons alors conscience que l'amour est là. Nous ne le savons pas de façon intellectuelle, à travers nos pensées ou l'idée que l'on s'en fait, mais à travers ce que l'on sent, ressent.

Alors tout s'ouvre à l'intérieur de nous, comme une belle fleur qui met au grand jour toutes ses splendides couleurs. Tout s'ouvre, tout est beau, pur. Nous sentons dans le cœur, dans le corps, cette ouverture, ces couleurs, ces sourires, cette force extraordinaire indescriptible.

Nous avons, toutes et tous, cette force en nous. Il faut juste apprendre, s'entraîner régulièrement à prendre le temps d'écouter et de porter notre attention à notre propre cœur, notre corps, sans se laisser distraire ou s'éparpiller par le reste (le mental, les distractions environnantes). Écouter l'espace d'un instant dans notre propre intérieur, y laisser toute la place et laisser cet amour prendre place, progressivement, à notre rythme.

Nous avons tous eu cette capacité innée et rien ne nous empêche de l'utiliser dès que nous éprouvons le besoin d'écouter, de sentir, de ressentir cet amour : l'amour indescriptible, pur, puissant et authentique.

Je vous propose de le découvrir à travers cet ouvrage où le bébé et ses parents expérimentent des pratiques, afin de se lier, de se connecter, et de s'aimer tout simplement. Nous verrons que le bébé a de nombreuses ressources et compétences à nous faire redécouvrir, à nous, adultes.

« *On ne voit bien qu'avec le cœur, l'essentiel est invisible pour les yeux.* »
Antoine de Saint-Exupéry

– Chapitre 1 –

POURQUOI CE LIVRE ?

POURQUOI ABORDER LE THÈME DE LA SÉRÉNITÉ DU BÉBÉ ET DES PARENTS

Mes raisons

Raison 1 : le bébé est ma passion depuis toujours. J'en ai fait mon métier et suis devenue experte dans ce domaine. Je suis maman de trois enfants.

Raison 2 : l'intérêt, l'écoute et la bientraitance de l'enfant sont les passions qui m'animent depuis toujours.

Raison 3 : il est indispensable d'accompagner au mieux le duo ou le trio parent(s)-bébé à vivre la première période de vie du nourrisson – période cruciale et essentielle dans son développement – et de faire en sorte que les liens enfant-parents soient les plus apaisés possible durant cette période essentielle pour l'équilibre, le développement et le bien-être du bébé, et plus tard, de l'enfant et de l'adulte à venir.

Raison 4 : les parents doivent passer par une forme de prise de conscience à ce moment-là, qu'ils cultiveront et entretiendront ensuite tout au long de leur vie avec leur enfant afin de lui permettre de se révéler au mieux, de développer ses propres ressources pleinement, en étant dans un climat le plus apaisé possible.

Raison 5 : reconnaître le métier de puéricultrice en faisant valoir l'intérêt que tous les parents soient accompagnés au plus près des besoins de bébé dès la naissance par une experte dans le domaine, qui va pouvoir suivre les parents et les bébés dans leur quotidien, au domicile, comme au cabinet.

Raison 6 : reconnaître l'utilité et l'intérêt particulier de la sophrologie autour de la naissance du bébé et de sa première année.

Mes motivations

Voici les mots qui me viennent après avoir écrit ce livre, sur mes motivations générales à écrire ce livre : apaisement, accomplissement, réalisation, reconnaissance professionnelle et personnelle, légitimité, entente, compréhension.

Et voici ce qui m'a motivée à écrire cet ouvrage : quand j'ai fait lire mon *business plan* lors de mon installation en libéral ou lorsque j'ai fait lire mon synopsis aux personnes de mon entourage ou à d'autres professionnels en qui j'avais confiance, leur commentaire était le suivant : « C'est vraiment ton chemin de vie ce projet, c'est ta mission de vie. »

Dès le début, quand je me suis installée à mon compte, un professionnel m'a dit : « Ah oui, sophro-puéricultrice, c'est le banco ! c'est super pour les parents, c'est ce qu'il leur faut. »

Mon histoire personnelle

Mon parcours professionnel et mon cheminement personnel me conduisent à écrire ce livre.

Les thèmes de la relation d'aide et de la relation à autrui me passionnent depuis toujours. De plus, j'ai un intérêt particulier pour ce qui a trait aux relations humaines basées sur la qualité d'écoute, la bienveillance, la relation à l'autre et la relation d'aide. Cela fait d'ailleurs partie de ma pratique professionnelle quotidienne et de mon éthique. Je pense que la relation humaine basée sur l'écoute, le respect et la bienveillance doit déjà être considérée comme du soin global apporté à la personne.

Sur un plan personnel, parce que je suis née prématurément avec un mois d'avance sur le terme ce sujet a toujours résonné en moi. Ma mère n'a pas été préparée à ma venue si tôt. Au moment de ma naissance, elle n'était pas préparée à devoir être confrontée d'emblée à cette idée de séparation.

Cela a occasionné chez elle un grand stress, donc de l'anxiété et une grande difficulté à gérer mes pleurs de bébé, de retour à la maison. Le fait qu'elle soit infirmière puéricultrice de métier a sans doute ajouté de la difficulté. En effet, lorsque l'experte dans le domaine de l'enfance devient mère, une certaine pression est souvent palpable. En tant que professionnelle de santé et de la petite enfance, la maternité nouvelle peut s'avérer paradoxalement plus compliquée que pour d'autres personnes. Le professionnel ne va pas ou peu s'autoriser au droit à l'erreur ou au doute. Les autres personnes de l'entourage peuvent également faire des remarques, telles que « Pourtant tu connais, toi, le bébé, c'est ton domaine ! » Bien que nous soyons professionnels de santé autour de l'enfance, lorsque nous devenons parents, nous ne sommes pas le professionnel, mais la mère ou le père… Devenir parent mobilise de façon marquée le côté affectif et émotionnel de la personne, quelle que soit sa profession.

Le domaine de la petite enfance m'a toujours passionnée. Je me suis donc naturellement orientée vers le métier d'infirmière puéricultrice. J'accompagne depuis plus de 20 ans des patients, d'abord en tant qu'étudiante puis sur le terrain.

J'ai souhaité accompagner des mères et/ou des parents auprès de leurs bébés durant cette période si intense. J'ai pu cheminer, grâce à divers accompagnements, afin de dénouer certaines choses très utiles dans la compréhension de mon histoire, de mon parcours et « guérir » mon enfant intérieur, pour un mieux-être et plus d'apaisement intérieur.

Je suis également mère de trois enfants âgés de 5, 8 et 11 ans, ce qui m'a permis d'avoir une expérience concrète de ce que cela signifie de devenir parent, d'accueillir un bébé et d'évoluer dans ses premiers pas au cours des étapes de vie de l'enfant. De plus, j'ai toujours été attirée depuis mon enfance par les nourrissons. J'ai le souvenir déjà très jeune que, dès que je voyais un bébé, j'étais en admiration devant cet être si précieux et merveilleux qui a tant à nous apprendre.

J'ai œuvré au plus près des familles, témoin de ce lien d'attachement fragilisé par une grande vulnérabilité psychique et physique de certains parents du fait de divers vécus ou expériences passées. Nous les avons accompagnés avec l'équipe pluridisciplinaire en PMI, et les avons aidés à créer ou recréer ce lien d'attachement dans les meilleures conditions.

Par ailleurs, mon regard et ma posture ont évolué au fil de mes grossesses, grâce à ma rencontre avec la sophrologie. Je me suis passionnée de plus en plus pour ce domaine, notamment au fil des mois durant lesquels je la mettais en pratique dans mon quotidien d'infirmière puéricultrice et avec mes enfants. J'ai constaté au fil du temps qu'il me manquait un outil concret. Je l'ai ensuite trouvé en devenant également sophrologue. Puis en créant ma méthode. J'ai alors été convaincue qu'elle serait un merveilleux outil très utile dans l'accompagnement du bébé et des parents. J'accompagne depuis plus de trois ans les bébés, les enfants et les parents à vivre de façon plus sereine ces étapes de vie autour de la naissance, des premiers mois et années de vie de l'enfant, et autour de ses premiers liens d'attachement.

Le fait d'écrire un livre sur la sérénité du bébé est apparu comme une évidence. Mon histoire personnelle m'a déterminée, et m'a donné envie de transmettre ce thème de la sérénité du bébé au quotidien.

Ce sont les témoignages et vécus que j'ai observés dans mon quotidien de sophro-puéricultrice qui m'ont conduite à aborder ce livre sur la sérénité du bébé au jour le jour.

Lors de la plupart de ces accompagnements, j'ai pu constater que ces parents, parfois en grande difficulté, manquaient eux-mêmes de repères, de références parentales et de sécurité affective.

Ma première réflexion a été de me dire : « Afin d'éviter ensuite tous les troubles de l'enfant, il faut agir là, sur cette période, car c'est vraiment ici que tout se joue. »

Je n'oublierai jamais cette intervention au domicile d'une mère de deux enfants : un bébé de trois semaines et une petite fille de 16 mois (l'âge de ma fille aînée à l'époque des faits). Cette mère était dans un état incontrôlable. Elle hurlait. Du fait de son vécu personnel, les limites de cette mère avaient été largement dépassées. Je l'ai accompagnée avec son bébé dans les bras sur mon lieu de travail pour organiser une mesure de protection ordonnée par le tribunal pour enfant.

Ce fut le premier déclic pour moi. Il y a bien quelque chose à faire en amont, avant d'en arriver à des situations de crises aussi violentes, à la fois pour la mère, le bébé et la professionnelle sur le terrain. J'ai alors commencé à cheminer vers la quête d'un outil spécifique.

Je suis de plus en plus de parents et d'enfants au cabinet qui ont un certain équilibre au niveau social, familial et environnemental. Cependant, comme tout parent qui découvre cette nouvelle fonction, ils doivent faire face à de nombreux bouleversements et adaptations bien nécessaires. Cela n'est pas non plus très évident pour les parents, avec la pression de la société, d'être toujours et en continu les meilleurs du monde et surtout de le montrer. Ils sont soucieux de l'enfant, parfois dans la surprotection, ne sachant pas trop comment être avec l'enfant, quelle attitude, quel geste, quel comportement adopter, pour garantir un climat de sérénité. Car au final, c'est ce que chaque parent recherche : être serein dans son rôle et permettre à ses enfants de l'être aussi.

D'où ma réflexion constante pour trouver un outil particulier et innovant qui a grandi en moi.

Je cherchais quelque chose de concret qui pourrait être aidant pour les parents, parce qu'au fil de mon expérience professionnelle, je ne voyais plus trop de sens à leur dire ce qu'ils avaient à faire avec leurs enfants. Je cherchais un outil dont ils pourraient se saisir et utiliser, sans avoir sans cesse une tierce personne qui leur dise ou décide pour eux et qui leur indique la bonne manière d'agir. Je cherchais un levier, afin d'accompagner autrement et de veiller à l'apaisement et à la sécurité interne affective autant du bébé que du jeune enfant et des parents.

Créer un outil, une approche qui leur permettrait de puiser dans leur propre espace interne s'avérait, pour moi, indispensable. Grâce à ce procédé, ces derniers trouveront leurs propres réponses, ressources, capacités et moyens de réassurance pour être sereins, ou retrouver cette sérénité quelque peu diminuée.

J'avais constaté, et je le constate toujours lors de mes consultations, que ce n'est pas parce que le professionnel de santé et de la petite enfance dit aux parents : « Il faut que votre enfant dorme seul, sans vous, il vous faut être calme, il vous faut être moins stressé, il vous faut le faire dormir comme cela ou il faut le nourrir comme cela... » (et j'en passe) que le parent en comprend le sens ; il exécute les recommandations mais il ne fait pas les choses dans une ambiance de sérénité pour lui et son bébé. Toutes les recommandations possibles et imaginables ne fonctionnent pas. D'où l'envie d'écrire un livre et de m'attarder sur ce besoin de sérénité, essentiel, à chaque étape du devenir parent lors des premiers mois et années de l'enfant.

J'ai été étonnée et aussi frustrée de constater que la sophrologie dite « classique » était pratiquée durant la grossesse, puis qu'il fallait ensuite attendre que l'enfant atteigne l'âge de 7-8 ans pour envisager à nouveau un accompagnement sophrologique.

J'étais déjà persuadée, durant la formation de sophrologie, de pouvoir intervenir plus tôt en proposant des pratiques concrètes, accessibles pour chacun d'entre eux : à la fois pour le bébé, pour l'enfant et pour le parent.

Je me suis rendu compte au fil des mois que l'accompagnement à la périnatalité et à la parentalité est particulièrement complémentaire, innovant et pertinent pour l'accompagnement global, de la naissance jusqu'aux 6 ans de l'enfant.

La sophrologie est peu connue encore de la naissance du bébé à ses premiers mois et ses premières années de vie. J'ai envie de démontrer, à travers ce livre, l'intérêt de la pratiquer, en l'adaptant, bien sûr, durant cette période de la petite enfance.

Mon objectif est de fournir à mes lecteurs quelques clefs, outils, astuces et pratiques accessibles, à appliquer dans leur quotidien, grâce à ma méthode spécifique que je détaille dans la dernière partie de mon ouvrage.

Les parents peuvent au quotidien s'en saisir, se l'approprier et l'utiliser en toute autonomie ou accompagnés par un professionnel expert dans le domaine de la parentalité.

L'approche sophrologique invite tout un chacun à faire ce qui est bon pour lui, à écouter ses besoins, ses ressentis et ses sensations. Cette approche est très adaptée à l'accompagnement du parent et de son bébé ou enfant. Le parent avance, chemine dans sa parentalité en faisant ce qui est juste, bon et adapté à la fois pour lui en tant qu'adulte et parent, mais aussi ce qui est bon et juste pour son propre enfant.

C'est le début de l'écoute de soi : se poser la question, afin de savoir ce qui est bon pour soi va ensuite découler sur ce qui va l'être pour son bébé ou ne l'est pas. La sophrologie va permettre de mettre concrètement en application cette écoute indispensable aussi pour le développement global de l'enfant.

Je mets en évidence l'importance des mots, des échanges lors de la création des pratiques de sophrologie adaptées aux parents et enfants.

En effet, si à chaque étape du début de la vie d'un bébé, nous pouvons sensibiliser, grâce à des pratiques de sophrologie, cela sera utile à la fois pour l'adulte qui prend conscience au fur et à mesure de l'utilité de cette approche et de ces pratiques, en passant par une meilleure connaissance et écoute de soi, mais également pour mieux comprendre, écouter et s'adapter à son enfant.

Je constate parfois, lors de mes accompagnements, que les parents ou les professionnels peuvent avoir des freins, des blocages ou bien avoir peur de leurs propres émotions et ressentis, alors que c'est un phénomène naturel, utile et bénéfique pour un tout-petit et ses parents, et qui permet une meilleure adaptation dans leur quotidien sur cette période si essentielle du début de la vie.

En tant que sophro-puéricultrice, j'ai en tête de nombreuses situations de futurs parents et parents de bébés dans les premiers jours et mois de vie.

Retranscrire à travers des mots aide à mieux vivre cette période où les sentiments sont à la fois décuplés, très présents et si utiles. La petite enfance est essentielle dans la construction de la sécurité interne d'un individu, sa base affective, sa paix intérieure. Si l'enfant a ce socle solide et stable, il pourra le retrouver, le revisiter, le réexpérimenter quand il en aura besoin.

C'est également l'occasion pour les parents qui se découvrent de pouvoir recréer une nouvelle base affective, de nouvelles fondations, avec l'idée de rendre plus sereines, plus sûres ces nouvelles fondations pour qu'eux aussi puissent utiliser ce socle de sécurité dès qu'ils en auront besoin au fil du temps avec leur bébé, et lorsque leur enfant va franchir des étapes et grandir.

J'ai pu constater, au fil de mes accompagnements, ce point essentiel qu'est la sécurité affective de base qui influence tout parent et enfant au cours des étapes de la vie.

Si nous nous intéressons à cette sécurité interne dès la grossesse et à l'arrivée du bébé, lors de ses premiers jours, mois et années, nous agissons en prévention, et évitons des problématiques par la suite.

J'accompagne des enfants et des parents dont la sécurité affective du début de vie a été altérée, souvent inconsciemment, soit par une forme de surprotection abusive qui crée de l'insécurité ou bien par une forme de négligence, de non-reconnaissance des besoins de l'enfant, créant aussi de l'insécurité chez l'enfant.

Dans ce livre, tout un chacun pourra piocher ce qui lui parle, lui fait écho. On pourra utiliser les pratiques concrètes de sophrologie, afin d'accompagner au mieux sa parentalité, accompagner les besoins, les ressentis du bébé et surtout mieux le comprendre. À travers cette compréhension du bébé, le parent pourra également, lui aussi, mieux se comprendre. Cela pourra se faire en toute autonomie ou avec l'aide d'un professionnel.

Je suis partie aussi du constat que les parents ont besoin de renforcer leurs fonctions et leurs ressources propres. Cela apporte un apaisement global autour du tout-petit en pleine construction psychique et physique qui ne demande qu'à évoluer dans le climat le plus sécurisant.

Ce que je trouve utile, c'est d'utiliser l'approche sophrologique et de l'expliquer aux parents afin qu'ils comprennent mieux ce qui se passe pour leur bébé durant la petite enfance. C'est une pratique charnière de sophrologie appelée la « relaxation dynamique du 1er degré » (ou « RD1 »). Celle-ci nous renvoie à l'écoute des sensations internes, permettant de mieux appréhender le monde extérieur et ce qui nous entoure.

C'est exactement ce que fait le bébé spontanément, lorsqu'il se développe in utero et dans les premiers mois de sa vie. Le bébé est un très bon sophrologue sans le savoir. Il a une formidable capacité, inscrite en nous tous, et s'en sert pour découvrir le monde. Au fil des années, il peut être amené à se couper de plus en plus de cette aptitude extraordinaire et très utile. L'idée, en sophrologie, est d'être davantage conscient de cette compétence extraordinaire et de savoir l'utiliser, lorsqu'on le souhaite. L'approche sophrologique permet de reconnaître nos ressentis internes en trouvant le juste équilibre, c'est-à-dire sans tomber dans l'excès qui consisterait à « trop » s'écouter. Elle permet aussi de mieux écouter et percevoir ce qui se passe pour notre bébé et ainsi d'adapter notre réponse de façon juste face à lui.

Le problème est que nous perdons, au fil du temps, cette extraordinaire capacité à être sensibles aux sensations internes, auxquelles nous sommes connectés pour à la fois mieux nous connaître et mieux nous adapter au quotidien.

Le bébé découvre tout à travers les sens et sa corporalité. Il pratique la sophrologie tout le temps dans son quotidien pour se connaître, rencontrer ses parents, ses proches, le monde et tout ce qui l'entoure.

Je suis hypersensible, à haut potentiel émotionnel. Je l'ai découvert tard, il y a environ un an. Je suis d'autant plus convaincue de l'intérêt de nous connecter à notre corps, de nous connaître, nous découvrir et interagir avec le monde à l'aide de nos sens décuplés. Dans le cas d'une hypersensibilité, nos sensations et nos ressentis sont également très présents, associés à des émotions profondes et intenses. Tout cela nous permet de découvrir, d'appréhender ce qui nous entoure et de nous adapter, en sachant que l'enfant jusqu'à 7 ans est hypersensible. En effet, il capte tout de façon décuplée. Il peut y avoir une majorité de stress et d'anxiété, comme pour le parent hypersensible lors de l'arrivée du bébé. Si le parent ou futur parent connaît ce type de particularité, il sera plus préparé à recevoir tout ce flot d'émotions, de sentiments ressentis par tous les parents, mais accentués dans le cas d'une hypersensibilité et de haute potentialité émotionnelle.

Présentation du métier de puéricultrice

L'infirmière-puéricultrice intervient de la naissance à l'adolescence, afin de promouvoir la santé de l'enfant, de le protéger et de contribuer à son développement psychomoteur et affectif.

La spécialisation permet aux puéricultrices d'être des expertes dans :

- le développement psychomoteur et affectif de l'enfant ;
- les soins pédiatriques ;
- le soutien à la parentalité ;
- l'observation du bébé, de l'enfant, de l'adolescent et du parent ;
- la relation d'attachement et le lien enfant-parents ;
- la promotion de la santé de l'enfant de façon globale.

Les compétences du diplôme d'État de puéricultrice

Extrait du référentiel de compétences du diplôme d'État de puériculture, cette description s'inscrit dans la réglementation figurant au Code de la santé publique :

1. Évaluer l'état de santé et le développement des enfants et des adolescents.
2. Concevoir et conduire un projet de soins et d'éducation adapté à l'enfant.
3. Mettre en œuvre des soins adaptés aux enfants présentant des altérations de santé.
4. Accompagner et soutenir les familles dans le processus de parentalité.
5. Concevoir et mettre en œuvre des activités de promotion de la santé de l'enfant et de protection de l'enfance.

6. Organiser et coordonner les soins et les activités de développement et d'éveil pour des enfants et des adolescents.
7. Gérer les ressources d'un service ou d'un établissement d'accueil d'enfants.
8. Rechercher, traiter et produire des données professionnelles et scientifiques.

Où les rencontrer ?

- en intra-hospitalier : la maternité, la pédiatrie (médecine, chirurgie, urgences, réanimation, néonatalogie, consultation, lactarium, etc.) ;
- en extra-hospitalier : protection maternelle et infantile, établissement d'accueil du jeune enfant, en milieu scolaire, etc. ;
- lors de la formation des professionnels de santé ou de l'enfance (puéricultrices, auxiliaires de puériculture, assistantes maternelles, etc.), la formation dans la protection et l'aide sociale à l'enfance ;
- en libéral, conventionné et non, en consultation privée de soutien à la parentalité et d'accompagnement en périnatalité et parentalité, enfance et petite enfance.

En quoi l'accompagnement de la puéricultrice est-il spécifique ?

L'accompagnement de la puéricultrice a une réelle plus-value dans l'accompagnement en périnatalité, parentalité et enfance grâce à ses compétences et son expertise. Son regard aguerri dans l'observation du bébé et des interactions parent-bébé (le verbal, le non verbal, le comportement des parents et du bébé) lui permet d'accompagner au mieux, d'ajuster certains points dans le but d'un meilleur équilibre.

L'accompagnement parental et périnatal doit être reconnu comme un soin thérapeutique, au même titre que des thérapies hospitalières. En effet, les compétences de la puéricultrice lui permettent de prévenir les troubles dans la relation parent-bébé, dans le développement psychomoteur de l'enfant, mais aussi dans le développement psychoaffectif du bébé en pleine construction.

La commission « 1 000 premiers jours », présidée par le neuropsychiatre Boris Cyrulnik dont le suivi des travaux a été confié en 2019 à Adrien Taquet (le secrétaire d'État à l'enfance et à la famille auprès du ministère des Solidarités et de la Santé), n'a pas permis d'identifier, à sa juste valeur, l'accompagnement et le soutien à la parentalité et la périnatalité proposés par le métier de puéricultrice.

Son action devrait être réglementée, reconnue comme un traitement à part entière, favorisant le développement, la santé globale du bébé. Elle doit aussi être considérée comme des soins de santé pris en charge par la Sécurité sociale, au même titre que les pédiatres, médecins, sages-femmes, en travaillant en collaboration et en réseau, afin d'unir les savoirs et les expertises complémentaires.

- **Le contexte actuel est propice à l'accueil de ce type d'ouvrage dédié à la reconnaissance du métier.**

Tout d'abord, un grand mouvement est en train d'apparaître actuellement par le biais du collectif « Je Suis Infirmière Puéricultrice ». Celui-ci a pour but de valoriser leur expertise et leurs compétences auprès des pouvoirs publics. Il est question également de les reconnaître comme des professionnelles de la santé, expertes dans le domaine de l'accompagnement et du soutien à la parentalité.

Chaque jour, l'intervention des puéricultrices sur le terrain (à l'hôpital, au domicile des familles et en consultation dès la sortie de la maternité) apporte un vrai plus dans la vie quotidienne des bébés et de leurs parents, en leur permettant de vivre sereinement cette période décisive et cruciale.

Le besoin de sérénité

J'ai constaté au cours de ma carrière, et cela m'a sauté aux yeux, que tous les parents et les bébés, quels que soient le milieu social, les difficultés sociales ou les problématiques de santé, avaient le même besoin mis en évidence : la sérénité. Que ce soit durant ma longue expérience, cette nécessité de sérénité apparaît et est mise en avant. Les parents veulent trouver (ou retrouver) de la sérénité, leurs petits veulent également se sentir plus sereins. J'ai remarqué que, très souvent, cette sérénité n'avait pas été suffisamment installée, ni ressentie quotidiennement par le bébé et ses parents autour de sa naissance. Les 1 000 premiers jours sont identifiés comme un moment crucial et essentiel dans le bon développement de l'enfant, son équilibre et sa santé de façon globale. Si la sérénité était régulièrement bien expérimentée durant cette période, l'enfant pourrait plus facilement la retrouver lorsqu'il en aura besoin, quand il grandit à 3, 4… 10 ans.

Cet état expérimenté régulièrement sera assimilé par le bébé de façon plus instinctive, car pratiqué très tôt. Apprendre à quelqu'un à être zen à 60 ans sera toujours plus dur qu'à la naissance où le bébé ne demande qu'à apprendre, et encore plus à intégrer des pratiques utiles et bénéfiques pour son équilibre général. Si ce besoin n'est pas assouvi, ni ressenti par le bébé durant cette période si charnière, il aura besoin de retrouver de la sérénité plus tard à l'âge de 3, 4 ans... ou encore à 10 ans ou plus, comme j'en vois au sein de mon cabinet.

Alors pourquoi ne pas vivre, pratiquer et être sensibilisé à mon approche de sophro-puéricultrice pour vivre dans la sérénité et en ressentir les bienfaits ?

Quel intérêt d'associer la sophrologie à la petite enfance et à l'accompagnement du bébé, du jeune enfant et des parents ?

Le jeune enfant apprend à travers des jeux axés sur la découverte de l'écoute du corps. Il est à même de découvrir ce que cela signifie : ressentir et vivre une émotion agréable ou désagréable. L'objectif est qu'il puisse être sensibilisé à l'approche sophrologique, afin de trouver ses propres moyens de ressources et d'adaptation dans sa vie quotidienne.

Résultat : l'enfant n'est pas dans l'appréhension de ce qu'il peut ressentir au fil de la journée. Il peut plus facilement identifier ce qu'il éprouve. Il reconnaît ses propres émotions, et celles des autres enfants et des adultes.

Il peut vivre des situations d'accueil et de vie quotidienne en étant plus apaisé et plus serein.

Il garde surtout sa capacité innée et spontanée de percevoir et ressentir ce qui l'entoure, sans appréhension.

Une émotion mal accueillie et mal digérée peut entraîner des troubles : stress, anxiété, nervosité, instabilité... et même des pathologies multiples auto-immunes ou psychosomatiques, des douleurs chroniques, un mal-être, une dépression, des maladies chroniques ou autres.

Mon approche permet de prendre soin du corps et du mental par l'accompagnement par la voix, en accédant au ressenti du corps, en étant à l'écoute de nos émotions, de notre mental, en se mettant dans une forme d'intériorité (qualité de présence à soi) à la fois dans l'immobilité du corps et à travers le mouvement du corps.

Grâce à la mise en application des pratiques, les parents pourront faire l'expérience d'une certaine introspection, en étant dans un état sophro-liminal, identique à un état méditatif entre la veille et le sommeil, afin d'être dans leur propre espace intérieur et plus à l'écoute d'eux-mêmes et de leur bébé.

Ma méthode répond aux besoins des parents qui souhaitent se sentir plus sereins et ne plus être toujours dans l'activité physique ou mentale permanente, comme c'est souvent le cas lorsque nous devenons parents. Elle permet également aux bébés d'apprécier le fait de se poser pour mieux explorer, en étant plus reposés et plus confiants.

Grâce à elle, les parents et leurs bébés sont en mesure de trouver leur propre capacité de détente au niveau de leur corps et de leur mental.

Je pars aussi d'un constat : le besoin d'apaisement et de sérénité durant cette période est vital et essentiel. Cela passe par une forme d'apprentissage de cette capacité à accéder à cette sérénité et à réunir les conditions les plus favorables pour y parvenir.

Le bébé trouve ses propres moyens d'apaisement, bien sûr à petite dose, sur des courts instants. Le parent joue également un grand rôle dans l'apaisement du bébé. C'est évidemment d'autant plus le cas lorsqu'il est lui-même intérieurement apaisé. À l'inverse, l'apport de sécurité ne sera pas aussi efficace en cas d'insécurité parentale.

Puis ensemble, le duo peut rentrer en interaction de façon authentique, en paix et en sécurité intérieurement. Cela va permettre d'ancrer cette sécurité interne au niveau du bébé, afin de lui créer des fondations solides et stables, indispensables à son équilibre général et à son développement.

Pourquoi ce livre sur la sérénité ?

Avant tout, pour prévenir de nombreux risques et permettre de :

- augmenter la sérénité générale et la sécurité de base chez le bébé et les parents ;
- travailler à une meilleure confiance en soi du bébé et des parents ;
- favoriser un meilleur équilibre général et santé globale des parents et du bébé ;
- faciliter l'acquisition psychomotricienne et un éveil du bébé plus efficient ;
- prévenir et réduire les troubles anxieux passagers et chroniques pour le bébé et ses parents ;
- diminuer les difficultés à gérer le TDAH ou les troubles DYS, moins de différences scolaires ou de phobie scolaire ;
- développer la confiance parentale ;
- développer la confiance chez l'enfant, l'autonomie et l'envie d'explorer, de découvrir ;
- favoriser un sommeil satisfaisant chez l'enfant et les parents ;
- réduire le risque et la prévalence de burn-out, l'épuisement et la dépression parentale ;
- prévenir les troubles de la relation enfant-parents ;
- accéder à une meilleure gestion émotionnelle chez l'enfant et une meilleure compréhension des émotions chez l'adulte.

Pourquoi garantir une santé globale de l'enfant est-il un sujet d'actualité ?

Avant tout parce que les enfants sont la société de demain. Il est impératif de préserver au mieux leur équilibre et leur santé.

Nous savons, et plus que jamais compte tenu de l'actualité, que pour garantir une santé globale de la personne, il est essentiel de passer par un bon équilibre général et surtout par des fondations solides et stables dès la petite enfance.

Ces fondations sont construites sur la sécurité affective, la compréhension, la prise en compte de l'état émotionnel, l'écoute, la bienveillance et la considération de ses besoins en étant dans un état intérieur serein et apaisé.

Ce que je souhaite démontrer à travers ce livre

L'idée est que les parents et futurs parents puissent se reconnecter à leurs sensations internes, tout comme le font leur propre bébé et enfant, afin d'être mieux à l'écoute d'eux-mêmes, mais aussi de leur bébé. Ce sera une façon simple et pratique de pouvoir répondre au mieux à leurs besoins propres et aux besoins de leur bébé en s'ajustant, en équilibrant, afin d'atteindre une harmonie et de prendre garde à l'épuisement de chacun durant cette période de la petite enfance.

Cela me permet aussi de faire le lien avec l'accompagnement du tout-petit et de ses parents. Il apparaît essentiel que les parents et les professionnels qui travaillent auprès de lui aient conscience de ce point à la fois initial et essentiel.

Pour le bébé ou le jeune enfant, tout passe à travers les émotions, les ressentis, les sensations. Si le parent et le professionnel accueillent et prennent en compte ce point essentiel, cela permet une écoute, une bienveillance et une attention plus juste et surtout au plus près des besoins de chacun.

Si le parent en fait l'expérience, il repasse par cette écoute, afin de mieux comprendre le tout-petit. Il pourra de façon plus spontanée et plus facile se montrer empathique, attentif aux besoins de son bébé. C'est en pratiquant et en expérimentant la sophrologie que les parents, mais aussi les professionnels, peuvent en prendre pleinement conscience à travers leurs propres corps, afin de faciliter ensuite la relation et les interactions avec le bébé.

La sophrologie permet d'être au contact de ce que nous vivons, en tant qu'adulte, de façon plus juste et authentique à travers notre corps et notre mental avec ce que vit et ce qu'éprouve le bébé. C'est en ayant connaissance et surtout conscience de cet aspect essentiel que le parent peut mieux se connaître, s'adapter et s'ajuster à son enfant en pleine construction.

Le bébé fait le lien avec ce qui est la base de l'approche sophrologique : les ressentis du corps, la découverte du monde qui nous entoure et de ses propres sensations, ainsi que de celles de sa mère et de son père, ce qui permet l'adaptation à la vie de ce qui l'entoure dans son quotidien.

C'est dans cette approche que la famille nouvelle crée le lien d'attachement. Nous pouvons donc dire que l'approche sophrologique instinctive du bébé est la base du lien de sécurité et d'attachement du parent avec son petit.

Pour mieux comprendre la pratique de la RD1 (relaxation dynamique du 1er degré) en sophrologie, nous pouvons faire le lien avec une « vidéo de la petite fille sous la pluie ». Le jeune enfant, qui découvre son corps et le monde qui l'entoure avec un regard neuf, recherche sans jugement et sans appréhension, dans l'authenticité. L'enfant est simplement dans la découverte de ses sensations et de ce qui se passe pour lui à la fois à l'intérieur et à l'extérieur de son corps, en étant dans l'accueil, sans analyse, sans rien rechercher. C'est la base de la réception de ses propres ressentis et sensations sans vouloir refouler quelque chose, ne pas écouter ou analyser, mais juste sentir, être à l'écoute.

Au fil du temps, les enfants, les adolescents et les adultes perdent cet accueil authentique des phénomènes. Au contraire, l'adulte peut avoir tendance à les enfouir, les camoufler ou ne pas les prendre en compte, ne pas ou peu ressentir les sensations, car il ne sait plus comment les accueillir et les vivre avec authenticité et spontanéité, comme un jeune enfant. Le jeune, quant à lui, est en lien direct avec ce qui se passe pour lui à l'intérieur. Il ne se ment pas, ne cache pas quelque chose ou n'essaie pas de le minimiser. Il est juste dans l'accueil de ce qui est, tout simplement.

En tant que puéricultrice, cela m'a beaucoup parlé, parce que les bébés sont un exemple pour nous, les adultes. En effet comme on l'a déjà vu, le jeune enfant découvre le monde, son monde, à travers les sensations, les ressentis et les émotions. Nous devons prendre exemple sur eux et non pas l'inverse, pour vivre plus harmonieusement et sereinement.

Ils nous invitent à revenir à cet accueil authentique, sans rien rechercher pour se connaître, se découvrir, redécouvrir et appréhender le monde qui nous entoure.

Je l'ai observé tout au long de mon expérience de puéricultrice durant les nombreux accompagnements que j'ai faits à domicile avec les parents. Je l'observe également en tant que sophro-puéricultrice lors de mes diverses interventions en structure ou à mon cabinet.

La base de mon accompagnement consiste, à partir des bébés et de leurs ressources, à avoir conscience de toutes leurs compétences. J'entends encore trop souvent : « Le petit enfant ne comprend pas, il est trop jeune, il n'a pas conscience de tout cela, de tout ce que vous dites ou ressentez ». Mais détrompez-vous, ils ont une conscience du monde et d'eux-mêmes très développée qui ne demande qu'à être mise en valeur et en évidence.

Mon but dans ce livre est de valoriser toutes les compétences et ressources des bébés et des jeunes enfants, afin de les démontrer aux parents, pour qu'ils puissent à leur tour savoir comment faire pour être dans le ressenti, les sensations et les reconnaître à la fois pour eux et pour leurs enfants.

Plus l'adulte sera en effet prédisposé à être dans l'accueil, bien sûr en allant à son rythme, à petits pas, en faisant toujours ce qui est bon pour lui, plus il pourra aussi libérer ce qui est inscrit, gravé en lui, dans la mémoire du corps. L'adulte, lorsqu'il devient parent, peut ressentir le besoin de dénouer des choses qu'il a lui-même accumulées. Ce sera ça de moins à faire pour l'enfant, si l'adulte peut déjà le faire par lui-même. Cela contribuera au meilleur équilibre de l'adulte et donc, par ricochet, à celui de l'enfant. Il faut savoir que l'enfant absorbe les émotions que le parent aussi a du mal à sortir, évacuer. L'enfant peut être le réceptacle de tout cela et plus c'est dégagé, mieux c'est pour l'enfant qui sera aussi plus allégé intérieurement, et dans son corps.

La jeune mère plus particulièrement va pouvoir être pleinement disponible pour se mettre au contact de son bébé. Elle va pouvoir sentir les ressentis et les émotions de son propre bébé et lui apporter une réponse juste et adaptée.

Par exemple, le bébé se met à pleurer. La maman peut alors cerner plus facilement ce qui se passe pour l'enfant :

→ il peut avoir faim, froid ou chaud ;
→ il peut avoir besoin d'être changé ;
→ il peut avoir besoin de sécurité, d'être enveloppé, cajolé ;
→ il peut avoir besoin d'une ambiance et d'un environnement sereins...

Si la mère a pu mettre en évidence ses propres ressentis, elle pourra plus facilement voir et surtout différencier ses besoins propres et ceux de son bébé. C'est très important de ne pas mélanger ces deux éléments qui peuvent s'entremêler au quotidien. Parfois, cela vaut la peine de prendre du recul et de faire la distinction entre les deux informations, celle de l'adulte et celle du bébé. Si le parent est en capacité de le faire très tôt avec son bébé, cela lui servira tout au long de sa vie avec son enfant.

Pour que le bébé ait son besoin profond assouvi, il faut en amont que la mère soit aussi à l'écoute de ses ressentis afin d'être disponible pour accueillir le besoin profond du bébé, sinon elle aura du mal à l'entendre et à le cerner.

Cela doit passer par une sorte d'apprentissage des parents. Je dis toujours : « Tant que l'on ne devient pas parents, si on a des choses que nous avons accumulées, cela ne concerne que nous. Ne mettons personne dans notre bateau. » En revanche, lorsque nous sommes parents, ces points sensibles accumulés, entassés, que l'on a voulu mettre de côté, ressurgissent. Nos enfants les mettent devant nous, pour que l'on puisse les démêler. Ils appuient sur eux pour nous faire réagir, afin de nous aider et par la même occasion, les aider à grandir, évoluer et se développer le plus harmonieusement possible.

Ce que nous n'avons pas voulu voir, notre enfant nous le montre, nous le présente, le met en avant et tant que nous ne l'avons pas vu, l'enfant l'exprime, réagit, jusqu'à ce que cela soit démêlé. Nous devons aussi écouter ce qu'il nous montre. C'est souvent le reflet de nos propres blocages et freins. L'enfant nous demande de les voir, de les prendre en compte pour agir ensuite et trouver nos propres réponses avec eux.

Prenons l'exemple d'une mère qui tente de réconforter son bébé qui pleure et qui montre aussi des signes d'insécurité. Si la mère prend l'enfant dans ses bras en étant intérieurement totalement insécurisée, l'enfant qui capte le ressenti sentira alors l'insécurité intérieure de sa mère et ne pourra pas se sentir réconforté et sécurisé à son tour. Le bébé n'aura pas son besoin profond de sécurité totalement assouvi. En revanche, si le parent est en mesure de comprendre son intérieur plus facilement : « Suis-je sécurisé à ce moment-là ? Je sens intérieurement que je ne le suis pas… », alors il pourra ajuster sa réponse et se montrer plus authentique dans son ressenti, ce qui rassurera l'enfant. La mère va pouvoir cerner quand elle est disposée et en capacité de le faire ou, quand cela est trop compliqué pour elle, à ce moment-là, elle va pouvoir étudier les possibilités dont elle dispose : faire appel à un tiers professionnel, à son entourage… Comprendre ce qui est le mieux pour elle et son bébé.

Enfin, je fais également le lien entre la sophrologie, la petite enfance et les neurosciences affectives et sociales.

Les neurosciences affectives et sociales (NAS) sont nées à la fin du XXe siècle. Leur intérêt est de mettre en évidence ce qui participe au bon développement de l'être humain, cela dès le début de la vie. Elles mettent en lumière notamment que les expériences relationnelles modifient en profondeur le cerveau du tout-petit qui est extrêmement malléable. Ces modifications cérébrales ont des conséquences sur le développement de l'enfant, son comportement, ses capacités intellectuelles et ses capacités d'apprentissage. Le psychologue Carl Rogers[1], Marshall Rosenberg, Antonio Damasio[2], médecin professeur de neurologie, neurosciences et psychologie, ou en encore la pédiatre Catherine Gueguen[3] ont mis en évidence dans leurs nombreux ouvrages l'intérêt des NAS (celles-ci permettent d'étudier les mécanismes cérébraux des émotions, des sentiments et leur impact sur notre corps et plus globalement sur notre santé).

Les neurosciences affectives et sociales ont permis de mettre en lumière qu'il n'y a pas de séparation entre notre corps, nos émotions et notre cerveau ; et qu'il y a une corrélation entre le cerveau et les émotions, plus précisément l'activité du cerveau lorsque nous éprouvons une émotion, un ressenti. Plus le parent se montre en phase avec les émotions de l'enfant (en passant aussi par les siennes propres, comme je vous l'ai précisé plus haut) et bienveillant à l'égard du petit, plus cela aura un effet bénéfique pour son développement global et également sur ses capacités d'apprentissage.

Comment apprendre à se mettre au contact des émotions et être empathique et bienveillant ?

Cela s'apprend grâce à la pratique de la sophrologie, en mettant en application des outils simples et concrets dans son quotidien de parent, et tout autant pour les professionnels.

Ce livre va permettre de vous présenter diverses pratiques concrètes à utiliser, afin de favoriser cet apprentissage.

L'approche sophrologique auprès du tout-petit et de ses parents va contribuer à apporter des pistes, des outils, des pratiques. Les parents et l'enfant vont expérimenter ce qui leur parle, leur fait écho, et surtout, choisir ce qui fait sens pour eux. Les parents pourront mettre en application la pratique quand ils en éprouveront le besoin, de la manière qu'ils le souhaitent.

Je souhaite aussi que cette approche soit utile aux professionnels qui pourront se saisir de l'intérêt et des bénéfices que cela va leur apporter dans l'accompagnement des parents et des enfants.

Ce qui m'anime depuis longtemps et ce que je me dis toujours lorsque j'accompagne une famille, ce n'est pas de me rendre indispensable, c'est tout l'inverse. C'est révéler aux parents et aux bébés leurs propres clefs, leurs propres ressources, afin qu'ils puissent les utiliser dans leur quotidien pour un mieux-être et qu'ils soient à l'écoute. L'objectif n'est pas

1. Carl Rogers, *Le Développement de la personne,* 2e édition, InterEditions, 2018.
2. Antonio Damasio, L'Erreur de Descartes, Odile Jacob, 1995.
3. Catherine Guegeun *Heureux d'apprendre à l'école*, Pocket 2019 ; *Pour une enfance heureuse, repenser l'éducation à la lumière des dernières découvertes sur le cerveau*, Robert Laffont, 2014.

qu'ils boivent des paroles – les miennes ou celles d'autres professionnels qui les accompagnent – qui n'auront aucun sens. Tout l'accompagnement s'avérerait inefficace, voire délétère, car ils auront le sentiment de ne pas savoir faire, ni d'être à la hauteur dans leur rôle de parent, alors que le but est de les rendre acteurs, autonomes et confiants durant leur parcours de parents. Celui qui est confiant dans son rôle et apaisé sera en mesure de créer la base de sécurité pour son enfant aussi.

Ce livre, je l'écris en me disant que j'apporte mon savoir-être, mon savoir-faire et ma longue expérience dans l'accompagnement.

Il s'agit en effet d'un condensé de mes diverses expériences et réflexions menées au fil des accompagnements que j'ai réalisés, et associées à l'approche sophrologique.

La sophrologie en période périnatale (les fameux « 1 000 premiers jours ») va favoriser la sécurité intérieure des parents et par la même occasion celle des tout-petits qui est, rappelons-le, indispensable à leur développement psychique, physique, psychoaffectif et émotionnel.

L'objectif est de permettre une attention, une écoute, une bienveillance pour soi en tant que parent, afin de mieux écouter, entendre, appréhender et répondre aux besoins de son bébé.

• **Mon approche démontre combien il est utile et primordial pour les parents et leur bébé de (re)trouver de l'apaisement et de la sérénité globale par leurs propres moyens.**

L'inconscient détermine 95 % de ce qu'est la personne. Nous enregistrons des croyances, des informations qui viennent de l'extérieur : nos parents et grands-parents, notre entourage, notre environnement.

L'inconscient attire ce qui est déjà en lui. Il s'accorde avec ce que l'on est, ce que nous avons enregistré et nous permet de le voir à l'extérieur, de voir la réalité de ce qui vit en nous, ce qui se passe en nous.

L'inconscient nous permet d'être en vie (la respiration, les battements du cœur) et nous permet de ressentir les sensations, émotions. Il renouvelle nos cellules, il stocke toutes nos mémoires, même les plus anciennes, celles qui nous ont été transmises depuis des générations et des générations.

Il est une sorte de miroir de nos cellules, de notre organisme, de notre corps ; il est le reflet de notre état d'équilibre, d'homéostasie et plus globalement, celui de notre santé globale.

Il nous permet de débloquer des mémoires, lever des croyances limitantes, débloquer des peurs transmises. Il nous permet de nous révéler, de grandir, de nous élever et de vivre.

Rentrer en contact avec votre inconscient, c'est rentrer en contact avec vous-même et pouvoir aller explorer un peu plus vos sensations, vos émotions et faire des liens avec ce que vous êtes.

L'étape du devenir parent représente l'une des périodes les plus importantes d'une vie. C'est souvent le moment où l'on fait une introspection sur nous-mêmes, ce que nous avons vécu étant enfant, ce que nous voulons être et transmettre à notre enfant. C'est aussi l'occasion de vous découvrir avec un angle de vue différent peut-être, trouver vos propres clefs pour vous sentir confiant et apaisé dans cette nouvelle mission. Lors des premiers liens avec votre bébé et au cours de toute sa première année, vous êtes à la fois lui et vous. Il est essentiel que vous soyez dans un état de sérénité et d'apaisement optimal pour garantir à votre bébé sa sécurité, lui donner, dès le début de sa vie, des bases dont il pourra toujours se servir par la suite. Ceci sera inscrit dans son inconscient. Il aura enregistré qu'il peut trouver ses propres moyens d'apaisement grâce à l'aide et à l'accompagnement de ses parents, mais saura aussi trouver les clefs pour savoir le faire de plus en plus en grandissant par ses propres moyens.

Les parents découvriront ainsi que le bébé a beaucoup de ressources et aspire à la sérénité. Plus ce besoin est accompli et ancré, plus le bébé est confiant, rassuré. Il peut explorer, grandir de façon sereine. Son besoin de réassurance est comblé par la base de sécurité et de sérénité détenue par ses parents. Ce sont eux qui la transmettent, la communiquent en continu sans effort, afin que leur enfant puisse en bénéficier tout au long de sa vie.

C'est pour moi la clef d'un équilibre, d'un état de bien-être et de santé global, essentiel et primordial qui garantit la prévention de nombreux troubles anxieux, de nombreuses pathologies liées au stress chronique, permettant une relation équilibrée et apaisée entre le parent et le bébé. L'enfant pourra ainsi toujours se référer à cette base sécure et solide, primordiale dans les fondations de son état psychique et physique.

Décoder les sensations et les émotions se passe en vous, dans le calme et l'apaisement. Comprendre ce qu'il y a au plus profond de vous vous oriente vers la découverte de vos moyens d'apaisement et de réassurance, vers votre sérénité en tant qu'adulte et parent. Il en est de même pour le petit être qui est entré dans votre vie. Il pourra bénéficier de votre propre sérénité pour s'y lover, s'y loger et évoluer avec douceur, bienveillance, en totale confiance et sérénité.

L'intégralité des pratiques de la méthode MSVP « Méthode Sérénité à Votre Portée » est issue de mon expertise et de mes expériences personnelles et professionnelles. Elles reposent sur la combinaison des disciplines suivantes : la méditation, l'énergétique, l'hypnose, l'haptonomie et la sophrologie.

• **La partie inconsciente de notre être concerne 90 % de notre fonctionnement global.**

Si notre inconscient n'est pas en phase avec notre conscient, il essaie de le faire savoir par des pensées, des tensions internes, des images, des phrases ou des mots récurrents un peu obsessionnels.

L'objectif de la méthode MSVP est de faire émerger ces éléments inconscients pour les faire apparaître plus en conscience, en étant dans un état d'apaisement et d'accueil de ce qui est là, de ce qui se présente pour pouvoir mieux les intégrer, les assimiler et s'y adapter, afin de se sentir plus apaisé, globalement et en profondeur.

Je souhaite à travers ce livre apporter un sentiment de clarté aux parents qui, justement, pourront mieux comprendre ce qui se joue pour eux dans le conscient et l'inconscient et pourront davantage cerner ce qui est bon ou pas pour eux et/ou pour leur bébé, de façon plus intuitive et plus spontanée, en étant plus connectés à ce qui vit en eux, de façon plus authentique et plus apaisée.

À RETENIR

Il est indispensable de prendre conscience que l'approche sophrologique de pleine conscience dans l'accompagnement en périnatalité et parentalité est très utile pour le parent et pour l'enfant en pleine construction.

L'accès à cet état de façon plus spontanée afin de pouvoir s'apaiser et se sécuriser plus facilement va avoir des bénéfices et des bienfaits à court terme, mais aussi à long terme dans le bien-être, le développement et la construction de l'enfant, et aussi dans l'apaisement et le mieux-être du parent.

La pratique va également prévenir les risques d'insécurité, de troubles ou de difficultés dans la relation parent-bébé et faciliter la construction psychique et physique du bébé et de l'enfant en devenir.

• **Mon accompagnement et les pratiques que je propose à travers cet ouvrage vont opérer un réel changement chez les parents et les bébés dans leur apaisement et leur sérénité globale grâce au travail sur l'inconscient qui a un rôle essentiel dans le fonctionnement de tout être.**

J'utilise au sein des pratiques les cinq sens, c'est-à-dire la vue, le toucher (le kinesthésique), l'odorat, le goût et l'ouïe, afin de créer une réalité intérieure dans laquelle sont enregistrées et stockées ces informations dans notre inconscient. En effet, celui-ci enregistre tout ce qui est de l'ordre des sensations, des ressentis et des émotions, c'est-à-dire comment vous vous sentez intérieurement (l'inconscient représente 90 % de notre fonctionnement général, 5 % passent par des filtres internes, tels que nos croyances, notre mental).

La réalité de la personne est donc liée principalement à ses ressentis, ses émotions. Le but de la méthode MSVP est d'imprégner dans l'inconscient un état d'apaisement, de sécurité et de sérénité, pas uniquement intellectuel, mais plutôt ressenti dans le corps où le conscient communique de façon fluide avec l'inconscient. Tout cela est bien enregistré dans le programme interne du parent et du bébé. Cela installe cette sécurité interne, primordiale lors des toutes premières années de vie.

La réalité de ce que vivent le parent et le bébé passe par la façon dont le parent se sent et ressent les choses. Cela va avoir une résonance sur sa manière d'être, de faire, de vivre, d'appréhender les situations avec son bébé, et aura aussi des conséquences sur son enfant.

Le parent a, comme tout un chacun, des filtres liés à son propre vécu et à son héritage transgénérationnel. Cela va aussi conditionner sa vision de la réalité.

Le but est d'être plus conscient de ces filtres, mais de permettre aussi une communication entre le conscient – qui va plus analyser, structurer (c'est la partie réflexion, le mental) – et l'inconscient – qui concerne les émotions, le ressenti intérieur très créatif et spontané, la mémoire à long terme et les muscles autonomes (le cœur, la respiration, les réflexes, la régulation biologique).

Ces deux parties travaillent et communiquent ensemble. Plus l'inconscient devient conscient, c'est-à-dire que le parent peut comprendre ce que le corps transmet comme information, plus il aura une meilleure connaissance de lui-même, une meilleure adaptation, donc une plus grande sécurité interne qu'il va pouvoir communiquer, en ayant plus de facilités, aussi, à se connecter aux informations transmises par le corps, les émotions, les ressentis du bébé.

Il est donc particulièrement important d'être conscient de la relation le plus objectivement possible, car si une information est transmise (par exemple, par l'ouïe), un son « e » conscient transmet des informations les plus près de la réalité au côté inconscient. Lorsque les informations extérieures s'éloignent de la réalité, la compréhension est biaisée par le mental qui en surajoute (par exemple, un bruit extérieur qui génère, sans relation objective, une tension du corps). L'inconscient ne filtre pas le niveau de danger réel, puisqu'il ne décode que les ressentis internes du corps. S'il décode des tensions et un corps en alerte, il se met en réflexe naturel de surrégime sollicitant toutes les fonctions biologiques du corps du parent et du bébé qui se connecte aussi à cela. Cet état d'alerte doit être lié à un danger réel présent et sur une courte durée. Si le parent est en surrégime de façon continue et que le bébé l'est aussi par la même occasion, cela s'avère néfaste pour le duo, ainsi que pour le développement et la construction psychique et physique du tout-petit.

Le but de mes pratiques est d'agir sur le conscient, mais aussi sur l'inconscient qui ne fait pas la différence entre le réel et l'imaginaire, car il est connecté, lui, au ressenti, à l'état émotionnel, à comment se sent la personne dans cette situation à ce moment. L'objectif voulu est de faire ressentir, à travers le corps, un sentiment de sécurité et de sérénité, dans un état d'équilibre et de bien-être général, grâce à la visualisation et l'imagination.

Les pratiques que j'ai créées spécifiquement pour les parents vont leur permettre de ressentir ce qu'ils veulent vivre durant ces moments de lien si précieux avec leur bébé pendant le tout début de sa vie. L'inconscient va l'intégrer comme si c'était réel et l'assimiler comme cela. Donc quand le parent le vivra réellement, ce sera comme inscrit en lui et permettra aussi au bébé de le vivre le plus sereinement possible. Ma méthode permet de faire vivre à la personne l'état qu'elle souhaite avoir dans ces moments de lien avec son bébé, sur le moment, mais aussi dans le futur avec son enfant et également avec ses autres enfants. Les bienfaits de cet état de sécurité et d'apaisement transforment en profondeur sa manière de vivre et d'être, pour qu'ensuite elle l'atteigne sans avoir à passer par le mental. Il est indispensable que le parent sente cet apaisement de l'intérieur, et le sente aussi chez son bébé.

Lorsque l'inconscient sent l'état cherché, le travail est fait, accompli, car c'est enregistré. En énergétique, on dit que la vibration est émise et enregistrée sur ce que la personne veut ressentir et être.

Cela va permettre d'ancrer en vous ce changement grâce à la visualisation et l'imagination au travers desquelles vous sentez ces transformations progressives au fil des répétitions. Des pratiques vont permettre un travail en profondeur, car l'inconscient va s'imprégner des ressentis, des sensations, des détails de comment vous êtes et vivez ce moment, en vous posant. En étant bien présent, disponible, le conscient et l'inconscient bien reliés, vous allez vous mettre au contact de la situation, soit en l'imaginant soit en la vivant vous seul ou avec votre bébé. Cela va vous permettre d'être attentif aux détails à l'intérieur de vous, plus facilement, en vous visualisant de façon externe. Je vois mon double et je me projette dans ce qu'il ressent. Cela va vous permettre d'enregistrer tout cela, puis de le faire de façon directe, vous-même, soit seul ou avec bébé, en étant bien présent et disponible. Vous ancrerez aussi encore plus tout cela en vous, et vous ressentirez tout ce que cela vous apporte, les changements qui s'opèrent, tous les bénéfices et les bienfaits que cela vous procure intérieurement.

Vous ressentirez tous les changements en le faisant à votre rythme, tranquillement, toujours en faisant ce qui est bon pour vous et votre bébé. Plus vous allez vous ancrer, enregistrer et sentir cet état en vous, plus il sera palpable de façon concrète par votre inconscient et plus vous atteindrez votre objectif, en l'occurrence l'apaisement et la sécurité interne. Cela sera donc enregistré de façon durable.

Le stress

Qu'est-ce que le stress ? En quoi ma méthode a une action par rapport à votre stress et celui de votre bébé ? Comment revenir à un état d'équilibre et d'apaisement en lien avec ce qui se joue au niveau du stress ?

Le stress est un état physiologique et physique du corps qui est naturel face à un danger. Tout humain a une réaction physiologique qui lui permet de réagir et de se mettre dans une zone de sécurité, de se protéger si besoin. Devant la notion de danger, nous pouvons réagir face à quelque chose de réel, mais aussi d'imaginaire. Cela va stimuler l'amygdale située au niveau du cerveau et envoyer un message : l'hypothalamus va mettre notre organisme en réactivité et ne plus être dans une phase d'équilibre, c'est-à-dire un état homéostatique, mais plutôt en mode surchauffe...

En cas de stress, la stimulation de l'organisme engendre l'accélération du rythme cardiaque, libère l'hormone de l'adrénaline, les sueurs, la contraction des muscles, des tensions, un corps qui se durcit, se tend, pour être prêt à fuir ou au contraire rester figé. C'est un état naturel, spontané de l'être humain qui permet de survivre en cas de danger (si vous avez un ours devant vous, état de danger : l'hormone adrénaline est libérée, les muscles se tendent et vous pouvez fuir, courir ou vous protéger pour pouvoir survivre). Vous pouvez ressentir votre force se décupler.

• Qu'est-ce qui déclenche l'état de stress ?

Un danger réel ou imaginaire.

Lors d'un danger réel, c'est normal que votre corps se mette en action pour y faire face. Mais le problème vient du danger imaginaire qui provient de notre mental, nos mémoires, nos croyances ou nos expériences passées, vécues ou héritées en transgénérationnel.

Lorsque le danger est détecté, il prévient la tour de contrôle, c'est-à-dire l'inconscient qui va demander au corps de se mettre en réaction. Par exemple : lorsque je vois un danger devant moi, je me déplace pour l'éviter.

Le problème est que notre mental est capable de créer des fausses alertes, même s'il n'y a pas de danger important. Le signal d'alarme peut être activé comme un radar qui s'allume et montre une alerte, comme un clignotant qui se déclenche, qui est envoyé à la tour de contrôle. L'inconscient envoie un signal au cerveau qui provoque la situation où l'on imagine le pire. La tour de contrôle ordonne à notre corps de se mettre en surrégime, en état de stress.

Cet état doit être furtif, sur une courte période. S'il reste en continu en surchauffe, en stress, en surrégime nocif, il faut lui dire d'arrêter, de se détendre, de stopper la surchauffe, sinon c'est la maladie, le burn-out, etc. Il faut redescendre et revenir ici et maintenant.

Le but ? Revenir au corps, dans l'apaisement et dans le « je suis vivant, je respire. Je reviens à mes capacités, à mes ressources ». Ne pas infliger au corps un état de surchauffe mais lui permettre d'être ou de revenir dans un état d'équilibre.

Prendre des temps d'écoute, redescendre dans la méditation, l'alignement et l'ancrage par les pratiques que je vous propose, à vous, parents, afin de revenir à la paix et à la sécurité intérieure (par exemple, lorsque vous sentez le stress au quotidien). Il est important de préciser que plus on réalise les pratiques, mieux elles fonctionnent quand on en a besoin.

• Exemple de pratique à effectuer

L'association kinesthésique permet de ralentir le rythme et le corps et de retrouver un état d'équilibre.

1. Rappelez-vous un souvenir où vous étiez totalement calme et apaisé(e), ou un endroit dans lequel vous aimeriez être pour sentir ce calme, vous seul(e) ou avec votre bébé. Tout s'apaise et se ralentit : la voix, la respiration, le corps. Doucement, vous allez vous reposer, redescendre ici et maintenant, et vous allez vous plonger dans ce que vous voyez et sentez autour de vous. Tout est calme. Prenez le temps de le ressentir et de le sentir en vous, de l'accueillir, de le rendre présent pleinement avec des sensations associées, puis faites un geste et rentrez en contact avec ce calme en y associant le geste. Ressentez ce calme.
2. Enveloppez-vous dans votre bulle de calme, relâchez le corps, ralentissez encore, parlez… Qu'est-ce que vous voyez ? Qu'est-ce que vous sentez ? Ressentez cet espace, dialoguez avec vous-même à voix haute ou basse, dans votre tête.
3. Ralentissez le temps, profitez de ce moment, faites-le durer pour que le corps et le cœur s'apaisent, revenez à l'état de calme, etc.

Cet exemple de pratique permet de retrouver l'état de calme et de revenir à soi. En vous exerçant comme un entraînement rituel, prenez ce temps de calme pour mieux repartir durant la journée, mieux vous endormir, vous recentrer ou apprécier un temps de pause.

Notre corps, il faut en prendre soin, c'est lui qui nous accueille, qui nous porte, nous protège, nous supporte, il est important de le préserver.

Apprendre à rentrer en contact avec soi-même

Les pratiques que je vous propose sont faites pour vous câliner : n'hésitez pas à bercer ou serrer votre corps ainsi que celui de votre bébé, à le chouchouter, le masser, le caresser. Réalisez ces petits rituels le matin et le soir, lentement.

Prendre un temps, même court, pour soi chaque jour est très utile et ressourçant. Cela permet de revenir à un équilibre pour ensuite reprendre sa journée dans de bonnes conditions.

À RETENIR

Les 7 clefs de l'épanouissement de l'enfant :

- sérénité ;
- amour inconditionnel ;
- sécurité ;
- protection ;
- bienveillance ;
- empathie ;
- présence

À travers ce livre, j'essaie d'emmener les parents vers ces 7 clefs, afin de permettre aux enfants d'adopter un équilibre général, un bien-être et un épanouissement essentiels à leur santé globale.

L'importance de pouvoir revenir à ce qui est précieux, tel un trésor ou un beau royaume flamboyant.

Pour revenir à ce qui est à l'intérieur de nous, au plus profond de notre être, il est utile d'ajuster notre niveau de conscience et d'entrer dans un état de conscience particulier. Nous sommes reliés de façon plus fluide avec notre inconscient et notre être. Lorsque nous devenons parents, cette connexion plus spontanée nous est très utile, afin de mieux communiquer et rentrer en lien avec nous-mêmes, d'abord lors du projet bébé et du devenir parent, puis lors de la grossesse, et enfin lors de l'accueil, la rencontre du bébé. Le but principal du parent et de tout être est d'être en paix, en harmonie avec son propre intérieur, dans l'amour de soi et de l'autre (passant inévitablement par l'amour de soi). À travers cet ouvrage, vous allez pouvoir revenir à vous-même et à votre propre intérieur, à vos tripes, à votre âme, afin de pouvoir aussi être pleinement là, serein, présent pour vous et votre bébé, et pouvoir le guider le plus sereinement possible et lui permettre de sentir cet apaisement si précieux lors du tout début de la vie.

Que voulons-nous tous ? De la paix et l'amour. Pour cela, il faut revenir à nous, à notre moi intérieur.

Dès la petite enfance, sensibiliser à l'approche sophrologique, la méditation, apprendre aux enfants à méditer dès leur plus jeune âge

Il est donc nécessaire de leur apprendre à se poser pour sentir la paix intérieure de façon régulière, ce qui permettra aux jeunes enfants d'en retirer tous les bienfaits.

Il est également essentiel d'apprendre à contrôler ce flot de pensées qui peut envahir la mère, le père et avoir aussi des conséquences sur le bébé qui sent, lui aussi, cet envahissement sans savoir d'où cela vient. Il perçoit une indisponibilité : les parents ne sont pas présents, ils ne sont pas disponibles psychiquement, car trop préoccupés et envahis de flots de pensées angoissantes, stressantes.

Par la visualisation créatrice associée à la loi d'attraction, les parents et les enfants sont capables d'attirer à eux ce qu'ils souhaitent. C'est-à-dire qu'ils peuvent attirer à eux-mêmes et à leur bébé l'état d'apaisement, de sécurité et de sérénité, et peuvent bien l'imprégner et le diffuser dans tout le corps, les organes, dans chaque cellule et aussi dans la mémoire du corps. Ils peuvent aussi l'ancrer en eux, tout autant que dans le psychisme et l'inconscient qui dirige 95 % de nos actions et notre être.

L'approche sophrologique permet également aux parents et aux bébés de valoriser leurs ressources et tous les pleins potentiels, en totale confiance et sécurité.

Les parents se sentent alors capables, acteurs, et s'autorisent à rayonner de leur bonté, amour, sérénité, sécurité, authenticité, grandeur... de tout leur potentiel de parents. Ainsi, l'enfant agira de la même manière dès le tout début de sa vie et entretiendra son propre potentiel au cours de toute son enfance, puis dans sa vie d'adulte.

- **C'est dans la répétition des pratiques proposées dans mon ouvrage que vous pourrez vous connecter à votre propre intériorité.**

Lorsque vous commencerez, une première fois, les pratiques, vous vivrez une sorte d'initiation à cet état légèrement modifié, vous permettant d'être un peu plus présent. Cela va peut-être attiser votre curiosité. Ce sera une découverte pour vous. Peut-être que les ressentis et les perceptions vous paraîtront un peu flous, un peu abstraits au premier abord. Néanmoins, si vous continuez à expérimenter les pratiques que je propose au sein de l'ouvrage, de façon régulière, vous allez pouvoir peut-être avoir un regard un peu différent, vous permettant de prendre un peu de hauteur, du recul, et d'affiner vos sensations, vos perceptions, et de développer des compétences, des ressources, des capacités jusque-là insoupçonnées, et enfin de varier vos vécus et expériences. Au fil du temps, vous pourrez prendre le temps de laisser infuser, assimiler et intégrer, dans votre quotidien de parent, tout ce que les pratiques et exercices vous ont apporté et, peut-être même, vous ouvrir à divers champs des possibles qui vont vous aider à trouver votre propre voie de parent et guider votre enfant en pleine construction. La répétition sur du plus ou moins long terme est donc primordiale. Vous aurez l'impression de stagner, de ne pas avancer, mais la progression vient souvent dans l'approfondissement des expériences, en étant de plus en plus dans cette idée de présence à soi-même pour mieux se connaître et mieux comprendre son bébé. C'est à chaque fois que vous réexpérimentez, même plusieurs fois la même pratique, que des changements, des mouvements, des ajustements vous apparaîtront et vous permettront d'aller justement plus en profondeur dans vos propres fonctionnements, vos émotions, vos ressentis et de mieux vous y adapter dans votre quotidien. Il s'agit d'être curieux sur ce qui se passe à l'intérieur de soi, plutôt que d'être curieux sur la multiplication des pratiques, sans y voir le sens profond et l'impact que cela a sur notre propre personne et notre propre posture, notre place et notre fonction de parent comme sur celles de votre bébé et sur ce qui se joue autour de vos liens et de vos échanges.

Il s'agit d'être et de vivre cette expérience sans forcément rechercher quelque chose, simplement vivre le moment, l'accueillir, l'expérimenter, le ressentir à travers son corps et celui de son bébé, le plus consciemment possible, en prenant le temps de vivre pleinement ce moment en conscience. C'est ce qui va vous permettre de trouver vos propres ressources parentales et vos propres moyens d'apaisement et de vous y relier à. À ce moment-là, vous serez en mesure de mettre en évidence les capacités et le potentiel de votre bébé pour qu'il sache, lui aussi, les mobiliser dès le tout début de sa vie, et les alimenter tout au long de son évolution – l'enjeu étant qu'il accède ensuite à sa propre autonomie vers l'apaisement et la sérénité.

L'importance de l'expérimentation d'aller au contact de son intériorité

Je vous propose d'expérimenter le fait d'aller au contact des ressentis, des sensations et des émotions. De vous mettre à l'écoute de façon plus consciente de la partie « inconsciente » de votre être et de percevoir de façon authentique le plus profond de votre espace intérieur.

C'est dans cette expérimentation que nous pouvons (re)trouver notre propre équilibre en permettant à notre corps d'être en homéostasie. Cet ajustement contribue à notre santé générale en accédant à notre apaisement intérieur et en le facilitant aussi pour notre bébé. Il permet ainsi une relation et un lien d'équilibre, juste pour soi et son bébé, contenant et sécurisant.

Développer ses compétences émotionnelles a un impact sur notre santé globale.

Le fait de développer ses propres compétences émotionnelles a un impact sur notre santé mentale, notre santé physique et nos relations sociales. Être en mesure d'identifier nos émotions permet déjà de commencer à les apaiser en activant nos capacités de régulation émotionnelle. Dans l'ouvrage *Les Compétences émotionnelles*, de Moïra Mikolajczak, Jordi Quoidbach, Ilios Kotsou et Delphine Nélis (Dunod, 2014), il est mis en évidence que les compétences émotionnelles constituent un facteur déterminant de la santé.

• L'importance de la notion du « PARC », acronyme essentiel à l'épanouissement des enfants

Selon le Danier J. Siegel, expert de l'attachement et du développement de l'enfant, et Tina Payne Bryson, docteur en psychologie, l'attachement sécure de l'enfant repose sur quatre piliers essentiels : la **P**rotection, l'**A**ttention, le **R**éconfort et la **C**onfiance. Les premières lettres de ces quatre bases ont d'ailleurs donné le nom de leur théorie, PARC.

Cet acronyme représente les bases de la « présence », c'est-à-dire le fait qu'un adulte est présent dans le sens « disponible pour son enfant » (en qualité, plutôt qu'en quantité). Cela contribue à tisser, développer et renforcer un attachement dit « sécure » pour l'enfant : *« Sur le plan neurobiologique, le PARC permet l'intégration au sein du cerveau, pour un système nerveux résilient, qui ne se maintient pas en état de stress prolongé. Les enfants qui en sont dotés abordent l'existence avec la conviction d'être en sécurité, capables de surmonter les épreuves inhérentes à la vie, d'être dignes d'amour et de relations fiables avec autrui, ce qui les rend à l'aise, en confiance[4]. »*

Cette théorie permet de mettre en évidence que le fait de garantir ces quatre éléments est bénéfique à la maturation du cerveau des enfants, leur permettant de se sentir plus armés, plus confiants, de mieux s'adapter aux situations qu'ils rencontrent et d'être plus à l'aise dans les interactions sociales.

Protection

Pour se sentir en sécurité, l'enfant a besoin de se sentir protégé : physiquement, psychologiquement, émotionnellement et affectivement.

Selon Daniel J. Siegel et Tina Payne Bryson, c'est une des missions essentielles pour les parents.

4. Danier J. Siegel et Tina Payne Bryson, *L'Attachement*, Les Arènes, 2021.

Il est donc primordial de prendre conscience que les erreurs sont indissociables de l'apprentissage, mais que rien n'est perdu. Les erreurs sont réparables, non pas par les punitions ou les sanctions, mais tout simplement par la pratique, la compréhension, l'écoute et l'attention. Cela veut donc dire qu'il faut être présent, disponible, dans l'accueil bienveillant des émotions et ressentis de l'enfant, être le plus possible au contact de ce qu'il vit de façon la plus authentique possible. L'enfant doit ressentir l'attention du parent et sentir qu'il est bien vivant, qu'il a sa place, qu'il existe, qu'il est bien là…

Attention

L'enfant, du fait des marques d'attention envers sa personne, se sent confiant, développe son estime de soi et se sent plus à l'aise dans la relation à autrui de façon générale.

Lorsque les parents ont des facilités à percevoir ce que ressent l'enfant intérieurement, cela facilite une sorte d'apprentissage relative à ce que l'enfant perçoit de façon plus fine, à ce qu'il ressent. Il développe sa propre vision interne, son intelligence émotionnelle et donc, en globalité, son intelligence sociale, lui permettant de mieux se connaître, de mieux interagir et comprendre les autres.

Réconfort

Il est essentiel que l'enfant se sente réconforté, lorsque celui-ci rencontre une difficulté et qu'il puisse faire appel à quelqu'un lorsqu'il en ressent le besoin. Je rajouterais que le parent doit en même temps permettre à l'enfant de trouver ses propres moyens de réassurance, quand il rencontre des difficultés. Le parent doit être dans un juste milieu, ni trop ni pas assez, car la surprotection tout comme, à l'inverse, l'indifférence et la négligence sont néfastes pour l'enfant.

Confiance

La protection, l'attention et le réconfort vont permettre d'instaurer de la confiance dans un lien d'attachement sécure, équilibré.

Dans cet ouvrage, je propose d'aller explorer, par les ressentis, ces notions essentielles de protection, de sécurité, de réconfort, d'attention et de présence bienveillante. Le parent va pouvoir les vivre et les transmettre également au bébé ce qui favorisera la création d'un lien équilibré et sécure.

Ma méthode spécifique Sérénité en détail

L'accompagnement en périnatalité, parentalité et enfance, associé à des outils et des disciplines telles que la sophrologie, l'hypnose, la méditation, l'haptonomie et l'énergétique m'ont amenée à créer et à mettre en application la méthode MSVP.

Quels constats, quels manques, quels besoins sur le terrain et quels processus et réflexions m'ont conduite à créer cette méthode MSVP ?

Mon constat tiré de mon vécu et cheminement personnel

Le contexte de ma naissance, avec ma mère qui est aussi puéricultrice, mais qui n'a pas osé demander de soutien, d'aide et d'accompagnement, et parce que les professionnels lors de ma naissance ont dit et pensé : « C'est bon, elle est puéricultrice, elle va savoir faire, c'est son métier. » Sauf que là, ce n'était plus son métier, c'était sa fonction de mère - une fonction qui ne s'apprend pas, mais s'expérimente et a besoin d'être renforcée, libérée et accompagnée au niveau émotionnel, du stress, etc.

Mon contexte de naissance est une légère prématurité qui a engendré des soins et du stress de la part de mes parents, et tout particulièrement de ma mère qui n'était pas du tout préparée à ma venue un peu trop précoce (cf. mon avant-propos).

Mon propre constat et ma propre expérience en tant que mère moi-même : j'ai pu constater que je n'étais pas tout à fait « la même » mère lors de mon premier enfant, mon deuxième et mon troisième enfant. En effet, j'ai appris au fil de mes grossesses. À la naissance et lors des premiers mois de mes trois enfants, j'ai pu vivre et expérimenter ce processus de devenir parent.

Mon constat et mon cheminement professionnel

J'ai constaté que, même si on est puéricultrice ou professionnelle de la petite enfance, on apprend aussi lorsqu'on devient mère. On n'est pas professionnelle lorsqu'on devient parent. On n'est pas puéricultrice, on est juste mère, pas parfaite, on ne sait pas tout. Loin de là. On a appris en théorie ce qu'est l'accompagnement des parents, mais on n'a pas appris à s'accompagner soi-même en tant que parent. On n'est plus dans notre métier dès lors que l'état affectif et surtout émotionnel rentre en ligne de compte.

Dans mon métier de puéricultrice, j'ai également fait le constat du manque d'outils innovants et spécifiques pour accompagner les parents à se servir de leurs propres ressources et à révéler leur potentiel lorsqu'ils deviennent parents, qu'ils accueillent leur bébé et lors de la période cruciale des 1 000 premiers jours.

Il faut sortir du modèle selon lequel le professionnel sait tandis que le parent ne sait rien ou ne sait pas faire. Au contraire, il faut partir des ressources et des compétences du parent et du bébé. C'est la clef, ce sont eux qui trouvent leur propre mode d'emploi vers la sérénité.

Je cherchais un outil innovant, autre chose dans mon métier de puéricultrice qui pourrait aider les parents et les bébés, développer et renforcer leur confiance et leur permettre de vivre cette période dans l'apaisement et la sérénité. C'est là que je me suis penchée sur une discipline : la sophrologie. Je l'avais déjà expérimentée à titre personnel dans le cadre d'une période longue et complexe de deuil suite à des pertes successives dans mon entourage. J'ai donc décidé de me former et de devenir sophrologue. Ma formation a duré deux ans (évaluations, mémoire, stages professionnels, mise en pratique et certification à la fin). En tout, les études d'infirmière puéricultrice et sophrologue comptabilisent six années.

Je deviens alors sophrologue certifiée RNCP (Répertoire national des certifications professionnelles). Je me rends compte que la sophrologie concerne un champ très large et vaste, et qu'elle n'est pas une discipline spécialisée dans la périnatalité et la parentalité. La formation amène des professionnels à devenir sophrologues, mais pas des spécialistes et des experts de la petite enfance. Pourtant, les sophrologues et même les hypnothérapeutes peuvent accompagner, au sein de leur cabinet, des bébés, enfants et parents, sans formation particulière à l'accompagnement en périnatalité et parentalité qui est pourtant un domaine très spécifique, demandant des qualifications et une expertise spécifique.

En sophrologie pure, « classique », celle que j'ai étudiée, il est fréquemment dit que l'on ne peut pas l'appliquer aux jeunes enfants et encore moins aux bébés. En même temps, je le comprends, parce qu'il faut être formé et avoir des connaissances et une expertise spécifique dans ce domaine, ce que je n'ai pas en tant que sophrologue mais plutôt grâce à mon métier de puéricultrice diplômée d'état avec plus de 15 ans d'expérience. C'est à partir de tout cela que je devais créer quelque chose faisant la jonction entre les deux et combler le vide.

Il n'y avait pas encore de méthode spécifique qui existait, mélangeant à la fois expertise de puéricultrice et sophrologie. J'ai donc créé ma méthode de A à Z en associant mes connaissances et mon expérience dans l'accompagnement en périnatalité et parentalité à mon expertise de la sophrologie ainsi que de l'hypnose, la méditation, l'haptonomie et l'énergétique. J'ai élaboré ces soins et techniques dans une approche préventive et thérapeutique, non médicamenteuse, utile au cours de la période périnatale, au début de l'existence et durant toute la vie d'un individu.

Ma méthode répond à un besoin et surtout une nécessité de mettre en valeur notre expertise spécifique en tant que puéricultrices, particulièrement dans le domaine libéral. Nous disposons d'un angle de vue, d'un savoir-faire et d'un savoir-être propres à notre métier. Nous avons, nous, infirmières puéricultrices, les compétences et une expertise spécifique pour accompagner au mieux les parents et enfants durant cette période fondamentale, ainsi que les autres professionnels de santé et petite enfance.

De nombreuses sages-femmes accompagnement les mamans durant la grossesse avec des techniques telles que la sophrologie et l'hypnose. Or, après la naissance, ces disciplines ne sont plus proposées jusqu'aux 4 ou 5 ans de l'enfant. Ce n'est ensuite qu'à partir de 6 ou 7 ans que l'accompagnement sophrologique débute. De plus, de la naissance du bébé à ses 2 ans, il n'y a pas de méthode mêlant la sophrologie, l'hypnose, l'énergétique et l'accompagnement en périnatalité et parentalité. Ainsi, ma méthode MSVP comble ce vide et ce besoin évident de toute la nouvelle famille à pouvoir mettre en application des pratiques concrètes durant cette période cruciale et essentielle du tout début de la vie. Les professionnels de santé et de la petite enfance, autant en établissements hospitaliers publics, cliniques privées (services de maternité, réanimation néonatale), qu'en PMI, en EAJE, en pouponnière et en libéral, sont habilités, une fois formés, à proposer cet accompagnement spécifique de la méthode MSVP et à faire reconnaître leur expertise spécifique.

De ce fait, la création de la méthode MSVP répond à des besoins sur le terrain et tout particulièrement sur la tranche d'âge de 0 à 2 ans. Elle apporte des connaissances théoriques, des témoignages et des notions essentielles, associés à des pratiques concrètes que j'ai créées de A à Z.

Quelles disciplines et quels outils j'utilise ?

La sophrologie, la méditation de pleine conscience, l'hypnose, l'énergétique, la parentalité positive et la bienveillance éducative.

Ma méthode MSVP, un soin à part entière

L'accompagnement que je propose est basé sur la démarche du « prendre soin de soi » de façon globale. Il doit être considéré à sa juste valeur, c'est-à-dire comme un soin thérapeutique à part entière et bénéfique pour l'équilibre et le développement global de l'enfant.

Le but de cette méthode

Le but est que le lecteur puisse avoir une base et une méthode d'approche permettant au duo ou trio (parents-bébé) d'être dans une sécurité affective optimale durant cette période précieuse du début de la vie. La méthode MSVP va permettre aux parents et aux adultes de « guérir, d'apaiser » leur propre enfant intérieur. En effet, il est tout à fait possible de transposer et d'imaginer les pratiques, en les faisant pour soi-même, en s'adressant à son propre enfant intérieur que nous avons tous en nous et qui ne demande lui aussi qu'à être apaisé au plus profond de son âme...

Intérêt d'accéder, durant la mise en pratique de ma méthode, à un état méditatif

Ma méthode permet aux parents d'être bien présents et d'avoir plus accès à leur propre intériorité, d'être dans l'accueil de leur état émotionnel - sensations et ressentis - et de celui de leur bébé, en activant le système parasympathique (état similaire à la relaxation). Le cerveau va entrer en mode Alpha, un état de détente et de bien-être qui se répercute aussi pour le corps. L'activation de ce système parasympathique va permettre à l'organisme d'être plus en situation de repos, d'apaisement en abaissant la fréquence respiratoire, ralentissant le rythme cardiaque. La tension artérielle diminue et offre une sorte de pause à l'organisme pour lui faire du bien, le ressourcer, le mettre dans une sorte de veille, tout en restant bien conscient, de façon plus ralentie, plus posée. Cela va avoir des bénéfices à la fois pour le parent, mais également pour le bébé qui va être aussi invité à rentrer dans cette forme d'état de repos et d'apaisement très sécurisant et ressourçant pour lui. Ils vont tous deux s'apaiser, parfois simultanément ou d'autre fois, le parent aura besoin de passer d'abord dans cet état sophro-liminal méditatif conscient pour inviter le bébé à s'y mettre aussi, afin d'en ressentir les bienfaits et les bénéfices pour chacun d'eux.

La méthode MSVP

Cette méthode s'adresse aux parents et à leurs bébés ainsi qu'aux professionnels qui interviennent auprès de ce public.

Quoi ?

Acquisition de connaissances théoriques concernant le bébé, la parentalité positive, apports de guidance parentale précieux.

Je mets l'accent de façon plus affinée sur le fait de prendre soin de soi, de l'autre, dans l'attention et l'écoute de ses propres ressources, dans une meilleure connaissance de ses ressentis en matière de besoins, d'émotions et une attention plus étroite à sa propre intériorité et celle du bébé. C'est là que la santé prend son sens : dans l'attention et l'apaisement.

En quoi consistent mon accompagnement et ma méthode spécifique ?

Cette méthode innovante permet aux parents et aux professionnels de disposer d'outils pragmatiques qui laissent une large place aux émotions, à travers l'accueil et l'écoute du corps, trop souvent ignorés ou sous-estimés dans la manière de considérer la relation enfant-parents.

• L'haptonomie, le lien avec la MSVP Périnatalité Parentalité

Pour la création des pratiques de ma méthode MSVP, j'ai été inspirée par l'haptonomie. En effet, grâce à mon expérience personnelle, j'ai pu expérimenter cette technique avec mon mari lors de mes deux premières grossesses.

Qu'est-ce que l'haptonomie ?

L'haptonomie est une science de l'affectivité qui permet de contacter, avec le cœur, son enfant à travers la paroi utérine et la peau du ventre de sa mère.

Le fondateur de l'haptonomie est le Dr Frans Veldman. Le terme *haptonomie* vient du grec « haptein » qui signifie « toucher ».

Au cours d'une séance d'haptonomie, le père ou le co-parent est invité à contacter son enfant en posant ses mains sur le ventre de sa compagne, la mère.

L'enfant est amené à répondre à ce contact en se lovant dans le creux de la main de son parent. Les parents sont amenés à contacter ensemble avec leurs mains, car à deux l'affectivité est plus forte et la naissance de la triade et de la parentalité s'installe.

Les séances d'haptonomie donnent lieu à des interactions, des échanges, du partage et du lien entre les parents et leurs enfants. Les gestes, les postures et ces moments de lien et d'échange expérimentés lors de ces séances sont ensuite réexpérimentés en autonomie par les parents à la maison. (Ce principe de ré-expérimentation est d'ailleurs identique pour la méthode MSVP.) L'accompagnement en haptonomie peut également se poursuivre après la naissance, avec une infirmière puéricultrice haptothérapeute qui peut vous accompagner en prénatal lors de la grossesse ou en postnatal, lors des premiers jours, mois et années de votre enfant pour des séances d'hapto-puériculture.

Le lien entre l'haptonomie et la méthode MSVP

L'objectif de ma méthode est le même que celui de l'haptonomie. Il s'agit de contribuer à favoriser la création du lien affectif et émotionnel entre les parents et leur enfant.

Tout comme l'haptonomie, ma méthode est un accompagnement à la parentalité. Les professionnels de santé et petite enfance formés à la MSVP utilisent celle-ci lors des accompagnements périnatal et parental.

Les séances d'accompagnement peuvent se dérouler en consultation individuelle ou familiale, ou en groupe (contrairement à l'accompagnement en haptonomie qui se déroule uniquement dans l'intimité familiale).

Ma méthode peut être pratiquée et intégrée dans la préparation à l'accouchement physiologique, lors de la grossesse et dès la naissance et l'accueil du bébé et lors de ses premiers mois. Elle est complémentaire au suivi médical et ne se substitue pas à un avis, suivi ou traitement médical durant la grossesse et ou les premiers mois et années de vie de l'enfant.

La méthode MSVP pour les particuliers : futurs parents, parents, adultes, bébés, enfants, adolescents

Cette méthode est d'abord un soin préventif, mais également un soin thérapeutique. Elle peut être utilisée par chacun à son propre rythme, dans la mesure où des supports audios et écrits sont fournis lors des séances avec le praticien. Les éléments théoriques et pratiques se complètent et permettent aux particuliers d'engager un travail en profondeur et par étapes successives.

Les particuliers pourront utiliser la méthode et la mettre en application dans leur quotidien, au sein de leur foyer, mais également lors de la socialisation du nourrisson et du jeune enfant en crèche, auprès d'une assistante maternelle, lors d'une rentrée scolaire et au cours de la scolarité en école maternelle.

Cette méthode est appliquée également auprès des enfants, adolescents, parents, ainsi que des adultes. Ce public pourra aussi puiser dans la partie théorique et la partie pratique pour vivre et expérimenter des outils utiles dans leur vie quotidienne.

Des particuliers ont déjà pu expérimenter cette méthode et la mettre en application. Les effets et les bénéfices attendus sont bien présents et ils en sont très satisfaits, ce qui m'encourage à la faire partager à un plus grand nombre de personnes.

La méthode MSVP pour les professionnels

Cette méthode a un grand intérêt à être enseignée à tous les professionnels de santé et tout particulièrement ceux de la petite enfance et de l'enfance. La méthode est déjà utilisée et expérimentée dans certains établissements (établissements collectifs d'accueil du jeune enfant, relais petite enfance et lieux d'accueil parents enfants), avec de très bons résultats.

Cette méthode a pour ambition d'être intégrée dans tous les secteurs de la santé.

C'est pour cette raison que j'interviens également auprès des étudiantes puéricultrices, afin de les sensibiliser à l'importance des émotions, quel que soit leur futur contexte d'exercice professionnel.

Je propose également des séquences de formations aux professionnels d'autres horizons, afin de leur permettre une utilisation de la méthode dans le cadre de leur activité.

Pourquoi mes motivations ?

Mes motivations à créer cette méthode concrète ne viennent pas uniquement des portes fermées et du fait que cela ne soit pas connu et reconnu dans le domaine de la santé.

Quelques exemples

Une pédiatre qui me demande sur un ton très dubitatif : « Vous pensez qu'une maman en dépression avec un bébé de trois mois qui ne va pas bien, cela pourrait aider ? », ou encore une sage-femme qui envoie au cabinet une future maman enceinte de trois mois, pas par rapport à la grossesse et ce que cela peut toucher dans le rapport au corps de la maman, non, elle me l'envoie pour travailler la confiance, mais pas du tout en lien avec la maternité, car elle me fait comprendre que c'est sa partie... ! Oui, ça l'est, mais je suis aussi concernée puisque nos métiers de pédiatre, de sage-femme et de puéricultrice sont totalement complémentaires. D'ailleurs, je dirais que pour un accompagnement optimum, il faudrait tout le temps cette combinaison des trois experts dans le domaine de la grossesse et de la petite enfance.

De nombreux parents me disent au cabinet : « Si j'avais su que votre méthode existait, je vous aurais contactée durant ma grossesse ou à la naissance de mon bébé, parce que cela a été vraiment compliqué. »

La sophrologie, telle que nous la connaissons, n'est pas accessible pour les enfants avant 7 ans. Grâce à ma méthode, elle peut être pratiquée dès la grossesse et surtout, avec le bébé et ses parents lors des premiers jours et mois de vie permettant d'apporter de l'apaisement et de renforcer les liens parents-bébé durant cette période si précieuse.

Comment appliquer la méthode MSVP ?

D'abord, dans la première partie, vous allez en comprendre le sens, et dans la deuxième, vous pourrez la mettre en application grâce des pratiques qui illustrent et mettent en évidence tout l'aspect théorique.

La première partie met en évidence mon analyse et mon expertise à travers mon expérience sur le terrain, de ce qui se joue entre le bébé et le parent (ou les parents). Les notions théoriques abordées concernent le lien d'attachement, les émotions, les ressentis du corps, au niveau d'anxiété et de stress du parent et celui du bébé, le niveau de charge émotionnelle, la construction du lien lors de la grossesse et de la naissance.

Dans la deuxième phase, nous verrons des mises en application et en évidence des besoins par des pratiques qui vont permettre de libérer l'état émotionnel, d'apaiser, de renforcer le lien, d'apporter de la sérénité, de la sécurité et de la confiance à la fois pour le bébé et ses parents.

Pendant et après les pratiques, vous pourrez mettre en évidence et exprimer le vécu, les émotions, les sensations agréables ou désagréables ressenties, la libération ou non de votre état émotionnel et de celui du bébé.

Lorsque j'accompagne directement les parents et le bébé, cette phase est également une période d'analyse et de prise du recul sur ce qui se joue grâce aux explications sur ce que j'ai pu observer et analyser lors de notre échange.

Dans la partie pratique, il y a d'abord les indications, intentions, bénéfices et bienfaits des pratiques, puis la phase de leur mise en application. J'ai créé des trames qui pourraient être assimilées à des sortes de *terpnos logos*[5] que j'ai écrites et créées et qui peuvent, lors de mes accompagnements, être guidées par la voix (permettant un état de conscience légèrement modifiée en fonction des pratiques et une forme d'intériorité). Pour certaines, j'y ai associé la dimension du toucher qui n'est pas présente dans la sophrologie. Le toucher, en référence aux pratiques d'haptonomie, me semble très intéressant et surtout très bénéfique lors de cette période prénatale.

Je mets en évidence, dans ces trames écrites, l'importance de l'accompagnement et du soutien à la parentalité par le renforcement ou l'équilibre des liens enfant-parents, le rééquilibrage émotionnel, mais aussi la mise en application de l'approche psychocorporelle de la sophrologie, la méditation, l'hypnose et l'énergétique.

Puis les parents pourront, après les pratiques, mettre en évidence par écrit ou à l'oral, dans le cadre d'un accompagnement ou en toute autonomie, ce que cela a pu leur apporter à eux et à leur bébé et faire un retour d'expériences sur eux-mêmes. Cela est également conseillé en séances individuelles ou en groupes, dans le cadre d'accompagnements collectifs.

5. En sophrologie, le *terpnos logos* est le discours énoncé par le sophrologue, qui permet de rentrer dans l'état (appelé « état sophro-liminal ») entre la veille et le sommeil, afin de se mettre dans une forme de réceptivité à son propre espace interne, de ressentir son corps. Lorsque le *terpnos logos* est utilisé dans un accompagnement, la voix doit être modulée d'une certaine façon : un ton neutre, qui semble monotone, assez lent, fluide, clair et posé. Le *terpnos logos* marque l'entrée dans l'état sophro-liminal, lorsque la personne a souvent les yeux mi-clos ou fermés.

Je peux, lors des accompagnements, réadapter les pratiques et les séances en fonction :

→ des besoins de votre bébé et des vôtres ;
→ du contexte ;
→ de vos questionnements ;
→ des événements que vous vivez avec votre bébé.

Vous pouvez, pas à pas, découvrir ces pratiques spécifiques faites sur mesure pour vous et votre bébé.

Quel est le but de cet accompagnement ?

Vous apporter les clefs de la sérénité, de votre propre apaisement, du bien-être de votre bébé, durant cette période si précieuse.

• À quelle période pouvez-vous profiter de cet accompagnement spécifique ?

Durant la grossesse :

→ au cours de la grossesse ;
→ lors de la dernière ligne droite avant l'accouchement.

À l'arrivée du bébé :

→ les premiers jours de vie durant le séjour à la maternité ;
→ au retour à la maison, le premier mois.

Lors de la période d'hospitalisation de votre bébé prématuré, cet accompagnement s'avère très bénéfique pour le bébé prématuré et pour ses parents durant cette période particulière qui peut générer du stress, de l'anxiété chez vous et/ou chez votre bébé et également au cours des démarches en vue d'une adoption.

Mais aussi à tout âge
L'accompagnement peut se faire ensuite à chaque tranche d'âge de l'enfant, en passant par l'adolescent, puis chez l'adulte et la personne âgée, car ma méthode peut être également utilisée, soit en revisitant la petite enfance, soit en accédant à son propre enfant intérieur, puisqu'il est présent dans chaque individu.

Comment est mise en application ma méthode MSVP sur le terrain ?

J'utilise celle-ci à mon cabinet professionnel, au sein d'une maison de santé, en individuel (parent, enfant, adolescent, adulte) ou en duo (parent-bébé ou parent-enfant). J'anime des ateliers collectifs parents-bébé, dans diverses structures, établissements et associations, notamment au sein des lieux d'accueil enfants-parents. J'interviens au sein d'une maison de périnatalité et parentalité mais également au sein des établissements d'accueil du jeune enfant.

Je forme à la méthode MSVP les professionnels de la santé et de la petite enfance qui exercent en intra-hospitalier, extra-hospitalier ou en libéral.

Les accompagnements et les formations se font en présentiel ou en visioconférence.

Quel est l'intérêt de ma méthode ?

Elle accompagne la construction des premiers liens parents-bébé.

Elle permet aux parents de décoder et accueillir les émotions et les ressentis du corps dans une démarche de libération émotionnelle et d'écoute du bébé, afin d'être dans l'apaisement et la sérénité.

L'enfant peut parfois être plus difficilement entendu dans notre société, car il ne se plaint pas souvent. Il fait passer son parent avant lui. Il le protège, donc ne dit rien et ne montre pas spontanément ce qui ne va pas. Chez le bébé, il ne peut pas le dire avec les mots, mais va le montrer à travers son comportement, ses attitudes, éventuellement ses symptômes et plus généralement son corps.

Ma mission est de défendre avant tout le droit de l'enfant et son intérêt. Mon rôle n'est pas de me centrer sur le parent, mais sur l'enfant avant tout, et plus particulièrement dans cet ouvrage, sur le bébé.

Les pratiques que je propose invitent les parents à se recentrer dans leur intériorité, tout comme le bébé qui y rentre avec son ou ses parents (ce que nous appelons un état de conscience modifiée en sophrologie ou en méditation), afin d'être dans une écoute mutuelle plus intense, plus profonde. Cela leur permet de rentrer pleinement en relation le plus sereinement possible, afin de favoriser ce lien et que l'enfant puisse se développer le plus paisiblement possible, quelles que soient les circonstances (naissance à terme par voie basse, césarienne, bébé prématuré, bébé adopté, etc.).

Lors du rapport de la commission portant sur les 1 000 premiers jours de vie du bébé qui a eu lieu en septembre 2020, les experts (dont Boris Cyrulnik, neuropsychiatre) ont mis en évidence que la période des 1 000 premiers jours est essentielle pour le développement, mais aussi pour la santé globale de l'enfant et de l'adulte en devenir. Je suis par ailleurs étonnée que les infirmières puéricultrices et auxiliaires de puériculture ne soient pas représentées au sein de cette commission. Pourtant, ces deux métiers sont au cœur de ceux de la petite enfance et participent au bon développement psychoaffectif de l'enfant durant cette période charnière.

Intégrer leur rôle primordial est essentiel lors de l'accompagnement de ces 1 000 premiers jours. Le comité actuel n'est composé que de neuropsychiatres, pédiatres, sages-femmes... et les puéricultrices sont absentes, donc malheureusement non représentées.

Témoignages

Voici quelques exemples de propos cités par des personnes lors de mes accompagnements où ma méthode est efficace :

- « Je n'ai pas confiance en moi, je doute, je me pose beaucoup de questions, je ne me sens pas capable de devenir mère. Cela me déstabilise, je ne me reconnais pas, mon conjoint ne me reconnaît pas et nous nous disputons beaucoup. »
- « Depuis que j'attends cet enfant, je dors moins bien, j'ai des douleurs au niveau du ventre, je me sens plus tendue. »
- Une personne qui vient pour un mal-être à 4 mois de grossesse (lors de sa deuxième grossesse) : « J'ai pu faire de la sophrologie lors de ma première grossesse, parce que j'avais un but : accoucher de la façon la plus physiologique possible. Aujourd'hui, je ressens le besoin de pratiquer cette fois pour moi, mais le fait de faire quelque chose pour ma personne, cela ne me parle pas. » L'état de mal-être est présent. Il va falloir y aller progressivement pour que celle-ci prenne conscience que s'occuper de sa propre personne peut lui être utile. Cela lui permettra de se sécuriser et de s'apaiser, mais aussi l'aidera à revenir à un état de bien-être quand cela sera possible pour elle. Cet accès à la sérénité lui sera bénéfique, en se sentant mieux et plus disponible pour son bébé.
- Une autre personne, lors de l'entretien, dit qu'elle a un besoin constant de tout contrôler, tout maîtriser. Elle ne supporte pas de perdre le contrôle sur quoi que ce soit, sinon elle se sent en difficulté, voire en danger. Elle affirme : « J'aime bien que tout soit planifié, organisé et structuré sinon je perds pieds. » L'approche sophrologique va lui permettre d'accéder à plus de sérénité, même si parfois les choses lui échappent, même si elle n'a pas de prise sur tout ce qui se passe. Mon accompagnement consiste aussi à montrer à la personne que même si cela ne se passe pas de A jusqu'à Z comme elle l'avait planifié, cela se passe de façon sereine. Il prépare aussi la personne dans le devenir parent. Elle apprend et expérimente qu'être parent ne consiste pas à tout maîtriser, d'avoir toujours totalement le contrôle sur tout, sur son enfant et sur tout ce qui se passe. En effet, cette attitude peut s'avérer délétère pour l'épanouissement de l'enfant, son développement et son accès à l'autonomie.
- Lors d'un accompagnement, une personne manifeste et montre le fait qu'elle ne peut pas aller dans les ressentis de son propre corps : elle l'exprime par le fait de tousser, de ne pas parvenir à visualiser

et à toucher certaines parties de son corps. Lors de nos échanges notamment à la fin de l'animation des pratiques, elle remarque : « C'est bizarre, je ne ressens rien. Comme si j'étais coupée de mon corps. » Le travail, grâce à ma méthode, va être de pouvoir l'aider à y parvenir par ses propres moyens le plus sereinement possible, afin qu'elle puisse elle-même enlever ses blocages.

Lorsque j'évoque avec une personne le fait qu'elle va devoir s'écouter et qu'elle répond : « Je ne sais pas faire, je ne l'ai jamais fait de ma vie », cela signifie qu'une période d'apprentissage va être nécessaire. La personne pourra expérimenter la méthode pas à pas pour mieux se connaître et découvrir ce qui peut l'apaiser.

Plus la personne apprendra à s'écouter attentivement dans son quotidien, plus elle trouvera facilement une manière d'accéder à ses propres moyens d'apaisement.

J'ai constaté, au fil aussi des accompagnements, que certaines personnes avaient de grandes difficultés à se poser. J'en ai surtout compris la raison. Chez d'autres personnes, également chez le bébé et les enfants, le fait de se poser génère de l'anxiété, voire un mal-être. L'idée, avec ma méthode, est de permettre aux petits et aux grands de se poser, tout en se sentant bien et sereins.

Je constate lors des accompagnements que certaines personnes sont toujours en mouvement et en ébullition, au niveau moteur ou niveau mental, chargées en continu par des pensées. La mise en application de ma méthode va leur permettre d'expérimenter le fait de poser et reposer le corps et le mental, tout en étant sereins et apaisés. L'accès à cette forme d'apprentissage va aussi aider le bébé à le faire. J'observe que ces derniers ont aussi beaucoup de difficultés à lâcher prise. L'apaisement global autant chez les parents que chez le bébé in utero sera donc présent et par la suite le sera aussi durant ses premiers jours et mois de vie… tout comme pour les personnes se trouvant dans les étapes d'un projet de bébé ou du devenir parent.

Principe de ma méthode

Les pratiques et mises en situation devront être réalisées de manière régulière, de plus en plus en conscience avec son bébé.

Afin de libérer les émotions nuisibles dont nous ne voulons plus, nous les accueillons pour ensuite les éloigner et inverser la tendance. Cela revient à parler de la peur, du stress, de l'anxiété et du sentiment de manque de confiance en nous, de nos capacités de parent. Nous voulons éloigner ces émotions, pour pouvoir les reprogrammer.

Notre conscient et notre inconscient contrôlent ces émotions mobilisatrices et positives pour nous, celles que nous souhaitons vivre avec notre bébé : c'est-à-dire la sérénité, la paix, la sécurité, le bien-être, la santé globale, en étant dans un lien équilibré et serein avec notre enfant.

Dès le projet de devenir parent, plus nous allons pratiquer les exercices, plus on pourra faire émerger et concrétiser toutes les émotions mobilisatrices pour nous sentir en confiance, pleinement reliés à nos ressources, à l'écoute de notre intérieur et de l'état émotionnel de ce bébé que l'on va accueillir.

Il est important de laisser la conscience et l'inconscient communiquer dans la fluidité, en faisant et refaisant mes exercices, aussi souvent que possible pour que cela soit de plus en plus facile et que vous et votre bébé puissiez vivre pleinement cette sérénité. Je propose donc d'appliquer diverses pratiques que j'ai créées avant tout pour les bébés qui pourront commencer leur vie sereinement, mais qui vous donneront également, à vous, parents, la possibilité de comprendre ce qui se joue. Je propose aussi de vous détailler les notions essentielles à connaître en fonction de chaque étape, grâce à mon double angle de vue de puéricultrice et sophrologue. Mon expertise me permet de connaître le ressenti du bébé, en effet je propose que le parent comprenne et se mette en immersion de ce qui se passe durant cette période pour le bébé.

- **Précautions à l'application de ma méthode**

Sentez-vous libre dans chaque pratique que je propose au fil de cet ouvrage. Faites ce qui est juste et bon (dans le sens utile pour vous). Ce ne sont que des propositions, mais à tout moment, vous pouvez réajuster, réadapter les pratiques pour que cela vous parle plus, à vous et à votre bébé.

Vous êtes la personne qui connaît le mieux votre bébé et vous-même, faites-vous confiance mutuellement.

Ma méthode ne se substitue en aucun cas à un suivi, traitement médical ou suivi psychologique.

Vous pouvez expérimenter ce qui vous semble juste, prolonger et adapter les pratiques, afin que ce soit le plus mobilisateur pour vous et votre bébé.

À RETENIR DE FAÇON GÉNÉRALE

Pourquoi cet ouvrage et cette méthode ?

Il est particulièrement important pour moi de fournir ces outils, mais surtout de permettre à chacun d'en mesurer le sens.

→ En quoi utiliser cette méthode va-t-il être bénéfique pour le bébé, le parent et dans la relation parent et enfant ?

- Quels sont le but de la méthode et son intention principale ?
- Quel intérêt cela va-t-il avoir sur le court, moyen et long terme dans l'accompagnement et le soutien à la parentalité ?
- En quoi cela va-t-il aider à prévenir des troubles dans la relation bébé et parent et surtout, participer au bon développement, équilibre et santé globale du bébé en pleine construction ?

Questions importantes à aborder avec les parents et leur bébé

- Quels sont vos besoins et ceux de votre bébé en fonction du contexte, de la situation, du vécu ?
- Qu'est-ce qui va vous permettre de favoriser votre lien en toute sérénité au cours des différentes étapes, en lien avec le développement psychoaffectif du bébé et la construction psychique et physique des parents dans leurs processus et les étapes du « devenir parent » ?

La connexion aux émotions

La connexion aux émotions se travaille à chaque étape du devenir parent. L'objectif est de permettre aux parents de mettre en évidence les émotions désagréables et agréables : de quoi ont-ils besoin à cet instant-là pour s'apaiser, retrouver une forme de sérénité et renforcer les premiers liens de sécurité et de confiance avec le bébé ? Dans la mesure du possible, il est essentiel d'essayer que le bébé soit aussi connecté à ses émotions : de quoi a-t-il besoin à ce moment-là pour être dans la sérénité et l'apaisement, quel que soit le contexte ?

Comment s'apporter de la joie et du plaisir pour soi en tant que personne et également en tant que parent avec son bébé ?

Se mettre dans les conditions où s'active l'hormone de la joie et du plaisir, ce qui nous permet de nous sentir bien, nous, en tant que parent : activation de la sérotonine, hormone de la joie et du plaisir.

Prendre un temps pour se poser et réfléchir à ce qui nous rend heureux, nous fait du bien, et fait que nous nous sentons bien.

Qu'est-ce qui nous rend heureux au cours de notre journée ? S'accorder un temps ne serait-ce que de dix à quinze minutes par jour pour y parvenir et également le faire dans les moments d'échanges avec son bébé.

Être dans l'authenticité

Plus vous serez dans l'authenticité, plus votre bébé sera en confiance et serein.

Le bébé perçoit le vrai ressenti de son parent et le lui montre pour que ce dernier réagisse.

Le parent se prépare quelque part en devenant parent, en se disant : « Je donne la vie, mais aussi moi, je reçois la vie et j'accepte ce que je suis, qui je suis ». En effet, notre enfant va sans cesse nous renvoyer à ce que nous sommes, ce que nous faisons vraiment, sans faux-semblant, de façon authentique. Il a besoin d'une relation authentique dans laquelle l'adulte ne se ment pas, mais assume totalement ce qu'il est. Cela va donc nous amener à nous voir tel que nous sommes, de façon véritable, sans vouloir se coller une autre image de soi. Cela va, de même, nous faire réagir s'il considère que nous nous éloignons trop de cette authenticité dans cette relation vraie, indispensable au bien-être de l'enfant, mais aussi au nôtre. Ainsi, cela nous demande sans cesse un réajustement, une adaptation qui peut sembler parfois trop impliquante pour nous, trop engageante. Cependant, si l'on ne le fait pas, ce sera au détriment du bien-être et de l'épanouissement de notre enfant.

Quand vous n'arrivez pas à vous décider dans vos choix, écoutez :
- votre cœur (vos envies les plus profondes, en tant que parent et ce que vous sentez bon pour votre bébé) ;
- votre corps (ce que vous dit votre corps à ce moment-là, ce que vous observez et ressentez dans le corps de votre bébé) ;
- votre tête (la raison de ce qui est possible, ce qui ne l'est pas objectivement, en lien avec le contexte et la situation)

Puis faites votre choix « en votre âme et conscience ». Tout sera plus clair et évident pour vous, soyez en certain, vous ferez le bon choix.

Un des besoins fondamentaux chez le bébé et l'enfant en général, le besoin de sécurité

Le besoin de sécurité est situé en deuxième position sur la pyramide de Maslow (il est donc essentiel). Au niveau de la base de la pyramide, on retrouve le besoin physiologique, puis le besoin de sécurité, celui d'appartenance, celui d'estime, et enfin, à la pointe de la pyramide, celui de l'accomplissement.

Le besoin de sécurité est crucial et fondamental dans l'équilibre de tout être humain. Il doit être pris en compte dès le tout début de la vie, lors des 1 000 premiers jours.

De ce fait, l'accompagnement de toute la famille est nécessaire pour veiller à ce que ce besoin soit pris en compte, assimilé et appliqué dans leur vie quotidienne.

Le rôle essentiel de la puéricultrice dans le dialogue entre les parents et le bébé

La relation parents-bébé est constituée d'allers-retours qui partent du nouveau-né et vont vers l'adulte, qui sont renvoyés comme un boomerang que le parent et l'enfant se lancent régulièrement pour que les deux avancent, échangent et créent ce lien d'attachement solide si précieux, construit, résistant sur lequel l'enfant peut prendre appui pour grandir.

Les puéricultrices sont au cœur de la relation entre les parents et le bébé. Elles suivent les mères dans leur quotidien et elles connaissent exactement tout ce qui se joue à la fois dans les observations, les comportements du tout-petit, dans les interactions entre eux, ce que cela signifie et quelle réponse apporter en fonction de chaque situation singulière, multiple que peut vivre un parent dans la découverte de son bébé et de sa parentalité.

Notre état général entièrement contrôlé par nos émotions

Les signaux-symptômes de notre corps et nos pensées (images, idées, réflexions, raisonnements) reflètent nos émotions prédominantes sur l'instant présent, mais aussi sur du plus ou moins long terme, en fonction de l'imprégnation plus ou moins grande de certaines de nos émotions liées à un vécu, à des situations ou événements, à la mémoire du corps transmis sur plusieurs générations...

Faire un petit bilan

→ Ce qui est utile ou pas durant chaque étape pour vous et votre bébé.
→ Ce qui a plu ou déplu, ce que vous souhaitez garder ou libérer, vos émotions en lien avec ces différentes étapes.
→ Ce qui a pu vous détendre ou vous stresser, ce qui aurait pu vous apaiser, vous et votre bébé.
→ Pour cerner ce qui est utile ou pas pour vous en tant que parent, ce qui vous a apporté autant dans le positif que le négatif, mais qui vous paraît utile dans votre quotidien en tant que parent.
→ Ce qui a apporté à votre bébé durant ces différentes étapes.

Plus vous aurez conscience de ce qui a été utile pour vous et votre bébé, plus vous pourrez ensuite les utiliser à bon escient lorsque vous en aurez besoin.

L'importance de la sécurité de base du bébé

Bien sûr, le parent doit sécuriser le bébé et apporter à l'enfant tout le réconfort, la réassurance dont il a besoin. Il doit aussi apprendre à l'enfant à être en confiance, se sentir capable d'explorer, de découvrir des choses, de s'autonomiser. Il doit lui apprendre à trouver en lui une base de sécurité qui lui est propre, sans passer par l'adulte, sur des temps très courts. On peut aussi observer que le bébé explore, découvre en développant sa sécurité de base, sans intervention de l'adulte, sur de très courtes périodes. Plus il va grandir, plus il pourra allonger ce temps pour devenir autonome, mais surtout en confiance et conscient de toutes les ressources et toutes les compétences qu'il a déjà en lui seul, dans son individualité. C'est, pour moi, la base de la sécurité et de la paix intérieure. Cela prévient tous les risques de dépendance affective à l'autre, lorsqu'on devient adulte. On peut voir des adultes qui demandent de la réassurance toujours extérieure à eux, sans jamais passer par leurs propres ressources internes. Ces personnes sont plus à risque d'être en déséquilibre au cours de leur vie, parce qu'elles n'ont jamais appris à expérimenter, à sentir le besoin de passer par leur propre réassurance, par leurs propres moyens, mais ont toujours demandé que cela soit fait par un tiers (parent, entourage, conjoint, ami, collègue, etc.).

Je pense qu'expérimenter et découvrir d'abord ses propres ressources est la clef du bien-être. Si cela est fait à petite dose lorsque l'on est bébé, à l'âge adulte la personne le fera automatiquement et cela se ressentira sur son équilibre et sa santé mentale globale.

La sécurité affective et la confiance s'alimentent au quotidien

Il est essentiel pour les parents d'être sensibilisés aux notions essentielles telles que la construction du lien d'attachement afin de faciliter leur prise de conscience et la mise en place des réajustements lorsque cela est nécessaire.

C'est justement parce qu'elle est essentielle dans l'accompagnement parental que la notion de construction du lien d'attachement est largement abordée dans ma méthode et mise en application via différentes pratiques.

Dire les choses

Dire les choses permet à l'enfant d'être dans une cohérence entre ce qu'il ressent et ce qu'il est. Le bébé capte et comprend tout ce qui se passe autour de lui, bien plus qu'on ne le croit.

On entend souvent dire par les parents et même les professionnels vis-à-vis d'un bébé que celui-ci ne comprend pas ce qu'on lui dit (« Qu'est-ce que tu t'embêtes à lui expliquer ! »), mais l'enfant comprend et ressent tout à 1 000 %. Il a donc une capacité de compréhension bien plus instinctive de ce qu'il se passe autour de lui et si l'on n'exprime pas de mots justes, cela le met en désaccord entre ce qu'il sent et ce qu'il voit.

Alors il est essentiel d'être juste et authentique dans notre façon de faire et d'être lorsque nous nous adressons à eux lors d'un soin ou dans les actes de la vie quotidienne, que l'on soit parent ou professionnel.

Prendre en considération la charge mentale et l'hypervigilance maternelle et parentale dans la prévention de l'épuisement maternel ou parental et du burn-out

La charge mentale peut être représentée par un petit vélo qui se gare, qui se stoppe ou par une boule de neige qui grandit en dégringolant la pente d'une montagne et qui devient de plus en plus énorme.

L'hypervigilance de certaines mères à la naissance d'un enfant - elles surveillent la nuit si leur bébé respire bien, elles se demandent s'il n'a pas trop chaud la journée, trop froid, faim... - peut mener jusqu'à l'épuisement.

Les nouveaux parents peuvent, eux aussi, être victimes d'épuisement mental à la naissance de leur enfant, dans la création de leur nouveau rôle.

C'est pourquoi il est essentiel de s'autoriser à faire une pause quand on sait que l'enfant est avec une personne de confiance pour se reposer et décrocher sur un court instant. L'objectif est de pouvoir recharger ses batteries afin d'être ensuite plus disponible avec l'enfant.

Ne pas forcer

Ceci est plutôt pour les professionnels et l'entourage des futurs ou jeunes parents : ne pas forcer. Si les parents ne sont pas prêts, cela ne sert à rien, voire cela les bloque encore plus...

Cela ne sert à rien de forcer ou d'appliquer des choses aux parents s'ils ne sont pas prêts, eux, à les appliquer. Cela est trop impliquant pour eux, donc ça le sera aussi nécessairement pour le bébé qui ne sera pas prêt et ne sera pas non plus en mesure de le faire.

LE PROCESSUS DU DEVENIR PARENT : DU PROJET ENFANT JUSQU'À LA GROSSESSE

Les étapes du processus

Les questionnements et réflexions indispensables à entreprendre

Le fait de devenir parent implique déjà une préparation mentale et physique (le corps se modifie tout au long de la grossesse) à accueillir, accorder une place à ce bébé et également l'apprivoiser, le découvrir au cours de la grossesse à travers le toucher et les ressentis et également lors des échographies où les futurs parents voient leur bébé sur l'écran.

Le temps de la grossesse prépare à devenir parent. C'est un processus qui nécessite des étapes que le futur parent franchit comme des caps. Le devenir parent demande aussi du temps pour se préparer à la rencontre avec son bébé.

Les étapes du devenir parent amènent des bouleversements physiques et psychologiques durant la grossesse, ou durant le temps d'attente en cas d'adoption. Il s'opère un processus où les personnes rentrent dans la phase du devenir parent et de l'accueil de leur enfant.

C'est une phase de préparation mentale durant laquelle les parents se projettent dans ce rôle, jusqu'à l'accueil concret et physique de l'enfant.

Nous comprenons déjà les difficultés parfois rencontrées par les futurs parents qui découvrent la grossesse tardivement et pour laquelle le temps de préparation mentale est donc très écourté.

Par exemple, dans les cas de déni de grossesse, le processus mental qui est utile pour se réajuster, s'adapter, se préparer n'est pas présent ou très raccourci. Les futurs parents doivent alors trouver des moyens d'adaptation.

Lorsque les futurs parents sont dans ce cas de figure, il est d'autant plus important pour eux de pouvoir se faire accompagner et soutenir, afin d'être aidés à trouver leurs propres moyens de ressources et d'adaptation sur ce temps plus court.

Le processus de parentalité ne débute pas lors de la rencontre avec le bébé, mais bien avant. Il commence dès que les futurs parents ont le projet d'avoir un enfant.

Dans cette phase, les futurs parents peuvent être amenés à se questionner :

→ Pourquoi ai-je envie de devenir parent ?
→ Pourquoi ce projet est-il important pour moi, célibataire ou en couple ?

Le devenir parent requestionne aussi la confiance en soi du futur parent :

→ Suis-je capable de devenir mère ? De devenir père ?
→ Suis-je capable de devenir responsable d'une autre personne que moi ?
→ Est-ce que j'ai tout ce qu'il faut pour accueillir mon bébé dans les meilleures conditions possible ?
→ Suis-je capable de me faire confiance, de prendre du recul face aux jugements extérieurs et de suivre ma direction telle que je l'entends ?
→ Suis-je capable de sentir ce qui est bon pour moi, pour mon bébé et pour ma famille ?

Le futur parent doit s'affirmer dans sa nouvelle posture parentale, vis-à-vis de l'entourage familial et amical, et également vis-à-vis des professionnels qui l'accompagnent.

Devenir parent demande à vous questionner réellement sur vos souhaits, être et faire en fonction de ce qui est bon pour vous et votre bébé. Cela implique de prendre du temps pour se recentrer sur ce que vous voulez dans ce projet de bébé, comment vous voyez les choses, comment vous envisagez ce projet ? Seul ou à deux ? Comment vous envisagez la place de chacun ? Comment vous envisagez les étapes jusqu'à la rencontre avec votre bébé ? Est-ce que ce projet est lointain, à ses débuts ou est-il mûrement réfléchi ? Est-il récent et vous sentez-vous prêt ?

D'autres questions peuvent surgir :

→ Comment je me sens dans mon intérieur ? Est-ce que je suis prêt à accueillir un être dans mon corps, dans mes tripes ?
→ Comment j'envisage ce début de vie dans mon corps ?
→ Est-ce que ma tête est prête, est-ce que mon corps est prêt à accueillir la vie en moi ?
→ Est-ce que je me sens en sécurité dans ma base ?
→ Est-ce que mon projet est partagé avec une autre personne ou pas ?
→ Est-ce que nous, futurs parents, nous nous sentons en sécurité ?
→ Est-ce que notre base de sécurité commence à se construire et à s'installer en vue de l'accueil de bébé ?
→ Est-ce que j'ai quelqu'un dans mon entourage qui participe aussi à ma base de sécurité ?

Toutes ces questions circulent et nous traversent, lorsque nous avons le projet de devenir parent, lors de l'attente à être enceinte, de la grossesse ou de l'adoption.

Ces temps de questionnements sont toujours présents, que nous ayons une grossesse surprise, attendue, très attendue, très désirée ou miraculeuse. Ce processus est très souvent présent, quels que soient les circonstances et nos vécus dans le devenir parent.

Expérience et témoignage de Paul et Léa

Quels ont été leurs questionnements durant leur phase de projet bébé ?

Léa, 32 ans, et Paul, 35 ans, (ensemble depuis 5 ans) témoignent tous les deux de leurs questionnements et réflexions lorsqu'ils ont commencé à envisager ensemble de devenir parent.

Léa dit « J'ai cette envie au fond de moi depuis longtemps, mais avant que nous ne nous lancions réellement dans la phase, j'ai arrêté la pilule et on a décidé d'avoir un enfant. Je ne m'étais pas projetée concrètement dans toutes les interrogations et questionnements que ça allait engendrer chez moi et au sein de mon couple. »

Elle explique que ça l'a amenée à se poser des tas de questions sur ce qu'elle souhaitait réellement pour son enfant et sur ce qu'elle refusait ou ferait tout pour éviter. Cela l'a replongée aussi dans sa propre petite enfance. Elle a souhaité chercher des réponses qui, jusque-là, lui semblaient complètement inutiles, inappropriées, voire dérangeantes, comme les questions qu'elle a posées à sa propre mère : ses parents avaient-ils désiré la grossesse ou pas ? Enceinte d'elle, cet état de grossesse lui a-t-il été agréable ou pas ? Est-ce que sa mère était bien durant cette période ou pas ?

Cela a occasionné des réponses de la part de ses parents qu'elles connaissaient déjà. Par exemple, ses parents souhaitaient un enfant, cependant, sa propre mère avait été très tendue et angoissée durant la grossesse et particulièrement les derniers temps, juste avant le terme.

Paul, lui, a eu une réaction très différente en ne cherchant pas plus que ça à se questionner sur sa propre histoire, mais il a été surpris de se poser beaucoup de questions sur ce qu'allait engendrer ce bébé au sein de son couple, de sa vie. Il a posé un véritable interrogatoire à sa compagne :

- L'arrivée de cet enfant ne va-t-elle pas nous éloigner ?
- Auras-tu assez de temps pour toi, pour nous, en étant très occupée par le bébé ?
- Cela ne va-t-il pas trop perturber notre façon de vivre ?
- Cela n'aura-t-il pas trop d'impacts sur nos loisirs ?
- Ne vas-tu pas me priver de liberté si tu sens que toi en tant que mère, tu en as moins ?
- D'après toi, sommes-nous prêts tous les deux ?

Nous prenons conscience, à travers ce témoignage, qu'un bon nombre de questions et de réflexions peuvent surgir lors de cette phase de projet de bébé vécue par certaines personnes et certains couples (phase qui n'est pas toujours présente lorsque par exemple la grossesse arrive par surprise).

Expérience et témoignage de Marie et Luc

Un couple, Marie et Luc, raconte que, durant 3 ans, ils ont tenté d'avoir un bébé. Ce couple est donc passé par plusieurs réflexions : « On va y arriver », « Ce n'est pas possible, ce n'est pas pour nous, on ne sera jamais parents... » Et comme ils disent (surtout Marie) : « J'avais une constante obsession de voir cet enfant arriver. »

Puis Marie apprend qu'elle est enceinte et très rapidement des saignements apparaissent. Elle doit être alitée pour espérer garder ce bébé. Le couple n'est qu'au début de la grossesse. Pourtant, le bébé est déjà très présent dans leur tête. Elle explique « Je voyais mon bébé déjà courir dans la pièce, être dans la maison avec nous. » Puis rapidement et brutalement, elle perd le bébé à 8 semaines d'aménorrhée. C'est au tout début de la grossesse, mais l'investissement si présent et la durée d'attente de ce bébé durant 3 ans ont fait que la perte est immense, car ils ont réellement l'impression d'avoir perdu un bébé qui était déjà pour eux bien présent. Ils l'avaient imaginé à la naissance et lors des premiers mois de vie.

Dans cette situation où les parents ont attendu longtemps avant que la grossesse ne se concrétise, ils ont eu du temps pour être dans le processus du bébé imaginé, ce qui engendre parfois des difficultés à revenir à l'instant présent du stade réel de la grossesse. Les pratiques que je propose pourront ramener les parents au moment présent, afin qu'ils puissent être plus objectifs sur le stade précis de la grossesse et éviter d'en brûler les étapes.

Être dans l'instant présent n'empêchera pas aux parents de s'investir et de se projeter avec leur futur bébé, mais leur permettra de se situer et de conscientiser psychiquement et physiquement de chaque étape.

Devenir parent et accueillir l'enfant : les réajustements à opérer dans sa vie

Les enfants vont faire bouger les parents. Le devenir parent peut impliquer des prises de conscience, vécues par les parents eux-mêmes ou faire resurgir des vécus plus ou moins conscients transmis par les générations précédentes.

En effet, tous les enfants ont leurs propres particularités : personnalité, particularités physiques, fonctions psychiques...

Les enfants ont leur propre histoire dès leur arrivée dans ce monde qui est l'empreinte de leur famille, des expériences passées transmises de génération en génération.

Ils ont plein de choses à comprendre, à découvrir et à faire découvrir à leurs propres parents. En effet, l'enfant peut permettre aux parents de mieux se connaître. Il va mettre en lumière certains éléments dans lesquels ils ont besoin d'avoir des prises de conscience afin d'évoluer.

Ce processus implique, pour les parents, d'accepter que les enfants les fassent bouger au niveau de leurs propres croyances, leurs convictions, leurs blessures et expériences passées (plus ou moins difficiles, vécues par eux-mêmes ou acquises sur plusieurs générations).

Le devenir parent implique une ouverture d'esprit et une attention particulière, afin d'être prêt aux belles découvertes que vont vous révéler vos enfants. Cela va vous permettre de vous dépasser, faire émerger des problématiques à résoudre et vous découvrir au fil du temps dans votre aventure de parent.

- **Expérience et témoignage de Gabrielle et Jérémy**

Ce qui a changé dans la façon de penser de Gabrielle lors de son projet d'enfant et au fil de sa grossesse :

Gabrielle est une jeune femme de 29 ans, mariée avec Jérémy depuis 2 ans. Elle travaille dans le milieu de la petite enfance. Avant d'apprendre sa grossesse, elle avait de grands principes concernant l'éducation des enfants, principes auxquels elle ne souhaitait pas déroger.

Je la cite au tout début de son projet d'enfant : « Je suis bien comme je suis, je ne veux rien changer dans ma vie, tout va très bien pour moi. Je veux continuer à faire ce que je veux, quand je le souhaite. Je sais ce qui est important et ce qui ne l'est pas pour un enfant. Je sais ce que je souhaite apprendre à mon enfant. Je souhaite qu'il soit bien élevé, poli, respectueux et je ferai en sorte que mon mari et moi y veillions. Je vois tellement d'enfants autour de moi capricieux et enfants rois. Il est hors de question que le mien soit comme cela, ça c'est clair. Je sais comment me comporter vis-à-vis d'un enfant, je sais faire, je suis très à l'aise pour conseiller les parents qui ont des enfants en bas âge car je sais comment ils "fonctionnent". »

Puis lorsque le projet est devenu concret et qu'elle a appris sa grossesse, son discours a évolué au fil des mois. Je la cite :

« Je n'ai plus du tout les mêmes repères, je suis déstabilisée, je me sens moins sûre de moi. Je n'ai plus autant de conviction. Parfois, je ne me reconnais pas, car je me sens plus fragile, alors que je maîtrise bien le sujet des enfants. Maintenant que je me place en tant que mère, ce n'est plus du tout la même chose. On dirait que je ne sais plus quoi faire, quoi penser, je suis perdue. J'ai besoin de demander très souvent conseil pour mon futur bébé et je suis sans cesse en demande de réassurance. Je pensais avoir réglé certaines peurs chez moi, mais je me rends compte qu'elles refont surface. Je me sentais forte avant la grossesse, je savais régler tous les petits et grands tracas de tout le monde et là, le moindre truc me terrifie quand je me dis que je vais être responsable d'un petit être. »

- **Expérience et témoignage de Camille**

Camille, enceinte de 7 mois, remet en question la place de chacun au sein de la famille.

Camille, déjà mère d'une petite fille de 3 ans et enceinte de 7 mois d'une deuxième petite fille, vit un réajustement en remettant en question la place de chacun, en particulier vis-à-vis de sa petite fille. Elle se sent en effet stressée à l'idée de lui accorder moins d'attention, à cause de la place et du temps que va occuper son deuxième enfant. Elle explique qu'elle a eu, elle-même, étant petite fille, la sensation d'avoir perdu sa place auprès de ses parents. Elle revit la peur que le premier perde sa place, qu'elle ait moins de temps pour elle, peur que sa fille lui renvoie le fait qu'elle ne lui en donne pas assez. Cela occasionne de l'anxiété chez elle, elle se sent plus tendue, stressée et moins sereine. C'est assez perturbant pour elle, car elle dit avoir vécu une première grossesse assez zen et ne comprend pas pourquoi elle se sent autant perturbée lors de sa deuxième. Elle a eu besoin d'un temps de réajustement, de réflexion et de repositionnement, afin de prendre conscience de son propre vécu d'enfant, pour revenir dans un état de sérénité à l'idée d'accueillir ce deuxième bébé au sein de sa famille et le vivre de façon plus apaisée.

Parentalité et bouleversements émotionnels ?

Devenir parent va impliquer l'adulte dans un réel accompagnement au cours des étapes de la vie d'un enfant. Il va renvoyer aux parents leurs propres émotions, tel un boomerang qui viendrait ricocher du parent à l'enfant et reviendrait de plein fouet sur l'adulte.

Le devenir parent implique donc que l'on ait revisité ses propres émotions à un moment donné du processus, lors de la grossesse, de l'accueil et de la rencontre avec le bébé.

Devenir parent peut être aussi la période que l'on peut appeler « détecteur émotionnel ». Je donne parfois l'image d'un bouton sur lequel le bébé ou l'enfant, lors de sa venue, va appuyer, si celui-ci n'a pas été activé depuis très longtemps. Le réactiver peut-être parfois impliquant, voire douloureux pour les parents.

Les étapes du processus du devenir parent et l'arrivée de l'enfant vont parfois même souvent venir chambouler, bousculer leurs émotions, même les plus profondes, celles qu'ils n'ont pas ressurgi depuis très longtemps, soit par un manque d'envie, soit parce qu'ils n'étaient pas prêts, mais le bouton enclenché les pousse à les revisiter.

L'enfant, dès sa conception, est capable de saisir l'état émotionnel du parent et de capter le climat ambiant. C'est en effet le meilleur décodeur, car sa capacité de réceptivité est très aiguisée et cela, dès le début de la grossesse. Il est donc indispensable pour le parent d'être au clair avec son état émotionnel.

Aussi, je vous propose des pratiques qui vont faciliter ce cheminement. Elles vous permettront de poser des mots sur vos ressentis, vos émotions et en prendre de plus en plus conscience, pour savoir y répondre et connaître vos propres besoins en lien avec vos sensations.

Les enfants ressentent les petits blocages non élucidés et ont pour mission de les mettre en évidence, afin que vous soyez ensuite allégés, en tant que futur parent ou parent, et par écho, l'enfant sera également soulagé de cela. Plus il y a de la conscience dans ces blocages, plus ils seront justement levés et allégés.

Il est important que le bébé ne sente pas qu'il est responsable de ces réajustements, mais que cela fait écho à la propre petite enfance de son ou ses parents. Il ne lui appartient pas de les démêler.

Les enfants mettent en lumière des problématiques que les parents doivent plus conscientiser et pouvoir, si besoin, y trouver des réponses.

Il est important que l'enfant entende les émotions provoquées dans ces moments du processus du devenir parent. Lors des débuts de vie du bébé, elles sont liées à leur propre histoire d'enfant et leur appartiennent à eux en tant qu'adulte, mais il n'a pas à en porter le poids. Ce n'est pas leur présence ou leur comportement qui le génère, mais le fait que cela les renvoie à leur propre vécu ; certaines émotions de leur petite enfance viennent se raviver.

Les émotions associées durant ces moments ou étapes de notre propre vie sont plus ou moins conscientes. Les plus bousculées sont celles qui vont laisser émerger des émotions plus profondes, plus enfouies que nous n'avons pas ramenées à la surface, souvent aussi par protection. Le devenir parent implique qu'elles nous reviennent en conscience, et que c'est parfois le moment de les traverser pour mieux s'en libérer.

Nous pouvons alors nous rendre compte, dans ces étapes, que cela va demander aux parents de mieux se connaître, se revisiter, se réajuster parfois un peu plus en profondeur. Ce processus va engendrer une meilleure disponibilité des parents dans l'accueil de l'enfant et dans chaque étape de sa vie.

Mes compétences et mes expertises de sophro-puéricultrice spécialisée dans l'accompagnement à la parentalité vont pouvoir vous aider à vivre plus sereinement ces étapes du devenir parent.

Intérêt que la mère soit sereine et apaisée pour que le bébé le soit aussi

« À la sortie de l'utérus, il y a rupture de l'homogénéité vitale. La structure des neurones se déconnecte. Nous “tombons en panne”. La présence maternelle permet de se rebrancher. L'identité du bébé se dessine au miroir du visage éclairé de sa mère. Le proto-regard, conversation originaire entre la mère et l'enfant est la restauration de ce côté-ci de l'homogénéité vitale in utero. Cette nourriture archaïque permet à l'enfant de se réaccorder à lui-même avant de se réaccorder au monde[6]. »

« Le cerveau du nouveau-né s'organise sur le gabarit des cerveaux émotionnels de son environnement (mère et père)... Les expériences relationnelles avec les premiers objets influenceront le développement des systèmes psychiques pour la vie entière[7]. »

Expérience et témoignage d'Angélique

Angélique a perdu son père durant sa grossesse, puis son bébé alors qu'elle était enceinte de 8 mois.

Elle explique que certaines personnes lui ont dit : « C'est classique, lorsqu'un bébé arrive, quelqu'un part dans la famille et l'entourage, c'est souvent ce qui se passe. » La future mère a alors eu en pensée : « J'aurais préféré garder mon père et perdre mon bébé si j'avais eu un choix à faire, même si cela est terrible. ». Deux mois après, elle perd son bébé également, à 8 mois de grossesse in utero. La culpabilité est alors immense en raison de ses pensées précédentes. Le fait de perdre les deux est très difficile et douloureux pour elle, tellement douloureux qu'elle se coupe de ses émotions. Quelque temps plus tard, elle se souvient : « Je devais avancer et les surmonter, car j'avais un enfant de 3 ans et je devais assurer, m'en occuper et ne rien lui montrer, faire comme si tout allait bien. » Cependant, il est souvent très difficile de faire comme si tout allait quand intérieurement, cela ne va pas.

---

6. Jean-Marie Delassus, « 24. Totalité et principe d'homogénéité », dans *L'Aide-mémoire de Maternologie*, sous la direction de Jean-Marie Delassus, Laurence Carlier, Véronique Boureau-Louvet, « Aide-Mémoire », 2010, Dunod, p. 246.
7. Allan Schore *La Régulation affective et la réparation du Soi*, Les Éditions du CIG Montréal, 2008.

Expérience et témoignage de Jasmine

Jasmine a subi une interruption médicalisée de grossesse (IMG) lors de sa deuxième grossesse. 10 ans plus tard, elle vit une 3e grossesse où elle découvre que tout le côté émotionnel de sa précédente expérience était bloqué. À l'époque, elle n'avait rien voulu montrer à ses proches ni à sa fille aînée qui avait 2 ans et demi à ce moment-là.

Lors de sa troisième grossesse, tout cela a ressurgi. Elle dit qu'elle n'arrête pas de pleurer, ne se reconnaît plus, son entourage également ne la reconnaît plus. Le besoin d'extérioriser son état émotionnel est présent. C'est à ce moment-là que sa tête et son corps ont décidé de le sortir. Cela peut sembler déstabilisant pour la personne. Cependant, si cela se manifeste à ce moment-là, lors de la troisième grossesse, cela démontre qu'elle a besoin de se libérer au niveau émotionnel.

Elle culpabilise d'être dans cet état pour son bébé in utero. Je lui explique que cela est important, à la fois pour elle et pour son bébé, qu'elle s'autorise à libérer son état émotionnel, le laisse s'exprimer. Elle a l'impression d'être à côté du plaisir de cette grossesse, de ne pas être bien. Je lui explique que cette étape de libération émotionnelle lui permettra ensuite d'être pleinement disponible pour accueillir son enfant dans les meilleures conditions, en se libérant des blessures passées, de son vécu difficile lors de sa deuxième grossesse.

La parentalité dans le cas d'un deuil prénatal

Donner la vie peut renvoyer de façon inconsciente à la mort.

Lorsque certaines futures mères vivent des situations de fin de vie durant la grossesse, cela peut s'avérer très perturbant, car celles-ci renvoient de façon plus consciente à la question de la mort. Une maman qui a vécu la fin de vie d'un proche ne s'autorise pas au bonheur de vivre pleinement sa grossesse, car la mort est très présente dans son environnement familial. La femme enceinte, dans ces circonstances, doit faire appel à sa capacité d'adaptation pour pouvoir vivre pleinement ces moments de joie, de plaisir, de partages, d'échanges et de bonheur avec son futur bébé. La future maman n'a pas à faire un choix. Elle peut vivre ses expériences de grossesse et de deuil en concomitance, même si cela peut sembler difficile. La future mère s'autorisera à vivre pleinement ses deux états émotionnels opposés, à la fois de tristesse et de bonheur, qui peuvent se rejoindre du point de vue de l'intensité des ressentis. En effet, lorsque les parents attendent un bébé, cela les renvoie à deux principes opposés pourtant inéluctablement liés : la vie, et en même temps, le plus tard possible, la mort. Ces deux notions sont donc présentes dans le processus de devenir parent. Il est utile de bien savoir les appréhender, les conscientiser, afin de vivre sa parentalité le plus sereinement possible.

Lors du deuil prénatal, les parents ont le besoin de représenter leur bébé bien existant, bien là, autant dans la mémoire du corps que dans leurs ressentis afin de lui laisser une place et de pouvoir par la suite accueillir pleinement un autre enfant.

Expérience et témoignage de Jasmine (suite)

Alors que sa fille aînée avait 2 ans et demi, Jasmine a dû procéder à une IMG en raison d'une maladie grave détectée sur son bébé à 8 mois de grossesse.

La future maman explique que pour faire son deuil, elle a eu besoin de faire exister son bébé. Si elle ne l'a vu que sans vie lors de l'accouchement, celui-ci avait pourtant pris sa place dans son ventre. Elle l'a ressenti, senti bouger. Elle a eu une relation intime, étroite avec ce bébé. Elle lui a parlé, a échangé avec lui durant tout le temps de la grossesse. Il a existé et cette existence doit être inscrite, marquée, reconnue, à la fois par la mère pour qui c'est bien présent, puisqu'elle a ressenti ce bébé, mais aussi pour l'autre parent. L'entourage aussi qui vit les choses de l'extérieur peut avoir tendance à passer vite à autre chose, à ignorer ou à éluder le sujet de ce bébé. Ceci est d'autant plus violent pour les parents, car cela renforce son absence alors qu'il a bien été là, et a autant sa place dans la famille que les autres enfants.

Ces bébés s'appellent souvent des « petits anges » et les mamans se font appeler « mamanges » pour rendre ces bébés bien là et qu'elles soient, elles aussi, reconnues comme des mères à part entière, malgré l'absence du bébé.

Les mères « mamanges » peuvent se répéter ces mots, ces phrases, adressés à leur bébé :

« Bébé, tu as été, mais tu n'es plus. Tu es toujours là, tu as toujours ta place. Tu as existé dans mon corps et ma tête et maintenant, je me sens prête à passer à autre chose... »

Le bébé a en effet réellement pris une place physique et aussi psychologique dans le corps et l'esprit de la mère – un marquage auquel a pu participer l'autre parent.

Même au tout début de la grossesse, le bébé a été à un moment donné vivant, présent. Les parents lui ont fait une place, dans le cas d'une grossesse désirée comme dans celui d'une non désirée. Les parents ont ensuite investi cette grossesse et la perte est d'autant plus grande, d'où la prise en compte de l'accueil des émotions multiples, l'accompagnement, la libération par la parole où ils posent des mots sur ce qu'ils vivent et ressentent. L'enfant n'a pas pu vivre dans le monde extérieur, mais il a tout de même eu une vie in utero. Il est important que les parents s'autorisent à passer par les étapes de libération des émotions. L'entourage également peut le faciliter, même s'ils n'ont pas le même vécu ni le même niveau d'implication. Il est indispensable que les parents puissent évoquer ce bébé, afin de lui donner vie, même si le deuil est intervenu très tôt durant la grossesse ou plus tardivement près du terme.

Ils ont besoin d'en parler, de faire vivre cet être qui compte pour eux et où la mère a été imprégnée, à travers son corps, de sa présence.

Expérience et témoignage d'Eva

Eva a perdu son bébé à 8 mois et demi de grossesse. Elle décrit la présence de son bébé ange et exprime lors d'un entretien en quoi il est primordial et même vital de rendre son bébé présent dans sa vie. En effet, elle explique que celui-ci fait partie intégrante de sa vie. Il a sa place au sein de la famille, son frère et sa sœur connaissent son existence. Ils n'étaient pas encore nés, puisqu'il s'agissait son premier enfant, mais elle ne leur a jamais caché l'existence de Lucas, leur grand frère.

Elle dit souvent ces paroles en s'adressant à son fils :

« Tu as été dans mon corps, dans mes tripes, dans mes entrailles, tu es gravé dans mon cœur, dans mon âme et tu n'es plus là, mais en même temps, tu es partout à la fois. Je te sens et te ressens partout ; cela me fait du bien et me rend paisible de nous savoir tous les deux apaisés. »

Expérience et témoignage de Lucile

Lucile a vécu une fausse couche à 5 mois de grossesse. Souvent, on lui dit : « Tu ne sais pas ce que c'est, toi, ce qu'on peut ressentir, tu n'es pas maman. » Cela est très dur pour elle, car elle a porté ce bébé en elle, l'a investi physiquement et psychiquement. Lorsqu'on lui renvoie « Tu ne sais pas ce que c'est que d'être mère », cela est très violent, parce qu'elle se sent, se ressent mère. Même si elle n'a pas un enfant physiquement, elle souhaite être reconnue comme telle par l'entourage et la société dans son ensemble.

Elle a laissé cette place à cet enfant dans son ventre. Il a été là, elle a été mère et souhaite le rester toute sa vie. Elle a beaucoup de mal à supporter de devoir être dans une sorte de revendication alors que pour elle, c'est son statut et qu'elle n'aurait pas à devoir le revendiquer...

Elle est sereine et apaisée quand on la reconnaît et qu'on la sent mère. Cela la conforte dans ce qu'elle ressent dans son quotidien depuis qu'elle a porté ce bébé en elle.

Grossesse : les différentes étapes du devenir parent

Première phase du projet bébé

Prendre conscience de cette étape à travers ses émotions, ses ressentis, l'écoute de soi, de son corps et de l'autre permet de déjà accueillir l'idée du bébé dans de bonnes conditions. Pour cela, je me mets déjà dans une écoute de moi-même et de l'autre parent, de ce que nous sommes afin de prendre conscience de ce que nous voulons en tant que parent et de ce que nous souhaitons tous les deux dans ce projet de bébé.

L'approche sophrologique portée sur l'attention de ce qui se passe en nous dans ce début de réflexion sur le devenir parent est utile pour les futurs parents dans leur propre renaissance et dans l'accueil de leur futur bébé. Qu'est-ce que nous voulons ? De quoi a besoin notre futur bébé pour s'épanouir, évoluer et se développer dans un environnement le plus serein possible à la fois pour lui et pour les futurs parents ?

Pourquoi le couple parental s'est-il choisi ? Que va-t-il s'apporter mutuellement pour ce projet de bébé ?

L'expérimentation de la sophrologie va permettre aux futurs parents de bouger, de prendre du recul, de la hauteur, d'aller dans leurs ressentis, dans une réelle écoute de soi, avant l'accueil de leur enfant.

Par diverses pratiques de sophrologie, le futur parent peut passer par différentes étapes.

Le temps de la réflexion s'étire tout au long du projet bébé, pendant la grossesse (la phase du bébé imaginé) puis lors de la naissance (le bébé réel). La sophrologie va permettre, si l'une ou plusieurs des étapes n'ont pas été présentes, de pouvoir les expérimenter, si le parent en ressent le besoin.

Deuxième phase durant la grossesse

La future mère peut se murmurer au fil de la grossesse ces mots et ces phrases qu'elle s'adresse à elle-même et également à son bébé in utero : « Je m'écoute, j'écoute mon bébé, ses ressentis et les miens pour m'adapter et lui permettre aussi une sérénité, tout en étant dans cette attention bienveillante. Je m'écoute, je te sens, je me sens, je ressens des sensations, j'accueille ce qui se passe en moi. »

La future mère est dans l'attention, l'écoute d'elle-même et de son bébé. C'est important de le faire dans la sérénité et non d'engendrer de craintes particulières. Il faut agir de la façon la plus spontanée, la plus naturelle possible. Durant ces phases d'attention particulière, elle peut se dire en elle-même : « Cela va pour moi et pour toi, mon bébé, tout va bien même si nous sentons, ressentons. Cela se fait le plus naturellement, le plus spontanément et sereinement possible. » Cet état d'accueil de ce qui est, ce qui se passe va permettre à la future mère de pouvoir l'assimiler et de s'adapter à son rythme, sans avoir peur, sans le refouler. En effet, si certains ressentis et certaines sensations sont refoulés, ils pourront parfois ressurgir en étant parfois amplifiés par des craintes, du stress et de l'anxiété.

Accueillir ce qui est, ce qui se vit en soi et autour de soi et ce que vit son bébé in utero pourra permettre à la future mère de se laisser porter, comme elle porte son bébé, et de laisser les ressentis, les sensations s'exprimer naturellement dans la bienveillance. Ce principe d'accueil est également utile pour l'autre parent qui peut également l'expérimenter et en retirer les bénéfices.

La mère ressent le bébé à travers sa corporalité. Le bébé se dit : « Je suis en lien, en contact dans le ventre de ma mère et je montre que j'existe. » Le bébé va montrer sa présence à travers ses mouvements, les sensations internes qu'il provoque, ressenties par la mère et également les sensations externes que l'autre parent peut ressentir, par exemple lorsqu'il pose sa main sur le ventre de la future maman. Elle ressent le bébé à l'intérieur de son corps, mais il en va de même pour son conjoint à travers les sensations externes et les sens : le toucher, le contact de la main, de la tête posée sur le ventre de celle qui porte le bébé.

Ces temps de lien et d'écoute, de sensations, de ressentis, à travers les pratiques que je propose entre le bébé in utero et ses parents, permet d'instaurer de l'apaisement et de favoriser un lien serein.

Troisième phase : la dernière ligne droite avant l'arrivée du bébé

Lors de cette phase, le ventre s'alourdit, devient plus présent, au vu de l'arrivée imminente du bébé. De l'appréhension peut apparaître, par exemple la peur de l'accouchement, la peur de devenir parent concrètement, la peur de la responsabilité d'un être. L'adulte prend conscience au fur et à mesure que le nouveau-né concret va bientôt être là. Il va devoir trouver ses marques.

Les parents vont aussi devoir trouver leurs marques. Le bébé ne sera plus à l'intérieur, mais à l'extérieur de ce monde, ce qui peut générer des craintes. Le nouveau-né va arriver dans ce monde extérieur et ne sera plus protégé comme il l'était dans le ventre.

L'idée, aussi sous-jacente, plus ou moins consciente, chez le futur parent et en particulier la mère, est qu'en donnant la vie cela implique aussi une notion de mort ultérieur, le plus tard possible.

La future mère a eu son bébé in utero que pour elle, dans son corps, et il va maintenant être partagé avec d'autres, une fois venu au monde. Cela peut être parfois compliqué à gérer pour certaines.

La future mère dans la dernière ligne droite avant l'accouchement peut passer par la prise de conscience suivante : « J'accepte que mon bébé m'échappe un peu. » Cela peut d'ailleurs être le premier pas dans le processus qui mène à l'accouchement.

Expérience et témoignage d'Olivia

Olivia a pris peu de temps pour elle et son bébé durant la grossesse.

Âgée de 30 ans lors de sa première grossesse, Olivia dit avoir très peu pris le temps pour être à l'écoute d'elle et de son bébé. Elle explique qu'elle regrette que ce temps soit passé. Elle était trop prise par son travail avec la volonté de continuer son activité jusqu'au terme, afin de décaler d'autant son congé maternité. Maintenant que son bébé est là, elle se dit : « Ces moments aussi étaient si précieux et j'aurais pu chaque jour, me poser avec mon bébé. » Elle a vécu sa grossesse sur les chapeaux de roues, et lorsqu'elle revient sur ces moments, elle regrette de ne pas s'être autorisée à prendre ne serait-ce qu'un tout petit temps chaque jour pour se poser et rentrer en relation avec son bébé in utero à travers la voix, le toucher, le silence et des pratiques telles que celles de ma méthode dont elle voit réellement l'intérêt et les bénéfices.

Le fait que la future mère s'habitue à prendre quelques minutes pour elle, pour entrer en relation avec son bébé in utero, pour se relier et se connecter à lui de façon spontanée peut lui être bénéfique. En effet, cela lui demandera moins d'effort, par la suite, lorsque le bébé sera là physiquement, pour se mettre en totale connexion avec son nouveau-né. Cela l'habituera aussi à prendre un tout petit temps pour elle si utile pour préserver ses ressources et ses forces les premiers jours et mois de l'enfant. Si elle l'expérimente peu durant la grossesse, ce sera plus compliqué pour elle, car elle ne l'aura pas intégré comme une sorte d'automatisme.

Expérience et témoignage d'Emma

Emma souffre d'une endométriose profonde depuis son adolescence. Elle décide à 37 ans d'avoir un enfant avec son conjoint. Elle consulte plusieurs médecins et le verdict est le suivant : « Il faudrait un miracle pour que vous parveniez à être enceinte... »

Voici plusieurs exemples de phrases qu'Emma a entendues de la part du corps médical ou de son entourage, marquantes pour elle-même lors de son parcours du devenir parent, du fait de son endométriose profonde :

Paroles du personnel médical ou paramédical

- « Qu'est-ce qu'on va bien pouvoir faire de vous ? »
- « Vous avez moins de 3 % de chance. »
- « Votre cas est très compliqué, vous aurez du mal à trouver un hôpital qui accepte de vous prendre en charge. »
- « Vous devriez penser fortement au don d'ovocytes ou à l'adoption, car cela semble mal engagé. »
- « Le processus de la fécondation in vitro va vous engendrer des douleurs, vous êtes prête à souffrir encore avec tout ce que vous avez déjà souffert ? »

Paroles de l'entourage
- « Es-tu sûre que cela vaut le coup ? »
- « Ne mets-tu pas trop ta santé en danger ? »
- « Est-ce bien raisonnable ? »
- « Tu te lances dans quelque chose qui peut vous apporter plus de problèmes que de bonnes choses. »

À l'inverse, Emma a aussi entendu et pu imprégner des phrases qui l'ont aidée :
- « Vous pouvez y arriver, il suffit d'une fois et cela peut être la bonne. »
- « Je connais une femme, qui, après des années de tentatives, est tombée enceinte naturellement à 45 ans. Tout est possible ! »
- « Donne-toi toutes les chances pour y arriver, pour ne pas avoir de regrets. Le plus dur, c'est les regrets, ce n'est pas d'avoir tenté l'expérience. »

Emma s'est alors recentrée sur son couple, sur leur confiance mutuelle, afin d'être la plus sereine possible, dans chacune des étapes de ce long processus. Ils ont pu garder la confiance dans leur projet en accueillant ce qui se passait, en le vivant pleinement, en acceptant les hauts et les bas de ce parcours difficile, et le miracle est arrivé ! Emma est tombée enceinte après plusieurs essais et des mois d'attente.

Ma méthode accompagne les parents dans ces étapes d'ascenseur émotionnel. Ils peuvent passer de l'espoir à des moments de déception, d'accablement.

Mon accompagnement leur permettra de prendre plus conscience de ce qui se joue, de vivre pleinement ces moments en libérant ce qu'il y a à libérer et surtout de pouvoir vivre ces instants assez compliqués de la façon la plus sereine possible.

LES NOTIONS ESSENTIELLES À RETENIR

POURQUOI CRÉER UNE BASE DE SÉCURITÉ ET DE SÉRÉNITÉ POUR SON ENFANT ?

Un projet bébé se réfléchit et se réalise à deux. C'est déjà un début de construction de sécurité, de fondations de base pour accueillir son bébé. Si ce projet est réalisé ou vécu par une seule personne, soit par choix soit imposé, il est intéressant de penser également à une tierce personne (entourage ou professionnel) qui va symboliquement sécuriser la mère et le bébé.

À l'arrivée du bébé, la maman pourra revenir à cette base de sécurité, essentielle pour l'équilibre physique et psychique est vitale pour le bébé. C'est dans ce « tapis » de sécurité que l'enfant va pouvoir ensuite aller et venir au début, quand il commence à se déplacer, en rampant à 4 pattes puis en marchant. Il va pouvoir s'éloigner et revenir à cette base de sécurité, quand il en aura besoin. La mère de son côté aura aussi sa propre fondation de sécurité extérieure.

Il est nécessaire de revisiter sa propre sécurité interne, afin de se sentir apaisé et serein.

La revisite de la propre base de sécurité interne des futurs parents leur permet de mieux en prendre conscience, afin de pouvoir si besoin la réajuster, la réparer, la solidifier et créer des nouvelles bases.

Plus le parent a conscience de celle-ci, plus il pourra se poser et se reposer sur cette base.

Il replace des pierres, en rajoute, en restaure quelques-unes pour reconstruire ses propres fondations avec son propre ciment. Il pourra se reposer et marcher sur un sol stable et solide et le renforcer aussi avec une tierce personne.

Plus le parent, lors de son projet de bébé, prend conscience de cette base de sécurité interne, plus il sera en mesure de réparer certaines parties, renforcer certaines zones, afin d'éviter les trous, les mailles trop larges et ainsi créer sa base et celle du nouveau-né.

L'enfant pourra tout naturellement se reposer sur cette base sans avoir peur de tomber dans un trou trop béant et trop important. Il pourra s'allonger, se lover dans ce nid solide où il saura qu'à tout moment, le parent peut rajouter du ciment et le solidifier s'il a besoin, sans crainte, sans frein, en le faisant le plus naturellement et le plus spontanément possible.

Le parent et le bébé en devenir peuvent alors tous deux et avec le support aussi du creux de la main d'une autre personne se reposer sur cette sphère, cette base enveloppante, sécurisante, chaleureuse à chaque fois qu'ils en ont besoin au cours de la grossesse, du début de vie et plus tard. Le bébé commence sa vie en se lovant sur cette base de sécurité qu'il pourra retrouver quand il en aura besoin.

On retrouve cette même base en haptonomie. Elle se situe au niveau du sacrum. En sophrologie, elle se situe au niveau de la zone du bassin, du sacrum et du ventre. C'est dans cette zone que l'on retrouve sa base de sécurité et cette paix intérieure de référence.

Le bébé commence sa vie sur cette base d'abord symbolique, puis dans le ventre dans lequel il est posé dans l'utérus, contenu dans cette bulle sécurisante qui est la base de sa propre sécurité.

L'enfant, grâce à l'approche sophrologique, pourra revenir à cette base et retrouver sa propre sécurité, trouver ses propres moyens de réassurance dès le début de sa vie et les augmenter au fur et à mesure par ses propres moyens en fonction de son âge, de ses possibilités et du contexte. Il pourra l'utiliser dans son quotidien pour une meilleure adaptation dans sa vie.

« Je me pose, je me laisse bercer, m'envelopper dans ce cocon qui m'apporte toute la sécurité intérieure dont j'ai besoin. »

L'approche sophrologique permet de poser des bases essentielles de sécurité interne à la fois chez le parent et chez le bébé et de garantir un accueil serein et apaisé.

Si le parent n'a pas conscience de cette base, il ne sait pas comment s'y poser, s'y reposer. Il est donc plus difficile pour lui comme pour son bébé de trouver sa sécurité interne.

Intérioriser et conscientiser notre propre base de sécurité interne permet de solidifier, réparer, construire voire reconstruire ses fondations.

Le bébé aussi, s'il n'a pas ou peu de bases, peut tomber dans les creux, les trous des fondations ou s'accrocher aux fondations en faisant un effort.

Il a besoin, pour pouvoir se développer, grandir, explorer, de se poser, se ressourcer sans effort particulier sur des bases solides et stables sur lesquelles il se sent totalement en confiance et où il peut se laisser aller en toute quiétude.

À partir de ce cocon construit dans lequel il peut se poser, il pourra ensuite trouver ses propres moyens de réassurance au fil du temps lorsqu'il grandira et revenir à cette base de sécurité initiale dès qu'il en aura besoin.

Expérience et témoignage de Jess

Jess a vécu un stress qui n'a fait qu'accroître durant la grossesse. Ce stress a généré une hypertension maternelle lors du dernier trimestre à 27 semaines de grossesse. Le bébé est né à 35 semaines par césarienne.

Pour Jess, très tendue de nature, l'anxiété et le stress se sont accentués lorsque le corps médical lui a annoncé son hypertension et ont été amplifiés par une culpabilité en lien avec les risques possibles sur son bébé in utero. L'idée que son corps n'était pas capable de veiller sur son bébé ne l'a alors pas lâchée. Une césarienne a été programmée. Mais la future mère n'a pas libéré ni diminué son angoisse. Ses tensions se sont accumulées. Le bébé in utero a également ressenti ces tensions.

Il est important de pouvoir agir sur ce stress et de pouvoir le diminuer, le libérer à travers ma méthode et les pratiques que je propose au fil de la grossesse.

COMMENT INSTAURER LE LIEN DE SÉCURITÉ ET DE SÉRÉNITÉ ?

- Par le toucher : les câlins vont augmenter l'hormone de l'amour et de l'attachement qu'est l'ocytocine.
- Par les neurones miroirs entre les parents et les bébés : ceux-ci jouent un rôle de premier ordre dans la régulation émotionnelle. Par exemple, quand la mère ressent de la peur et que le bébé observe et ressent cette émotion par le biais des neurones miroirs, il va également être dans l'appréhension à l'intérieur de son corps.
- Par l'apaisement et la réduction du stress au quotidien : un stress important régulier ou chronique va diminuer les synapses et les neurones et induire une mauvaise circulation de l'information.
- Par la multiplication des connexions dans chaque acte de la vie quotidienne (signes sensoriels et affectifs, échanges et interactions verbales et non verbales) : la plasticité neuronale, s'active par les stimulations sensorielles, affectives ou corporelles et augmente les circuits neuronaux tout au long de l'enfance.

À RETENIR

Le lien d'attachement sécure n'attache pas mais libère l'enfant et lui permet d'acquérir de plus en plus d'autonomie en passant par l'accueil, l'identification et l'adaptation de son état émotionnel, afin de pouvoir, au fil du temps, acquérir de l'autonomie, grandir jusqu'à devenir un adulte sécure.

Expérience et témoignage de Johanna

Johanna a vécu plusieurs fausses couches avant de mener une grossesse à terme.

Les futures mères ayant subi des fausses couches répétées ont parfois de la culpabilité à s'être coupées de cet être qui était là dans leur ventre. Dans les cas où des fausses couches se sont cumulées avant de pouvoir mener une grossesse à terme, la future mère, par protection, a du mal à rentrer en relation et en interaction avec le bébé in utero. Elle peut par la suite le regretter : « J'ai manqué quelque chose durant la grossesse, car je ne pouvais pas croire qu'elle allait jusqu'au terme. Du fait de mes quatre fausses couches, je n'y croyais plus et ma tête non plus. Pourtant, mon corps gardait bien au chaud ce bébé et j'ai eu la joie de l'accueillir, mais en culpabilisant d'avoir été parasitée durant ces mois de grossesse. »

Expérience et témoignage de Lucie

Lucie a fait un déni de grossesse pendant 8 mois.

Lucie, âgée de 24 ans, déjà maman d'une petite fille d'un an, a découvert sa nouvelle grossesse suite à des douleurs abdominales. Lors d'une échographie de contrôle, elle a appris qu'elle était enceinte de 8 mois. Cette maman explique qu'elle était bien occupée par sa petite fille en bas âge et n'avait pas le souhait d'avoir un autre enfant si rapproché. Il était pour elle inconcevable qu'elle puisse être enceinte, étant donné qu'elle avait déjà un nouveau-né qui occupait beaucoup de son temps. Cette jeune mère explique que lorsque les médecins lui ont annoncé qu'elle était enceinte, elle n'y croyait pas ; c'était pour elle presque irréel. Puis elle a vu son ventre se déployer très rapidement montrant, par son volume, l'avancée de la grossesse. C'est à ce moment-là qu'elle a commencé à prendre plus conscience de sa grossesse et à appréhender de façon plus concrète qu'elle attendait un deuxième bébé qui allait arriver prochainement. La jeune femme explique que cela a été compliqué de pouvoir s'adapter à cette situation de façon si soudaine et qu'elle avait l'impression d'être passée à côté des premiers mois de grossesse de son bébé. Elle avait aussi peur de ne pas avoir assez de temps maintenant pour sa première petite fille et ce bébé à naître.

Les pratiques de la méthode MSVP vont permettre aux femmes qui vivent la même expérience que Lucie de prendre un temps pour se poser et pour mieux appréhender ce qui se passe. Elles pourront également vivre, à travers la visualisation et l'écoute du corps, les différents stades de la grossesse qu'elles n'ont pas vécus et supprimer cette impression de les avoir perdus.

Les pratiques vont être utiles aussi dans l'accueil de ce qui se passe ici et maintenant, au moment présent ainsi que dans l'écoute d'elles-mêmes..

PRÉVENIR LE BURN-OUT PARENTAL

Les parents peuvent être, à l'arrivée de leur premier enfant, dans l'obligation du « parent parfait », concept engendrant une pression importante. Le culte de l'écoute des besoins du nouveau-né, poussé à l'extrême parfois, peut aller vers un total oubli et effacement de l'adulte, comme il ne prend plus ou trop peu de temps pour lui. Dans ce cas, le parent est totalement centré sur l'intérêt et l'amour qu'il va donner à son enfant, dans une forme d'excès, c'est-à-dire en s'oubliant lui-même en tant que personne.

Comme disait Maria Montessori : « Les parents parfaits n'ont pas d'enfant. » Cette citation peut déjà commencer à désamorcer quelques pressions parentales.

Il est essentiel que les parents puissent garder en tête que le bébé qui grandit au fil des mois ne demande pas, comme ils le pensent souvent, une attention continue « H24 » sans jamais se couper d'avec ses parents. Ce qu'il demande avant tout, c'est un équilibre familial, avec des parents en forme (pas dans l'épuisement, ni la charge mentale envahissante) et disponibles pleinement, lorsque cela est possible. Il aimerait parfois que ses parents lui disent qu'ils ne sont pas disponibles, sur un temps court bien sûr, si c'est un bébé. Si la sécurité de base est bien présente et ancrée, cela ne générera pas de stress, d'anxiété et d'insécurité, ni chez l'adulte, ni chez le bébé. À partir du moment où tout est expliqué à l'enfant, il est rassuré. Cela va pour lui-même, même si le parent ne répond pas à toutes ses demandes ou n'est pas disponible non-stop pour lui. Au contraire, le fait d'être tout le temps disponible « H24 » avec son bébé, prêt à répondre à tous ses faits et gestes, peut justement générer de l'anxiété et du stress chez le tout-petit, car il ne pourra pas expérimenter ses propres moyens de réassurance sur des temps courts.

Le culte du parent parfait entraîne aussi des risques de burn-out, car on met la barre trop haut. Les parents sont sans cesse dans le fait de donner et de renvoyer une image idéale en se mettant la pression, en étant très exigeants avec eux-mêmes. Un trop-plein, une surcharge et un épuisement peuvent survenir.

L'adulte doit être disponible et bien conscient de ce qu'il se passe pour le bébé, afin d'être en mesure d'écouter ses besoins et d'y répondre au mieux. Or, en cas de burn-out parental, les actes et la présence sont réalisés de façon complètement robotisée et peu consciente. Être pleinement disponible passe aussi par le fait que le parent doit être dans le plaisir de s'occuper et de passer du temps avec son bébé et prenne bien conscience de tous ces bons moments. Les pratiques que je propose vont pouvoir favoriser cette disponibilité dans le moment présent ainsi que l'écoute de soi et de son bébé.

Le parent bienveillant, adepte de l'éducation positive et du « maternage proximal », peut, à un moment donné, tomber dans le trop, l'excès où l'on veut faire bien, être le parent idéal, parfait pour son enfant, qui essaie de tout combler pour celui-ci de façon constante. Néanmoins, à un moment donné, l'adulte est épuisé et peut tomber dans un burn-out sur tous les plans, professionnels et personnels. Quand cette démarche est trop bienveillante, cela peut devenir excessif : le parent répond aux besoins de son nouveau-né, avant même de cerner ou d'identifier s'il s'agit réellement de son besoin ou du sien. Ceci peut ensuite paradoxalement créer de l'anxiété chez le bébé...

Par exemple : l'enfant se met à pleurer. La mère ou le père prend l'enfant très rapidement dans les bras, sans forcément s'adresser à lui pour lui demander ce qu'il a. La prise dans les bras trop vive est parfois remplie de stress et d'anxiété. Le bébé va donc ressentir ces émotions alors qu'initialement, il n'en avait pas ou peu. Il récupère cette tension, alors qu'il peut pleurer par faim, inconfort, sommeil... ou juste avoir besoin que quelqu'un se penche sur lui avec un regard bienveillant, sécurisant et serein. Parfois, cela suffit à apaiser le bébé, tout dépend de la situation. Le tout est de bien décoder ce qu'il se passe pour le bébé à l'instant t, en faisant la part des choses, ce que cela génère en vous en tant que parent et ce qu'il se passe concrètement pour le bébé.

Il est pour moi important d'aborder la prévention du burn-out lors du projet bébé et du devenir parent, pour que l'adulte prenne un peu conscience de ce risque assez marqué, surtout lorsqu'il devient parent pour la première fois. La pression est déjà importante.

L'enfant, de façon générale, ne demande pas que le parent soit le meilleur et parfait, mais juste lui-même et authentique. L'enfant a besoin que son parent soit vrai avec lui, pas dans un désir de se montrer ou de s'épuiser en s'oubliant totalement. Il doit être bien là, disponible physiquement et mentalement.

La charge mentale lors du projet de devenir parent peut également engendrer un épuisement parental si elle n'est pas allégée, apaisée à des moments.

N'hésitez pas à vous faire accompagner lorsque vous en ressentez le besoin en tant que parent, ainsi que pour votre bébé.

Expérience et témoignage de Stéphanie

Stéphanie, enceinte de son troisième enfant, vit un burn-out parental.

Stéphanie prend conscience qu'elle fonctionne comme un robot dans les tâches à effectuer pour préparer la venue de son troisième bébé. Elle ne prend plus de plaisir à les faire, elle est juste dans l'accomplissement de tâches à exécuter les unes après les autres. Elle dit être dans l'obligation de lister les choses à faire par jour, elle pense que c'est indispensable. Elle s'impose ces tâches, refuse de les déléguer, son mari lui ayant pourtant dit à plusieurs reprises qu'elle en faisait trop, qu'elle devait se reposer et qu'il faisait son maximum pour la soulager. Néanmoins, Stéphanie refuse le plus souvent que son mari fasse à sa place. Elle répond : « J'ai l'habitude. C'est plus simple quand c'est moi qui m'occupe de la maison, des enfants et des tâches quotidiennes à accomplir pour la vie de famille. » Elle s'épuise de plus en plus, dort mal et ne voit plus de sens à ce qu'elle fait, ni l'intérêt, mais ne sait pas et ne voit pas comme fonctionner autrement. Elle a du mal à accepter l'aide que lui propose son mari, souhaite tout gérer, mais à la fois se sent épuisée, à bout. Elle n'en voit plus le sens, mais ne sait pas comment changer les choses. Elle pense ne pas savoir faire autrement, que c'est dans sa nature, de tout gérer, tout contrôler, mais qu'elle n'en peut plus.

Ma méthode pourra aider Stéphanie à lâcher prise sur certains points pour préserver son énergie et revenir à la sérénité, au plaisir, afin d'accueillir son troisième enfant en étant moins épuisée, physiquement et psychologiquement.

Expérience et témoignage de Léa

Léa, enceinte de 7 mois, est submergée par la pression du fait de l'arrivée de plus en plus imminente de ses jumeaux.

Léa explique : « Je me mets la pression pour tout faire parfaitement, préparer au mieux l'arrivée de mes bébés, mais cela me met justement un état de stress important. Je place la barre très haut, ce qui occasionne des cogitations mentales fortes, des difficultés de sommeil. Je ne lâche jamais prise, je veux montrer que je suis au top, en forme durant ma grossesse, épanouie, mais intérieurement, je suis déjà sous l'eau, je suis déjà super occupée par rapport à tout ce que j'ai à penser pour l'arrivée de mes jumeaux, je suis épuisée avant l'heure, accablée par toutes les paroles autour de moi qui me disent : "C'est dur, tu as intérêt à être au top de l'organisation et être robuste, parce que ça va déménager pour toi quand ils vont être là." Or, le problème est que je suis déjà ultra submergée, alors que je suis enceinte pour le moment et que je suis censée avoir du temps pour moi, pour m'organiser. Je suis déjà épuisée et éreintée avant l'heure. Tout me demande un effort surhumain et, plus la date du terme approche, moins je dors, moins ça va et plus la pression s'accélère, majorée par les personnes autour de moi et par mon mari aussi qui, lui, a l'air complètement détaché et ne comprend pas pourquoi je me mets dans un état pareil. Il me dit toujours "On verra bien, ne t'inquiète pas…", sauf que ça n'a pas l'air de marcher, je n'arrive pas à décrocher, je suis sans cesse en train de me soucier de quelque chose depuis que je suis enceinte, que j'ai appris que j'allais avoir des jumeaux et cela va de pire en pire plus la grossesse avance. »

LES 4 PILIERS DU DEVENIR PARENT

Prendre soin de la vie in utero du bébé

Il existe un lien entre le vécu in utero et les difficultés rencontrées par la suite par certaines personnes. Le corps a une mémoire (on parle de mémoire du corps et des cellules) aussi dans le ventre de la mère. Cela veut dire que les cellules de notre corps physique sont susceptibles de garder en mémoire, inscrits comme une trace, des chocs émotionnels non exprimés ou plutôt non libérés lors de la grossesse. D'où l'importance de pouvoir être à l'écoute de son état émotionnel et de pouvoir l'évacuer et le libérer durant cette période périnatale, celai étant aussi utile pour la mère que pour le bébé.

Le bébé in utero ressent ce qui se passe autour de lui à travers son espace utérin.

Les sons de l'environnement sont ressentis in utero par le bébé, d'où la nécessité de poser des mots, d'être conscient de notre état émotionnel lors d'une grossesse. Par exemple, l'effet du stress peut impacter sur le ressenti de la future mère qui ne percevra pas le surmenage, l'anxiété ou la surcharge. Pourtant, son corps et son bébé les ressentent à travers une perception plus instinctive. Ainsi, nous allons expliquer au bébé in utero ce qu'il se passe et permettre à la mère d'être plus à l'écoute pour mieux connaître ses limites, ne pas s'épuiser, accumuler des tensions au niveau du corps, mais également au niveau de la charge mentale qui occasionne aussi du stress et des tensions. Il est utile de faire en sorte de baisser le niveau d'anxiété et surtout que la future mère en ait plus conscience, et soit plus à même de trouver ses propres moyens de détente, de relâchement, lorsqu'elle ressent des zones de tensions.

Apporter de la sérénité et de la bienveillance à l'égard de son bébé demande que le futur parent s'apporte aussi de la bienveillance et de la sérénité : il est essentiel qu'il commence par un processus qui va lui apporter de la bienveillance, de l'amour et de la sérénité. Prendre soin de soi, être attentif à son propre bien-être, s'apporter de l'apaisement et de l'amour, afin de pouvoir en donner à son bébé in utero sans que cela induise un manque ou un vide. L'enfant a besoin de sentir que sa maman et ses parents sont dans la bienveillance aussi vis-à-vis de leur propre personne.

Accueillir ses émotions à chaque étape du devenir parent

Permettre aux parents de mettre en évidence les émotions désagréables et agréables, ce qu'elles nous disent sur le moment, ce dont on a besoin pour s'apaiser, retrouver une forme de sérénité. Ceci permettra de renforcer les premiers liens parent-enfant et de leur donner de la sécurité et de la confiance.

Le stress accumulé et les émotions qui ne sont pas libérées peuvent occasionner des tensions, entraînant aussi des répercussions sur le bébé. Plus l'état émotionnel est évacué, libéré, plus les tensions se relâchent. Grâce à ma méthode, le stress diminue autant chez la mère que chez le bébé in utero qui est connecté aux sensations et aux ressentis maternels. Cela évite que ces tensions soient ancrées et marquées chez lui, au niveau de son propre corps.

Le parent qui est plus connecté aux émotions de son bébé pourra reconnaître plus facilement ses besoins ce qui facilitera sa sérénité et son apaisement.

Elle permet de mettre en lumière l'intérêt pour les adultes d'exprimer leurs sentiments, leurs émotions, pour les aider lors de leur processus de parentalité. Une émotion désagréable mise de côté et ignorée va se renforcer, alors que si le parent s'y connecte et l'exprime, elle va se désamorcer et se libérer, ce qui sera très utile pour sa sérénité globale ainsi que celle de sa progéniture.

S'apporter de la joie et du plaisir lors de la grossesse

Se mettre dans les conditions où l'on éprouve de la joie et du plaisir permet de se sentir bien en tant que parent : activation de la sérotonine (hormone de la joie et du plaisir) lorsque l'on prend un temps pour soi sans culpabiliser, encore moins durant la grossesse où cela est encore plus permis, voire essentiel. Durant la grossesse, la notion de prendre soin de soi, de s'apporter des émotions agréables est primordiale. La future mère ou plus globalement les futurs parents doivent prendre un temps quotidien réservé à la joie même si parfois ils n'ont pas l'habitude de s'écouter, ni de se faire plaisir. Lorsque le bébé sera là, ils auront moins de temps pour cela, mais s'ils en prennent l'habitude, cela deviendra « normal » pour eux. Il y aura donc moins de risques à ce qu'ils oublient en présence du bébé et moins d'épuisement maternel ou de burn-out parental.

Prendre conscience des réajustements et réadaptations à opérer

Devenir parent, comme nous l'avons vu, invite le futur parent à passer par des étapes de réflexions et de réajustements. C'est un processus de transformations physiques et psychiques qui amène de constantes réadaptations. Si vous en ressentez le besoin, n'hésitez pas à vous faire accompagner durant cette période, durant la grossesse, lors de l'accueil de votre bébé, puis de ses premiers jours, mois et années de vie, afin que vous puissiez prendre du recul, mieux conscientiser ce qui se joue, comprendre vos besoins et ceux de votre bébé et trouver vos propres réponses.

Il est essentiel de questionner le temps et l'espace que le futur parent s'accorde durant le projet de bébé et durant la grossesse et de réfléchir à la place qu'il s'octroie et qu'il se donne. Le bébé au cours de la grossesse prend de plus en plus de place. Il faut donc s'interroger sur la place de chacun au sein de la famille, sur le temps et l'espace que ses membres s'accordent à eux-mêmes et aux autres membres. Le fait qu'une personne supplémentaire arrive fait que les futurs parents doivent accorder cette place et ce temps supplémentaire à un nouvel individu, dans le ventre, et qui sera bientôt présent physiquement. Cela ne veut pas dire que le futur parent doit laisser sa propre place au bébé. Le fait de lui accorder une place ne doit pas être au détriment d'une des personnes de la famille. Le bébé ne demande pas à « piquer » la place de quelqu'un, juste qu'on lui fasse une place. En fait, s'accorder du temps et de l'espace procure un équilibre global à la famille et engendre de la sérénité au sein du foyer.

Une image tout à fait représentative de ce concept est celle de la table sur laquelle on rajoute un couvert sans réduire l'espace de chaque personne déjà installée. Le fait d'ajouter un nouveau couvert ne se fait pas au détriment de la place et de l'espace des autres. Cette métaphore peut être intéressante à expliquer quand les aînés d'une fratrie accueillent un nouveau-né et qu'ils se disputent la place. Cela peut sembler également nécessaire pour le parent dans la prise de conscience du processus du « je m'accorde du temps et de l'espace aussi pour moi », afin d'éviter le burn-out ou l'épuisement parental.

Expérience et témoignage de Manon

Manon, mère de 32 ans, a vécu un contexte de stress et d'activité intense durant sa première grossesse.

Lors de la grossesse de son premier enfant, Manon est totalement coupée de ses sensations internes, elle continue à travailler, son activité est intense et stressante, alors qu'elle a des contractions quasi en continu, mais elle est tellement prise par autre chose qu'elle ne les sent pas, ne les ressent pas. Elle a accouché prématurément à 32 semaines...

Elle a pu exprimer lors des séances le ressenti suivant : « J'avais le ventre très dur comme une armure qui se resserre sur moi, mais je n'y prêtais pas attention, comme si je ne le ressentais pas réellement à l'intérieur de mon corps... »

Le stress et le surmenage ne sont pas les seules causes des risques de prématurité, mais cela contribue fortement à en augmenter la prévalence. D'où l'importance de détecter les signaux au niveau du corps en étant à l'écoute de ses sensations internes, afin que la future mère puisse, elle-même, mieux mesurer les limites de son corps à ne pas dépasser. Il peut être utile de s'accorder chaque jour un petit temps pour être à l'écoute à la fois de soi et de son bébé. Cela permet à la future mère de ne pas aller au-delà de ses limites. Elle va ressentir les signaux envoyés par son corps lui-même, puis par son bébé. Il sera donc temps qu'elle se repose, lève le pied et se préserve dans l'intérêt de sa santé globale et de celle de son bébé.

– Chapitre 3 –

CRÉER ET DÉVELOPPER UN LIEN PARENTS-ENFANT ÉQUILIBRÉ DÈS LA NAISSANCE

LA NAISSANCE, LA RENCONTRE ET L'ACCUEIL DU BÉBÉ

Les questionnements et réflexions à entreprendre lors de l'accueil du bébé (naissance, rencontre parents-bébé)

Les parents, à la fin de la grossesse, ont des interrogations :

- → Comment allons-nous vivre ses premiers moments de vie du bébé ?
- → L'enfant sera-t-il différent de ce que nous avions imaginé ou pas ?
- → Est-ce que tout s'est déroulé comme nous l'avions prévu ?
- → Comment nous sentons-nous lors de l'accueil du bébé ?

Si nous nous plaçons du côté du nouveau-né, des interrogations apparaissent aussi :

- → Comment je me sens dans cette première découverte ? Que représente ma naissance ?
- → Comment vis-je ce moment si particulier pour moi ?
- → Quelle place m'accorde-t-on et moi, quelle place j'ai envie d'avoir, dès que j'arrive dans ce monde ?

Les parents doivent être en mesure accueillir pleinement leur bébé tout en étant capable de prendre du recul avec leurs croyances, leurs jugements, les jugements extérieurs, leurs a priori et les croyances générales de la société.

La naissance invite tout parent à accueillir leur enfant tel qu'il est, mais il est souvent difficile de pouvoir être dans l'accueil pur, véritable et authentique, car les conditionnements et les croyances des parents et ceux de la société sont présents.

En effet, le seul fait par exemple que l'enfant soit né prématurément, avec une problématique de santé, un handicap ou ait été abandonné et adopté pose une étiquette sur l'enfant. Cela ne vient pas nécessairement du parent. Cela peut être l'entourage, l'équipe médicale, la société, etc., mais les remarques fusent :

Le bébé se comporte comme cela « parce qu'il est né prématurément », « il a été adopté » ou « il n'était pas prévu… »

Cette étiquette se cristallise tellement que parfois les parents ne se rendent plus compte que l'enfant est défini ainsi, avant même de le présenter comme une personne à part entière.

Lors de la naissance d'un bébé, l'adulte doit veiller à bien garder en tête cette image du bébé qu'il accueille pleinement. Je ne me focalise pas que sur un contexte, une situation ou une problématique de santé, mais je l'accueille, lui, en tant que personne, dans son être. Je l'accueille en ouvrant mon cœur, en le ressentant dans mon corps et dans ma tête, en lui permettant d'être pleinement accueilli de façon authentique, sans poser une étiquette. « Tu es toi. Je t'accueille tel que tu es, ta personne, ton être. »

Le bébé demande, dès sa naissance, à être reçu comme un être unique, singulier. Il aspire surtout à être lui, tout simplement, sans qu'on lui impose une image.

Expérience et témoignage d'Eléa et Gabriel

Eléa et Gabriel sont les parents de Jules, né avec une fente labio-palatine, une malformation à laquelle ils étaient préparés.

Ils expliquent : « Nous savions qu'il allait naître avec cette fente, mais le fait de le voir de visu nous a tout de même frappés. Ce que je retiens surtout de ce moment, c'est que nous n'avons pas pu pleinement accueillir notre bébé, car nous étions focalisés sur cette malformation physique, le fait qu'il allait être opéré, que cela allait peut-être être difficile. Cela a généré beaucoup de stress et d'anxiété chez moi et mon mari aussi qui ne disait pas grand-chose mais était très soucieux lorsque nous avons accueilli notre fils. Je regrette que ce moment de rencontre ait été vécu par nous deux de cette façon. »

Le but de ma méthode va permettre aux parents de pouvoir rester dans le moment présent lors de la rencontre en accueillant pleinement leur bébé tel qu'il est, sans être dans les préoccupations ou les inquiétudes de ce qui va se passer après (opération, soins, prise en charge, etc.). Ils sont pleinement là, présents ici et maintenant et peuvent profiter de ce temps d'accueil en étant moins pris d'inquiétude de l'après. Les pratiques que je propose visent à ce que les parents soient pleinement présents, en conscience avec leur bébé dans ce moment du début de vie, ce qui leur permettra de diminuer leur état d'anxiété et de stress et d'augmenter la sérénité vis-à-vis du bébé.

- **Expérience et témoignage de Lisa**

Lisa évoque son regret de ne pas avoir assez écouté son instinct lors de la naissance de son bébé.

Elle explique : « Lors de la naissance de ma fille Théa, c'était ma première, donc je n'étais pas sûre de moi. Lors de l'accouchement et la naissance, j'étais comme passive. Comme mon accouchement a été très long, j'ai subi la douleur et lorsque ma fille a été là, j'étais comme anesthésiée, coupée de mon corps, de mes ressentis et de mes sensations. Je ne savais pas quoi faire avec elle. Cela m'a beaucoup perturbée et déstabilisée. J'avais besoin d'être accompagnée par l'équipe soignante. Dès la première tétée, j'étais perdue. Comme c'était mon premier bébé, j'ai eu beaucoup de visites de la famille, j'ai passé peu de temps avec elle seule à seule. J'entendais beaucoup d'avis, de conseils de la famille et de l'équipe soignante dès le premier jour de sa vie. Cela m'a brouillée et a diminué ma confiance en tant que mère, qui est censée comprendre et savoir pour son bébé. J'étais coupée de mon instinct, je ne prenais pas le temps de me poser pour percevoir mes besoins en lien avec mes ressentis au niveau de mon corps, ni le temps d'écouter, d'observer mon bébé lors de ses premiers moments. »

Ma méthode va permettre à cette mère d'être dans cet état de conscience modifiée, afin d'être pleinement présente à la fois pour elle et pour le bébé, pour qu'elle prenne le temps de se relier à ce côté très intuitif lors de la naissance. Elle va pouvoir se mettre à l'écoute de ce qu'elle ressent, de ce qui est bon pour elle et son bébé, en prenant un temps de contact via, par exemple, le « peau à peau » ou par le toucher. Les mères reprennent le pouvoir sur leurs ressources et compétences, et par là reprennent confiance. Elles prennent aussi plus conscience des ressources et des compétences de leur bébé et cernent mieux leurs besoins.

L'accueil de l'état émotionnel du parent lors de la naissance

La naissance d'un enfant est une sorte d'arrêt sur image. Le temps s'arrête lorsque les parents accueillent leur bébé. De nombreuses émotions et idées s'entrechoquent :

- La pression d'être les meilleurs parents du monde et la volonté de ne pas s'autoriser d'erreur, de montrer et prouver aux autres qu'on est les plus performants et ne pas montrer de faiblesse ou d'inaptitude.
- Le fait de concrétiser réellement le devenir parent.
- Les émotions qui s'entremêlent : l'anxiété, le bonheur, la plénitude, la peur, la joie, etc.
- La peur de mal faire.
- La peur du jugement.
- La peur d'être responsable de quelqu'un d'autre en dehors de sa propre personne.

Expérience et témoignage d'Alice

Alice, maman pour la première fois, raconte ce qu'elle a ressenti lorsque son bébé est venu au monde et qu'elle a réalisé qu'il n'était plus dans son ventre : « À la naissance de mon fils, Noa, lorsque la sage-femme me l'a posé sur le ventre, j'ai ressenti à la fois une joie immense de découvrir mon bébé et à la fois une profonde angoisse et du stress. En effet, j'ai réalisé à ce moment précis où il est sorti de mon corps que celui-ci ne pouvait plus le protéger du monde extérieur maintenant et cela me pétrifiait et m'insécurisait. »

En lien avec ce témoignage d'Alice, je souhaite proposer des pratiques qui vont permettre de faire en sorte que les jeunes mères vivent ce passage et surtout puissent, au fur et à mesure que la grossesse avance et à l'arrivée imminente de l'enfant, en prendre conscience de plus en plus. Cependant, le plus important est d'être sereine et apaisée, afin d'éviter d'être submergée à la naissance et de mettre plusieurs mois, voire plusieurs années à s'apaiser. Et éviter ainsi que cela impacte également le bébé qui va ressentir les émotions de sa mère, et que le fait qu'il soit en dehors du nid utérin est une zone d'insécurité pour lui.

Expérience et témoignage de Paul

Paul, âgé de 34 ans, est papa pour la première fois.

Il raconte : « J'ai été envahi par une multitude d'émotions lorsque j'ai vu mon bébé naître. Pour moi, cela était assez éloigné lors de la grossesse. Je ne réalisais pas vraiment concrètement la présence de mon bébé, car je ne le voyais pas physiquement et je travaillais beaucoup. Je le voyais lors des échographies sur les écrans, mais ce n'était pas concret pour moi. Lorsque j'ai pu le voir, le toucher à la naissance, j'ai été envahi d'une multitude d'émotions intenses et je n'ai jamais autant pleuré de ma vie, tellement j'étais submergé par cette rencontre concrète où je réalisais que j'étais bien père. Il est bien là, en face de moi, ce bébé, et c'est mon bébé. Je n'étais tellement pas prêt à ces émotions intenses que cela m'a déstabilisé. Je ne me connaissais pas si émotif et cela m'a fait perdre mes moyens, comme si je ne contrôlais pas ce qu'il se passait. Je ne suis pas du tout habitué à ressentir des émotions si fortes. Avec le recul, je pense que si j'avais pu prendre plus de temps pour rentrer en relation avec mon bébé et accueillir ces émotions lors de la grossesse, j'aurais été moins perturbé à la naissance et lors des premiers moments et jours de mon bébé. Comme cela a été intense, je ne savais pas comment me comporter et être avec ce bébé qui était le mien. »

L'application de ma méthode va permettre aux pères qui le souhaitent de rentrer en relation de façon plus consciente et d'accueillir toutes leurs émotions, ressentis et sensations dès la grossesse, afin de mieux les vivre lors de l'accueil du bébé et d'être moins perturbés lors de cette première rencontre.

Ce que cela implique de donner la vie, donner naissance à un enfant pour les parents

Lorsque la mère donne la vie, il y a l'idée aussi plus ou moins consciente de donner la mort, le plus tard possible bien sûr, mais de donner quand même un jour ou l'autre une fin dans la vie à cet être. Cela peut parfois induire une peur inconsciente de la mère qui a de l'appréhension.

Lors de la visualisation et la conscientisation des premiers liens d'attachement, la mère peut avoir l'image du cordon qui la lie avec son bébé, puis il est coupé, et c'est la première séparation vécue des deux côtés à la fois par le bébé et la mère. Il est parfois utile que la mère se prépare à ce moment progressivement à la fin de la grossesse.

Expérience et témoignage de Célia

Le terme du bébé de Célia a été dépassé, la naissance de Jules tarde à venir.

Célia explique les circonstances de la naissance de son fils : « Le terme de mon bébé arrive et je sens que dans mon corps, c'est comme verrouillé, bloqué, comme si Jules ne pouvait pas sortir, ne devait pas sortir. Puis lorsque l'équipe soignante m'annonce que le déclenchement va avoir lieu dans deux jours, je me centre sur moi et mon bébé. Je me pose et j'ai un déclic : je ressens dans mon corps que je bloque mon bébé, j'ai peur qu'il sorte, je veux le garder en moi, le protéger à vie au sein de mon ventre, mais pas à l'extérieur. Je réalise que si je l'autorise à sortir de mon corps, je lui donne la vie, mais aussi la mort, un jour, même si je souhaite bien sûr le plus tard possible. Je bloque tellement l'idée que je refuse ce fait de donner la mort, que je ne permets pas à mon bébé de sortir de mon ventre. C'est comme si je lui disais “Reste à l'intérieur, c'est mieux, c'est plus sécurisant que le monde extérieur. Tu ne dois pas sortir, je ne le veux pas, je ne veux pas te donner la mort, mon bébé, je veux que tu vives." Ce n'est que quand j'ai pris conscience de façon plus concrète cette ambivalence de vie et de mort que de nombreuses mères ont lors de la mise au monde de leur bébé, que j'ai permis à mon corps de laisser mon bébé sortir. J'ai également pu lui parler pour lui donner l'envie de découvrir le monde et lui montrer qu'il peut être en sécurité et qu'il peut arriver dans ce monde. Je suis prête à sa naissance et je suis prête à le mettre au monde ».

En effet, ma méthode va permettre aux mères de prendre conscience un peu plus de ce cap qu'est la naissance, du fait de mettre au monde leur bébé et de pouvoir libérer les peurs et ce que cela implique durant ce moment d'accueil du bébé. Permettre au bébé de pouvoir vivre en dehors du nid utérin est possible, permettre de libérer la mère de ses peurs, afin qu'elle puisse donner la vie plus sereinement. La mise en route de l'accouchement et son déroulement pourront également se faire de façon plus fluide et plus sereine, si cela est plus conscient. Le bébé et la mère vont aussi pouvoir s'accueillir, se découvrir, se rencontrer de façon plus apaisée.

Accueillir un bébé prématuré lors de la naissance

L'enfant naît prématurément avant 37 semaines d'aménorrhée (avant le début du 9e mois de grossesse), la grande prématurité se situant entre 22 semaines (5 mois) et 31-32 semaines (7 mois).

La naissance et l'accueil d'un bébé prématuré vécu par le parent et le bébé

Il existe une réelle différence dans la préparation mentale et le vécu des parents préparés à la prématurité (lorsque celle-ci fait l'objet d'un accouchement programmé) par rapport à ceux qui ne le sont pas (dans le cas d'un déclenchement et d'un accouchement en urgence).

Nous avons vu que le processus du devenir parent demande des réajustements et se fait par étapes, au fil de la grossesse ou lorsque le parent attend son enfant dans le cadre d'une adoption, par exemple. Les parents vont passer du bébé imaginé au bébé réel. Lors de ce temps d'attente, le parent va pouvoir parfois imaginer et prévisualiser le film de sa première rencontre avec son bébé.

Dans ce scénario, les parents peuvent s'imaginer à la naissance, un bébé à terme bien en chair, tout rose, bien portant, qu'ils vont pouvoir cajoler le temps qu'ils le souhaitent et le toucher, lui parler, le garder tout contre eux un temps illimité.

Alors lorsque les parents sont confrontés à la prématurité de leurs enfants, ils réalisent que ces conditions idéales citées ci-dessus ne pourront pas être mises en place et le bébé à terme au joli teint tout rose et tout potelé ne sera pas la vision concrète du bébé qu'ils vont avoir en direct face à eux.

- **Expérience et témoignage de Yasmine**

Yasmine est la maman d'Adam, né à 32 semaines.

« Je ne savais pas ce qui nous arrivait. Je ne voulais pas accoucher, ce n'était pas le moment, c'était très dur pour moi d'accepter que j'allais accoucher maintenant. J'avais peur, pour mon bébé qui naissait trop tôt, peur de ce qui allait se passait pour lui, je n'avais plus le contrôle de ce qui se passait et c'était très angoissant pour moi... »

- **Expérience et témoignage de Lilian**

Lilian est le papa de Lucien, né à 29 semaines.

« J'aurais bien aimé être plus aidant avec ma femme. Je me sentais passif, j'aurais aimé être plus informé sur la prématurité et, surtout, être plus acteur dans ce moment où on nous a annoncé que l'accouchement était inévitable. Mon fils était si petit, si fragile, j'étais abasourdi, j'avais peur de le perdre et cela a été difficile de l'accueillir sereinement, tellement envahi par cette peur de le perdre, qu'il ne survive pas. J'étais trop submergé par cela et je n'ai pas pu soutenir ma femme sur ces moments comme j'aurais aimé. Je n'ai pas non plus accueilli mon fils comme j'aurais aimé le faire. »

Qu'est-ce que cela implique au niveau du vécu pour le bébé prématuré ?

Lorsque les parents sont au préalable préparés, la prématurité arrive dans un contexte où ils ont pu mentalement dérouler les scénarios et ont pu désamorcer des zones d'ombre. Ils ont pu se renseigner au sujet de la naissance de leur bébé prématuré, ont pris le temps d'en discuter entre eux. Ils ont pu également en parler à l'enfant in utero en lui disant qu'il allait arriver plus tôt, ce qui permet aussi d'apaiser le contexte pour les parents et le bébé. Il arrive tôt, mais dans un contexte où il y a moins d'inconnus, ce qui peut avoir un côté plus rassurant.

À l'inverse, un bébé qui naît prématurément sans que ses parents ou lui-même ne soient préparés à l'avance peut sentir cette tension brutale ambiante et en conséquence, être lui aussi assez tendu, car il n'a pas eu le temps d'avoir cette transition, du moins entre l'annonce et le moment où il naît, temps trop court à la fois pour lui et pour son ou ses parents.

Ma méthode est donc importante car à l'annonce de la prématurité, même si le temps entre le moment du déclenchement de l'accouchement en urgence et l'annonce est court, il est crucial de permettre aux parents de pouvoir se poser et d'accueillir pleinement cette nouvelle, de permettre à leur bébé également de la recevoir, pour que cela soit le plus serein et apaisé pour tous.

À quoi les parents vont-ils être confrontés concrètement lors de la naissance de leur bébé prématuré ?

La mère, durant la grossesse, a protégé son bébé à travers l'enveloppe de son utérus et son corps. Dans le cas de l'annonce d'un accouchement prématuré, la mère, consciemment ou pas, va être amenée à devoir mettre un terme à cette protection physique avant l'heure, ce qui peut être assez perturbant. Lorsque cela se passe dans le cas d'une naissance à terme, nous l'avons vu, cela demande à la mère de franchir des caps psychiques, mais dans le cas d'une prématurité, elle est dans l'obligation d'engager ce processus de façon anticipée, ce qui est d'autant plus anxiogène.

De plus, la mère qui avait envisagé au préalable de continuer à assurer la protection de son enfant quand il naît en le gardant près d'elle, en veillant sur lui, va toujours pouvoir le faire dans un contexte de prématurité, mais elle se sentira dépossédée de son bébé, puisqu'il nécessite des soins extérieurs. Elle ne peut pas le garder en « peau à peau » pendant des heures lors de la naissance. Elle doit accepter ces paramètres, car elle sait qu'il est vital pour son bébé de passer par des soins extérieurs, mais intérieurement, ce processus n'est pas si naturel pour une mère.

Mes pratiques permettent de revenir à l'accueil total de ce bébé en prenant en compte sa prématurité. Elles incitent également à la mère à valoriser, dès la naissance de son bébé, le fait qu'elle le protège, qu'elle soit présente pour lui à chaque étape et que, même au tout début, sur les premières minutes de vie, c'est elle qui est là pour lui. La mère n'est pas dépossédée de son bébé et garde le contrôle sur sa protection. Elle est la mieux placée pour veiller sur lui, même si sa prématurité nécessite des soins extérieurs par l'équipe médicale. Le prendre soin passe encore par la mère.

Expérience et témoignage de Judith

Judith raconte son vécu lors de l'accouchement de son bébé né prématurément : « Je me suis littéralement effondrée ; cela m'a paniquée, car je me disais que je n'étais pas capable de veiller sur lui, d'en prendre soin. C'était à cause de moi qu'il naissait à l'avance et, en plus, comme je ne pouvais pas le garder autant de temps qu'un bébé à terme, comme je l'avais fait pour mon premier, j'étais d'autant plus incapable. Je me voyais et me sentais une mauvaise mère. J'avais l'impression d'être dépossédée de cette naissance. À des moments, tout cela allait trop vite ou parfois, à d'autres moments, le temps s'arrêtait et j'étais figée, passive : je subissais la situation, alors que c'était censé être l'un des plus beaux jours de ma vie. »

Les pratiques de la méthode MSVP vont permettre à la mère de reprendre le contrôle de la situation et de repasser à une situation où elle peut agir et protéger son bébé malgré le contexte. Elle est la mieux placée pour lui apporter ce qu'il désire et combler ses besoins, en parallèle des soins médicaux extérieurs essentiels, eux aussi. La mère peut agir concrètement. Il est important que l'équipe favorise cette idée où la mère est actrice, joue un rôle crucial dans les premiers moments de naissance qui seront bénéfiques à la fois pour elle et le bébé et qui seront utiles dans leur apaisement. Cela jouera également un rôle dans la prévention des difficultés dans la construction du lien parents-bébé ou des troubles dans la relation mère-enfant ainsi que dans le renforcement des compétences maternelles et parentales.

• Expérience et témoignage de Cédric

Cédric, papa d'un bébé qui est né à 32 semaines, s'exprime ainsi : « Lorsque mon fils est né et que j'ai pu le toucher dans sa couveuse, j'ai été pris d'une crainte de le casser. Il me paraissait si petit, si fragile. Je n'osais pas le toucher, cela me faisait peur. J'étais comme paralysé, bloqué. Je ne pouvais pas et, en même temps, je me suis senti frustré de ne pas pouvoir le toucher ou rentrer plus en relation avec lui lors de notre première rencontre. »

Ma méthode va permettre aux parents qui ressentent ces appréhensions de les accueillir pleinement, de ne pas hésiter à les partager avec les équipes soignantes. J'ai aussi créé des pratiques qui vont permettre d'accueillir pleinement ces émotions qui peuvent traverser de nombreux parents lors de l'accueil d'un bébé prématuré et de pouvoir être plus conscients de toutes les interactions tactiles et corporelles possibles entre le nouveau-né et le parent, en le faisant de façon plus consciente.

Qu'est-ce qui va favoriser ce lien dans les premiers instants de la naissance d'un bébé prématuré ?

Accueillir les émotions diverses pour s'en libérer et profiter pleinement du bébé prématuré durant cet instant de rencontre lors de la naissance.

Pouvoir accueillir autant les émotions désagréables qu'agréables, pour profiter pleinement, malgré le contexte de prématurité, de la joie d'accueillir et de découvrir le bébé en vrai lors de la naissance.

Favoriser l'idée que la mère continue à prendre soin de son bébé même si la prématurité nécessite des soins, ainsi la mère ne se sentira pas dépossédée de son bébé.

Permettre aux parents de ne pas voir que les fils et le moniteur, mais aussi leur bébé, et pouvoir l'accueillir pleinement en tant que tel et non en tant que prématuré avec des problèmes de santé.

Plus les parents auront pris conscience de la naissance et plus on leur permettra de continuer à avoir ce rôle de parent où ils sont les mieux placés pour prendre soin et veiller sur leur bébé, et mieux ils vivront les soins médicaux lors de leurs tout débuts de vie. Les parents prendront confiance en eux dans leur propre rôle. Cela permettra également au parent de préparer l'après lorsque l'enfant aura passé le cap de prématurité : il aura alors acquis de la confiance dans son rôle et dans son comportement en tant que parent. Sa posture sera beaucoup plus sûre et sécurisante pour l'enfant ; cela fera aussi sens pour lui.

L'accueil du bébé lors de sa rencontre avec ses parents adoptifs

Lors de la rencontre après cette longue attente des parents adoptifs, plusieurs cas de figure se présentent : le bébé qui rentre en lien avec un des parents, ou qui a plus de difficultés à rentrer en relation avec l'un d'eux ou les deux. Le bébé qui ne regarde pas les parents ou bien qui reste fixé sur l'un et ne regarde pas l'autre.

Les parents s'interrogent, se questionnent : « Vais-je y arriver ? Est-ce que mon bébé va m'adopter ? ».

Il apparaît essentiel de prendre en compte l'histoire de l'enfant avant ses parents adoptifs et d'y associer leur propre parcours, leur vécu en tant que personne et leur cheminement plus ou moins compliqué jusqu'à la réalisation de leur projet d'enfant (souvent, il s'agit d'un parcours long et difficile incluant des expériences telles qu'une FIV, une PMA, une IMG, un deuil périnatal ou encore une longue attente avant l'obtention de l'agrément).

Tout parent s'interroge sur le fait d'arriver à bien éduquer son enfant dans le cas d'une adoption. Il doit intégrer sa propre histoire et prendre en compte celle de son bébé qui a eu un passé en dehors de ses parents adoptifs. Le parent adoptif doit inclure dans sa sphère, dans son intérieur, un être à l'extérieur, au fur et à mesure durant le parcours d'agrément et le temps d'attente. C'est aussi une forme de naissance à travers l'accueil de cet être qu'il intègre au sein de son intimité, de sa propre sphère. Le parent peut avoir aussi la pression, peut-être encore plus marquée, de devoir faire le mieux possible pour cet enfant pour qui ses parents biologiques sont absents. Il peut se surinvestir dans son rôle pour combler ce manque en faisant toujours le mieux possible. Le parent est encore plus dans l'obligation de devoir apporter le meilleur à cet enfant, faire du mieux qu'il peut, le comprendre et faire en sorte que l'enfant se sente parfaitement bien également.

La première rencontre de l'enfant adopté et de son parent se fait progressivement, à leur rythme. Chacun s'observe, s'apprivoise en prenant le temps de se sentir, ressentir et se découvrir. Cette découverte de l'autre passe par les sens : le premier regard, le premier contact, le toucher du corps du bébé, le premier câlin timide discret, puis la première étreinte intense. Cela passe également par la voix, les premiers échanges de mots envers le bébé, sa réponse corporelle, sa réponse aussi par le regard, sa façon d'être, de se comporter. Le parent et le bébé doivent aller vers une forme de lâcher-prise, ils vont vers cette rencontre si magique, si particulière et singulière pendant laquelle ils se découvrent pour la première fois.

Tout ne se fait pas lors de cette première découverte qui est déjà très chargée émotionnellement. Il faut laisser vraiment le temps au bébé de se rapprocher de ses parents adoptifs. C'est lui qui choisit le rythme lors du premier contact et autorise ensuite, par l'intermédiaire de ses réactions et de son comportement, ses parents à venir plus près, s'il le souhaite. Cela ne se commande pas, chacun respecte le rythme de l'autre. Les parents et le bébé peuvent être entourés de professionnels, par exemple en pouponnière, une structure où l'équipe est très vigilante à respecter leur rythme, afin que cela se fasse le plus sereinement possible.

Le parent et le bébé se découvrent à la fois dans leurs différences et leurs ressemblances.

Dans le cas d'une grossesse, le bébé est une découverte pour les parents. Il vient du propre intérieur de la mère. Une communication et un lien concret ont déjà été établis entre le bébé et le parent de façon directe, même si parfois la mère ou le père peuvent avoir du mal à créer le lien. Le fait que l'enfant ait déjà tissé des liens directs durant la grossesse dans le ventre peut faciliter le lien lors de la rencontre, car le bébé et le parent reconnaissent la voix et l'odeur qui lui sont familières. Dans le cas d'une adoption, tout est à découvrir, même si bien sûr, de façon indirecte, des liens se sont créés, car le bébé a été préparé par l'équipe soignante qui s'occupe de lui et les parents ont pris le temps de se lier avec leur enfant à travers des sensations, des émotions, des photos, des entretiens pendant lesquels ils ont appris à le connaître davantage. Lors de la rencontre concrète, le lien direct se fait à ce moment-là. L'enfant adopté ne vient pas du propre intérieur de sa mère adoptive et n'a pas été en lien non plus de façon directe avec l'autre parent, mais il a été attendu par eux. Dans tous les cas, le bébé comme les parents se sont préparés à cette rencontre qui prend la forme d'une renaissance pour chacun. Le bébé va ainsi penser : « J'ai eu des parents biologiques, j'ai été dans une attente, dans une forme d'absence, celles de mes parents adoptifs. Là, ça y est, ils sont là, ils sont bien présents pour moi ». Les parents adoptifs, grâce à l'attente et au parcours du dossier d'agrément, se préparent de leur côté, mais ce n'est que lorsqu'ils découvrent leur bébé adoptif qu'ils deviennent parents. Cela est pour eux une forme de validation concrète : « Nous pouvons aussi dire que nous sommes parents. Nous avons notre bébé à côté de nous, concrètement, pour la première fois. » Cela passe aussi par l'enfant qui accueille ses parents, en les apprivoisant. Ils se découvrent mutuellement. Le lien se crée des deux côtés, mais de façon plus intentionnelle ou plus réfléchie. « J'ai décidé de devenir ton parent », et le bébé prend le temps d'accepter ces personnes devant lui, progressivement, comme ses parents. Il y a une forme d'acceptation et d'intégration de l'autre, autant chez l'enfant, que chez les parents. Ils s'adoptent mutuellement, non pas de façon génétique, biologique, mais à travers des sentiments, à travers le cœur et le lien d'amour.

Nous allons découvrir maintenant des témoignages lors des premiers moments concrets de rencontre entre les parents adoptifs et leur bébé.

Les premiers moments de rencontre sont des temps d'apprivoisement, de découverte et d'acclimatation des deux côtés, autant chez le bébé que chez le parent adoptif.

Le temps des premières fois, les deux parties se jaugent, se testent. C'est aussi des moments, lors du temps de l'adaptation, pendant lesquels on se découvre et on se sépare plusieurs fois, avant de se retrouver définitivement lors du retour à la maison. Dans le temps d'adaptation, il peut y avoir encore une forme de retenue et de prise de contact, avant de pouvoir se laisser aller totalement en confiance. Cela prendra un temps plus ou moins long, en fonction des circonstances, du contexte, du vécu de chacun.

Expérience et témoignage de Flore

Flore est la maman d'Elian, adopté à l'âge de 4 mois :

« Nous nous sommes regardés et reconnus de façon immédiate. C'était assez incroyable, comme si l'on se connaissait déjà. Nous n'étions pas des inconnus vis-à-vis l'un et de l'autre. Nous nous reconnaissions même si nous ne nous étions jamais vus. C'était un moment extraordinaire. »

Expérience et témoignage d'Isabelle

Isabelle est la maman de Maxence, adoptée à l'âge de 5 mois :

« C'était assez perturbant, car je m'étais imaginé que l'alchimie entre nous deux allait être immédiate entre une mère et son enfant. En réalité, cela a été plus compliqué. En effet, lors de notre première rencontre, j'avais tellement imaginé ce moment tant attendu, que même si l'équipe nous avait prévenus, j'ai été déstabilisée, car dès que je m'adressais à ma fille, elle tournait le regard comme si elle évitait de rentrer en relation avec moi. Cela m'a, au départ, désarçonnée, même si je savais que cela pouvait arriver. Je ne me suis pas sentie à l'aise et presque blessée, même si je comprenais la réaction de ma fille. La situation était nouvelle pour elle, elle nous découvrait pour la première fois, moi et mon mari, mais inconsciemment, je m'étais imaginé qu'elle allait me reconnaître dès les premiers instants et cela n'a pas été le cas. »

- **Expérience et témoignage de Julia et Maxime**

Julia et Maxime sont les parents de Lucie, adoptée à l'âge de 8 mois :

« Nous avons été bien accompagnés par l'équipe au sein de la pouponnière, et cela nous a permis de nous sentir plus à l'aise, même si ce moment reste tout de même très intense au niveau émotionnel. Même après nous être préparés à le vivre, lorsque notre bébé a été là, réellement en face de nous, c'était comme irréel. Nous avons mis tellement longtemps pour atteindre ce bonheur. Nous avions peur qu'il nous échappe. Il était là devant nous, mais on avait l'impression qu'il pouvait fuir. Il nous a fallu un temps pour nous apprivoiser mutuellement et que l'on s'autorise pleinement à devenir enfant et parents. Je me souviens que mon mari et moi-même nous sommes répétés : "Nous sommes bien les parents de ce bébé qui est là, devant nous. C'est bien réel, nous ne sommes pas en train de l'espérer, ni de le rêver". Nous avions un réel besoin de vivre concrètement ce moment pleinement, en vérifiant toujours – en le touchant, en le regardant, en le contemplant – qu'il était bien là et que nous étions ses parents. »

Le contexte et la rencontre dans le cadre d'un deuil périnatal entre le bébé et le parent

- **Expérience et témoignage de Lucile**

Lucile a perdu son bébé subitement à 8 mois de grossesse. Elle témoigne :

« Je ne me sentais pas bien, j'avais un peu mal au ventre. J'ai décidé de consulter par acquit de conscience et c'est là que tout a basculé. On m'a annoncé que le cœur de mon bébé ne battait plus. C'était irréel pour moi, j'avais l'impression d'être dans un cauchemar et que j'allais me réveiller avec mon bébé et que tout irait bien. Puis j'ai compris que c'était fini. C'était horrible. Je me sentais complètement morte aussi, autant à l'intérieur qu'à l'extérieur. Lors de l'accouchement, il n'y a pas eu de pleurs, qu'un silence interminable comme infini, lourd et chargé. Je ne sentais plus mon corps, ni ma tête. J'avais l'impression d'être un corps vide, qu'il n'y avait plus rien de vivant en moi. Lorsque j'ai pu avoir le corps mon bébé posé sur mon ventre, cela m'a remplie, comme si je me remplissais de l'intérieur et cela m'a beaucoup apaisée. L'impression de vide était beaucoup moins intense par sa présence, son corps posé sur moi. »

- **Expérience et témoignage de Claire**

Claire raconte son vécu lors de la perte de son bébé, juste après sa naissance :

« Il est né et on l'a vite pris en charge. Il était en soins intensifs et on m'a prévenue pour me dire qu'il était en train de partir doucement. J'ai pu le garder contre moi, mais le plus dur a été lorsqu'il a fallu que je le laisse dans cette pièce. C'était insupportable et ma douleur a été innommable lorsque j'ai dû le quitter. J'aurais aimé le garder plus et profiter plus de lui avant de ne plus le voir, car je ne l'ai jamais quitté, il est toujours là, gravé dans mon cœur. »

Nous allons voir, dans la partie mise en application, que j'ai créé des pratiques permettant aux parents dans le cadre d'un deuil prénatal de prendre le temps et de pouvoir s'autoriser à vivre ce moment difficile et intense au niveau émotionnel, afin de s'imprégner pleinement de la rencontre physique avec leur bébé. Dans le cadre d'un deuil prénatal, le fait de pouvoir voir son bébé, s'adresser à lui, le toucher, le poser sur soi aussi est vital et essentiel quand cela est possible. Le parent prend le temps de rencontrer son bébé pleinement et de le découvrir. Cela facilite par la suite son processus de réparation et de deuil.

LES PREMIERS MOMENTS, LES PREMIÈRES FOIS ET LES NOTIONS ESSENTIELLES À RETENIR

Ce qui permet de relier et renforcer le lien lors de la naissance :

L'importance vitale du toucher pour le bébé et son besoin d'enveloppement

Le toucher et le pouvoir des caresses : des contacts vitaux à la naissance

Aucun mot ne traduit mieux une émotion que la douceur, le contact des caresses sur le corps du bébé qui est ultra-connecté au toucher, puisque la découverte de ce qui l'entoure se fait par le toucher et le contact de ses sensations internes et externes avec le monde qui l'entoure. Le bébé découvre d'abord durant la grossesse et son début de vie, son monde, c'est-à-dire ses parents, ses frères et sœurs, ses grands-parents, sa cellule familiale. C'est par le toucher que le bébé prend contact avec l'extérieur, découvre son corps, perçoit les contours et les limites de son corps. Cela lui permet d'en être à l'écoute, mais aussi de percevoir son environnement. C'est par ce sens qu'il est capable de ressentir le climat, l'ambiance et les émotions.

Les caresses, le contact de la chaleur corporelle permettent au tout-petit en ses débuts de vie de se sécuriser, de ressentir l'attention de la personne qui le touche, de rentrer en relation avec elle.

Le bébé se sent sécurisé par ce lien corporel. Il sent qu'il est entouré, enveloppé. Il expérimente des sensations, ressent des émotions comme la joie, le désir, l'attachement à l'autre, à sa figure d'attachement.

Grâce à la mise en application de ma méthode, vous allez pouvoir expérimenter le toucher, le contact corporel et prendre un temps pour vous mettre à l'écoute de ce langage corporel. Plus vous l'expérimenterez, plus vous serez entraînés à écouter votre corps et celui de votre bébé, à rentrer plus en relation à travers ce sens, à davantage observer ce qui se joue au niveau de vos sensations, plus vous gagnerez en compréhension de votre bébé et décoderez son langage corporel.

Expérimentez cela en conscience, en prenant le temps de percevoir et de développer vos ressources, vos moyens d'apaisement et ceux de votre bébé, afin d'aller vers une sérénité, une paix et une sécurité intérieure dès le début de l'existence de votre bébé.

À RETENIR

- Le contact, vertu du toucher, renforce le système immunitaire, rallonge l'espérance de vie, soulage les douleurs.
- Le toucher est indispensable, il apaise l'ensemble du corps et diminue le stress.
- Au niveau de l'état de santé général, le toucher stabilise la respiration (grâce à son utilisation en néonatalogie dans le cadre du « peau à peau », les bébés ont une fréquence respiratoire plus stable), maintient la température corporelle et améliore le taux glycémique.

Des équipes de chercheurs neuroscientifiques se sont penchées sur la question « Quelle influence les caresses et autres contacts bienveillants ont-ils sur la santé ? »

Un documentaire, intitulé *Le Pouvoir des caresses : le toucher, un contact vital*, a été réalisé par Dorothee Kaden et diffusé sur Arte en 2020. Des chercheurs ont étudié la manière dont les circuits nerveux convertissent un geste en sensation agréable, en explorant la fonction du toucher et son lien étroit avec l'état émotionnel. Ils ont établi qu'un même contact peut entraîner des réactions ou des réponses différentes en fonction de l'état émotionnel de la personne qui donne ce geste et de celui qui le reçoit. Cette étude démontre aussi les effets négatifs des contacts physiques distanciés sur le développement psychoaffectif, l'équilibre général et la santé globale du bébé tout comme du parent, et à l'inverse, les bénéfices réels de contacts étroits.

À travers les pratiques que je propose, je permets de favoriser le lien et le contact physique entre le bébé et le parent, dans une approche apaisée et sécure. L'apaisement intérieur du bébé et du parent permet aussi un équilibre, un état de bien-être et de sécurité que le nouveau-né va graver en lui dès son plus jeune âge et qui aura des effets bénéfiques pour lui sur son équilibre à la fois physique et psychique tout au long de sa vie.

L'importance des premiers câlins entre les parents et le nourrisson, mise en évidence par une récente étude scientifique qui s'est déroulée sur plus de 20 ans

Des chercheurs israéliens ont suivi pendant plus de 20 ans une centaine d'individus, de leur naissance à aujourd'hui, pour étudier les effets du temps passé en contact physique avec leur mère au début de la vie. Les derniers résultats dans la revue PNAS (*Proceedings of the National Academy of Sciences*, une revue scientifique consacrée aux différentes disciplines biologiques physiques et aux sciences sociales) révèlent qu'il y a un lien mesurable et bénéfique entre le contact avec la mère et le fonctionnement du cerveau, notamment sa capacité à percevoir les émotions et à faire preuve d'empathie.

Le Dr Ruth Feldman, professeure en neurosciences sociales du développement, également auteure de l'étude, précise : « La proximité du corps de la mère a permis à la mère et aux nourrissons d'être plus en harmonie, plus en phase l'un avec l'autre tout au long des vingt années de leur développement. »

Cette synchronicité de la mère et du bébé permet au cerveau de créer des connexions cérébrales engendrant le développement des capacités d'empathie de l'enfant avec les émotions des autres.

Dans l'étude, trois catégories de nourrissons ont été analysées :
- → les bébés nés à terme, en bonne santé et qui ont eu des contacts réguliers avec leur mère ;
- → les prématurés qui ont été incubés et sans contact physique avec leur mère pendant au moins deux semaines ;
- → des prématurés plus stables où les mères les ont gardés en « peau à peau » au minimum une heure par jour pendant au moins 14 jours consécutifs.

Ruth Feldman affirme : « Nous pensions que la proximité du corps de la mère serait bénéfique pour les enfants pour diverses raisons, pour l'attachement, pour l'autorégulation », grâce, entre autres, à l'amygdale et l'insula.

Les analyses réalisées dans le cadre de l'étude sont issues d'une réelle proximité entre les chercheurs et les enfants et leurs familles afin d'évaluer leurs interactions et de démontrer la synchronie sociale entre la mère et l'enfant. La chercheuse a noté qu'au fil du temps, les interactions sont devenues plus positives et une complicité s'est installée.

L'étude a révélé que les zones du cerveau spécifiquement sensibilisées sont l'amygdale qui permet d'identifier les émotions et l'insula qui fait la liaison entre les signaux du corps et ceux d'une autre personne. Ruth Feldman précise : « Nous recherchions la capacité du cerveau à faire preuve d'empathie avec les sentiments des autres, de la tristesse et la détresse à la joie. »

La professeure en neurosciences affirme : « Ces deux domaines ont été sensibilisés par la synchronisation à vie pour mieux fonctionner, pour être mieux en mesure d'avoir de l'empathie avec les autres. » Pour les chercheurs, les premières années de la vie sont les plus importantes. Le Dr Michael Yogman, pédiatre au Cambridge Health Alliance dans le Massachusetts et qui fait aussi partie de l'étude déclare : « Les parents deviennent plus sensibles aux signaux de leur bébé lorsqu'ils sont régulièrement en contact direct, même si ce n'est pas en "peau à peau". Cela commence à synchroniser les biorythmes, les rythmes circadiens, les variations hormonales et les changements dans le cerveau que l'étude documente. » Les prématurés qui n'ont pas pu avoir de contact au départ dans les premières semaines, « lorsqu'ils sont rentrés chez eux avec des parents aimants et réconfortants, ont quand même développé des sentiments d'empathie. Notre cerveau est résilient, tout n'est pas perdu, mais cette étude montre que la présence des parents dans les premières années de la vie est essentielle. »

Cette étude s'intéresse exclusivement au rapport entre l'enfant et sa mère, mais les chercheurs évoquent que l'impact du père est tout aussi important.

Ruth Feldman déclare : « Lorsque les pères sont engagés dans les soins aux nourrissons, il existe des voies qui rendraient les pères tout aussi bénéfiques pour le bébé. Je suppose que toute relation aimante et stable dans la vie de l'enfant est importante. »

Cette étude prouve que l'amour, la bienveillance et l'attention, ainsi que le contact physique et le lien psychique sécure et apaisé ont réellement un impact sur le développement du cerveau du bébé, de l'enfant et de l'adulte en devenir.

Expérience et témoignage de Paula

Paula, 39 ans, lors de la naissance de sa petite fille Jade raconte :

« Lors des premiers câlins et contacts avec ma fille, j'aurais aimé être plus apaisée, plus détendue. Je ressentais du stress, de l'anxiété, je ne me sentais pas à l'aise. Si j'avais pu me préparer à vivre ces moments, je pense que je les aurais vécus avec beaucoup plus d'intensité et d'apaisement, et ma fille aurait pu être aussi, je pense, plus apaisée, car je la sentais aussi tendue à la maternité, comme si elle me sentait aussi tendue. J'étais démunie, ne sachant pas quoi faire, et plus je sentais ses tensions, plus je me tendais aussi. C'était comme un cercle vicieux. »

Le « peau à peau » à la naissance (premier contact du corps)

Origine du « peau à peau » : cette méthode a été créée par une équipe médicale de Bogota dans les années 1970. Il était destiné à la base au bébé de faible poids prématuré et s'appelait la méthode « kangourou ».

Objectifs du « peau à peau » :

- maintenir la température corporelle du bébé lors de ses premières heures de vie et développer, renforcer le lien entre le parent et le bébé ;
- le nourrisson est rassuré grâce aux battements du cœur, ainsi que l'odeur corporelle.

Le « peau à peau » se pratique dès la naissance du bébé en salle d'accouchement. Celui-ci retrouve un espace connu, celui du ventre de sa mère. Il entend les battements du cœur, sent une odeur corporelle familière. Cela peut également se faire avec l'autre parent. Ventre contre ventre, le bébé découvre son autre parent, reconnaît sa voix et le ressent directement.

Quelques conseils pour le reproduire en toute sécurité :

- s'installer confortablement dans une posture où le parent est redressé et le bébé a sa tête sur le côté, non enfouie, peut-être en position diagonale pour que le parent puisse embrasser le bébé, permet de se regarder en toute proximité ;
- positionner le bébé afin qu'il ait le nez dégagé et le cou non fléchi ;
- avoir à disposition une petite couverture agréable et douce, ou un lange pour le bébé ;
- vous couvrir au niveau de votre corps, épaules et bras, s'il fait frais, afin de maintenir une température corporelle stable pour vous et votre bébé ;
- être en contact direct avec la peau du bébé et la vôtre, avec le ventre du bébé contre votre propre ventre et sans vêtement, ni soutien-gorge pour la maman, ni body pour bébé (petites chaussettes au niveau des pieds du bébé si besoin pour éviter que le bébé ne se refroidisse aussi au niveau des extrémités ; il garde aussi le petit bonnet de naissance également).
- éviter les parfums, afin que le bébé soit bien au contact des odeurs, des sensations olfactives qu'il connaît (odeurs maternelles connues bien repérées et rassurantes pour lui) ;
- positionner votre visage proche de celui de votre bébé, afin de permettre des interactions visuelles et que vous puissiez vous regarder et l'embrasser, lui parler en lui murmurant des petits mots doux et qu'il vous réponde à travers son regard et sa corporalité.

Ces premiers instants de « peau à peau » avec les parents sont précieux et vous permettent de créer le lien directement avec votre bébé

Ces premiers moments renforcent le développement psychoaffectif du duo, la confiance et les compétences parentales. Ils montrent également aux parents dès les premiers moments les compétences du nourrisson, sa tonicité, son éveil et les échanges et interactions qu'il initie à leur égard. Le premier regard perçant, intense, profond qu'il leur adresse est chargé d'intensité. Le bébé rentre à ce moment-là en communication et en lien avec eux.

Le « peau à peau » est très utile pour les bébés prématurés lors du transfert de la salle de naissance à la néonatalogie. Les bébés prématurés stabilisés peuvent passer un temps en « peau à peau » avec l'autre parent pendant que la maman est encore prise en charge au niveau des soins. C'est un premier moment d'échanges et de partage, accompagné par l'IDE puéricultrice présente. Elle va rassurer et envelopper également ce temps. Le professionnel de santé va pouvoir expliquer et montrer les premières réactions et interactions du nourrisson. Cela permet au parent de prendre ses premières marques, de se sentir confiant, entouré et rassuré dans cette première rencontre. Le parent et le bébé prématuré peuvent tous deux ressentir les bienfaits, la sérénité et tous les bénéfices que procure ce tout premier corps à corps.

N'hésitez pas, si vous en ressentez le besoin, à faire appel à l'équipe soignante pour vous accompagner dans les ajustements de position et faciliter les échanges et interactions avec votre bébé, afin de pouvoir réaliser le « peau à peau » dans les meilleures conditions de sécurité matérielle, les postures les plus adaptées, et dans un climat psychoaffectif serein et apaisé.

À RETENIR

Les effets et bénéfices du « peau à peau » lorsqu'il est réalisé de façon optimum sont les suivants :

- maintien de la température corporelle du bébé lors de ses premières heures de vie ;
- développement et renforcement du lien entre le parent et le bébé ;
- contribution dès le début de vie à garantir un développement psychoaffectif équilibré et sécurisant ;
- augmentation de l'ocytocine, l'hormone de l'amour et de la création du lien, qui agit sur le développement et le renforcement du lien d'attachement par excellence. Elle favorise l'attachement entre le bébé et sa mère ou son parent, et éveille le plaisir d'être en lien, dans le plaisir et les sensations agréables reliées à celui-ci ;
- augmentation de la dopamine qui permet de se sentir de bonne humeur et de la sérotonine qui permet de ressentir le plaisir et la joie. Les parents sont donc de bonne humeur et communiquent aussi cet état émotionnel favorable au bébé ;
- apaisement et diminution de la douleur ;
- communication de cet amour mutuel que ressent le parent à l'égard de son bébé. À travers ce contact physique, il ressent l'amour que lui portent son enfant et ce lien d'amour mutuel ;
- apport d'amour dans le corps.
- continuité sensorielle en rappel avec les ressentis et sensations que le bébé a vécu au sein du nid utérin, vers une transition plus sereine de la grossesse à la vie extra-utérine ;
- réduction du stress et activation du sentiment de bien-être ;

→ reconnaissance des compétences parentales et du bébé qui rentre en interaction avec le parent dès la naissance et les premiers moments de vie.

- **Expérience et témoignage de Paul**

Paul, papa de Léandre, a pu expérimenter le « peau à peau » avec son bébé après une césarienne. Il raconte :

« J'ai pu vivre mes premiers moments avec mon bébé en "peau à peau", suite à la césarienne de ma femme. Cela a été un moment très fort. Sentir et découvrir mon bébé si proche de moi, cela est gravé en moi. J'ai pu le sentir, le toucher très rapidement. Cela m'a permis de me sentir aussi plus à l'aise et de le manipuler par la suite. J'ai pris un énorme plaisir à le faire. Cela m'a beaucoup apporté et j'ai aussi senti que mon bébé appréciait ce moment. Ma femme était encore en salle de réveil ; j'ai pu apporter ma contribution à la naissance et sentir que mon bébé avait aussi besoin de moi. »

- **Intérêts**

Permettre de développer et renforcer la confiance et l'assurance des pères. Le « peau à peau » est très bénéfique pour la création et le renforcement du lien. Cela rend les papas acteurs, utiles et leur permet de s'impliquer dans le « prendre soin du bébé » dès la naissance et les premiers instants. Ils se sentent pris en compte et impliqués pour prendre aussi soin du bébé. De ce fait, ils se sentent plus en confiance dans leur fonction de père et aussi plus aidants, rassurants et réconfortants vis-à-vis du duo bébé-maman qui a besoin de ressentir cette sécurité de l'extérieur. Celle du père est essentielle durant les premiers jours et mois à venir, lors du retour à la maison par exemple.

- **Expérience et témoignage de Sara**

Sara lors de la naissance de son fils, né à terme par voie basse, témoigne :

« À la naissance de mon fils, je me suis sentie comme distante, coupée de ce moment, comme si je ne m'autorisais pas ou je ne pouvais pas la vivre pleinement, trop envahie par des émotions et des ressentis intenses que je ne maîtrisais pas et qui m'angoissaient. Je regrette vraiment de ne pas m'être préparée à vivre ce moment en étant plus présente, plus en conscience, moins apeurée et perturbée par tout ce qui se passait en moi. Tout cela me préoccupait intérieurement. Je ne l'ai pas vécue pleinement comme je l'aurais voulu. »

Grâce à mes pratiques et aux pouvoirs de l'imagination et de la visualisation, les mères sont en capacité de préparer leur inconscient et leur corps à vivre le moment de la naissance, de façon plus sereine.

Le besoin d'enroulement physiologique du nouveau-né et du jeune nourrisson

Dans le ventre de sa mère, le fœtus est enroulé et contenu par la paroi utérine. Il sent les points d'appui. Cette idée de se sentir enveloppé est donc primordiale pour lui à la naissance et les mois suivants.

Nous pouvons observer qu'un nouveau-né non contenu, par exemple sur une surface plane, sans contour, peut être rapidement dans l'inconfort. Nous nous en rendrons compte à travers son langage corporel, car il écarte les bras et les jambes, est instable. Il peut aussi pleurer ou faire des mimiques (grimaces, froncement des sourcils), comme s'il perdait pied. Il est déséquilibré, déstabilisé, se sent mal à l'aise et en insécurité au niveau de la posture.

À l'inverse, s'il se sent contenu et enroulé grâce à un lange par exemple ou une petite couverture douce, posée délicatement, ces signes d'inconfort ne sont pas présents. Il peut rester dans la détente et l'apaisement et se sentir en sécurité. Cela se constatera au niveau de son visage qui sera calme et de son corps libéré des tensions. Il est important de permettre au bébé de continuer à percevoir et expérimenter ces sensations d'enroulement et de contenance, expérimentées lors de la grossesse car cela participe à sa sécurité interne.

La sensation de sérénité est alors déclenchée lorsque le bébé est tenu dans les bras lors d'un câlin ou lors du bain (bain enveloppé à l'aide d'un lange, par exemple). Je vous propose dans ma méthode des pratiques que j'ai créées spécifiquement à ce sujet.

Lorsque le bébé est manipulé, porté ou lorsque vous le changez de position, il est indispensable d'avoir toujours en tête ce besoin d'être contenu, enveloppé. Les gestes lents et souples sont également très rassurants pour le bébé et participent au fait que le bébé se sente en sécurité et dans un état de bien-être. Il pourra continuer à expérimenter ces sensations d'enroulement, sentir les points d'appui autour de lui, afin de découvrir ses propres sensations, de même que celles extérieures à son propre corps.

Lors du portage, par exemple, il est essentiel de maintenir toujours les fesses du bébé et de le rassembler en enroulant ses bras et ses jambes. Lorsque vous souhaitez le prendre dans les bras alors qu'il est allongé, par exemple sur une table à langer, il est conseillé de d'abord le positionner légèrement sur le côté et de ramener ses jambes. Il va peut-être instinctivement les replier vers lui contre son ventre, dans une position dite fœtale et physiologique. Ensuite, vous le soulèverez délicatement d'abord par le haut du corps, puis le bas en rassemblant ses jambes et en lui permettant de se poser sur sa base, au niveau du fessier, grâce à vos mains.

L'importance des premières interactions lors de la naissance et premiers moments de vie de bébé

Les interactions se définissent en général comme l'ensemble de phénomènes et d'échanges qui se déroulent entre le parent, le bébé et d'autres partenaires.

Le dictionnaire définit une interaction comme une « réaction réciproque de deux phénomènes l'un sur l'autre ». Dans le cas de deux personnes, la réaction implique une notion de réciprocité et d'interdépendance.

Les interactions et la relation parents-bébé ne se définissent pas comme une relation de causalité linéaire, mais comme l'addition d'une multitude de facteurs à prendre en compte au niveau maternel ou parental et au niveau du bébé. Le psychiatre et psychanalyste Éric Berne a théorisé ce concept sous le nom d'analyse transactionnelle. Selon sa théorie, l'environnement du parent et celui du nourrisson s'influencent l'un l'autre dans un processus continu d'échanges perpétuels qui évoluent, changent, se transforment, s'ajustent en fonction de divers facteurs.

Le couple mère-enfant forme un duo en symbiose indissociable durant la grossesse, où tout comportement de l'un provoque une modification chez l'autre. Lors de la naissance, ces échanges et ces interactions continuent en se modifiant, puisque le bébé n'est plus in utero. Ces influences d'état émotionnel, comportemental de l'un sur l'autre perdurent également au fil des mois. Chacun s'ajuste, se modifie et s'adapte dans ces échanges et interactions mutuels.

Les interactions peuvent être corporelles, dans la manière dont le bébé est enveloppé, porté, manipulé, caressé, touché. C'est ce que Donald Winnicott, pédiatre et psychanalyste britannique, appelle le « holding » qui correspond à la contenance physique. Ses bénéfices sont étroitement liés aux représentations mentales et psychiques associées à ces interactions corporelles. Aussi, il est important que le parent ait, grâce aux pratiques proposées dans ma méthode, des images mentales, des représentations positives et rassurantes lors de ces interactions, car cela va apaiser et renforcer ce lien de façon sereine et équilibrée.

Donald Winnicott décrit aussi le « handling », qui concerne une dimension plus active : la manière dont l'enfant est physiquement porté, manipulé et soigné par les parents.

Il existe aussi une notion de « dialogue tonique » découverte par Julian de Ajuriaguerra. Celle-ci permet un dialogue corporel entre le bébé et sa mère ou son autre parent. Ce psychanalyste a constaté dans ses études qu'il y avait une réelle interaction entre les postures de la maman et du bébé, ainsi que dans le tonus musculaire de chacun d'eux.

Si le bébé ressent de la détente corporelle de la part de la maman, cela va agir sur lui. Inversement, si la maman ressent de la détente de la part du bébé, cela agira aussi sur elle. Si, au contraire, il y a des tensions, des raideurs et des crispations localisées ou généralisées présentes dans le corps de la mère, cela peut affecter le tonus musculaire et le dialogue tonique du bébé et inversement. Cela met en évidence l'importance d'un « peau à peau » réalisé dans les meilleures conditions possible, afin de permettre un apaisement du duo de façon simultanée.

Dès les premiers instants de vie du nouveau-né, la mère et son enfant instaurent un dialogue tonique. Ils communiquent par le toucher, et la mère peut le faire de façons diverses, en effleurant délicatement du bout des doigts son bébé, en le caressant, en l'embrassant. Ce dernier recherche aussi ce contact physique qui est vital et lui apporte une réassurance et un réconfort, lorsque justement le dialogue tonique entre le parent et le bébé est sécure et serein.

Mélanie Klein dans les années 1930 a été la première à mettre en évidence que le bébé avait une vie psychique et relationnelle propre.

Les interactions visuelles, l'importance du premier regard

Les interactions visuelles peuvent être en quelque sorte un premier dialogue d'œil à œil. Le ou les premiers regards échangés constituent un premier mode de communication et d'échange entre le bébé et son parent. Ce premier regard est aussi une première accroche affective de la part de la mère ou du parent. Le bébé qui, dans les bras de son parent, le voit de très près, regarde et enregistre les contours de son visage. Il va ainsi le reconnaître et l'identifier. En regardant et observant, le bébé reconnaîtra et s'apaisera dès qu'il verra ces visages connus qu'il aura imprégnés dans sa mémoire visuelle au fil du temps.

Winnicott a introduit la notion de « miroir » : « La mère regarde le bébé et ce que son visage exprime est en relation directe avec ce qu'elle voit ». Ces propos mettent en évidence l'importance du premier regard bienveillant et sécurisant porté par le parent vis-à-vis du nouveau-né lors de sa naissance.

- **Expérience et témoignage de Lucie**

Lucie à la naissance de son bébé explique :

« Je n'oublierai jamais la première interaction visuelle avec ma fille, quand elle est née. Ce regard si profond, si intense restera gravé dans ma mémoire. Je la revois me regarder et se dire "C'est toi que j'entendais de l'intérieur. C'est bien toi, je te scanne, te scrute et te reconnais". C'était tellement incroyable et tellement fort, je n'oublierai jamais ce regard qu'elle a posé sur moi, si intense, qui me disait alors "C'est toi ma maman." »

Les interactions vocales

Les interactions vocales sont un mode privilégié de communication : elles traduisent des besoins, des ressentis, des sensations du bébé et lui permettent de les exprimer. Les cris et les pleurs sont le premier langage du nourrisson.

Le bébé est très sensible à l'intonation de la voix, dans laquelle il ressent l'état émotionnel dans lequel se trouve le parent. La façon dont ce dernier place sa voix donne le ton et l'ambiance. Cela va permettre de décoder aussi son environnement, comment se sentent les personnes proches de lui et aussi de se réajuster, d'anticiper et de s'adapter. Les interactions vocales, en traduisant les sentiments, vont contribuer à rassurer le bébé, l'apaiser ou au contraire à l'insécuriser, s'il perçoit dans la voix de sa mère ou de son parent du stress ou de l'anxiété. Cela engendrera, au niveau du corps du bébé des sensations et des perceptions désagréables qui entraîneront chez lui des tensions dans son propre corps.

Le bien-être et la sécurité interne du bébé dépendront donc du ton employé. Lorsqu'il dénote une impression de calme, de douceur et de sérénité, le bébé est ainsi apaisé.

Pour John Bowlby, les interactions vocales jouent un rôle important dans l'attachement et permettant aux parents de poser leur voix et leur corps lors des interactions vocales avec leur bébé.

La mère lors de la naissance rentre en communication avec son bébé. Sa voix est souvent en chuchotement au creux de l'oreille du nouveau-né et cela induit chez ce dernier une réponse corporelle dès les premiers instants de sa vie. Une relation sereine et apaisée sera donc instaurée. Nous pouvons observer dans les premiers instants de vie que, dès que la mère parle, cela provoque et entraîne une réponse motrice de la part du bébé, tel un mouvement en simultané.

Les interactions affectives et émotionnelles

Les interactions affectives et émotionnelles correspondent au climat et à l'environnement relationnel entre les parents et le bébé. Comment sont-elles ressenties ? Sont-elles agréables ou désagréables ? Plaisantes ou déplaisantes ? Éveillent-elles du plaisir ou du déplaisir ?

Elles concernent les influences réciproques du ressenti du parent et du bébé au niveau émotionnel.

Daniel Stern (1989) évoque le terme d'« accordage affectif » ou d'« harmonisation des affects » entre la mère et l'enfant. Les émotions ressenties par le nouveau-né et ses parents constituent l'objet même de leur communication dès le début de vie puis lors des premiers jours, semaines et mois. La tonalité affective et le climat émotionnel lors des premiers instants de vie permettent de faire émerger les premiers sentiments et émotions qui vont s'inscrire au niveau du bébé et du parent, que ce soient en lien avec des notions de plaisir, de bien-être, de sérénité, de sécurité et d'apaisement ou bien en lien avec des émotions telles que la tristesse, le dégoût, le rejet, l'insécurité, l'anxiété, la peur et l'angoisse.

Ma méthode va permettre aux parents d'éveiller et de faciliter l'émergence des émotions agréables et sécurisantes, à la fois pour le bébé et les parents, afin de garantir une harmonie et un bien-être, ainsi qu'un lien équilibré et serein au niveau du duo ou du trio.

Les interactions fantasmatiques

La notion d'« interaction fantasmatique » a été étudiée par Léon Kreisler, Bertrand Cramer et Serge Lebovici. Ils prennent en compte dans leurs études l'influence réciproque du déroulement de la vie psychique de la mère et de celle de son bébé, aussi bien dans leurs aspects imaginaires, que conscients et inconscients. Les interactions fantasmatiques conscientes et inconscientes vont être perceptibles lors des interactions et de leurs réponses au niveau du comportement et de leur état émotionnel.

Les fantasmes et l'aspect imaginaire par exemple : la rencontre du nourrisson à la naissance, du parent qui le prend contre lui, dans ses bras, réactive les images du bébé imaginaire que les parents ont investi durant la grossesse et induit, chez celui-ci, une réaction de désir, d'amour ou bien de rejet. Celle-ci va impacter également le bébé et entraîner une sorte de confrontation et de comparaison entre le bébé rêvé et le bébé réel – jusqu'au deuil du bébé imaginaire. L'écart entre le bébé rêvé et réel peut être particulièrement troublant lors de la naissance d'un prématuré ou porteur de handicaps ou de la rencontre entre les parents adoptifs et le bébé.

À RETENIR

- Selon Stern, les conduites d'accordage émotionnel peuvent être observées dans les toutes premières interactions mère et nourrisson.
- Le dialogue tonique et le langage corporel harmonieux et serein entre le bébé et ses parents sont essentiels dans les premières interactions. Il permet de créer les premiers liens directs entre eux, de manière apaisée et équilibrée.
- Le bébé et le parent vont s'accorder mutuellement comme deux instruments de musique lors des premiers moments de vie. Chacun est à l'écoute du langage corporel de l'autre, des émotions et des ressentis qui se dégagent d'eux. Cela s'entremêle et a une incidence et un impact au niveau de l'état général et du bien-être du duo.

Chacun d'eux peut, lors de ces premiers moments de rencontre, donner le ton, le climat, le rythme et l'ambiance.

• Expérience et témoignage de Lina

Lina, lors des premiers moments avec son bébé, aurait aimé apprendre à s'apaiser. Elle explique :

« Durant ma grossesse, j'aurais aimé que l'on me dise ce qui était vraiment utile pour moi, mais surtout que l'on me dise que c'était important que je prenne l'habitude de trouver des moyens d'apaisement et de sérénité, pas que durant la grossesse, mais que cela me servirait beaucoup lors de l'accueil à la naissance de mon bébé. Plus je savais comment m'apaiser et trouver des moyens des ressources, plus je pouvais inscrire et imprégner dans mon corps cette capacité à me détendre durant la grossesse et continuer à l'entretenir lors de la naissance. Je savais qu'il fallait être sereine enceinte et apprendre à l'être, mais je ne savais pas qu'apprendre à s'apaiser devait ensuite continuer à s'expérimenter, s'apprendre lors des premiers moments de vie et que c'était tout aussi bénéfique et indispensable pour mon propre équilibre et pour celui de mon bébé. »

• Expérience et témoignage de Morgane

Morgane, maman de Jules, né à terme, raconte :

« Lors des premiers échanges avec mon bébé, j'ai beaucoup apprécié le "peau à peau", les câlins, le contact, les échanges de regard, pouvoir sentir son odeur, le contempler, le regarder. C'est comme si je continuais encore ce moment de proximité avec lui, mais je regrette de ne pas l'avoir assez fait. De nombreuses personnes de mon entourage ont pris mon bébé dans les bras lors de ses tout premiers jours et je n'ai pas été assez en proximité avec lui. Je ne me suis pas assez autorisée à dire aux autres que mon bébé et moi avions besoin de ce contact, de ce lien et de ces échanges si précieux lors de ses premiers moments. Je ne savais pas non plus à quel point ces échanges étaient importants pour nous, contribuaient à notre sécurité, et nous permettaient de favoriser un lien apaisé pour la suite, à la sortie de la maternité et les premiers mois. Si c'était à refaire, avec le recul je ferais un peu différemment, je pense. »

Ma méthode va vous permettre de continuer à apprendre à vous apaiser en pleine conscience durant ces premiers moments de vie du bébé. L'accueil, la naissance et la rencontre sont cruciaux et essentiels pour la préservation de la santé globale du parent et du bébé car ces moments permettent de garantir un socle de sécurité essentiel pour l'enfant au tout début de sa vie.

La compréhension et la prise en compte des premiers pleurs de bébé lors des premiers jours de vie

Le bébé, lors de l'accouchement, que ce soit par voie basse ou par césarienne, a vécu un moment unique et particulier au moment du passage de l'intérieur à l'extérieur. Il doit tout d'abord s'adapter à ce nouveau monde qui est complètement différent et découvrir toutes ces sensations, ces ressentis qu'il ne connaissait pas auparavant : la faim, la sensation de pesanteur, le chaud, le froid, les sons, les bruits nouveaux, etc. (cf. le chapitre sur les clefs à retenir lors de la naissance et du début de vie du bébé).

Le pleur est un des moyens que détient le bébé pour exprimer ce qu'il ressent. Il montre également à travers ses comportements et son langage corporel comment il se sent. Le parent, dès la naissance et au fil du temps, arrive de plus en plus à décrypter ce que le nourrisson ressent dans son corps. Le parent peut également se faire accompagner par des professionnels de santé et des experts pour décrypter ses comportements et attitudes, afin d'y apporter une réponse adaptée.

Lors de la naissance, les quelques heures qui suivent et les deux premiers jours, le nouveau-né peut avoir un temps où il est comme un peu « sonné » et spectateur de tout ce qu'il découvre, il est encore dans son cocon. Il peut être plutôt calme et dormir beaucoup car l'accouchement, pour lui aussi, a demandé beaucoup d'énergie. Lors du troisième jour, il peut être beaucoup plus éveillé. C'est également le moment de la montée de lait où le bébé doit stimuler et être très actif pour activer et favoriser cette dernière (cf. le chapitre sur l'allaitement).

C'est donc au cours de cette troisième journée que peuvent apparaître les pleurs intenses de décharge du bébé. Le bébé ressort les tensions accumulées, se libère de ses émotions et de toutes les sensations et ressentis qu'il a commencé à découvrir lors des premiers moments de son existence. Le parent découvre ses pleurs intenses. Il est important qu'il puisse comprendre ces étapes de début de vie pour les accueillir et mieux y répondre.

Il faudra bien sûr s'assurer que le bébé ne souffre pas d'une pathologie ou d'un trouble particulier qui peut également générer des pleurs, mais en dehors de problèmes de santé, il peut simplement vider son sac en pleurant de façon intense pour justement pouvoir libérer ses tensions.

Lorsque j'aborde la question des pleurs du bébé qui se produisent en fin de journée et qui peuvent continuer dans la soirée, je dis souvent ceci aux parents : « Pour vous défouler, vous allez faire du sport, courir, danser ou nager. Pour le bébé, le défoulement prend la forme de pleurs intenses pour laisser sortir l'accumulation de tensions. Néanmoins, il faut toujours écarter une cause médicale. »

Le bébé, lors de cette première phase de découverte du monde, a beaucoup de sensations à découvrir. Un de ses moyens d'expression est le pleur. À travers lui, il exprime son désir d'évacuer ou bien un besoin particulier qu'il souhaite que ses parents viennent combler, soit par le contact (toucher vital comme nous l'avons vu), soit par la voix. Il a peut-être faim, chaud (besoin d'être découvert) ou froid (besoin d'être couvert) ou bien, d'être changé, car il se sent inconfortable, mouillé ou souillé par des selles. Le parent va décoder tout cela au fur et à mesure qu'il découvrira les besoins, les envies, les habitudes et le rythme du bébé.

Le pleur interpelle le parent. Le bébé a besoin d'entrer en lien avec lui, avec son monde, afin d'être rassuré et apaisé. Le pleur va lui permettre d'obtenir une réponse sous la forme d'une présence : la voix et le contact physique sont vitaux et essentiels pour lui garantir sa sécurité et sa construction physique et psychique (cf. les chapitres sur le « peau à peau » et les câlins).

À RETENIR

Les pleurs du bébé, à la naissance et lors de ses premiers moments de vie représentent un de ses moyens d'expression. Ils permettent d'évacuer les tensions accumulées et d'entrer en relation avec l'entourage.

Il est important de permettre aux parents de se faire accompagner pour mieux comprendre ces pleurs de décharge qui sont utiles et bénéfiques pour l'enfant, afin qu'il s'apaise, et de veiller à ce que le parent les accueille de manière la plus apaisée possible, même si émotionnellement, ce n'est pas évident pour lui.

L'important, si le parent en ressent le besoin, est de se faire accompagner par un professionnel, lors de ces premiers moments à la maternité ou lors du retour à la maison afin de ne pas rester seul face à ces pleurs qui peuvent générer de l'anxiété chez les parents et par extension, chez le bébé.

Il est nécessaire de s'assurer en parallèle que les pleurs de décharge ou pleurs intenses en début de vie ne sont pas confondus avec des pleurs de douleurs, liés à un trouble ou une pathologie. Un examen médical est indispensable.

- **Expérience et témoignage d'Élise**

Élise, maman de Victor, lors des premiers jours de vie de son bébé, raconte :

« J'ai eu d'emblée beaucoup de difficultés à supporter les pleurs de mon bébé. Cela m'arrachait les tripes, je voulais qu'il soit bien et j'associais les pleurs à la douleur. Il fallait que j'agisse pour les arrêter, en comprenant le besoin de mon bébé. J'aurais préféré mieux me préparer à cela en amont. Je pense que cela aurait évité de l'anxiété de ma part sur les premiers moments lors de la naissance de mon fils. On me disait juste que les pleurs exprimaient un besoin chez mon bébé, mais le problème est qu'intérieurement, je les vivais très mal. Le fait d'apporter de l'apaisement lors de ces moments à travers mes propres ressentis aurait pu vraiment être bénéfique pour moi, pour mieux le vivre, surtout mieux m'adapter et du coup être plus à son écoute aussi, en étant moins préoccupée, plus disponible pour lui. »

- **Expérience et témoignage d'Amélie**

Amélie, maman de Yanis, lors des premiers moments avec son bébé, explique :

« J'aurais aimé être plus sensibilisée et avoir la notion que les pleurs de mon bébé, surtout les premiers, ne sont pas nécessairement des pleurs de douleurs physiques, parce que moi, je croyais qu'il souffrait et cela était insupportable pour moi. »

Ma méthode va permettre aux mères d'être sensibilisées à ces moments de pleurs de décharge. Les pratiques spécifiques leur permettront d'accueillir de façon plus sereine leurs émotions et de maintenir du mieux possible un environnement sécure et serein pour le bébé.

Les neurosciences affectives et sociales démontrent que le développement harmonieux du bébé passe par de l'empathie à son égard

Les parents doivent se montrer empathiques envers leur bébé, mais cela ne s'avère pas des plus simples quand ils sont eux-mêmes submergés par le stress, qu'ils ne comprennent pas pourquoi leur bébé pleure dès ses premiers moments. S'ils comprennent déjà à quoi sert le pleur chez le nourrisson, ils comprennent mieux ses besoins. Ils pourront être plus sereins et empathiques. Cela contribuera à diminuer les décharges de stress et de cortisol, nuisibles pour le développement cérébral du tout-petit.

Le parent, grâce à ma méthode (explications et applications de pratiques), pourra expérimenter le fait de se sentir plus détendu lors de l'accueil du bébé. Celui-ci va alors ressentir cet apaisement et cette détente dans la façon dont il sera porté par le parent. En constatant que son parent est apaisé intérieurement, le bébé s'accordera à lui et s'apaisera aussi. C'est pour cela qu'il est primordial de percevoir, en tant que parent, quand notre niveau de stress augmente pour réussir à le rabaisser et éviter ce que j'appelle « les volcans émotionnels ». Ils se produisent lorsque l'on laisse trop monter le stress et la peur en nous et chez notre bébé. En étant à l'écoute de notre intérieur, il est possible de faire diminuer cette ébullition, avant que cela arrive à l'explosion, au bouillonnement inconfortable à la fois pour le bébé et pour le parent.

Une voix rassurante, douce et mélodieuse va permettre cet apaisement. Le bébé d'ailleurs reconnaît parfaitement la voix de ses parents dès la naissance. Il l'a entendue même durant la grossesse, le sens de l'audition apparaît en effet entre la 26 et 28e semaine in utero.

Le bébé dès sa naissance est naturellement « très sophrologique », c'est-à-dire connecté à ses ressentis internes et à ceux qui l'entourent

Le bébé est très « sophrologique » dans sa façon innée de ressentir les choses, d'être relié à ses sensations internes pour découvrir le monde : apprendre, se développer et évoluer. Il est spontané et se lie à ses ressentis en passant par son corps, la perception très fine aussi de son environnement et de son entourage proche en particulier sa maman. Il est connecté à ses ressentis, les perçoit et les reçoit de manière très fine, instinctive et spontanée. Ce n'est qu'en grandissant que l'enfant va se couper parfois de ses perceptions par protection ou méfiance et peut être qu'il sera alors amené à perdre de plus en plus cette capacité qu'il a et que nous avons tous. Nous savons être complètement coupés de nos ressentis de façon globale, alors que parfois ce serait utile de réutiliser cette capacité dans notre quotidien. Plus on grandit, plus on apprend à savoir, surtout à conscientiser. Lorsque l'on se sert de cette capacité, c'est que nous en avons besoin. Nous la mettons parfois en veille et nous nous coupons de nos ressentis lors de situations traumatiques. Cela est alors utile mais doit se faire sur une période donnée.

L'importance de la notion de « portage » pour un bébé prématuré

Le bébé prématuré, comme son nom l'indique, est né avant l'heure et n'est alors plus porté comme cela était le cas in utero. Il est donc important qu'il puisse continuer à ressentir qu'il est toujours porté physiquement et psychiquement, maintenant qu'il n'est plus enveloppé par le nid utérin.

Nous avons vu que Donald Winnicott a étudié les relations entre les mères et leur bébé. Il a décrit comment le lien entre le duo se crée, se développe. Il a établi qu'il existe une relation très étroite entre la qualité de ce lien et la manière dont la mère prend soin de son bébé au sens global.

Il a mis en évidence trois concepts qui sont intimement liés et tout à fait applicables aux bébés prématurés.

Le premier concept est celui du « care » (ou « prendre soin » en français). Il correspond aux soins quotidiens apportés au bébé prématuré (le nourrir, le laver, le changer, etc.) et s'intéresse aux émotions et ressentis de la mère lors de ces soins et à la manière de les transmettre à son bébé.

Le « care » se retrouve également dans la manière de porter à travers les deux autres concepts de Donald Winnicott : le « holding » et « handling » : comment la mère porte le bébé (lorsque cela est possible médicalement), mais aussi comment elle le porte psychiquement (dans ses qualités de disponibilité, de présence vis-à-vis du bébé, dans ses capacités à ressentir les émotions et y répondre vis-à-vis d'elle-même, mais également de son bébé). Mon approche et les pratiques que je propose sont intéressantes parce qu'elles invitent les parents et particulièrement les mères de bébés prématurés à se questionner sur ce qu'elles ressentent et à trouver des pistes pour être davantage dans une qualité de présence physique et psychique plus satisfaisante à l'égard de leur bébé prématuré durant les tout premiers moments et lors de l'hospitalisation.

La manière dont le bébé prématuré est porté au sens propre et figuré participe à son équilibre, son bien-être physique et psychique, contribue à son développement harmonieux et permet d'instaurer un lien sécure et équilibré.

Le « care » est donc indispensable vis-à-vis du bébé prématuré et de ses parents en prenant en compte l'état émotionnel, psychique des mères, des pères, des parents et celui des bébés prématurés.

Les équipes soignantes instaurent pour le bébé prématuré un cocon sécurisant et rassurant dans lesquels les stimuli (qui peuvent générer du stress chez le bébé prématuré) sont limités. Elles apportent aussi une attention particulière aux parents, ce qui est primordial.

Les pratiques innovantes que je propose pour les bébés prématurés et leurs parents vont également se concentrer sur la prise en compte de leur état émotionnel.

Celle-ci va contribuer à permettre aux parents de développer leur capacité de réassurance et d'apaisement en se mettant au contact de leurs ressentis, leurs sensations et se libérer sur le plan émotionnel.

Les pratiques vont permettre de créer concrètement ce cocon de sécurité qui doit être installé auprès du bébé prématuré, mais également auprès des parents. La réassurance et l'enveloppement du prématuré passent par ses propres parents, puisque pour le bébé, psychiquement, sa mère et lui ne font qu'un.

• Comment le bébé prématuré peut-il être concrètement au contact de ses parents ?

Cela peut être en contact corps à corps, en utilisant le bandeau de « peau à peau » ou par l'écharpe de portage. Cela est vital autant pour le bébé prématuré que ses parents, et cela dès que possible. Bien sûr, l'équipe soignante et, particulièrement les infirmières puéricultrices, est là pour accompagner toute la famille dans ces premiers moments si précieux. Elles sont aussi présentes lors de la sortie de l'hospitalisation et peuvent continuer à l'accompagner à domicile ou en consultation.

Lors de la rencontre, il est essentiel que le parent vive pleinement ce moment de première découverte dans l'accueil de ses ressentis.

Le bébé in utero a vécu de nombreuses expériences sensorielles et corporelles qui lui ont permis de se développer, mais aussi de se sécuriser et de s'apaiser lorsqu'il retrouve ses perceptions lors de ses premiers moments d'existence. Cela va contribuer à sa sécurité et va réduire son stress. Il va mieux s'adapter et accéder plus facilement à un état de bien-être. Ma méthode vise à expérimenter cela à la fois chez le bébé (il n'a pas de difficulté, puisque c'est inné chez lui), mais aussi chez le parent (qui peut avoir perdu cette capacité à revenir à l'écoute et à la perception de tous les ressentis sensoriels et corporels pourtant si utiles dans la compréhension des besoins de soi).

Le toucher est vital pour le bon développement du nourrisson, sa sécurité affective et son développement psychoaffectif et physique. Je vous propose de l'expérimenter de façon plus consciente à travers diverses pratiques, grâce auxquelles les caresses, les sensations, l'effleurage, la douceur permettront de réduire considérablement le stress du bébé et du parent. Le toucher permet aussi d'activer des hormones telles que l'ocytocine et la sérotonine qui vont favoriser le lien d'amour et de sécurité, en se concentrant sur les sensations, les émotions agréables au niveau du corps. Le bébé est un très bon décodeur de toutes ces perceptions tactiles. À sa naissance, le sens du toucher est très développé chez lui. Ce sont les tout premiers ressentis qui se développent dès le deuxième mois de grossesse, le bébé in utero éprouve des sensations. C'est par la découverte des sensations corporelles qu'il découvre son monde et le monde extérieur en général.

Dans le cadre d'un deuil prénatal, prendre le temps de profiter de la rencontre physique entre le parent et le bébé sans vie

Quand cela est possible dans le cadre d'un deuil prénatal, la rencontre concrète – voir le bébé, s'adresser à lui, le toucher, s'adresser à lui, lui dire « Je suis ta maman, ton papa, je suis là, tu es là aussi, nous sommes ensemble durant ce moment et nous ne t'oublierons jamais, tu seras gravé en nous » – permet au parent de prendre le temps de découvrir son bébé pleinement. C'est très utile et réparateur ensuite pour le parent pour surmonter le deuil prénatal (sous-chapitre 3 partie 3, les premiers moments mis en application, pratique 19).

Le lien d'attachement parents-bébé

John Bowlby, psychiatre et psychanalyste britannique, définit la notion de l'attachement comme le lien émotionnel spécifique que le bébé développe avec la personne qui prend soin de lui, référence au concept du « caregiving », durant sa première année de vie.

Le bébé à la naissance rentre en relation avec sa figure d'attachement. John Bowlby parle de « bonding », terme anglais qui signifie « se rapprocher » qui décrit le processus d'attachement qui débute dès la vie utérine. Durant celle-ci, les expériences vécues par le fœtus participent au développement psychique de l'enfant à naître, en lui fournissant une base de sécurité pour affronter les événements de sa vie future. C'est d'ailleurs ce que je propose aux futurs parents d'expérimenter avec leur bébé in utero. Mes pratiques se concentrent sur les sensations tactiles et leur permettent ainsi d'entrer en relation à travers l'écoute du corps et du toucher affectif. Dès le cinquième mois de grossesse, le bébé développe sa capacité auditive. Il perçoit nettement la voix de sa mère et de son autre parent, ce qui lui permet de communiquer.

On notera que le phénomène du « bonding » perdure après la naissance et que cette découverte de la mère et du bébé va aussi passer par le corps à corps. La méthode MSVP va permettre de faciliter ce lien. Vous serez en mesure de prendre du temps pour vous poser avec votre bébé et d'apprécier ces moments privilégiés de découverte mutuelle qui permettront également au bébé de prendre plus conscience de son corps.

Les pratiques vous permettront de percevoir les besoins de votre bébé et d'identifier ses comportements et ses réactions en observant son niveau de tension et le vôtre.

Dans le cas des bébés adoptés, le parent va aussi développer sa capacité à être au contact de ses ressentis lors du moment de la rencontre pour qu'ils puissent tous les deux pleinement se connaître, se découvrir et créer un lien d'attachement.

À RETENIR

Plus la réponse de la figure d'attachement sera juste par rapport à la demande, aux besoins qu'a le bébé au tout début de sa vie, plus la sécurité de base sera présente et permettra une sérénité psychique et physique du bébé. Cette fusion durant la grossesse et le maintien du rapprochement maman-bébé à la naissance sera sécure. L'idée sera ensuite de l'entretenir en exploitant quotidiennement des pratiques pour écouter ses ressentis, ses sensations, son corps, et trouver ses propres moyens en tant que parent. Pour son bébé, il s'agira d'apaisement au tout début de son existence, ce qui lui permettra ensuite d'explorer, de s'autonomiser et d'accroître ses compétences, comme nous l'avons vu précédemment.

Expérience et témoignage de Laura

Laura, 26 ans, n'a pas créé immédiatement de lien avec son deuxième bébé lors de sa naissance. Il s'agissait de sa troisième grossesse. Elle raconte :

« Quand il est né, je l'ai regardé, il m'a regardé, mais je ne l'ai pas reconnu comme mon bébé. Cela ne m'a pas fait la même impression que la première fois quand j'ai eu mon premier fils aîné il y a 4 ans. J'ai fait une fausse couche entre-temps, avant de retomber enceinte et je me suis coupée dès le début de cette grossesse par peur de perdre à nouveau ce bébé et refaire une fausse couche. »

Grâce aux pratiques proposées dans ma méthode, les mères pourront accueillir totalement leurs ressentis lors d'une fausse couche ou d'un deuil périnatal, ce qui leur permettra de vivre pleinement les prochaines grossesses sans être bloquées par des peurs, des angoisses qui n'ont pas été complètement évacuées. Si cela n'est pas pleinement vécu en conscience, cela peut se répéter pour les prochaines grossesses et engendrer des difficultés dans la création du lien d'attachement (surprotection par insécurité maternelle ou peur de perdre le bébé). Cela va également se répercuter chez le bébé qui va ressentir cette distance émotionnelle qui peut induire chez lui également de l'insécurité.

- **Expérience et témoignage de Claire**

Claire a perdu un bébé à 8 mois de grossesse, une petite fille. Elle a ensuite accouché d'un petit garçon, deux ans après. Elle a fait un transfert émotionnel et créé un lien d'attachement insécure. Elle explique :

« À la naissance de mon fils, j'ai été marquée par la ressemblance avec sa sœur. J'ai été prise d'une angoisse et j'ai eu peur de perdre ce bébé qui était devant moi. J'ai alors ressenti ce besoin de le surprotéger. Et en même temps, je rencontrais des difficultés dès qu'il pleurait, je me sentais démunie. Je ressentais aussi une angoisse très importante lorsque nous n'étions plus en contact en corps à corps. »

Dans ce contexte, la mère et le bébé ressentent de l'insécurité. Les pratiques de ma méthode vont permettre de sécuriser les deux, dès la grossesse et dès les premières heures de vie. La mère pourra faire une distinction entre les deux vécus, après avoir évacué les émotions et les ressentis liés à son précédent traumatisme. Elle pourra ensuite être sécurisée avec son bébé qu'elle accueillera dans le moment présent.

L'utilité de connaître quelques réflexes archaïques lors des temps d'échanges avec votre bébé

Il est utile que certains réflexes archaïques soient connus des parents, afin de décoder au mieux les comportements et les besoins du nourrisson. Les réflexes archaïques sont des mouvements automatiques, involontaires et innés, en réponse à un stimulus chez le nouveau-né.

Les points cardinaux

C'est le réflexe que le nouveau-né a pour téter, lorsque vous stimulez la zone de la bouche, des joues et des lèvres (vis-à-vis de leurs ressentis et leurs émotions). Le bébé a instinctivement le réflexe de vouloir attraper avec sa bouche. Cela peut être utile pour stimuler un bébé au sein ou au biberon. Il utilise ce réflexe et sera plus actif lors des tétées, surtout les premières. Ce réflexe disparaît vers les 3 ou 4 mois de vie du nourrisson.

Le réflexe d'agrippement ou « grasping »

C'est le mouvement qui induit une fermeture de la main du bébé, lorsqu'on pose un doigt au creux de sa paume. Il va avoir le réflexe d'accrocher, de tenir notre doigt assez fermement. Ce réflexe est utile pour favoriser et développer le lien d'amour et le lien d'attachement entre le nouveau-né et le parent. Le « grasping » est observé également au niveau des pieds. Il disparaît lorsque le bébé a 2 ou 3 mois.

Le réflexe de Moro

Il se traduit par une ouverture soudaine des bras, des doigts et des jambes, comme pour chercher des points d'ancrage, suivie d'un mouvement d'embrassement, vers leur position de départ. Ce réflexe traduit un inconfort. Il peut être accompagné de pleurs et d'un visage plus figé du bébé, dénotant, peut-être, une réponse à un bruit soudain, à un portage où le bébé ne se sent pas contenu, s'il a l'impression qu'il va chuter, ou que la personne qui le manipule fait des gestes trop rapides, pas assez fluides pour lui. Le tout-petit a l'impression d'être perdu, comme éparpillé. Il a besoin de se réunifier en ramenant ses bras, ses doigts devant lui, sur son thorax et près de sa bouche pour téter ses doigts, par exemple. Il cherche ainsi à se rassembler pour se rassurer. D'où l'intérêt des portages avec des langes pour enrouler le bébé, l'envelopper pour contribuer à son apaisement.

Il est utile de connaître ces réflexes. Si vous les observez chez votre bébé durant les premiers moments de son existence, mais aussi plus tard, vous comprendrez ce que vit votre bébé et ce qu'il se passe pour lui, au niveau de son corps. Vous y répondrez de la façon la plus juste et adaptée en vous faisant confiance, car vous savez ce qui est bon pour lui.

Les clefs à retenir lors de la naissance, des premiers moments de vie du bébé et de son accueil

- Revenir à son propre enfant intérieur qui a besoin de créer ou recréer sa sécurité de base, autant que le bébé qui arrive dans ce monde : le parent s'autorise à revenir à sa propre sécurité de base en tant qu'adulte mais aussi en tant qu'ex-nourrisson.
- Combler sa propre sécurité intérieure de futur ou jeune parent : plus le propre socle de sécurité de base de l'adulte va être présent et solide,

plus il va permettre au bébé de renforcer le climat de sécurité et de sérénité chez lui. Ce dernier s'installe durant la grossesse (le bébé le ressent in utero) et se consolide à la naissance, dans le contact direct des ressentis et des sensations entre le bébé et ses parents.

- S'entraîner : être à l'écoute de son corps et de ses ressentis, ses sensations corporelles, dans un retour au corps. Plus le parent aura un sens de l'écoute de son corps aiguisé, plus le cerveau pourra traiter l'information de façon juste et optimale. Plus le parent accède à cette capacité d'écoute et d'attention des ressentis et des sensations au niveau du dialogue tonique de son bébé (en décryptant de façon plus juste ce que le bébé ressent), plus il pourra les interpréter et y répondre dès le début de sa vie. Cela engendrera un lien de confiance et de sécurité entre le bébé et son parent. Le nourrisson sentira que le parent, grâce à cette sorte d'apprentissage de l'écoute du corps, répond plus facilement, de façon juste, spontanée à son besoin.
- Associer écoute du corps et du cerveau : chaque émotion a une naissance sensorielle au niveau du corps. C'est dans ce processus d'écoute du corps/traitement du cerveau que le corps peut trouver ses propres moyens d'apaisement.
- Perfectionner ses connexions neuronales : plus le jeune parent s'entraîne à cette écoute, plus il crée des connexions neuronales et se perfectionne dans cette capacité à ressentir. Il pourra alors mieux s'en servir pour décoder les ressentis et besoins du bébé, mais également les siens dans son nouveau rôle.
- Faire émerger et libérer les blocages émotionnels plus ou moins profonds : le nourrisson est connecté aux ressentis, aux sensations à travers la corporalité, son sens du toucher très développé par lequel il capte son environnement, découvre le monde et rentre en relation avec son entourage. Plus les blocages émotionnels seront libérés, moins l'enfant sera confronté à ces blocages émotionnels qui ne lui appartiennent pas et plus vous serez serein et disponible lors de votre rencontre.
- Travailler l'écoute de soi : pour le parent qui accueille son bébé, cela va permettre aussi de laisser émerger ce qui est inconscient vers la conscience, afin qu'il puisse trouver ses propres repères et marques, s'adapter, se transformer, s'ajuster. L'objectif est d'aller vers un équilibre qui est à la fois juste pour lui, pour son bébé et pour la famille au sens plus large.
- Accueillir son état émotionnel lors de l'accueil et de la rencontre avec son bébé : certains éléments inconscients vont ressurgir. Il est donc utile d'être conscient que cela peut arriver. L'idée est de ne pas être pris par la surprise, bloqué par cet état émotionnel en le refoulant, mais plutôt de l'accueillir, le laisser émerger, pour ensuite pouvoir se réajuster, se réadapter, afin que le parent puisse trouver ses ressources et ses solutions pour un meilleur accueil du bébé, de la façon

la plus sereine possible.

- Construire sa propre parentalité : cette étape passe par la construction et la réparation de son être au sens global du terme.
- Transformer l'écoute de soi en un processus naturel et inné. Il s'agit de pouvoir réutiliser à bon escient cette capacité, lorsque le parent en a besoin pour les premiers temps d'accueil de son enfant. Cela peut s'avérer particulièrement utile pour savoir identifier ses propres besoins, ceux de son bébé et identifier aussi ses limites, c'est-à-dire à quel moment nous avons besoin d'un tiers pour nous aider face à une situation particulière.
- Favoriser la bienveillance à son propre égard : le parent doit pouvoir se montrer indulgent envers lui-même en se disant : « Je fais du mieux que je peux dans ces premiers moments avec mon bébé. »
- Garantir des bases d'équilibre et de relation harmonieuse : poser ce regard bienveillant sur vous-même et sur votre bébé lors de ces premiers moments, en étant le plus authentique. Cela garantira des bases équilibrées et justes dans votre relation mutuelle harmonieuse.
- Pouvoir se regarder avec bienveillance veut aussi dire se regarder avec douceur et gentillesse comme nous regardons notre bébé arrivé dans ce monde. Nous pouvons aussi nous regarder, nous re-rencontrer dans notre nouveau rôle avec douceur et gentillesse envers nous-mêmes. Ce qui me renvoie à cet extrait du discours final du Dictateur de Charlie Chaplin : « Nous ne ressentons pas assez et nous pensons beaucoup trop. Nous sommes trop mécanisés, et nous manquons d'humanité. Nous sommes trop cultivés et nous manquons de tendresse, et de gentillesse. Sans ces qualités humaines, la vie n'est que violence et tout est perdu. »
- Savoir affirmer son rôle et ses ressources en tant que parent, savoir dire non, affirmer ce que l'on pense juste pour soi et son bébé.
- Accepter de ne pas être parfait, parce que la perfection n'existe pas et les parents parfaits non plus.
- S'accorder des pauses mentales pour reposer, ne serait-ce que quelques minutes, son cerveau, son mental, car ceux-ci sont très sollicités au tout début de la vie d'un bébé. Le parent est en hypervigilance en continu lors des tout premiers moments et mois de sa vie.
- Parler au bébé pour lui montrer combien il peut se sentir en sécurité et en sérénité. Par exemple, on peut lui dire la toute première fois : « Je suis ta maman, ton papa », en s'adressant directement à lui.
- Mobiliser l'apaisement et la sérénité du corps et le prendre soin du corps pour favoriser la libération de la sérotonine, dopamine, ocytocine et endomorphine qui vont se répercuter sur le corps, sur les organes et sur l'équilibre général du bébé et du parent. Lors de l'application de ma pratique, le mental sollicite la détente du corps, la relaxation et l'apaisement. Le cerveau décode cette information et

libère les hormones du bien-être, du bonheur, de l'apaisement, de la sécurité, de la sérénité. Elles vont aussi se diffuser par les voies nerveuses de notre cerveau jusqu'aux organes et à l'ensemble du corps.

→ Être authentique et vrai entre ce que le parent montre et ce qu'il ressent à l'intérieur. S'il y a un décalage, le bébé peut ressentir cette discordance entre ce qui est à l'intérieur et ce qui est montré par le parent à l'extérieur. Cet accueil authentique à l'arrivée de l'enfant est essentiel pour l'équilibre à la fois du parent et celui du bébé, leur santé globale, et la qualité relationnelle entre eux.

→ Favoriser l'accordage affectif : s'il ne se fait pas lors de la grossesse ou durant la rencontre du bébé, il ne faut pas s'inquiéter... C'est « normal » dans le sens où le bébé et le parent doivent prendre le temps de se découvrir, se connaître et s'accorder comme dans toute rencontre. Le lien et l'accordage affectif peuvent se créer au fur et à mesure. Il est important de savoir faire appel à un professionnel expert dans le domaine pour vous accompagner, si vous en ressentez le besoin.

→ Être dans une totale authenticité dans sa posture parentale : lors des premiers moments autour de cette rencontre mutuelle, le parent expérimente son être dans une totale authenticité, s'autorise à être pleinement lui-même et se découvre pleinement dans son nouveau rôle, en étant bien installé et confiant, à sa juste place durant les premiers moments où le parent prend ses premières marques.

- **Connaissances utiles concernant le bébé**

→ Le nouveau-né voit à 30 cm à sa naissance.

→ Il reconnaît la voix de ses parents et associe le visage à la voix (plus particulièrement aux contours du visage qu'il perçoit un peu plus) et également à l'odeur.

→ Il perçoit l'odeur de sa mère dès le quatrième mois de grossesse grâce à ses récepteurs olfactifs au niveau du nez, et par l'intermédiaire du liquide amniotique. Ainsi, il reconnaît cette même odeur à la naissance.

→ Dès la naissance, il est en mesure de répondre à une interaction vocale. Sa réponse se fait par des mouvements de bouche adressés à la personne qui rentre en communication avec lui. Des études montrent que le nouveau-né répond aux interactions vocales, dès la naissance, par ses mouvements et des vocalises, créant et renforçant, entre autres, le lien parents-bébé.

→ 60 % du sommeil du nouveau-né lors des tout premiers mois est agité car il est en phase d'apprentissage et de développement. Cela se traduit par des influx nerveux et des feed-back du cerveau vers les autres parties du corps. Il est important de ne pas se précipiter lorsque le bébé bouge. Il peut ne pas être réveillé, mais plutôt se trouver dans un sommeil agité (qui peut ressembler à de l'éveil, mais qui ne l'est pas) : il a des mouvements du visage, des mimiques, qui sont les signes de son activité cérébrale, de la mise en place des circuits nerveux, associés à des mouvements corporels.

PHRASES À RETENIR, COMME UNE SORTE DE MANTRA

→ « Je me fais confiance, je crois en moi, je crois en ma propre parentalité, telle que je la vois, moi, ainsi que mon ou ma conjoint(e). Je suis bienveillant(e) avec moi-même en tant que jeune parent. Je sais que je fais de mon mieux et j'ai le droit de ne pas être parfait(e). Je prends le temps de découvrir mon rôle, mes marques avec mon bébé qui vient d'arriver dans ce monde. Mon enfant ne m'en voudra pas de tâtonner et même de faire des erreurs. Il sentira si cela n'est pas juste et authentique pour moi et ne le sera alors pas pour lui non plus. De ce fait, je m'écoute, et je fais ce que je ressens, ce qui est bon pour nous deux, dans cette découverte mutuelle lors de la rencontre. »

AUTRES INFORMATIONS À RETENIR

→ Conscientiser le lien entre le corps et les émotions : il a d'ailleurs été démontré que lorsque nous ressentons une douleur physique ou émotionnelle, des aires s'activent au niveau du cerveau, d'où l'importance de prendre le temps d'observer et se poser, de se concentrer sur son intériorité et celle de son bébé pendant les premiers moments de vie, grâce aux pratiques concrètes de ma méthode. Cela sera d'une grande utilité et vous servira pour trouver vos propres ressources et déceler les besoins et les demandes de ce que vous avez décodé à travers la corporalité de votre bébé, de même que les interactions des deux corps ensemble.

→ Être dans l'authenticité lors de la rencontre et des interactions avec son bébé, le plus souvent possible, le rassure, lui donne confiance et lui permet de vivre mieux les situations. Cela est vrai à la fois pour le bébé, mais aussi pour vous : plus vous serez dans l'authenticité et la sérénité, plus votre bébé vous suivra, sera en confiance et acceptera de faire les choses.

→ Être soi lors de l'accueil du bébé peut servir aussi tout au long de notre parentalité : quand on devient parent, il faut savoir continuer d'affirmer son être, s'autoriser à être soi, à ne pas se conformer à un groupe, à un idéal, mais se fixer ses propres valeurs de parents. Redéfinir la propre vision de sa parentalité. Être soi, vivre et agir, sans être sous l'influence du jugement d'autrui, sans se conformer à quelque chose d'extérieur. Vivre et agir en harmonie avec ce que l'on est à l'intérieur, ce que l'on sent de bon pour soi et son bébé (dans le sens mobilisateur et sécurisant pour nous deux).

Vous pouvez faire vivre ces phrases en vous lorsque vous devenez parent : « Je fais, je suis ce que je sens bon pour mon bébé et pour moi, en me détachant des jugements ou conseils qui n'ont pas de sens pour moi, je m'écoute et je t'écoute mon bébé. »

→ Enrichir sa perception et créer sa propre définition de la beauté. Dans son livre *Un jour je m'en irai sans avoir tout dit*, Jean d'Ormesson la définit ainsi : « La beauté est un mystère qui danse et chante dans le temps et au-delà du temps. Depuis toujours et à jamais. Elle est incompréhensible... Elle est dans l'œil qui regarde, dans l'oreille qui écoute, autant que dans l'objet admiré... Elle est liée à l'amour. Elle est promesse de bonheur. À la façon de la joie, elle est une nostalgie d'ailleurs. »

→ Le lien émotionnel est la base de la confiance en soi de l'enfant. « Le lien émotionnel qui s'établit entre les parents et le bébé dès les premiers jours de vie est un des facteurs essentiels de la confiance mutuelle, puis personnelle de l'enfant », nous explique Gisèle George. Dans son livre *La Confiance en soi de votre enfant*, elle explique : « Dès la naissance, l'enfant manifeste ses émotions par des contractions toniques qui sont plus énergiques en présence de ses figures d'attachement (ses parents) qu'il reconnaît, notamment par la voix et l'odeur. »

Partie 2

PROTOCOLES ET PRATIQUES DE LA MÉTHODE MSVP

INTRODUCTION

Ma méthode comprend des pratiques concrètes comportant de multiples *terpnos logos* qui peuvent être utilisés lors de différentes situations durant la période périnatale. Leur mise en application peut se faire par la voix des parents et a des effets remarquables. Il est prouvé scientifiquement que la voix de la mère, par exemple, a un effet très bénéfique sur la gestion des douleurs du nouveau-né, notamment du prématuré, mais aussi sur le fœtus, qui ont besoin de l'entendre durant cette phase périnatale, cruciale et essentielle dans le développement global de l'enfant. Je me suis appuyée sur le constat que la voix de la mère participe à l'apaisement du bébé lorsqu'elle aussi se sent apaisée dans son propre corps. On notera également que la voix du père génère le même effet bénéfique. Ainsi, j'ai pu créer diverses trames de pratiques que les parents peuvent s'approprier et murmurer à leur bébé pendant la grossesse puis lors de la naissance, des premiers moments et premiers mois de leur bébé (surtout en cas de prématuré, d'une adoption, ou d'un deuil périnatal).

Les pratiques que je vous propose vont vous permettre de revenir à votre propre instinctivité mais également de puiser dans vos propres ressources et vous servir pour être au plus près de vos ressentis et besoins, de même que ceux de votre bébé. Les professionnels de la santé et de la petite enfance qui sont formés à cette méthode peuvent accompagner les parents en se servant de ces *terpnos logos*. Les parents vont pouvoir y piocher, utiliser et expérimenter ce qui leur parle. Ils vont aussi laisser libre cours à leur propre créativité et trouver les mots qui résonnent en eux et en leur bébé. C'est ce fonctionnement instinctif, naturel, inné que nous avons tous et qui est particulièrement performant au tout début de notre vie. Vous pouvez, en tant qu'adulte, vous entraîner à cela, entretenir votre propre instinctivité, intériorité et intuitivité, afin de revenir à vos forces et surtout, les écouter, vous en servir et pouvoir accueillir celles de votre bébé. Les parents peuvent d'abord s'initier et se sensibiliser à ma méthode en lisant les pratiques et en commençant à expérimenter ce qui leur parle, leur fait écho, en l'utilisant pour eux et leur bébé ou enfant. S'ils souhaitent approfondir l'expérience et mettre en application la méthode MSVP de façon globale, ils peuvent se rapprocher d'un professionnel formé à celle-ci, même pour leurs enfants, les adolescents et les adultes.

Ma méthode est en effet enseignée actuellement aux professionnels de la santé et de la petite enfance. Elle a déjà des résultats très bénéfiques.

– Chapitre 1 –

PRATIQUES INITIALES OU GÉNÉRALES

PRINCIPES DE PRÉCAUTION GÉNÉRALE POUR TOUTE PRATIQUE

Assurez-vous, avant chaque pratique, que votre bébé et vous soyez en totale sécurité, bien installés confortablement.

N'hésitez pas à vous interrompre si vous sentez un inconfort de votre part ou chez votre bébé. Expérimentez autre chose qui vous parle plus sur le moment, avec lui, lorsque vous sentez une réceptivité de sa part, ou prolongez une étape de la pratique que vous appréciez tous les deux.

CE QUI EST IMPORTANT À RETENIR POUR TOUTE PRATIQUE

Durant la pratique, faites ce qui est bon, utile, apaisant, bénéfique pour vous et votre bébé. Vous vous faites confiance et vous lui faites confiance.

Il est important de respecter votre propre rythme et le sien. Vous faites ce qui vous convient. Sentez-vous libre d'expérimenter ce qui est mobilisateur pour vous et utile, toujours en vous respectant et vous calant sur le rythme de votre bébé.

Vous êtes libre d'arrêter une pratique quand bon vous semble, d'explorer ou d'approfondir des étapes.

INDICATIONS GÉNÉRALES AVANT TOUTE PRATIQUE

Le lieu

Placez-vous dans un endroit au calme dans lequel vous vous sentez bien, en sécurité, afin d'être dans un état de réceptivité, afin de pouvoir plus ou moins baisser votre propre état d'alerte ou, du moins, vous placer dans un état d'alerte équilibré, juste, ni trop, ni pas assez, pour être bien présent et conscient lors la pratique.

Vous pouvez par exemple prendre quelques respirations en vous concentrant sur celles-ci et en les approfondissant au fur et à mesure, tranquillement, à votre rythme, en sentant votre corps qui s'autorise progressivement à rentrer dans cet état de calme et de détente.

L'imagination

Lors des visualisations durant les pratiques, veillez à faire travailler votre imagination au plus près de la réalité. C'est-à-dire à imaginer tous les détails, comme si vous viviez concrètement la situation avec tous vos sens, sensations, ressentis. Vous allez de plus en plus développer vos capacités sensorielles (vision, odorat, ouïe, toucher, goût). Au fil du temps, vous vous découvrirez, et intégrerez diverses expériences, aussi riches que diversifiées. Même si vous refaites la même pratique, le même exercice, votre expérience sera toujours un moment riche et vous en retirerez tous les bienfaits, grâce à votre régularité. Retenez que, même lorsque vous ne ressentez ou ne percevez rien, cela est déjà une expérience en soi, un vécu. Il n'est pas toujours nécessaire et utile de sentir quelque chose. Le fait de vivre l'expérience est déjà un vécu en soi.

Si cela vous paraît abstrait d'être dans l'imagination et la visualisation, vous pouvez expérimenter en direct les pratiques le plus concrètement possible pour que ce soit plus palpable, plus concret pour vous. Vous pouvez par exemple pratiquer avec votre conjoint ou votre enfant, en utilisant des supports comme de la musique, des ambiances, des objets facilitant l'accès à votre imagination et à la visualisation de façon plus concrète.

La régularité

Il est utile de pratiquer avec une certaine régularité. Cela va permettre d'enrichir vos expériences et vos vécus, de vous donner différents angles de vue, perceptions, observations et découvertes de vos propres ressentis ou de ceux de votre bébé. Comme dans toute chose, plus vous allez pratiquer, plus cela deviendra facile, accessible et spontané. Pratiquez de façon quotidienne au moins une fois, même plusieurs fois, dans différentes situations et à divers moments de la journée. Alors maintenant, il n'y a plus qu'à : pratiquez !

LES PRATIQUES

Rituel quotidien

Intentions, bienfaits et bénéfices

Ce rituel va vous permettre de vous apaiser quand cela s'avère utile pour vous, d'évaluer et développer votre seuil d'apaisement et de sérénité au niveau de votre corps, de votre mental, de prendre conscience de votre état d'équilibre interne et ce, en fonction de la situation et du moment présent.

Mise en application

Vous pouvez soit réciter ce mantra pour vous-même, soit vous adresser à votre bébé, mentalement ou à voix haute : « Je suis dans ma sécurité de base, comme quand j'étais dans mon cocon, mon nid utérin, mon cocon de douceur et de calme. Je suis dans ma bulle de sérénité, de sécurité, où je me sens apaisé(e). Je laisse rentrer en moi et je sens raisonner ces mots : sérénité, apaisement, sécurité, calme et paix intérieure. Je me sens bien et apaisé(e). Je sens que je suis dans un seuil d'apaisement et de sérénité dans mon corps. Je sens que la sérénité et le calme s'installent progressivement en moi, dans mon corps dans son ensemble, mes organes, mes muscles, mes bras, ma tête, mon dos, le haut et le bas de mon corps. Je sens circuler cette vague d'apaisement et de sérénité, du haut de ma tête vers le bas, vers mes pieds, et remonter des pieds jusqu'à ma tête. »

Votre bébé peut également vous dire mentalement en vous regardant : « Maman ou papa, tu le sens aussi dans ton corps et dans ta tête que tout s'apaise pour toi et que tout s'apaise pour moi au niveau de mon corps. Je sens dans mon corps de bébé que le calme prend de plus en plus de place, dans mon intérieur, dans mon corps. Je le sens aussi dans le tien, maman ou papa, je le perçois grâce mes antennes de perception très perfectionnées que cela aussi se pose et s'apaise pour toi. »

À retenir par rapport à cette pratique

Vous pouvez imaginer dessiner, ou vous représenter mentalement, un niveau avec, en bas, le seuil d'apaisement souhaité et, en haut, un volcan qui bouillonne, puis vous fixez un seuil qui représente votre état intérieur. Vous pouvez prendre un temps pour fermer les yeux et vous centrer sur vous-même en vous touchant, par exemple avec une main sur le ventre, le cœur ou le plexus solaire. Vous allez ensuite vous entraîner à percevoir où vous vous situez sur votre niveau. Après ce rituel, lorsque vous l'aurez pratiqué plusieurs fois, vous pourrez alors observer si le seuil s'est abaissé et si vous avez atteint votre niveau d'apaisement. Vous pourrez l'évaluer aussi pour votre bébé. Au fil du temps, vous allez mieux cerner quand vous commencez à atteindre votre niveau d'alerte ou lorsqu'il est atteint. Cela peut être également utile de sentir quand ce seuil monte en vous afin de pouvoir être en mesure de le rabaisser tant qu'il n'a pas atteint un niveau trop élevé, grâce à ce petit rituel.

Sérénité maman-bébé

Indication préalable

Cette pratique peut être réalisée avant une autre ou être utilisée en pratique unique au quotidien.

Intentions, bienfaits et bénéfices

Il s'agit d'un moment d'intériorisation pour la maman et d'interaction avec son bébé à travers la corporalité, le toucher. L'objectif est d'accueillir, ressentir et diffuser la sérénité au sein du duo en se basant sur le concept de neurones miroirs.

Mise en application

1. Choisissez un moment calme dans la journée où vous sentez que cela est propice, un temps qui peut varier de jour en jour et où vous êtes disponible et plus enclin à être dans un moment d'apaisement. Si ce n'est pas le cas, vous pouvez décaler votre temps au lendemain et le faire deux fois dans la journée, lorsque vous êtes prête et votre bébé aussi.
2. Prenez un temps pour vous relier à votre environnement, regarder et toucher autour de vous. Vous pouvez écouter votre bébé vous dire mentalement : « Maman, apaise-toi, accueille-moi durant ce moment de sérénité que nous allons passer ensemble ».
3. Vous allez accueillir chaque partie de votre corps, de la tête jusqu'aux pieds, en passant d'abord la main sur le thorax et après sur le ventre,

en gardant une main sur votre enfant. Si vous préférez, vous pouvez mettre une main sur votre thorax et une autre sur votre ventre, et prendre un temps pour vous relier à votre respiration. Prenez le temps d'accueillir l'apaisement, à l'inspiration. Puis vous la diffusez, à l'expiration, dans tout votre corps, dans chacune de ses parties. Dans votre tête, se diffuse toute cette sérénité. Vous l'accueillez et la laissez circuler... Vous sentez l'apaisement, la sécurité. La paix se diffuse. Vous continuez ensuite au niveau du bas du corps, puis sur le reste de celui-ci.

4. D'abord, vous le faites pour vous, puis pour votre bébé. Si vous voyez qu'il n'est pas réceptif sur des parties de son corps, ne vous attardez pas. Vous pouvez dire à votre bébé soit mentalement, soit oralement : « Calme. Sérénité. Amour. »
5. Concentrez-vous d'abord sur la tête, le visage, le front : passez la main et laissez-la retomber, comme si vous détachiez tout ce qui n'est pas utile en cet instant.
6. Puis, descendez : le cou, la nuque, les épaules, le bras, le dos, le thorax, le ventre. Posez une main sur votre main, sur le ventre de bébé. Elle est juste posée, elle n'exerce pas de poids ou de pression sur son ventre. Vous faites en sorte qu'elle se laisse guider par les mouvements de respiration de votre bébé, jusqu'à ses pieds.
7. Prenez bien le temps de vous rendre disponible dans votre tête et dans votre corps afin d'être pleinement disposé(e) à profiter de ce moment de sérénité, de lien d'amour et de partage, pour vous deux.

Vous allez soit pouvoir arrêter cette pratique si vous souhaitez effectuer uniquement celle-ci, comme une expérience à part entière, soit vous allez être, vous et votre bébé, prêts à rentrer dans la pratique à venir.

La luciole du calme et de la sérénité sécurisante

Intentions, bienfaits et bénéfices

C'est la pratique idéale lorsque l'on a besoin de calme et sérénité en tant que parent ou futur parent. Vous pouvez la pratiquer également avec votre bébé.

Nous pouvons matérialiser notre sécurité intérieure en la visualisant à travers une représentation concrète. Nous allons pouvoir imaginer que notre sécurité intérieure est comme une luciole qui nous protège, nous rassure, veille sur nous et que l'on peut la retrouver quand on en a besoin pour s'apaiser et récupérer notre paix intérieure, notre sérénité. Nous pouvons faire appel à cette sécurité interne à n'importe quel moment, lorsque nous sommes dans la phase du devenir parent, lorsque le bébé vient de venir au monde, ou au cours de ses premiers jours et mois de vie.

Vous allez pouvoir retrouver cette capacité à vous reconnecter au calme et à la sécurité intérieure et allez pouvoir également en faire profiter votre bébé qui va, lui aussi, beaucoup apprécier de se trouver dans cette sérénité de base. Elle va lui permettre d'explorer, de se développer, de favoriser ses apprentissages dans son développement psychomoteur et psychoaffectif.

Vous allez, vous, parents, vous installer dans une position confortable, et choisir un moment où vous vous sentez disponible pour vous mettre dans votre sécurité de base. Choisissez un moment propice où les conditions sont réunies pour le faire.

Si vous le faites seul(e), choisissez un moment où vous ne serez pas sollicité(e) par votre bébé ni une autre personne de l'entourage. Si vous le faites avec une professionnelle, la personne peut s'occuper du nourrisson durant la pratique ou si vous le faites chez vous, l'autre parent ou un membre de votre entourage peut garder l'enfant. Si vous ne voulez pas trop vous éloigner, choisissez une pièce voisine. La pratique peut durer de 10 à 15 min.

Mise en application

1. D'abord, vous vous reliez à la pièce ou l'endroit où vous vous trouvez. Si vous êtes seul(e), vous pouvez fermer les yeux. Vous allez d'abord vous mettre au contact de vos pensées, vos idées. Peut-être des images, des mots, des phrases vont surgir. Vous pouvez faire le choix de débrancher votre mental. Vous pouvez vous relier à cette image de la prise ou de l'interrupteur, ou bien, si elle ne vous parle pas, vous allez pouvoir imaginer autre chose : un stop ou un geste qui vous indique un temps de pause pour vous permettre d'arrêter vos pensées inutiles à cet instant. Il est aussi possible de prendre l'image proposée par une petite fille lors d'une séance : « Je décide de garer mon petit vélo et je lui dis de s'arrêter et de faire une pause durant ce moment. » Aussi, vous pouvez décider de stopper toute la charge mentale que vous pouvez avoir au quotidien en disant : « Stop, ce n'est pas utile pour moi en ce moment », si vous avez jugé que vos pensées ou vos préoccupations ne sont pas nécessaires pour vous au moment de la pratique, ici et maintenant.
2. Vous allez ensuite vous relier au corps grâce au toucher, si vous le souhaitez, au niveau de chaque partie du corps, de la tête jusqu'aux pieds, et de façon globale, sur l'ensemble du corps.
3. Vous prenez conscience de votre espace intérieur. Prenez le temps d'apprécier ce temps où vous êtes à l'écoute de vous-même, de votre personne, de votre corps.

4 Aidez-vous de la respiration. Inspirez le calme et l'apaisement, et diffusez-les, à l'expiration, dans votre corps. Vous pouvez mettre les mains sur votre ventre, fermer les yeux, et vous relier à votre corps et votre tête pour ressentir du calme et de la sérénité. Ressentez ce calme en vous, comme un lac tranquille, comme une petite lumière, une petite luciole ou un soleil. Imaginez ce que vous souhaitez pour vous ramener à cette sécurité et cette paix. Prenez bien le temps.

Nous avons tous une petite luciole dans notre corps qui nous apaise et nous calme, donc l'idée, c'est que, chaque fois que nous en avons besoin, nous pouvons nous y relier, la retrouver, soit mentalement, soit en reprenant contact avec elle en mettant les mains sur notre ventre pour sécuriser notre corps et notre tête, dans notre vie quotidienne.

Scan corporel : moment de connexion avec son bébé et présence vis-à-vis de sa propre intériorité

Indications préalables

Cette pratique est à réaliser seul ou avec votre bébé. Elle peut être effectuée soit concrètement avec son bébé soit grâce à la visualisation. En effet, vous pouvez souhaiter revivre ces moments lorsque votre enfant est plus grand. Cela peut avoir un intérêt soit pour vous ou votre enfant ou pour les deux de vous reconnecter à cette période en étant plus au contact de votre propre intériorité, soit il est possible également de vous connecter en tant qu'adulte à votre propre enfant intérieur.

Intentions, bienfaits et bénéfices

Avec cette pratique, vous prenez un temps pour vous, pour accueillir ce qui vient, ce qui vit en vous ou pour vivre un moment avec votre bébé tout en étant pleinement conscient et présent vis-à-vis de votre propre intériorité et de celle de votre bébé. S'il n'est pas physiquement avec vous, vous imaginez sa présence, que ce soient des moments que vous vivez concrètement avec votre bébé actuellement, ou des moments que vous aimeriez revivre grâce à la visualisation. Vous vous connectez à votre propre enfant intérieur en allant au contact de votre propre espace intérieur, à travers le toucher, l'attention et le centrage sur votre propre corps.

Vous allez aussi pouvoir vous observer à travers votre propre intériorité, voir ce qui se passe pour et en vous. Puis vous demander si cela est facile pour vous ou pas de rentrer en relation à travers le toucher, et si cela est facile de vous centrer sur vous et de porter une attention particulière à votre propre espace intérieur.

Si vous le faites concrètement avec votre bébé, vous allez pouvoir être dans l'observation de celui-ci et voir ce qui lui convient ou pas. Vous observerez ses réactions, sa façon de bouger, de se tenir, d'être. Vous allez pouvoir sentir s'il se détend, ce qui l'apaise ou pas, et au contraire ce qui le tend, le rend inconfortable.

Si vous le faites en visualisation aussi, vous pouvez prendre un temps pour observer ce qui se passe, voir les réactions de votre bébé et les vôtres, comme si vous regardiez une scène d'un film et en même temps, vous vous reliez à ce qui se passe en vous.

Vous allez prendre le temps d'observer les interactions entre vous et le bébé, sentir ce qui se passe, ce que cela provoque en vous au niveau de votre intériorité. Avez-vous des freins ou pas à rentrer dans la pratique, cela est-il accessible pour vous ?

Il est possible de faire uniquement cette pratique ou de l'effectuer avant une autre pratique de ma méthode.

Conseils complémentaires

Faites-la d'abord plusieurs fois seul, uniquement pour vous, en visualisant votre bébé (cela peut être également votre propre enfant intérieur que vous visualisez). Ensuite vous pouvez la pratiquer concrètement, en présence de votre bébé puisque vous avez déjà commencé à assimiler et intégrer la pratique seul.

Vous choisissez un moment où vous êtes disponible, dans un endroit calme, et où vous vous sentez disposé à être présent à vous-même, et en état de réceptivité. Vous pouvez aussi être plus passif, par exemple, lors d'un temps de pause où vous êtes allongé et que vous n'êtes pas dans une attention constante.

Mise en application de la pratique pour vous-même

1. Vous vous installez confortablement. Vous prenez bien le temps d'ajuster une posture confortable pour vous, cela peut être en position assise, mais si cela est plus juste pour vous, vous pouvez la pratiquer en étant allongé(e).
2. Prenez un temps pour vous situer dans la pièce ou l'espace où vous vous trouvez (cela peut être à l'extérieur). Vous pouvez prendre un temps pour balayer la pièce, puis fermez les yeux, si vous le souhaitez, afin de rentrer dans votre propre espace intérieur.
3. Accordez-vous, d'abord, un temps d'intériorité, un moment où vous allez faire un peu plus de place à votre propre espace intérieur. Et vous vous autorisez à vous accorder ce temps pour vous-même, tranquillement.

4 C'est l'occasion de prendre soin de vous, d'écouter votre propre personne et vos besoins. Ce temps de disponibilité pour vous-même va vous permettre une plus grande disponibilité de votre part à l'égard de votre bébé.

5 Vous allez d'abord prendre un temps pour vous concentrer sur votre mental, ce que vous avez dans votre tête : pensées, idées liées à votre rôle de parent, par exemple... Ce que vous avez à faire, les tâches à accomplir durant votre journée. Vous laissez venir ce qui vient... Prenez le temps d'accueillir ce qui se passe dans votre tête, ensuite, si vous souhaitez décharger votre mental de ce qui n'est pas utile ici et maintenant, pensez par exemple à cette image : visualisez un stop. Stop aux pensées, stop au mental... Ou bien pensez à un arbitre qui signale un temps de pause aux joueurs. Vous pouvez aussi faire, si vous préférez, un geste au niveau de votre front : d'abord en y posant votre main à l'inspiration puis en la laissant glisser à l'expiration. Laissez passer les idées inutiles pour vous dans l'instant, en expirant, évacuez ce que vous ne souhaitez pas, ici et maintenant, tranquillement... En prenant bien le temps.

6 Sentez cet espace, cette disponibilité à vous-même. Vous êtes peut-être plus présent(e) à votre propre personne. Vous sentez peut-être que vous avez un peu plus de place, d'espace libéré...

7 Maintenant que vous êtes un peu plus disponible, vous allez pouvoir accueillir et vous mettre au contact de chaque partie de votre corps, de la tête jusqu'aux pieds.

8 Afin que cela soit plus concret pour vous, vous pouvez, si vous le souhaitez, à mesure que vous prêtez attention à une partie de votre corps, la toucher, délicatement ou de façon plus marquée, la rendre présente. Un scan corporel par le toucher a pour effet de vous rendre plus réceptif pour commencer à expérimenter l'écoute de vos sensations. Vous allez toucher, masser, tapoter chaque partie de votre corps à votre rythme, au rythme qui vous convient, pour prendre possession concrètement de lui, l'écouter un peu plus peut-être. Vous pouvez visualiser par exemple un stéthoscope que vous allez placer sur chaque partie de votre corps.

9 Vous pouvez commencer par la tête, le visage, le cou, la nuque... jusqu'aux pieds. Touchez et écoutez toutes les parties de votre corps.

10 N'oubliez pas de prendre toujours bien le temps. Puis, afin de prêter attention à votre corps dans sa globalité, vous allez effectuer un balayage de celui-ci, en le visualisant ou en le touchant dans son ensemble, comme si vous l'enveloppiez. Vous vous en appropriez tous les contours.

11 Puis vous pouvez prendre un petit temps de silence en posant vos mains sur votre ventre, par exemple, pour accueillir ce qui s'est passé

pendant la pratique, maintenant, après ce temps d'accueil de votre mental et de votre corps, en étant pleinement présent(e) à vous-même.

12 Puis, une fois que vous aurez imprégné les sensations, les ressentis, les images de cette pratique, vous pourrez tranquillement en sortir, et revenir ici et maintenant dans cette pièce. Vous pouvez bouger, prendre des respirations plus amples... Vous pouvez bâiller, écouter aussi ce qui se passe autour, reprendre contact avec le monde extérieur, tranquillement, à votre rythme, et ensuite ouvrir les yeux et reprendre le fil de votre journée en étant plus conscient(e) de votre propre espace intérieur, votre corps. Avec peut-être une plus grande réceptivité et disponibilité à lui accorder parfois du temps et de l'espace dans votre quotidien.

Indications et explications complémentaires avant la pratique de visualisation de votre bébé ou de votre propre enfant intérieur

Cette variante est à réaliser en présence de votre bébé ou grâce à la visualisation. Dans ce cas, vous imaginez votre bébé, ou votre enfant intérieur, que vous touchez, avec lequel vous rentrez en relation grâce à des images que vous allez laisser venir.

Faites les mêmes étapes que lorsque vous pratiquez seul mais sur un temps plus court. Puis, vous allez pouvoir, si vous le souhaitez, faire la même chose avec votre bébé. Vous allez soit évoquer les parties de son corps soit les toucher. Observez s'il est à l'aise : est-ce qu'il en a envie ? Il ne faut pas l'obliger ni le contraindre. Dans le cas où vous effectuez cette pratique en groupe, votre bébé peut simplement observer les autres avec leurs parents.

Observez si le contact est une sensation agréable pour lui ou pas, s'il en a envie. Grâce au toucher, vous ressentez son corps qu'il commence tout doucement à découvrir lui aussi. Ce moment vous permet de prendre le temps de rentrer en relation, en interaction avec votre bébé. Vous pouvez choisir de créer cet échange par la parole si cela est plus accessible et simple pour vous et/ou pour lui.

Puis vous prendrez un temps de silence, de recueillement afin d'accueillir l'expérience, les sensations, les ressentis, les images... ce qui est apparu durant la pratique et également ce qui apparaît lors de ce temps de pause.

Vous pourrez ensuite réexpérimenter cette pratique dès que vous le souhaitez en étant peut-être plus présent à vous-même, plus disponible pour vous et votre enfant, en prenant le temps de bien profiter de ces moments que vous vous accordez.

Vous pourrez, peut-être, au fil des expérimentations, être plus conscient de toutes les interactions et échanges possibles avec votre bébé, à la fois à travers le toucher, le regard, les sens, et ressentir ce qu'il se passe en vous et en lui, de façon plus accessible et de plus en plus spontanément au fil des expériences. Plus vous instaurez cela dans votre quotidien en expérimentant régulièrement, plus vous en retirerez les bienfaits et les bénéfices pour vous-même et votre enfant.

Enfin, vous pourrez tranquillement sortir de la pratique, à votre rythme, en bougeant, baillant, en s'étirant. Et reprendre le fil de votre journée.

Mise en application de la pratique de visualisation de votre bébé ou de votre propre enfant intérieur

1. Vous vous installez confortablement. Vous prenez bien le temps d'ajuster une posture confortable pour vous et votre bébé, s'il est présent concrètement avec vous. Vous vous assurez qu'il soit en totale sécurité, par exemple contre vous, dans une écharpe ou bien dans vos bras, ou bien à côté, dans son berceau. La position la plus indiquée pour vous sera d'être assis(e) si vous êtes avec votre bébé, afin d'être présents l'un à l'autre. Si vous êtes seul(e) et que cela passe par la visualisation de votre bébé ou de votre propre enfant intérieur, vous pouvez vous allonger, si cela semble juste pour vous.
2. Prenez le temps de vous écouter et de sentir, voir, percevoir et de vous connecter à vous-même et à votre bébé, tranquillement et tout doucement, à votre rythme.
3. Vous prenez un temps pour vous situer dans la pièce. Vous choisissez un endroit pour vous et votre bébé. Vous pouvez mettre une petite musique ou faire un petit rituel avec lui pour lui indiquer que vous allez prendre un temps pour vous.
4. Vous prenez un petit temps, d'abord, pour vous-même, pour vous faire un peu de place et rentrer dans votre propre espace intérieur. Cela peut être en prenant, par exemple, 3 respirations, en les approfondissant de plus en plus, en sentant que cela vous apaise. Vous allez aussi dire à votre bébé que vous allez prendre ce temps à deux, en étant dans une disponibilité pour vous-même et pour lui, vous permettant de vous écouter et d'écouter ses besoins et les vôtres.
5. Vous allez d'abord prendre un temps pour vous concentrer sur votre mental, tout ce que vous avez dans votre tête : pensées, idées liées à tout ce qui pourrait vous parasiter durant ce temps de pratique pour vous et votre bébé, tout ce que vous devez penser ou avoir en tête, par exemple, durant vos journées. Vous laissez venir les images mentales... Prenez le temps d'accueillir cela dans votre tête, et, si vous souhaitez décharger votre mental de ce qui n'est pas utile ici et maintenant, visualisez par exemple un stop. Stop aux pensées, stop au mental...

Ou bien pensez à un arbitre qui signale un temps de pause aux joueurs. Vous pouvez aussi faire, si vous préférez, un geste au niveau de votre front : d'abord en y posant votre main à l'inspiration puis en la laissant glisser à l'expiration. Laissez passer les idées inutiles pour vous dans l'instant, en expirant, évacuez ce que vous ne souhaitez pas, ici et maintenant, tranquillement... En prenant bien le temps.

6 Sentez cet espace, cette disponibilité à vous-même. Vous êtes peut-être plus présent(e) à votre propre personne. Vous sentez peut-être que vous avez un peu plus de place, d'espace libéré... Puis parlez à votre bébé, regardez-le, soyez attentif(ve) à ses réactions, à ce qu'il vous dit à travers ses gestes, son regard, ses interactions avec vous. Constatez aussi qu'il sent que vous êtres plus présent(e), plus disponible pour lui, et que vous appréciez tous les deux ce moment ensemble. Ce temps de mise en « disponibilité » peut être plus ou moins long en fonction de vos besoins et de ce que vous observez également de la part de votre bébé.

Vous allez pouvoir accueillir et vous mettre au contact de chaque partie de votre corps, de la tête jusqu'aux pieds. Cela correspond aux mêmes étapes que lorsque vous pratiquez seul(e) mais vous le faites sur un temps plus court.

Afin que cela soit plus concret pour vous, vous pouvez, si vous le souhaitez, à mesure que vous prêtez attention à une partie de votre corps, la toucher, délicatement ou de façon plus marquée, la rendre présente. Un scan corporel par le toucher a pour effet de vous rendre plus réceptif pour commencer à expérimenter l'écoute de vos sensations. Vous allez toucher, masser, tapoter chaque partie de votre corps à votre rythme, au rythme qui vous convient, pour prendre possession concrètement de lui, l'écouter un peu plus peut-être. Vous pouvez visualiser par exemple un stéthoscope que vous allez placer sur chaque partie de votre corps.

Puis vous pouvez prendre un petit temps de silence en posant vos mains sur votre ventre, par exemple, pour accueillir ce qui s'est passé pendant la pratique, maintenant, après ce temps d'accueil de votre mental et de votre corps, en étant pleinement présent(e) à vous-même.

Vous allez ensuite pouvoir faire la même chose avec votre bébé, par le toucher ou la visualisation.

Vous allez commencer par sa tête ou bien une autre partie, et tranquillement poser la main (ou visualiser) sur la partie du corps de votre bébé et sentir le contact. Vous pouvez nommer les parties que vous touchez. Prenez un temps pour accueillir, sentir ce qui vient, ce qui se passe pour lui dans ce contact, et ce qui se passe pour vous également, tranquillement, tout doucement. Vous pouvez lui dire, par exemple, si vous commencez par la tête : « Je pose ma main délicatement sur ta tête et j'accueille cette partie de ton corps, et toi aussi tu prends conscience et tu accueilles cette partie de ton corps tranquillement. »

Vous laissez passer un petit temps, puis vous pouvez descendre au niveau de son cou, sa nuque, et vous observez ce qui se passe en lui et en vous. Laisser venir ce qui vient, prenez ce temps de lien et de connexion, tranquillement, si cela est agréable pour lui. Si ce n'est pas le cas, vous pouvez tranquillement continuer sur une autre zone de son corps, ou juste nommer les parties sans les toucher, si cela lui convient mieux et à vous aussi.

Vous prenez le temps de vous accueillir mutuellement, de ressentir son corps et le vôtre, de ressentir les sensations à travers ce toucher corporel. Observez ce qui se passe pour vous au niveau de votre corps. Observez et sentez ce qui se passe pour votre bébé. Il commence peut-être tout doucement à se poser, s'apaiser… Vous sentez qu'il est bien présent, bien là, et qu'il accueille et découvre les parties de son corps. Vous vous découvrez et redécouvrez à travers vos deux corps. Vous sentez que votre enfant prend possession du sien et vous aussi. Vous appréciez ce temps où vous rentrez en relation, en interaction, en lien via le toucher, la parole, les regards échangés entre vous, tranquillement, en passant sur les parties du corps qui vous parlent et lui parlent. Vous prenez le temps d'apprécier ce temps. Vous sentez que cela apaise votre bébé, et également vous pose et vous apaise vous-même.

Puis, une fois que c'est le bon moment pour vous deux, vous pouvez prendre un temps de silence, de recueillement afin d'accueillir l'expérience vécue durant la pratique et également, maintenant, lors de ce temps de pause. Vous prenez le temps de diffuser, d'imprégner les ressentis et les images, et vous laissez tout cela se poser en vous et en votre enfant, en prenant bien le temps. Vous pouvez prendre un petit moment, par exemple, où vous prenez votre bébé contre vous, en fermant les yeux… ou bien vous laissez votre main sur son ventre et votre ventre et vous laissez tout cela se poser tranquillement, tout doucement, à votre rythme…

Puis, une fois que ce sera le bon moment pour vous ou pour vous deux, vous pourrez tranquillement sortir de la pratique et revenir ici et maintenant, dans cette pièce. Vous pouvez bouger, prendre des respirations plus amples. Vous pouvez bâiller, vous étirer à votre rythme, et ensuite rouvrir les yeux si vous les avez fermés quelques instants. Vous reprenez ensuite le fil de votre journée tranquillement en prenant bien le temps d'apprécier ce moment que vous vous êtes accordé(e) concrètement ou à travers vos propres visualisations.

Prenez bien le temps de laisser cela se poser tranquillement en vous, à votre rythme.

Exercice de sérénité et d'apaisement : l'accueil de la respiration

Indications préalables

Réaliser cette pratique seul avec son propre enfant intérieur, en duo parent-bébé ou en groupe, avec d'autres parents.

Intentions, bienfaits et bénéfices

Cette pratique permet de sentir que tout se pose en vous et votre bébé lors de l'accueil et de l'attention à la respiration.

Elle vise à accroître ses propres capacités d'apaisement, de détente et de lâcher-prise en se sentant, au niveau du corps, en totale confiance, sécurité et sérénité.

Elle permet de rester dans le lâcher-prise et d'autoriser le bébé à se laisser aller lui aussi. Lorsque vous percevez que votre bébé a besoin juste de se poser dans sa journée et de sentir en lui que cela peut être un moment tout à fait agréable, sécurisant et serein pour lui.

Mise en application

1. Vous allez prendre un temps pour vous installer dans la position la plus confortable pour vous. Posez-vous tranquillement. Vous pouvez prendre un temps pour vous relier à la pièce, à vous-même, à votre propre intérieur en fermant les yeux. Vous pouvez, si vous le souhaitez, vous relier à votre propre enfant intérieur, et également, si vous faites la pratique avec votre bébé, vous relier à votre bébé. Si votre bébé est présent en face de vous physiquement, vous pouvez échanger un regard avec lui, lui sourire, lui parler. Il peut lui aussi échanger, communiquer avec vous par son regard ou bien en vous répondant par un bruit, une vocalise. Si vous faites cette pratique seul(e), vous pouvez visualiser votre propre enfant intérieur qui vous regarde... Vous pouvez également, si vous êtes enceinte, vous connecter à votre bébé in utero, dans votre ventre. Vous pouvez prendre le temps de sentir votre enfant, présent avec vous également.
2. Vous visualisez et vous faites durant ce moment ce qui vous parle et ce qui bon et utile pour vous...
3. Vous prenez bien le temps, et vous allez d'abord apaiser votre mental... Vous posez doucement votre main sur votre front. En laissant votre main posée ainsi, vous prenez le temps d'accueillir les pensées, les images, et vous pouvez décider de laisser passer ces idées, pensées inutiles pour vous en cet instant. Et afin d'avoir un peu plus conscience

du fait de pouvoir apaiser votre mental par vos propres moyens, vous pouvez faire un geste, comme laisser glisser votre main le long de votre front en allant d'un côté et de l'autre, en vous disant mentalement ou à voix haute : « Je laisse passer tout ce qui est inutile pour moi en cet instant. » Et vous laissez votre main retomber le long de votre corps… Tranquillement.

4 Vous prenez un temps pour sentir votre mental déjà plus apaisé, plus déchargé, plus allégé…

5 Vous allez ensuite pouvoir accueillir votre corps, chaque partie de votre corps… Vous pouvez les toucher ou les visualiser… Tranquillement, à votre rythme… Si vous faites la pratique avec votre bébé, qu'il est à côté ou en face de vous, vous pouvez poser une main sur son corps, et, si cela vous convient, prendre ce temps de contact, pour que votre bébé puisse sentir son corps à travers votre toucher et vous aussi le sentir. Vous pouvez aussi nommer les parties de son corps ou les visualiser sans les toucher, si cela est plus confortable pour lui et pour vous. Sentez-vous libre, faites-vous confiance et faites confiance à votre bébé.

6 Vous allez accueillir les parties de votre corps et celles de votre bébé afin de vous centrer sur elles. Vous pouvez les toucher simultanément, si cela vous convient. Vous prenez bien le temps de vous centrer sur vos deux corps, vos cœurs, tranquillement, à votre rythme… Vous pouvez sentir peut-être déjà que cela vous pose un peu plus. Vous vous apaisez. Votre enfant intérieur se calme. Et votre enfant également se tranquillise et s'installe dans ce moment, tout doucement. Cela est apaisé et serein pour vous et pour lui…

7 Vous allez pouvoir maintenant effectuer la pratique de l'accueil et de l'attention de la respiration seul(e) avec votre propre enfant intérieur ou bien en duo avec votre bébé in utero ou présent physiquement en face de vous. Vous pouvez d'abord poser vos mains au niveau de votre thorax et de votre ventre. Prenez un temps pour accueillir, sentir votre respiration. Tranquillement, vous ressentez les mouvements de votre respiration, ceux au niveau de votre corps… À votre rythme… Vous prenez le temps d'observer votre respiration lorsque vous prenez de l'air à l'inspiration… puis que vous soufflez à l'expiration… Sentez les mouvements de vos mains au niveau du thorax et du ventre, sentez l'amplitude de vos respirations… Sentez la place que prend votre respiration au niveau de votre corps…

8 Vous allez pouvoir poser une main sur votre bébé ou visualiser que vous posez une main délicate sur lui, tranquillement, à votre rythme… Vous pouvez prendre un temps pour vous connecter à sa respiration. Vous pouvez vous adresser à lui : « Tu sens que tu inspires et que tu expires tranquillement, ton ventre se soulève… »

9 Vous vous connectez à sa respiration, et vous pouvez même, simultanément, vous relier en posant une main sur votre ventre et une main sur le sien et sentir les mouvements… Lors de l'inspiration et de l'expiration… Vous pouvez un peu plus allonger vos expirations pour relâcher un peu plus toutes les tensions en vous, et dire à votre bébé : « Tu peux toi aussi relâcher tout ce que tu as envie de sortir maintenant. Inspire et expire, et relâche tout ce que tu souhaites relâcher… »

10 Vous pouvez allonger et souffler un peu plus bruyamment pour que votre bébé entende, voie et ressente ce relâchement. Il sent que cela se pose, s'apaise pour lui, et pour vous aussi. Cela se tranquillise, tout doucement, à votre rythme… Vous pouvez prendre conscience que cet apaisement mutuel et simultané de vous et votre bébé vous sont utiles à l'un comme à l'autre. Tout s'apaise et se pose au niveau de votre corps et de celui de votre bébé.

11 Vous pouvez maintenant prendre le temps d'accueillir ce qui se passe en vous, vos sensations, vos ressentis, ce qui apparaît pour vous et votre bébé, ici et maintenant… Vous prenez le temps de sentir cet apaisement au fil de vos respirations. Sentez que cela s'apaise en vous, prenez le temps de sentir que cela s'apaise aussi pour votre bébé…

12 Vous continuez à respirer tranquillement. Inspiration et expiration… Vous pouvez continuer à poser vos mains sur votre ventre et celui de votre bébé, et continuer à sentir que cette sérénité se pose et s'installe en vous, dans votre corps et au niveau de celui de votre enfant. Tranquillement… Votre bébé peut sentir le contact de vos mains sur son ventre et peut ressentir les mouvements de sa respiration, à chaque inspiration et à chaque expiration, au niveau de son ventre et sur tout son corps… Tout se pose, se repose pour vous et pour votre bébé…

13 Vous prenez le temps d'accueillir, de vous laisser imprégner et de diffuser toutes les sensations qui arrivent, reliées à cet apaisement et ce calme… Vous laissez de la place à tout cela, en continuant à vous aider de votre respiration…

14 Vous laissez cela se poser à vous… En faisant un temps de silence.

15 Vous faites une pause afin d'intégrer tout ce que vous avez vécu et tout ce que cela vous a apporté.

Vous pourrez réexpérimenter cette pratique quand vous le souhaiterez, quand vous en aurez besoin, peut-être plus conscient(e) de vos capacités d'apaisement, en vous aidant de l'accueil et de l'attention de votre respiration et de celle de votre bébé, de votre enfant intérieur ou de votre bébé in utero, pour pouvoir en ressentir tous les bienfaits et les bénéfices.

Être plus conscient(e) de vos capacités à laisser reposer votre corps et votre mental ainsi que de celles de votre bébé pourra vous aider à les développer un peu plus et d'atteindre une plus grande sérénité pour vous et votre bébé.

Vous allez pouvoir, vous et votre bébé, bouger à votre rythme, vous étirer, bâiller, vous toucher. Vous pouvez le caresser, échanger des sourires, des regards, vous toucher et toucher ou embrasser votre bébé, vous cajoler tranquillement, en continuant à profiter de ce moment. Puis vous allez pouvoir mettre fin à la pratique et reprendre le fil de votre journée.

Exercice de réduction de l'anxiété et du stress : l'accueil de la respiration avec la main posée sur le ventre

Indications préalables

Vous pouvez effectuer cette pratique seul en posant vos mains sur votre ventre, ou sur votre ventre de femme enceinte, en vous reliant à votre bébé in utero. Vous pouvez également l'effectuer avec votre nouveau-né, par exemple en le posant sur votre ventre, et vous pouvez, au lieu de mettre vos mains sur votre ventre, les poser sur le dos de votre enfant.

Vous pouvez, si vous le souhaitez, prendre un temps en fermant les yeux et en posant vos mains sur le ventre afin de situer comment vous vous sentez avant la pratique : « Quel est votre niveau de stress, ou d'anxiété sur une échelle de 1 à 10 ? », « Quel est votre niveau de sérénité au niveau de votre corps et de votre espace intérieur ? »

À la fin de la pratique, refaites cet exercice pour évaluer où vous vous situez, si votre niveau de stress ou d'anxiété s'est abaissé et remarquer quel est votre niveau de sérénité au niveau de votre corps et de votre espace intérieur.

Intentions, bienfaits et bénéfices

Cet exercice vise à réduire votre anxiété et votre stress et ceux de votre bébé ou enfant intérieur. Il vous permet d'accroître vos propres capacités pour vous détendre, vous apaiser et aller vers une sérénité intérieure. Ces bénéfices vont être facilités par l'approche sophrologique et la forme ludique de l'exercice qui associe la main posée sur le ventre et la respiration.

Mise en application

1. Vous prenez contact avec la pièce, les personnes présentes autour de vous. Vous allez apaiser votre mental. Posez votre main et laissez-la

glisser sur votre front. Visualisez un stop pour arrêter les pensées et idées inutiles pour vous, en cet instant. Ensuite, vous prendrez le temps d'accueillir votre corps de la tête aux pieds, soit en le balayant visuellement ou en le touchant. Vous pouvez également frotter vos mains l'une contre l'autre puis les laisser se poser sur chaque partie de votre corps pour en avoir conscience et laisser les énergies circuler en vous, tranquillement, en prenant le temps. Prenez le temps de globaliser cette visualisation de votre corps dans son intégralité, pour vous permettre de l'accueillir dans son ensemble.

2 Puis, vous allez prendre trois grandes respirations en approfondissant de plus en plus votre inspiration, en soufflant de plus en plus amplement pour lâcher, vous délester de toutes vos tensions au niveau du corps, ou de toutes vos émotions ou ressentis que vous souhaitez laisser sortir de vous... Tranquillement, en prenant bien le temps...

3 Puis, vous pouvez poser une main sur votre ventre, et laisser l'autre suivre les contours de chaque doigt. Vous commencez sur la base de votre pouce. Vous inspirez en montant votre doigt en haut de votre pouce. Vous sentez également les mouvements de votre ventre et votre main qui se soulèvent lors de l'inspiration, puis vous soufflez en suivant le contour de votre pouce. En soufflant, votre doigt redescend et vous sentez que votre ventre s'abaisse ou se creuse légèrement... Puis, vous allez au niveau de l'index. Vous inspirez : votre doigt monte, votre ventre se soulève puis votre doigt baisse et votre ventre s'abaisse...

4 Puis, vous inspirez à nouveau : votre doigt suit le contour du majeur, et votre ventre se gonfle. Votre doigt redescend à l'expiration et vous sentez votre ventre qui s'abaisse tranquillement...Vous allez poser votre doigt au niveau de l'annulaire. Vous suivez le contour de votre doigt qui remonte sur le haut de votre annulaire à l'inspiration, votre ventre gonfle, et ensuite, vous descendez votre doigt, votre ventre s'abaisse... Tranquillement, enfin, vous laissez votre doigt suivre le contour de l'auriculaire. À l'inspiration, votre ventre se soulève, puis vous laissez votre doigt descendre sur le côté de votre main en soufflant, en sentant votre ventre se dégonfler, s'abaisser.

5 Vous pouvez fermer les yeux et laisser poser vos deux mains sur votre ventre en sentant ce qui se passe en vous après l'exercice. Sentez ce qui se pose en vous. Vous sentez votre corps s'installer dans un calme, un apaisement et cela est agréable pour vous. Vous vous sentez en sécurité, serein(e) et cela vous fait du bien de sentir votre corps se reposer, se décharger, se libérer de ce qu'il souhaite sortir, évacuer, et en même temps garder ce qui est bon pour lui, ce qui l'apaise, le rend serein et calme. Vous prenez ce temps de pause pour intégrer tout ce que vous avez vécu, ressenti, ce qui s'est passé en vous durant la pratique et même après...

6. Vous laissez infuser, se diffuser et s'imprégner en vous tout ce que cela vous a apporté et vous apporte encore maintenant et plus tard au fil de votre quotidien. Vous pourrez réexpérimenter cette pratique quand vous en aurez besoin afin de continuer à en retirer tous les bienfaits et les bénéfices.
7. Puis, tranquillement, à votre rythme, vous pourrez sortir de la pratique, bouger, vous étirer, bâiller et reprendre le fil de votre journée, en prenant le temps d'apprécier ce moment que vous vous êtes accordé(e).

Sophrologie et méditation : l'accueil apaisé des sensations et des émotions

Intentions, bienfaits et bénéfices

Cette pratique vous permet d'accueillir vos sensations et émotions qu'elles soient agréables ou désagréables, dans l'apaisement et la paix intérieure au quotidien.

Elle vous invite à lâcher prise, retrouver le calme, vous laisser aller à la détente, favoriser et faciliter votre sommeil.

Elle diminue votre anxiété et votre stress en vous aidant à stopper vos ruminations, les pensées énergivores, les pensées parasites.

Mise en application

1. Vous vous installez confortablement. Vous vous reliez à l'endroit où vous vous trouvez. Vous pouvez également fermer les yeux pour rentrer dans votre propre intérieur.
2. En premier lieu, vous laissez votre mental s'apaiser, en laissant glisser les pensées, les idées, les images inutiles pour vous, en cet instant.
3. Vous allez maintenant porter une attention particulière sur chaque partie de votre corps, sur vos sensations corporelles, de la tête aux pieds. Vous prenez le temps d'observer, de sentir et ressentir ce qui est là, ce qui se présente ici et maintenant. Vous pouvez faire un balayage corporel où vous allez scanner chaque partie de votre corps. Vous prenez le temps d'observer vos sensations au niveau de votre tête, visage, gorge, cou, nuque, vos épaules, bras, avant-bras, mains, votre thorax, ventre, dos, vos hanches, votre bassin, vos jambes, cuisses, genoux, mollets, chevilles, pieds...Vous prenez le temps de vous centrer et vous prenez conscience de l'ensemble de votre corps....
4. Vous allez maintenant vous concentrer sur une partie de votre corps, la plus présente, celle de votre choix...Vous vous concentrez

sur les sensations de cette zone… Vous prenez le temps d'accueillir, d'identifier les sensations qui sont là, présentes… Les sensations au niveau du corps peuvent être reliées à des émotions. Vous pouvez, si vous le souhaitez, observer cela comme un spectateur, de manière distante, puis vous rapprochez un peu plus, de plus en plus… Vous allez porter une attention particulière à cette émotion comme si vous faisiez un zoom sur elle. Vous prenez le temps de l'observer, tranquillement, à votre rythme, de façon apaisée…

5 Si vous avez des pensées, des images, des idées qui arrivent, prenez le temps de les accueillir, si vous le souhaitez. Vous pouvez également les laisser glisser comme du sable que l'on laisse filer entre nos doigts. Vous laissez aller ce qui n'est pas utile pour vous ici et maintenant, tranquillement…

6 Vous pouvez laisser de la place à l'accueil de ces sensations : « Où se situent-elles au niveau de mon corps, sont-elles en surface, sous ma peau ou bien sont-elles plus internes, plus en profondeur ? » Vous pouvez évaluer leur intensité, leur situation au niveau du corps. Vous prenez bien le temps de porter une attention sur cette zone, ce qui apparaît… En prenant le temps…

7 Vous pouvez un peu plus concrétiser cette sensation en lui donnant peut-être une couleur, une forme particulière. Vous pouvez sentir ce qu'elle vous évoque, peut-être du froid, des frissons, de la chaleur, des vibrations, des battements, des tapotements, de la circulation, du mouvement, de l'immobilité, de la lourdeur ou de la légèreté. Vous pouvez sentir si la sensation vous évoque plutôt quelque chose de liquide, de solide, de mou, de dur, de piquant, de doux, de rugueux ou de lisse, si cela fait vous évoque un objet, un son ou une odeur… Prenez bien le temps de la visualiser, de la ressentir sous tous ses angles. Si la sensation vous évoque un objet, vous pouvez le toucher, le tenir entre vos mains…

8 Vous allez maintenant pouvoir observer votre sensation tranquillement, comme si elle se présentait devant vous. Vous pouvez ensuite la regarder à l'intérieur de votre corps, si vous le souhaitez… Peut-être qu'une sensation est là mais que d'autres arrivent, se mélangent et cohabitent ensemble, s'entremêlent… Cela est OK, vous les accueillez toujours tranquillement, de façon sereine… Votre mental peut être présent, vous pouvez lui dire stop, ou au contraire lui faire de la place, si cela vous convient… Vous accueillez ce qui est là avec bienveillance, de façon apaisée…

9 Vous allez maintenant pouvoir approcher encore de plus près cette sensation. Vous imaginez qu'une porte est devant vous, et que vous entrez à l'intérieur de la sensation. Vous prenez le temps d'observer de l'intérieur ce ressenti. Vous pouvez décrire, nommer ce qui est là. Prenez le temps de découvrir cet espace, cette sensation, comme si

vous visitiez un endroit, une maison... Vous prenez le temps de sentir, de ressentir autour de vous... Vous pouvez prendre quelques respirations plus profondes à l'intérieur de cette sensation, comme si elle suivait le mouvement de votre respiration, comme si elle pouvait se déployer, s'ouvrir, s'exprimer, prendre sa place, toujours tranquillement, à votre rythme... Vous lui laissez du temps, et vous l'autorisez à être là, et vous vous autorisez à l'accueillir tranquillement... Vous vous autorisez à la sentir et à rentrer dans son espace. Vous accueillez ce qui se présente à vous. Vous pouvez avoir envie de la découvrir de plus en plus en profondeur ou bien, au contraire, avoir envie de la camoufler, l'étouffer, la dissimuler. Vous prenez le temps d'observer, d'accueillir cela, sans chercher à modifier cette émotion, mais juste lui permettre d'être là, et de l'accueillir avec bienveillance, tranquillement, sereinement.

10 Vous allez pouvoir maintenant, si vous le souhaitez, poser une main bienveillante sur vous. Vous la posez sur une partie de votre corps, celle de votre choix. Et vous prenez le temps de sentir que tout s'apaise en vous, tranquillement. Vous sentez que ce que cela provoque en vous, de ressentir votre main bienfaitrice, protectrice, enveloppante, guérisseuse sur vous, tranquillement... Vous pouvez accueillir ce qui vient : vos sensations, vos émotions, vos ressentis... Vous pouvez imaginer que vous les accueillez. Vous pouvez les bercer, les cajoler avec votre main ou vos deux mains, tout doucement, tranquillement... Vous prenez le temps de situer dans votre corps vos sensations, vos émotions, en prenant le temps... Vous pouvez sentir que cela vibre, s'éveille en vous, s'ouvre tranquillement en vous, tout en continuant à vous bercer, vous cajoler ou maintenir vos mains bienveillantes et sécurisantes sur une des parties de votre corps ou plusieurs parties en les touchant, tranquillement, sereinement...

11 Vous prenez le temps de laisser de la place à tout cela... Tranquillement. Vous pouvez poser vos mains sur votre corps, sur votre cœur, votre ventre en orientant votre attention sur vos sensations... Vous pouvez laisser venir et imaginer des petites lumières qui apparaissent et vont progressivement illuminer une à une chaque partie de votre corps, puis progressivement illuminer toutes ses parties. Cela s'illumine comme un rayon de lumière qui jaillit, qui rayonne et se diffuse sur tout votre corps... Vous pouvez toucher ces parties qui s'éclatent progressivement au niveau de tout votre corps... Vous vous sentez vivant(e), lumineux(se) et vous accueillez cela avec bienveillance et douceur... Vous prenez conscience que toutes ces sensations, ces émotions font de vous un être vivant, qui ressent, qui vit, qui accueille. Et cela se fait de façon spontanée, tranquillement, de façon sereine...

12 Vous prenez un temps de pause, de silence pour accueillir, diffuser, imprégner tout cela en vous, en étant plus conscient(e) et dans un accueil bienveillant de vos émotions et de vos sensations au niveau de

votre corps grâce au contact de vos mains bienfaitrices, bienveillantes et sécurisantes.

13. Temps de pause et d'intégration...
14. Puis vous pouvez sortir progressivement de la pratique en bougeant. Vous pouvez vous étirer, vous toucher, bâiller et ouvrir les yeux.

Vous pourrez réexpérimenter cette pratique dès que vous en aurez besoin.

La balle sensorielle de présence et de lien avec son bébé

Intentions, bienfaits et bénéfices

Cette pratique permet de (re)découvrir chaque partie du corps et se (re) découvrir soi, en tant qu'adulte et parent, ainsi que son bébé et permet un temps agréable et serein entre le duo à travers un objet concret palpable.

Mise en application

1. Développez la conscience du corps et du mental en les rendant plus concrets par l'intermédiaire d'une balle.
2. Prenez un temps pour écouter chaque partie sur lesquelles la balle passe et circule, comme un stéthoscope qui permettrait de porter une attention, une écoute particulière sur chaque zone où la balle se pose ou voyage.

Accueil dynamique et ludique de la sérénité et de l'apaisement dans son corps

Indications préalables

Cette pratique est à effectuer seul ou avec son bébé.

Si vous êtes avec votre bébé, assurez-vous qu'il est dans une zone sécurisée. Vous pouvez effectuer la pratique en ayant votre bébé en face de vous afin qu'il puisse vous observer et profiter aussi pleinement des bénéfices.

Intentions, bienfaits et bénéfices

L'intention de cette pratique est d'accueillir, identifier et ressentir l'apaisement, la détente et la sérénité au niveau du corps et dans sa propre intériorité tout en mettant le corps en mouvement. Elle permet de prendre conscience que le corps peut à la fois bouger et être dans l'apaisement et la sérénité. L'un n'empêche pas l'autre. Le mouvement du corps peut aussi permettre de relâcher les muscles et les tensions jusqu'à sentir et installer un apaisement intérieur.

Conseils complémentaires

La posture indiquée est debout mais, si cela est inconfortable pour vous, sentez-vous libre de choisir une autre posture plus adaptée pour vous. Vous pouvez expérimenter pour adapter la posture, arrêter ou prolonger une étape si vous le souhaitez, en faisant toujours ce qui est bon pour vous et permettre aussi à votre bébé de découvrir cela dans un moment de partage, d'échange et d'interaction.

Mise en application

1. Vous allez d'abord vous installer confortablement, vous relier entre vous, et vous relier à l'espace autour de vous. Vous allez prendre 3 respirations pour lâcher les tensions. Inspirez et soufflez les tensions trois fois... Vous pouvez accueillir votre tête en la touchant ou en massant votre cuir chevelu et faire pareil au niveau de votre bébé. Vous lui touchez délicatement la tête tout en observant si cela est agréable pour lui. Puis vous pouvez poser vos mains sur son front et lui dire : « Tu peux toi aussi reposer et apaiser tout ce que tu as dans la tête. » Puis, en les laissant glisser : « Tu peux, mon bébé, t'apaiser aussi, reposer ta tête. » Vous pouvez d'abord, si vous le souhaitez, faire circuler les énergies et prendre contact avec votre tête et votre visage. Vous pouvez pour cela frotter vos mains et en poser une sur la tête et le faire également sur votre bébé.
2. Vous pouvez ensuite frotter vos mains et les déposer sur vos yeux pour les reposer, les laisser se poser. Vous pouvez sentir vos yeux qui vont peut-être se reposer un peu plus, comme de petites balles qui se déposent et s'enfoncent légèrement dans le sable, par exemple, ou autre chose, une image, une sensation agréable. Relié à vos yeux qui se reposent, vous pouvez faire pareil avec votre bébé et faire avec lui le jeu du coucou-caché afin aussi qu'il prenne conscience au fil du temps de la présence et de l'absence. On notera d'ailleurs que phénomène a été observé par Jean Piaget, théoricien et psychologue français, et porte le nom de permanence de l'objet. « En psychologie du développement, la permanence de l'objet est la connaissance par l'enfant que les objets qui l'entourent existent à l'extérieur de lui, mais surtout qu'ils continuent d'exister même s'il ne les perçoit plus. »
3. Puis, vous vous massez pour détendre vos joues, vos mâchoires. Vous pouvez frotter vos mains pour continuer à faire circuler les énergies d'apaisement et de sérénité en vous et en votre bébé. Vous pouvez poser vos mains sur ses joues tout doucement ou sur ses oreilles, puis les masser pour détendre son visage tranquillement, en prenant le

temps et en sentant l'apaisement qui s'installe progressivement en lui. Vous le faites également sur votre visage, tranquillement, tout doucement.

4 Vous pouvez boucher quelques instants vos oreilles et les siennes en disant : « Nous nous coupons des bruits environnants comme si nous rentrions dans notre propre bulle, dans notre propre espace et nous prenons le temps d'écouter à la fois le silence et en même temps d'écouter tout c'est qui est là, présent en nous, dans notre corps. Je me mets à l'écoute de mon corps et, toi aussi, tu te mets à l'écoute du tien. ». Cet exercice est très facile pour le bébé puisqu'il est tout le temps pleinement connecté à ce qui vit en lui, à ses sensations en continu. Et vous expérimentez cela aussi avec lui. Vous lui dites et lui montrez que vous êtes dans cette écoute, dans l'apaisement et la sérénité en le faisant à votre rythme, tranquillement, en prenant bien le temps… Vous êtes connecté(e) à votre corps, tout comme votre bébé, dans le calme. Vous pouvez rester debout et à tout moment, si vous avez envie, vous pouvez vous asseoir. Votre bébé peut également se laisser aller, peut-être s'assoupir, lâcher prise, tranquillement, et vous aussi, vous laissez poser tout cela.

5 Vous pouvez à nouveau vous frotter les mains et toucher votre nuque puis votre cou, ceux de votre bébé aussi. Vous pouvez tout doucement vous masser, et masser ou toucher votre bébé sur cette zone. Vous pouvez, afin de relâcher un peu plus votre cou et votre nuque, faire des petits balancements de votre tête, sur un côté puis l'autre avec votre menton légèrement baissé. Vous laissez votre tête et votre nuque se relâcher, se détendre, toujours dans l'apaisement et la sérénité.

6 Puis descendez au niveau des épaules et des bras, les vôtres et ceux de votre bébé. Frottez vos mains et passez sur cette zone, sur vous et votre bébé. Vous pouvez toucher, masser les épaules, bras et avant-bras, tortiller vos doigts, masser et frotter et caresser vos deux mains, puis faire la même chose avec votre bébé, tout en étant connecté(e) à ce qui l'apaise, ce qui lui convient. Vous observez ce qui est agréable pour lui et ce qui lui procure de la sérénité et de l'apaisement dans ce contact et ce toucher du corps. Vous pouvez rajouter un autre mouvement de bercement, croiser vos épaules, vous bercer peut-être en chantonnant, vous apporter du réconfort, de l'amour par ce câlin, ce balancement sécurisant pour vous-même. Et faites pareil à votre bébé, enroulez-le et bercez-le tranquillement…

7 Vous pouvez toucher votre dos et celui de votre bébé. Vous pouvez faire la poule ou le papillon en repliant vos bras et en contractant légèrement les omoplates et en laissant sortir le torse, en inspirant et en soufflant, puis vous relâchez tout cela. Vous pouvez vous pencher vers l'avant afin de dérouler, de détendre, d'étirer votre dos. Vous laissez vos bras se balancer tout doucement pour bien détendre, apaiser votre dos et vos

bras et tout le haut de votre corps. Vous pouvez mettre votre bébé sur le ventre en l'enroulant pour le retourner tout doucement, si cela est possible, si vous le sentez disponible pour cela, et vous pouvez caresser tout doucement son dos, le long de sa colonne, en posant une main contenante et sécurisante sur ses fesses pour le sécuriser, l'apaiser.

8 Vous laissez votre visage et celui de votre bébé se détendre et s'apaiser un peu plus.

9 Vous frottez vos mains et vous les posez sur votre torse. Vous pouvez sentir votre cœur aussi qui se pose, se repose et ralentit. Vous sentez vos battements de cœur, votre respiration. Vous pouvez frotter vos mains et les poser aussi sur votre ventre. Vous sentez le calme et l'apaisement au fil de vos respirations qui peuvent s'approfondir aussi. Vous pouvez poser vos mains sur le thorax et le ventre de votre bébé en l'invitant à se poser tranquillement. Vous pouvez frotter vos mains et les poser sur lui, ou le caresser pour lui permettre de se poser un peu plus… Vous pouvez observer votre respiration et la sienne, les mouvements de son ventre qui peut au fil du temps ralentir au fur et à mesure qu'il se laisse aller. Vous sentez vous aussi que votre organisme, votre corps, votre cœur et votre respiration se posent, se ralentissent, et vous appréciez ce moment, dans la sérénité et la sécurité intérieure.

10 Puis vous frottez vos mains, et vous allez toucher le bas de votre corps et celui de votre bébé. Vos hanches, bassin, cuisses, genoux, chevilles, pieds, ainsi que ceux de votre bébé. Vous posez vos mains sous la voûte de ses pieds quelques instants. Prenez conscience des vôtres aussi, bien ancrés, bien posés sur le sol…

11 Vous allez pouvoir passer vos mains sur l'ensemble de votre corps et de celui de votre bébé en une fois en disant par exemple : « Je prends conscience de mon corps tout entier et toi aussi tu ressens toutes les parties de ton corps, et en même temps, tu ressens aussi l'ensemble de ton corps qui ne fait qu'un. » Vous pouvez par exemple laisser poser quelques instants une main sur sa tête et une main sur ses pieds pour l'aider à en prendre conscience. Prenez en compte votre corps et son corps dans son ensemble. Vous aussi, touchez et rassemblez tout votre corps de la tête aux pieds, et des pieds jusqu'à la tête.

12 Étirez-vous ensuite, levez vos bras et mettez vos pieds en pointe, en inspirant et en bloquant l'air, en étirant votre corps au maximum comme si vous vouliez décrocher une étoile, puis soufflez jusqu'à ce que votre corps soit tout mou, relâché, toujours dans l'apaisement, en laissant tomber vos bras, votre tête. Relâchez tout ce que vous souhaitez relâcher, détendre et laissez sortir les tensions du corps pour encore plus installer en vous cet apaisement. Vous pouvez accompagner votre bébé en le tenant dans vos bras, en ouvrant légèrement vos mains pour l'étirer un peu. Vous pouvez également rassembler vos mains pour le contenir un peu plus, avec l'idée qu'il se

remette dans sa position originelle et sécurisante de fœtus. Faites-le 2 ou 3 fois, si cela est possible, s'il est disponible, et si vous sentez que cela vous parle aussi à vous. Ou tout simplement vous pouvez le rassembler à l'aide d'un lange par exemple, et le tenir quelques instants comme cela en profitant tous les deux de ce moment d'apaisement et de lien que vous vous accordez... Vous pouvez inspirer et souffler profondément, tranquillement.

13 Puis faites une pause en mettant votre main sur votre ventre, en fermant les yeux un court instant, ou bien en laissant les yeux ouverts si votre bébé est en face de vous, mais faites un petit temps de silence pour laisser toutes les sensations s'imprégner en vous et en votre bébé. Laissez infuser tout ce que vous avez vécu durant la pratique et après, ce que cela a provoqué en vous. Accueillez ce qui vient et ce qui pourra aussi émerger plus tard.

14 Pause d'intégration... Temps de silence et d'accueil...

15 Puis, quand ce sera le bon moment pour vous, vous pourrez sortir de la pratique, vous étirer, bâiller, vous toucher et entendre autour de vous, et reprendre le fil de votre journée. En prenant le temps d'apprécier ce moment que vous avez passé avec vous-même et votre bébé...

Vous pourrez refaire cette pratique quand vous en aurez besoin en étant plus conscient(e) de votre capacité et de celle de votre bébé à vous détendre, à vous poser dans l'apaisement, en y associant aussi le mouvement, tranquillement, en prenant le temps...

Regard bienveillant sur soi-même à l'aide du bébé, imaginé ou réel

Mise en application

1 Vous allez fermer les yeux, vous centrer sur votre mental, accueillir les pensées et les idées, puis porter votre attention sur votre corps, votre respiration. Ensuite, vous allez prendre un temps pour imaginer que vous portez sur vous le même regard que vous portez sur votre bébé ou sur un bébé que vous allez imaginer. Vous laissez venir en vous l'amour, la bienveillance, la douceur, l'apaisement, l'empathie, le bonheur, la compassion, le calme et toutes les émotions, les sensations et les sentiments agréables qu'évoque ce bébé. Il est peut-être endormi paisiblement dans son berceau ou il vous regarde avec un sourire authentique, spontané, plein de joie, de douceur et d'amour.

2 Vous prenez bien le temps de vous relier à cet enfant et vous posez sur vous le même regard qu'il pose sur vous. Vous accueillez tout cet

amour, cette douceur, cette joie, ces émotions et sensations agréables, toute cette bienveillance. Vous vous emplissez de tout cela, comme si vous remplissiez une bouteille de tous ces éléments, de toutes ces ressources agréables pour vous en apporter tous les bienfaits. Vous allez vous y aider avec la respiration : « J'accueille tout cet amour, cette bienveillance, cette douceur à l'inspiration, et je la diffuse dans ma tête et mon corps à l'expiration. »

3. Vous marquez ensuite un temps de silence pour bien poser, imprégner toutes ses sensations dans votre corps. Prenez le temps de ressentir les sensations, les émotions, qui sont ici et maintenant, puis quand ce sera le bon moment pour vous, vous pourrez faire une pause afin d'intégrer un peu plus ce que vous avez vécu durant la pratique... Accordez-vous un temps de silence grâce à une pause d'intégration afin de laisser poser l'expérience, d'imprégner et diffuser ce qui est utile pour vous.
4. Puis vous allez tranquillement sortir de la pratique, à votre rythme, lorsque c'est le bon moment pour vous, tranquillement, en prenant le temps.

Accueil de ce qui est là avec bienveillance

Intentions, bienfaits et bénéfices

Cette pratique permet de vous relier à vous-même et d'accueillir ce qui est là, avec bienveillance, calme et douceur, sans jugement et sans crainte.

Le fait d'accueillir ce qui se présente, ce qui vient, ce qui est là peut vouloir dire accueillir autant ce qui est agréable, confortable, rassurant, réconfortant que ce qui est vécu comme désagréable, inconfortable, déstabilisant, qui peut même nous faire vaciller, nous déséquilibrer.

L'idée de l'accueil peut renvoyer à l'image d'un enfant qui découvre le monde de façon pure et authentique, qui est dans la bienveillance de ce qui se présente, autant ce qui est là, à l'intérieur comme à l'extérieur de lui. Cela peut être l'image de la pureté d'un enfant qui sourit et regarde avec émerveillement la pluie tomber sur le sol, contemple le ciel ou la nature, observe une fourmi ou découvre pour la première fois un son agréable, et accueille cela pleinement de façon pure et authentique, le plus spontanément et simplement possible.

Une question se pose cependant : « Est-ce que le fait d'accueillir ce qui est agréable autant que ce qui est désagréable est utile pour chaque individu ? D'après vous, qu'en pensez-vous ? »

Cela peut avoir une utilité pour la personne qui expérimente le fait qu'accueillir ce qui est là, ce qui vient à elle peut l'aider à se comprendre, se respecter, poser ses limites, découvrir ses forces, entendre ce qui est peut-être mis en sourdine, ce qui est se passe en nous.

Cela peut nous aider à évoluer, à trouver nos propres réponses, à faire des choix, à éviter ou surmonter les difficultés, pour aller vers une meilleure connaissance de nous-mêmes, et nous aider dans notre propre évolution.

Le tout, c'est peut-être de trouver la manière dont nous allons pouvoir accueillir ce qui est là en toute bienveillance vis-à-vis de nous-mêmes.

Mise en application

1. D'abord, installez-vous confortablement... Vous prenez le temps de vous relier à la pièce autour de vous, et de bien vous relier à vous-même, à votre propre espace intérieur ainsi qu'aux personnes qui sont présentes avec vous si vous n'êtes pas seul(e). Vous vous reliez à vos points d'appui : vos pieds sur le sol, vos fesses et votre dos au niveau du dossier de votre chaise ou fauteuil. Vous prenez le temps de vous poser, de vous installer confortablement en prenant le temps de vous reposer sur vos points d'appui.
2. Vous allez aussi apaiser votre mental. Vous laissez de la place dans votre esprit, laissez glisser et libérez ce qui n'est pas utile pour vous. Vous prenez le temps d'accueillir les pensées, les idées, les images et vous laissez passer ce qui est inutile pour vous, en cet instant... en prenant le temps.
3. Puis vous allez accueillir votre corps dans son ensemble et chacune de ses parties, en les rendant bien présentes, soit en les touchant soit en les visualisant, tranquillement, à votre rythme... Vous allez pouvoir maintenant prendre trois respirations en les approfondissant chaque fois un peu plus, avec l'idée de laisser sortir, de libérer les tensions accumulées. « J'inspire et je souffle pour laisser sortir les tensions. J'inspire un peu plus profondément, et j'allonge mon expiration. Puis à nouveau, une dernière fois, j'inspire encore un peu plus profondément et j'expire encore plus profondément pour laisser sortir, tranquillement et de façon plus ample et plus profonde, toutes les tensions de mon corps. Je sens le calme qui commence à prendre place et à s'installer progressivement et tranquillement en moi, tout doucement. »
4. Vous allez d'abord prendre un temps pour accueillir le mot *bienveillance*. Vous le laissez infuser dans votre corps... En prenant bien le temps. Vous accueillez ce mot comme une caresse délicate qui vient effleurer puis pénétrer votre corps... Vous laissez maintenant venir les sensations qui accompagnent ce mot, dans la douceur, le calme et l'apaisement.
5. Puis vous gardez en mémoire toutes ces sensations de bienveillance bien infusées, imprégnées, et vous allez pouvoir maintenant vous relier à votre corps. Vous pouvez, si vous le souhaitez, toucher les parties

de votre corps et accueillir tranquillement ces sensations, ce que cela vous évoque et provoque en vous.

6 Vous allez accueillir votre mental. Si des images se dessinent dans votre esprit, prenez un temps pour les accueillir, avec, toujours, en arrière-plan, ce mot et ces sensations reliées à la notion bienveillance, dans le calme et la douceur.

7 Puis, maintenant, vous allez prendre un temps pour porter une attention particulière à vos ressentis toujours avec ce mot *bienveillance* qui est là, présent dans ce moment. Et vous prenez le temps de laisser venir tout ce qui se présente à vous, juste dans l'accueil de ce qui est… Tranquillement, avec douceur, et calme et paix en vous. Vous vous dites peut-être des mots, des phrases, vous avez des images et des pensées qui arrivent, vous sentez des zones un peu tendues de votre corps ou bien vous sentez que certaines sont plus relâchées, détendues… Concentrez-vous sur le fait d'accueillir ce qui est là, en laissant infuser, se diffuser le mot et toutes les sensations qui y sont reliées : la bienveillance…

8 Prenez bien le temps de laisser venir ce qui est là, ce qui se présente… Afin de l'imprégner un peu plus, vous pouvez approfondir légèrement votre respiration… À chaque inspiration, vous prenez le temps d'accueillir un peu plus ce mot, dans tout votre organisme, vos organes, vos muscles et vos cellules. À chaque expiration, vous le diffusez dans tout votre être… En prenant bien le temps de ressentir, d'écouter, de percevoir, de saisir ce qui se passe en vous… Toujours dans la bienveillance… Peut-être avez-vous quelque chose de particulier à voir, à percevoir, à comprendre, à recevoir maintenant ou plus tard… Laissez bien ce temps d'accueil prendre place en vous… À chaque respiration, votre attention sur l'accueil de ce qui est là est de plus en plus claire, précise, palpable…

9 Vous laissez diffuser encore un peu cette bienveillance, toujours dans l'accueil de ce qui est, en prenant le temps…

10 Et quand ce sera le bon moment pour vous, vous pourrez tranquillement revenir vers une respiration habituelle. Vous laissez glisser tout ce qui se vit et prend place, sa juste place, tranquillement… Laissez-vous porter par votre être et laissez les choses s'ajuster, se placer. Tout cela fait sens, prend un sens particulier, prend place et se pose en vous tranquillement, en totale quiétude…

11 Prenez le temps de ressentir les sensations, celles qui sont ici et maintenant puis quand ce sera le bon moment pour vous, vous pourrez faire une pause afin d'intégrer un peu plus ce que vous avez vécu durant la pratique…

12 Prenez un temps de silence où vous laissez tout cela se déposer en vous, s'imprégner et se diffuser tout doucement, tranquillement…

13 Puis vous allez tranquillement, à votre rythme, sortir de la pratique. Vous pouvez bouger, vous étirer, bâiller, toucher autour de vous, reprendre contact avec la pièce, avec ce qui est autour de vous et, quand ce sera le bon moment, vous pourrez rouvrir les yeux.

Vous pourrez réeffectuer cette pratique dès que vous en sentirez le besoin afin de revenir à votre espace intérieur et sentir ce qui se passe en vous, en conservant cet accueil bienveillant de ce qui est là. Vous serez peut-être plus conscient(e) de tout ce que peut vous apporter le mot *bienveillance* et de tout ce que peut évoquer, provoquer en vous le fait d'accueillir ce qui est là. Vous pouvez maintenant ressentir tous les bienfaits de cette pratique et continuer, lors de vos prochaines expérimentations, à en retirer tous les bénéfices dans votre quotidien, dès que vous en sentirez le besoin.

La bulle d'amour et de sérénité parent-bébé

Indications et précautions préalables

Vous pouvez faire cette pratique en tenant votre bébé dans vos bras, ou vous pouvez la faire sans lui, par la pensée, en l'imaginant et en ressentant sa présence. Vous pouvez également faire la pratique pendant la grossesse, en mettant vos mains sur votre ventre, si vous le souhaitez, ou bien en imaginant votre futur bébé. Vous pouvez aussi la faire dans des contextes particuliers où la visualisation de votre bébé et l'émergence de tout votre amour mutuel sont utiles. Cela peut être dans le cas d'un deuil prénatal et aussi de situations dans lesquelles les parents ne sont pas en continu en présence de leur bébé, comme la prématurité ou l'adoption.

Bien sûr, à chaque étape, vous vous écoutez et vous vous faites confiance sur ce qui est bon pour vous et votre bébé et sur ce que vous avez besoin d'expérimenter ou pas lors de la pratique.

Intentions, bienfaits et bénéfices

Cette pratique vous invite à vivre pleinement l'amour envers vous-même et votre bébé.

Mise en application

1 Installez-vous confortablement, vous allez pouvoir venir ou revenir à l'intérieur de vous-même. Savourez ce moment de douceur et de calme rien que pour vous.

2 Vous laissez l'apaisement venir progressivement en vous, tranquillement, à votre rythme. Vous laissez votre corps se poser, se relâcher un peu, bien installé, dans un endroit calme. Vous profitez de

ce moment de détente. La respiration peut vous aider à vous laisser aller vers cette douceur, à être bien présent(e) à vous.

3 Vous êtes un peu plus attentif(ve) à votre respiration, comme si elle vous berçait, en créant un léger mouvement rassurant et réconfortant dans votre corps.

4 Vous pouvez dessiner par la pensée une bulle d'amour rose, rouge, ou de la couleur de votre choix. Vous prenez le temps de visualiser cette magnifique bulle qui est devant vous puis vous rentrez à l'intérieur. Elle vous entoure progressivement. Vous allez vous imaginer, vous et votre bébé, dedans. Vous pensez à votre enfant, à vous, au sein de cette bulle, vous vous visualisez, vous ressentez tout l'amour qui vous envahit et qui occupe tout cet espace. Vous accueillez tout cet élan d'amour, de tendresse, de douceur, qui prend place dans tout votre corps à l'inspiration et se diffuse dans votre corps. Laissez cet amour prendre toute sa place, son espace. Laissez-le grandir progressivement. Vous pouvez répéter le mot amour. Vos corps et cœurs se remplissent d'amour à l'inspiration et à l'expiration, vous le diffusez dans cette bulle dans laquelle vous vous trouvez avec votre bébé. Vous prenez le temps de ressentir ce bien-être qui circule, se diffuse dans la bulle et en vous.

5 Vous pouvez également vous transmettre des mots doux, affectueux, de la douceur et de la tendresse au sein de cette bulle. Vous ressentez pleinement l'amour que vous envoie votre bébé sur vous, à l'intérieur de vous, et, lui, ressent pleinement tout l'amour que vous lui transmettez également. Vous prenez un temps pour apprécier toute la sécurité, la sérénité et l'apaisement que cela vous procure à tous les deux, en prenant bien le temps.

6 Vous pouvez visualiser des images, des sensations associées à cet amour inconditionnel, et vous prenez conscience de tout ce que cela vous apporte à vous, en tant que parent, et tout ce que cela apporte à votre bébé.

7 Vous êtes paisible, calme et cela vous fait du bien autant à vous qu'à votre bébé. Vous pouvez imaginer le sourire aux anges de votre nourrisson, et également celui qui se dessine sur votre visage. Vous ressentez ce sourire et cette douceur dans votre corps, et votre enfant aussi peut avec vous profiter de ce calme, de cette chaleur, de cette tendresse qui l'enveloppe, le remplit aussi et l'apaise...

8 Prenez bien le temps de profiter de ce moment d'amour réservé à vous deux, et notez tout ce que cela vous apporte dans l'instant et également les bienfaits et les bénéfices que cela peut vous apporter plus tard à plus ou moins long terme.

Soin énergétique : l'apaisement et la sécurité grâce à la visualisation et aux chakras

Indications préalables

Ce soin est à réaliser dans un endroit où vous vous sentez bien, calme, apaisant et sécurisant pour vous.

Vous pouvez vous mettre en position assise ou allongée.

Intentions, bienfaits et bénéfices

Ce soin énergétique permet de se libérer des énergies négatives et se recharger en énergies positives grâce à la visualisation de notre enfant intérieur ou imaginé, en s'aidant de la symbolique d'un parent apaisant et protecteur et des sept chakras.

Il vous invite à accueillir, diffuser et laisser circuler les énergies bienfaitrices, bienveillantes, protectrices, remplies d'amour et de sécurité et de réconfort afin de vous permettre d'être en paix, de sentir cette sérénité en vous.

À travers ce soin, vous ressentez et percevez de façon plus fine ce qui se passe pour un petit enfant de l'intérieur qu'il soit dans les énergies négatives, lourdes et chargées pour lui, comme dans les énergies positives, régénérantes et sécurisantes.

Conseils complémentaires

Lors de ce soin, il est essentiel de laisser venir un enfant à vous-même, celui que vous avez été ou que vous imaginez.

Adoptez votre propre angle de vue, en imaginant que vous revenez à votre enfant intérieur, en partant de vous réellement. Vous vous sentez et vous vous voyez enfant, et vous vous mettez au contact de vos ressentis, sensations et émotions.

Vous pouvez aussi être plus à distance, vous positionner en tant que spectateur et imaginer un enfant devant vous, en face de vous. Cela peut être un enfant totalement imaginé, et vous allez observer ce qu'il ressent, ce qui se passe pour lui.

Afin de vous aider à accueillir, diffuser et vous imprégner de ces énergies bienfaitrices, apaisantes et régénérantes, vous allez faire appel à l'image d'un parent protecteur, apaisant, réconfortant et sécurisant. Cela peut être votre propre parent ou un parent totalement imaginé... Ce parent, dans la symbolique, viendrait aider ce petit enfant à s'apaiser et se sécuriser.

Ce soin inclut un travail sur les chakras afin de permettre une meilleure circulation des énergies et un rééquilibrage de celles-ci.

Mise en application

1. Vous allez d'abord prendre le temps de vous installer dans un endroit calme où vous vous sentez bien. Prenez le temps d'ajuster votre posture, de prendre contact avec vos points d'appui sur le sol, vos fesses, votre dos... Vous pouvez fermer les yeux... Prenez un temps pour vous caler sur votre souffle, prenez le temps d'inspirer et d'expirer pour laisser aller votre respiration... Tranquillement...
2. Maintenant, progressivement, suivez le rythme de votre respiration, observez-la, portez votre attention dessus et laissez-la prendre sa place... Accueillez-la tranquillement, sentez votre corps et vos muscles se relâcher.
3. Vous pouvez poser une main sur votre front et prendre le temps d'accueillir vos pensées puis de les laisser passer pour avoir un peu plus de place dans votre espace intérieur, tranquillement. Vos mains passent et vous les laissez tomber doucement le long de votre bras.
4. Puis, vous pouvez frotter vos mains l'une contre l'autre, et en poser sur votre ventre et une sur votre cœur... Sentez l'énergie qui circule et se diffuse dans ces zones, accueillez les sensations, les ressentis qui peuvent arriver dans ce moment de pause et de centrage... Vous allez pouvoir vous imaginer au sein d'une bulle bienfaitrice et protectrice qui est remplie de paix et de sérénité. Vous imaginez ses contours et la lumière, l'apaisement qui se dégage d'elle.
5. Vous allez pouvoir vous mettre au contact de votre enfant. Cela peut être vous en tant qu'enfant, votre propre enfant intérieur ou bien un enfant que vous allez imaginer, selon votre convenance et ce qui est bon pour vous. Vous prenez le temps de l'observer, soit face à vous ou bien à l'intérieur, en le faisant vivre, comme cela vous va... En faisant ce qui est bon, mobilisateur pour vous. Quelle que soit votre visualisation, vous allez prendre le temps de bien observer les détails de ce petit enfant : comment il est, quel habit, quel âge il a ? Est-il très jeune ? Est-ce un bébé, un jeune enfant ou un enfant plus âgé ? Vous prenez le temps de le visualiser, de le sentir, le ressentir, lui faire de la place... Tranquillement, sans rien forcer, en allant à votre rythme...
6. Vous allez maintenant laisser venir à vous le parent bienveillant, protecteur et bienfaiteur de cet enfant. Vous imaginez ce parent, vous prenez le temps d'observer les détails, de ce qui se dégage de lui. Il est là pour apporter de l'amour, de la paix et de l'apaisement à ce petit enfant. Il est là pour lui diffuser toutes les énergies positives et également pour vous purifier, vous nettoyer de tout ce que vous souhaitez. Il va vous aider à vous débarrasser de toutes les énergies

négatives, comme la peine, le regret, la tristesse, la colère... vos peurs, vos doutes, vos inquiétudes, vos angoisses... celles qui viennent de vous, que vous avez en vous et qui sont là, présentes depuis plus ou moins longtemps, peut-être depuis votre plus tendre enfance, ou même avant, dans vos mémoires, dans vos cellules, dans la mémoire de votre corps, transmis depuis des générations. Ensuite, il va vous aider à vous remplir de paix et d'amour et d'énergie bienfaitrice, réparatrice, afin de rééquilibrer votre corps, lui permettre une homéostasie, un apaisement, en réajustant, en rééquilibrant tout ce qui vit en vous...

7 Vous faites appel à ce parent protecteur qui vous apporte cet amour et cette sérénité et vous aide à être dans cette réceptivité, cet accueil. Vous allez pouvoir, si vous le souhaitez, laisser venir à vous ce parent protecteur et apaisant, celui qui serait le plus à même d'apaiser, de sécuriser ce petit enfant qui est en face de vous. Prenez le temps de choisir le parent rassurant, sécurisant et apaisant qui vous convient le mieux. Prenez le temps de l'accueillir, l'observer : comment est-il ? est-ce une femme ou un homme ? comment est-il physiquement ? comment est-il dans sa façon de bouger, dans sa manière d'être ? et surtout comment le sentez-vous au plus profond de votre être ? Et ressentez ce qui dégage au plus profond de lui, qui vous rassure et vous apaise... Prenez le temps de sentir tout cela, observez ce que cela provoque en vous, sensations, ressentis et émotions, tranquillement, à votre rythme. Puis lorsqu'il sera là, présent à côté de vous, vous allez pouvoir, si vous le souhaitez afin qu'il soit encore un peu plus proche, imaginer que le parent – cette mère ou ce père – vous tend les bras. Et vous pouvez vous blottir tout contre lui, tranquillement, tout doucement, en sentant cet apaisement, cette sécurité, cette paix progressivement venir en vous. Et vous prenez le temps de l'accueillir, la diffuser et l'imprégner en vous.

8 Vous pouvez sentir les énergies bienfaitrices se diffuser et vous vous laissez réconforter, bercer par ce contact rassurant et apaisant, tranquillement. Vous pouvez sentir comme une lumière, une chaleur rassurante vous traverser. Vous demandez la protection, l'apaisement à ce parent et vous prenez le temps de ressentir dans votre corps tout ce que cela vous apporte... Il vous envoie de l'amour et vous sentez cet amour que vous lui transmettez aussi. Vous prenez le temps de sentir ce que cela vous apporte à vous-même en tant qu'adulte et ce que cela apporte à ce petit enfant...

9 Vous allez pouvoir maintenant, si vous le souhaitez, rentrer en contact avec ce parent protecteur grâce au toucher. Vous allez imaginer que sa main protectrice, bienveillante et apaisante vient se poser sur vous au niveau du sommet de votre tête. Si vous souhaitez que ce soit plus concret pour vous, vous pouvez utiliser votre propre main et la poser directement sur votre tête, et imaginer que celle du parent

viendrait se poser au-dessus de votre main pour vous envelopper, vous sécuriser. Vous allez commencer à sentir ce que vous apporte ce contact protecteur au niveau de votre tête, sentir comme cela vous remplit de belles énergies. Vous prenez le temps de sentir ce que cela vous apporte, de sentir votre main posée sur votre tête et de sentir aussi la main posée de ce parent bienveillant, protecteur. Peut-être de l'apaisement, de la sécurité, du réconfort. Vous vous laissez aller et vous prenez le temps d'accueillir cet amour, cette sécurité au niveau du sommet de votre tête qui correspond à votre chakra couronne, et de sentir ce que cela vous apporte au niveau de l'ensemble de votre corps, tranquillement, à votre rythme...

10 Puis, vous allez descendre votre main, un peu plus bas, au niveau de votre front, en sentant aussi à nouveau que la main de ce parent protecteur peut également se poser sur la vôtre, au niveau de votre front. Cette zone renvoie au chakra du troisième œil qui est le lieu de l'intuition. Vous sentez ce que cela provoque en vous, ce que cela vous apporte, vous ressentez toutes les sensations de calme, de sérénité au niveau de votre esprit. Vous vous sentez apaisé(e), libéré(e) comme un enfant qui se sent léger, et vous sentez également tout ce que cela apporte à votre corps, peut-être est-il plus contenu, plus calme, plus lourd, plus léger, plus enveloppé... Laissez venir ce qui vient...

11 Puis votre main et celle du parent protecteur et apaisant se dirigent au niveau de votre cou, de votre gorge. Le chakra de la gorge est le siège de l'expression. C'est ici que vous pouvez laisser sortir ce qui a besoin d'être exprimé. Vous pouvez peut-être sentir de la lumière, de la chaleur au niveau de votre gorge... Vous pouvez, si vous le souhaitez, évacuer des mots, vos maux, ici et maintenant. Laissez-les sortir de votre corps, de votre gorge vers l'extérieur. En prenant bien le temps de voir ce qui vient, ce qui se passe, ce que vous avez envie de dire. Vous pouvez laisser évacuer tout cela et prendre le temps de voir ce qui se passe en vous. Vous pouvez également vous autoriser à exprimer des mots d'amour et d'apaisement envers cet enfant que vous imaginez en face de vous... Autorisez-vous à exprimer pleinement l'amour, sentez ce que cela vous apporte. Prenez bien le temps et observez ce que cela apporte aussi à votre enfant intérieur... Vous sentez que la roue d'énergie de votre chakra de la gorge est plus fluide... Laissez l'énergie circuler dans cette zone...

12 Vous allez maintenant descendre au niveau de votre cœur, au niveau de son chakra. Vous posez votre main sur votre cœur, délicatement, et vous pouvez sentir ce parent protecteur qui pose également sa main au-dessus de la vôtre, au niveau de cette zone. Vous prenez le temps de sentir ce que cela vous procure, ce qui se passe en vous au niveau de votre cœur et de votre corps. Vous pouvez sentir tout l'amour qui pénètre en vous, au niveau de votre enfant intérieur et qui s'imprègne

et se diffuse par ce contact si profond et si pur, d'une douceur agréable. Ressentez ce que cela vous apporte. Vous prenez le temps de nettoyer votre cœur et de vous nettoyer aussi symboliquement de toutes vos émotions négatives. Cela peut être de la tristesse, de la peine, le manque d'amour, les blessures, les regrets et les déceptions. Le parent protecteur s'adresse à vous ou à votre enfant intérieur et dit : « Tu peux te libérer de toutes ces émotions négatives qui sont inscrites et imprimées en toi, tu peux les laisser sortir, les libérer, les chasser de ton cœur et de ton corps, à ton rythme, tranquillement. Tu peux décider de me déposer tout ce qui te pèse, t'alourdit, tu peux les laisser sortir de toi et les déposer à l'extérieur de ton corps. » Vous pouvez faire un mouvement avec vos mains et vos bras pour laisser sortir tout cela et le déposer, tranquillement, pour alléger votre cœur et votre corps... Vous prenez le temps d'observer ce qui se passe en vous ou au niveau de votre enfant intérieur. Puis le parent protecteur poursuit en disant : « Tu peux laisser de la place à l'amour, à l'apaisement et la sérénité... Tu as le droit, tu peux t'autoriser à accueillir cet amour et cet apaisement et le diffuser en toi, dans ton corps, ton intérieur, dans ton espace. » Vous prenez le temps de laisser rentrer tout cet amour, cette sécurité et cet apaisement en vous, en maintenant votre main et en sentant celle du parent protecteur sur votre cœur. Vous sentez ce contact et cet amour qui pénètrent et se diffusent dans votre corps. Vous prenez le temps de sentir ce que cela provoque en vous, de vous apporter de l'amour et de l'apaisement par vous-même et ou avec l'aide de ce parent bienfaisant si vous le souhaitez. Vous prenez bien le temps de vous remplir d'amour, de lumière, de réconfort, de gratitude et de bienveillance, comme si votre corps était un réservoir que vous allez remplir de plus en plus pour bien ancrer, imprimer et inscrire en vous tout cet amour et cette sérénité...

13 Vous allez ensuite descendre légèrement votre main et la laisser se poser sur votre plexus solaire (au niveau du creux du sternum au milieu de votre poitrine vers le bas). Vous pouvez également sentir la main du parent protecteur qui se pose sur la vôtre. Vous pouvez sentir de la chaleur agréable se diffuser dans cette zone et au niveau de votre ventre. Cet espace est le refuge de votre enfant intérieur. Vous vous centrez sur cette zone, et vous observez ce qu'il y a à rééquilibrer ici. Vous prenez le temps de visualiser votre plexus solaire et vous pouvez laisser venir comme un doux soleil lumineux, rayonnant, flamboyant. Vous prenez le temps de vous écouter au plus profond de vos entrailles, de votre âme. Vous sentez que vous touchez votre propre essence, votre propre identité, vous vous alignez sur ce que vous êtes, au plus profond de votre être, au plus profond de votre enfant intérieur, tranquillement, à votre rythme... Et vous vous sentez apaisé(e), rassuré(e), en totale sécurité intérieure, vous sentez cette

chaleur protectrice apaisante et vous pouvez laisser cette lumière vous pénétrer et se diffuser en vous, sur cette zone, en prenant le temps de ressentir ce qui se passe en vous, vos sensations, et tout ce que cela vous apporte… Tout doucement, à votre rythme…

14 Puis vous allez descendre un tout petit plus bas, sous votre nombril, au niveau de votre chakra sacré, le siège de vos émotions, le centre de votre état émotionnel. Vous y laissez poser votre main, et celle du parent peut également se poser sur cette zone. Vous allez prendre le temps d'harmoniser vos émotions, de nettoyer cette zone du corps. Vous laissez sortir vos émotions négatives et vous vous rechargez en énergies bienfaitrices et apaisantes au niveau de cette zone… Ouvrez-vous encore plus à l'amour, l'apaisement qui proviennent de cette lumière, cette chaleur. Elles partent de votre main et de celle du parent protecteur et se posent sur ce centre énergétique, le siège de vos émotions. Par ce contact, vous ressentez tout ce que cela vous apporte, vous vous sentez bercé(e), enveloppé(e), réconforté(e), sécurisé(e) au niveau de ce centre émotionnel, tranquillement, en sérénité… Laissez le temps de rééquilibrer ce chakra sacré à votre rythme, tranquillement…

15 Puis, vous allez descendre au niveau de votre chakra racine, votre base de sécurité. Vous pouvez poser vos mains sur le bas de votre corps, vos cuisses par exemple. Vous prenez le temps de sentir la sécurité, la force et l'apaisement au niveau de ce chakra racine qui part de votre coccyx et descend dans vos jambes jusqu'à vos pieds… Vous sentez cet apaisement sur tout le bas de votre corps jusqu'aux pieds. Vous prenez le temps de sentir cette circulation, les énergies qui circulent dans cette zone. Le parent protecteur peut également vous aider à vous centrer un peu plus sur cette zone. Vous pouvez imaginer mentalement que le parent place ses mains à distance de votre bas du corps mais fait le geste de balayer avec sa main cette zone, de votre bassin, votre coccyx jusqu'en bas, vers vos pieds. Vous allez pouvoir prendre un peu plus conscience du fait que vous pouvez laisser sortir les énergies négatives par le bas, vers la terre, vers le sol en passant vos mains sur cette zone. Sentez aussi que le parent protecteur dirige aussi ses mains vers le bas. Vous vous débarrassez de toutes ces énergies négatives et vous imaginez que le sol, la terre, la Terre mère - appelée aussi Gaïa - les absorbent… Afin de sentir un peu plus ce contact avec la nature qui vous ressource et vous apaise, vous allez prendre un temps pour vous centrer un peu plus sur elle. Vous pouvez la visualiser et commencer à sentir tout ce qu'elle vous apporte, peut-être de la force, de la sécurité indispensable à votre apaisement. Vous prenez le temps de ressentir toutes ces énergies de la Terre mère et ce que cela provoque en vous. Vous pouvez sentir que vous êtes en lien avec elle, vous vous sentez bien ancré(e) dans le sol. Vous pouvez vous imprégner un peu plus du contact avec la nature en imaginant un arbre. Prenez le temps de le

visualiser, de sentir sa force, sa solidité, et de sentir toute la sécurité et le réconfort qui se dégagent de lui. Puis vous pouvez imaginer que vous l'enlacez de vos bras pour le sentir encore un peu plus et renforcer ce sentiment de sécurité et d'apaisement en vous. Vous accueillez ce qui se passe en vous... En prenant le temps d'imprégner tout votre corps, vos organes et vos cellules de cette sécurité, de ce réconfort et de cet apaisement. Vous vous sentez apaisé(e) dans cet ancrage en lien avec cette nature apaisante, réconfortante sentant toujours vos mains et celle de vos parents qui vous réconfortent, vous apaisent, vous sécurisent. Vous laissez la Terre absorber toutes les énergies négatives que vous souhaitez laisser sortir de vous. Vous la laissez les transmuter en énergies positives que vous pouvez ensuite réaccueillir au niveau de votre corps par vos pieds. Vous sentez toutes ces énergies bienfaitrices, protectrices et ressourçantes revenir en vous, circuler en vous comme la sève d'un arbre qui viendrait le nourrir, le régénérer et l'apaiser de l'intérieur en passant par ses propres racines, sa propre base de sécurité et de solidité. Vous prenez bien le temps de sentir cet ancrage, cette paix, cette sécurité qui sont là dans votre base. Tranquillement, à votre rythme...

16 Vous allez maintenant pouvoir passer vos mains sur l'ensemble de votre corps en même temps que celles du parent protecteur qui les passe soit directement soit à quelques centimètres ou d'un peu plus loin de vous, en fonction de ce qui vous convient. Vous prenez le temps de sentir tout ce que cela vous apporte... Laissez tout cela se diffuser et s'imprégner autant à l'intérieur de vous et autant autour de vous... Vous sentez ces énergies circuler de façon plus fluide, laissez entrer ce qui est bon pour vous et glisser les énergies négatives venant de l'extérieur ou bien celles logées dans votre corps... Vous prenez le temps de vous imprégner des énergies positives en les laissant circuler partout au niveau de votre corps. Vous pouvez renforcer cet ancrage d'apaisement et de sérénité en vous frottant les mains et en les posant au niveau de vos pieds, puis en remontant au niveau de vos chevilles, de vos genoux, vos jambes, votre ventre, thorax, dos, de vos épaules, bras, mains, de votre nuque, cou, visage et pour finir votre tête, jusqu'au sommet de votre tête... Vous laissez tout cela s'imprimer, s'imprégner en vous... Vous pouvez sentir le parent protecteur poser un regard bienveillant, doux, chaleureux sur l'enfant en face de vous ou sur vous-même. Laissez-lui vous transmettre encore beaucoup d'amour, de la sécurité et de l'apaisement. Vous le laissez une dernière fois vous remplir de tout cet amour. Ce parent vous dit que vous pouvez faire appel à lui en l'imaginant et le sentir dès que vous en ressentez le besoin à n'importe quel moment de la journée et dans n'importe quelle situation, quand vous ressentez le besoin de sécurité, d'apaisement, de réconfort et de sérénité.

17 Vous pouvez le remercier et également vous remercier de vous apporter à vous-même tout cet amour, cette bienveillance. Vous vous remerciez également de vous être autorisé(e) à vous accorder ce temps, cet espace de sécurité, de sérénité au niveau de votre corps, de votre cœur, votre enfant intérieur et de votre propre intériorité... Vous prenez le temps de sentir tout ce que cela vous apporte : observez, et sentez vos ressentis, émotions et prenez un temps pour laisser tout poser en vous. Vous pouvez vous accorder un temps de pause d'intégration afin de laisser tout cela s'infuser en vous. Vous laissez imprégner et diffuser et ancrer tout cela en vous, tranquillement...

18 Puis, lorsque ce sera le bon moment pour vous, vous allez pouvoir sortir de la pratique et revenir ici et maintenant, tranquillement, en prenant le temps de bouger, de vous étirer, de bâiller, de vous toucher, de toucher autour de vous, de reprendre contact avec ce qui vous entoure tranquillement, et vous allez pouvoir ouvrir les yeux quand ce sera le bon moment pour vous... Prenez bien le temps de profiter de ce moment que vous vous accordez... Et de vous remercier de ce temps passé avec vous-même...

Chapitre 2

PRATIQUES : DU PROJET ENFANT À L'ATTENTE DU BÉBÉ

À RETENIR AU PRÉALABLE

Il est possible de revenir à ces phases à travers l'imagination dès lors que vous en ressentez le besoin, que ce soit lors du devenir parent, du projet enfant ou de l'attente du bébé au moment de la grossesse ou du processus d'adoption.

Quel que soit leur contexte ou leur vécu, les parents et les enfants peuvent expérimenter ces pratiques afin de revenir sur ces diverses phases en étant plus apaisés et sereins. Ils pourront ainsi revisiter leur phase périnatale en étant acteur, grâce à l'accès à la visualisation concrète qui permet de revivre concrètement le moment, ou en se positionnant de façon plus distancée en tant spectateur de la scène.

PRÉCAUTIONS ET CONSIGNES AVANT TOUTE PRATIQUE DE CE CHAPITRE

Il est préférable, afin d'en retirer tous les bénéfices, de vous mettre dans un endroit calme soit seul soit avec votre bébé, en étant sûr de ne pas être dérangé durant ce temps. Choisissez un endroit calme dans lequel vous sentez bien, serein, confortable et à l'aise. Votre bébé peut aussi être disponible et disposé à faire la ou les pratiques ci-dessous.

Afin d'être aussi dans un niveau de conscience et d'attention particulière à la pratique, il est conseillé que vous puissiez vous mettre dans un niveau de conscience légèrement modifié et de l'adapter en fonction des pratiques selon si vous êtes seul ou avec votre bébé. Si vous les faites seul, l'état de conscience modifiée est préconisé afin que vous soyez bien présent, à la fois dans votre corps et votre tête, à la pratique que vous êtes en train d'expérimenter.

Si vous êtes la future mère et que vous faites la pratique seule, vous pouvez prendre un temps, porter une attention particulière sur votre zone abdominale, là où se situera votre futur bébé si vous êtes en projet bébé ou là où il se situe, si vous êtes enceinte.

Vous pouvez toucher votre ventre et vous adresser à votre futur bébé ou votre bébé afin d'être reliés, connectés ensemble dans cet espace-temps.

Si vous le faites en couple avec l'autre parent, vous pouvez faire la même chose. La variante peut être que l'autre parent touche votre ventre, si cela est envisageable pour vous.

Vous pouvez vous adresser tous les deux au bébé et échanger ensemble en prenant le temps de bien vous relier en couple.

Vous pouvez vous projeter avec ce futur bébé qui est en projet ou bien qui est actuellement in utero. Vous pouvez le faire également dans le cas d'un deuil prénatal en vous projetant sur un bébé qui a été présent in utero dans un passé plus ou moins proche.

Sentez-vous libre d'expérimenter ce qui vous parle et ce qui est mobilisateur et positif pour vous, ce qui vous semble utile de pratiquer et qui va avoir du sens.

LES PRATIQUES

Pratique initiale

Intentions, bénéfices et bienfaits

Cette pratique initiale, à expérimenter avant de mettre en application les autres pratiques de ce chapitre, va vous permettre d'être pleinement présent à votre bébé in utero et à vous-même, et d'être dans l'état de conscience modifié lors de la phase du devenir parent.

Mise en application

1. Vous allez vous installer dans un endroit au calme, dans une posture confortable, à un moment où vous êtes disponible.
2. Vous prenez un temps pour observer autour de vous la pièce. Si vous faites cette pratique à deux avec votre conjoint, vous pouvez vous regarder, vous toucher, vous sourire.
3. Puis vous pouvez fermer les yeux ou les laisser ouverts. Vous commencez cette première phase en étant présent(e) à vous-même au niveau de votre mental et corps. Pour cela, vous pouvez d'abord

vous relier à votre mental, à vos pensées, vos idées et décider de les laisser passer, comme un nuage qui passe dans le ciel. Pour vous aider à concrétiser cette phase, vous pouvez passer votre main sur le front et vous dire mentalement : « Je laisse passer les images et pensées inutiles pour moi à cet instant. »

4 Puis, vous allez passer à la phase de prise de conscience de votre corps. Vous pouvez le toucher délicatement en posant votre main sur chaque partie, de la tête aux pieds en allant doucement, tranquillement. Puis vous faites une globalisation, c'est-à-dire que vous passez votre main sur tout le corps, de façon globale, sur un rythme plus rapide.

5 Vous pouvez prendre un temps pour porter une attention particulière à votre respiration. Vous allez l'approfondir légèrement pour vous faciliter cette phase. Si vous le souhaitez, vous allez pouvoir appuyer légèrement sur votre ventre lorsque vous expirez. Votre respiration va progressivement s'approfondir, de plus en plus, à chaque inspiration et à chaque expiration.

6 Vous allez pouvoir saisir ce que signifie l'« état sophro-liminal ». En sophrologie, il s'agit d'un état où l'on se situe entre la veille (état de vigilance, d'alerte) et le sommeil. Il est appelé aussi « état modifié de conscience ». Il permet que vous soyez bien présent(e) aux pratiques à venir. L'accès à cet état demande de la répétition et de l'expérimentation. Il est fort probable que vous ne puissiez le cerner qu'au bout de plusieurs expérimentations. Cela déprendra de votre niveau de pratique et de la fréquence à laquelle vous allez l'effectuer. C'est comme le vélo : plus on essaye, mieux on y arrive. C'est la même chose ici, plus nous pratiquons, plus cela est accessible et plus il est facile d'accéder à cet état modifié de conscience. Cet état peut ensuite venir sans que vous ayez besoin d'avoir accès au toucher du corps.

Pratique sophrologique : le processus de devenir parent

Intentions, bienfaits et bénéfices

Cette pratique sophrologique permet de porter une attention particulière au processus de devenir parent.

Elle vise la pleine conscience et connexion à ce qui se passe en nous lorsque nous nous concentrons, plus particulièrement, sur le projet de devenir parent.

Conseils complémentaires

Les futurs parents posent leurs mains sur le ventre de la personne qui va accueillir dans son ventre le bébé, les yeux fermés. Les parents peuvent le faire ensemble ou séparément, s'ils le souhaitent. Cette pratique doit être réalisée lorsque nous sommes disponibles mentalement, disposés à accueillir ce qui se passe en nous, dans l'accueil de ce projet de devenir parent, avant la conception du bébé.

Mise en application

1. Soyez attentifs à ce dont vous avez besoin, ce qui est utile pour vous, ce qui vous freine, vous bloque, ce qui vous anime, vous apporte de la joie, de la sérénité, ce qui vous fait peur, ce que vous appréhendez un peu plus.
2. Vous accueillez ce qui se présente : vos émotions, vos ressentis, vos sensations, avec bienveillance, avec un regard neuf, sans vous juger, sans rien rechercher de particulier ni analyser. Vous laissez juste venir ce qui se présente, ce qui vient dans ce projet de devenir parent ensemble, ou seul(e) si la démarche est plus individuelle.

Le dialogue du futur bébé et de la future maman

Intentions, bienfaits et bénéfices

Cette pratique permet d'accueillir le projet bébé de façon sereine.

Elle permet aux parents de se mettre en empathie vis-à-vis du bébé qu'ils vont accueillir prochainement et de prendre conscience de leur propre base de sécurité et de celle de son futur bébé.

Mise en application avec l'angle de vue du futur bébé

« Je vais bientôt me loger dans ton corps pour débuter mon existence. Je t'ai choisie pour pouvoir me développer, grandir et évoluer. Je sais que tu as bien pris soin de m'envelopper dans ta bulle de douceur, de protection, de chaleur pour m'accueillir dans ton corps.

J'imagine déjà cette bulle, ce cocon dans lequel je pourrais grandir de jour en jour et de mois en mois, en sentant toujours cette sécurité interne qui va tapisser ma petite maison, mon petit nid, mon cocon douillet et il me tarde d'y être... »

Mise en application avec l'angle de vue de la future maman :

« Je peux fermer les yeux et sentir ma base de sécurité intérieure. Je sens mon corps apaisé à l'idée d'accueillir un petit être. Je respire profondément, j'inspire, je m'ouvre pour accueillir les sensations agréables et tous les ressentis et émotions qui me remplissent à l'idée d'accueillir ce bébé. J'expire, je les diffuse.

Je peux poser mes mains sur mon ventre, sentir les mouvements et visualiser ce cocon de sécurité et ma propre base de sécurité intérieure qui va me permettre d'envelopper, d'accueillir ce bébé en moi.

Je sens aussi la présence d'une personne que j'ai choisie pour finaliser cette base de sécurité comme une plate-forme où je pourrais me reposer quand j'en aurai besoin. Je me laisse à mon tour porter, rassurer, réconforter, pour moi-même être en mesure de porter mon bébé dans mon ventre, le cajoler, le rassurer, le réconforter. »

Le dialogue du bébé in utero et de la maman

Intentions, bienfaits et bénéfices

Cette pratique permet de se mettre à la place de ce que ressent le bébé in utero.

Elle vise à accroître ses capacités d'écoute vis-à-vis de son bébé et conscientiser un peu plus les ressentis et sensations du bébé in utero.

Mise en application

1. En premier lieu, prenez un temps à partir de l'angle de vue du futur bébé : « Je suis dans le cocon maternel, je goûte le liquide amniotique, je bouge, je sens les sensations, je flotte. Je suis comme bercé en apesanteur dans ce cocon tout doux, douillet, chaleureux et réconfortant. J'entends les bruits extérieurs, les battements de cœur, le bruit des organes, je ressens la circulation des vaisseaux, les mouvements, les bercements de maman. Je ressens la chaleur, la douceur, les contours qui me rassurent. Quand je sens une tension dans le corps de maman ou que les bruits extérieurs à cet espace ne me conviennent pas, je me blottis dans mon cocon tout douillet, enveloppant et sécurisant et je me sens à nouveau en sécurité. »
2. Puis au cours de la même pratique, la maman peut à son tour ressentir les sensations de son bébé à l'intérieur de son corps : « Je me mets dans ma bulle de calme avec mon bébé, je le sens à l'intérieur, je peux également le sentir dans mes mains lorsque je les mets sur mon ventre. Je peux écouter de la musique douce, apaisante, je peux respirer plusieurs fois, souffler et sentir mon corps qui se détend progressivement. Je sens mon bébé qui profite aussi de ce moment en totale connexion avec moi, je le visualise dans mon ventre, dans son

cocon, et je suis également dans mon cocon. Ainsi, nous ne faisons qu'un. »

Le deuil prénatal

Intentions, bienfaits et bénéfices

Cette pratique permet de vivre pleinement la présence de notre bébé dans le cas d'un deuil prénatal. Elle permet de rendre le bébé bien présent, et d'accueillir les ressentis et les sensations de façon plus consciente.

Mise en application

Accordez-vous ce temps de pratique en vous adressant à votre bébé :

1. « Je t'ai fait une place dans mon corps et dans ma tête [que dans la tête s'il s'agit d'un autre parent], tu as compté pour moi, et tu comptes pour moi, et tu compteras encore dans l'avenir pour moi.
2. Je t'ai senti, ressenti, éprouvé, parlé, cajolé dans mon ventre ou dans la pensée. Je t'ai imaginé ou j'ai eu la possibilité de te voir, de t'embrasser, te serrer. J'ai peut-être une photo de toi, de ta main, de ton pied qui me montre ta présence dans ce monde, dans mon monde parce que j'ai été un(e) des seuls ou le(a) seul(e) à pouvoir te voir et te toucher.
3. J'ai pris le temps, tout mon temps, pour graver ce moment en moi. Je peux ensuite continuer à les faire vivre dans mon cœur et dans un endroit particulier, si j'en ai envie. Je me libère de toutes les émotions qui sont présentes. Je m'autorise à les accueillir, les identifier, les accepter, les comprendre, pour ensuite, quand je me sens prêt(e), les libérer, et quand c'est le bon moment pour moi, que j'en ressens le besoin, je libère ces émotions à chaque étape de mon deuil.
4. Je prends un temps pour me relier à ma maison émotionnelle au niveau de mon ventre. Cela peut être également, si j'en ai besoin et si je le souhaite, au niveau de mon utérus. Je prends un temps pour me relier à ma maison intérieure, et je ressens tout l'apaisement et la paix de cet espace une fois que j'ai pu libérer tout ce que j'avais besoin de libérer.
5. J'accueille mon propre intérieur pour être plus apaisé(e), plus serein(e), et j'imprègne cette sérénité dans mon corps et ma tête.
6. Tu as existé. Même si tu n'as pas été vivant dans le monde extérieur, tu as été vivant dans mon ventre, en moi. Je t'ai senti, ressenti, éprouvé vivant en moi ou par la pensée s'il s'agit d'un autre parent.
7. Je continue à te rendre présent si j'en ai besoin et envie au cours de ma vie. »

Exercice : la douche durant la grossesse

Indications préalables

Cet exercice est réservé aux futures mamans. Pendant la grossesse, l'état émotionnel étant plus fragile, l'effet du stress et/ou de l'anxiété peut entraîner des symptômes physiques et également un risque accru de naissance prématurée. Il est particulièrement important de s'accorder des temps de relâchement, de détente et d'apaisement, pour soi et son bébé in utero.

Intentions, bienfaits et bénéfices

Cette pratique permet de ressentir le calme et l'apaisement intérieur plus consciemment au niveau de son corps et de son mental.

Mise en application

1. Visualisez un moment où vous êtes en train de prendre une douche. Prenez le temps de laisser venir à vous toutes les sensations reliées à ce moment : les bruits, le contact de l'eau sur votre peau, votre visage.
2. Prenez le temps de ressentir ce que cela vous apporte de sentir l'eau chaude ou tiède couler sur votre peau et profitez pleinement des sensations et de tout ce que cela vous procure... Ou bien, vous pouvez aussi expérimenter réellement cette pratique lorsque vous êtes en train de prendre votre douche.
3. Vous vous visualisez ou vous êtes concrètement dans la salle de bain. Il y fait une douce chaleur agréable et confortable et vous rentrez dans la douche.
4. Ressentez l'eau qui coule tout le long de votre corps. Elle vous enveloppe doucement, délicatement. Cette eau vous fait du bien lorsqu'elle parcourt votre corps. Elle vous nettoie de tout ce que dont vous souhaitez vous débarrasser, tout ce que vous ne souhaitez pas garder en vous : le vécu, les ressentis. Vous pouvez décider de laisser glisser les tensions inutiles. Vous vous délestez aussi de ce que vous avez vécu dans la journée. Vous vous libérez émotionnellement à travers cette eau qui vous nettoie et vous décharge de ce que vous souhaitez évacuer. Les tensions s'effacent et se libèrent grâce à cette eau bienfaitrice qui vous fait du bien et vous nettoie de ce que vous ne souhaitez pas garder. Ainsi, après avoir évacué toutes vos tensions inutiles au niveau de votre corps, vous allez pouvoir passer une bonne nuit de sommeil. Vous pouvez aussi sentir, grâce à cette eau qui coule, un lâcher-prise. Vous vous allégez, vous vous soulagez de votre charge mentale due à la grossesse et aux circonstances de la vie.

5 Ressentez tout ce que vous apporte cette eau chaude de douceur et d'apaisement. Elle vous enveloppe et vous sentez votre corps se relaxer et se détendre un peu plus…

6 Prenez le temps de ressentir ce calme et cet apaisement intérieur, cette tranquillité. Prenez le temps de ressentir que les tensions inutiles, les préoccupations de la journée progressivement s'allègent et s'effacent… Sentez comment cela se passe au niveau de votre corps, quelles sont vos sensations et vos émotions reliées à ce moment de détente dans la douche… Vous pouvez sentir aussi le pouvoir de recharge de l'eau qui vous apporte ce que vous souhaitez ici et maintenant. Ce peut être du réconfort, de la sécurité, de l'énergie ou ce dont vous ressentez avoir besoin dans l'instant présent. Vous pouvez aussi vous relier à votre bébé in utero et lui parler : « Toi aussi, tu profites de ce moment de détente. Tu entends peut-être le bruit de l'eau après 26 semaines. » Vous passez délicatement la pomme de douche sur le ventre et faites des mouvements, des petits cercles par exemple, tout doucement. « Toi aussi, tu peux te relâcher, te détendre en même temps que moi. Profitons tous les deux de ce moment que nous nous accordons… On prend le temps de profiter et de ressentir toutes les sensations agréables, au contact de l'eau… » En visualisation, vous vous imaginez passer la pomme de douche sur votre ventre et vous prenez le temps d'en ressentir tous les bienfaits et les bénéfices… Tranquillement… Tout doucement. Vous pouvez aussi vous aider de votre respiration et relâcher un peu plus les tensions à chaque expiration, à votre rythme. Écoutez le son du jet de la douche et faites aussi des sons, si vous le souhaitez, lors de vos inspirations et expirations…

7 Puis, faites une pause d'intégration afin de vous imprégner de tous les bienfaits et les bénéfices que cette pratique vous a apportés. Vous pourrez la réexpérimenter lorsque vous en aurez besoin dans votre quotidien.

8 Vous allez pouvoir sortir progressivement de la pratique, tranquillement à votre rythme, en vous remerciant de ce temps que vous vous êtes accordé.

La luciole du calme et de la sérénité sécurisante

Intentions, bienfaits et bénéfices

Cette pratique permet de conscientiser et d'apprécier le fait d'instaurer de la sérénité au niveau de son corps et de son mental.

Elle vous permet de retrouver, lorsque vous en ressentez le besoin, du calme en étant serein et sécurisé.

Mise en application

Notre sécurité intérieure est comme une luciole qui nous protège, nous rassure, veille sur nous. Nous pouvons la retrouver lorsque nous en avons besoin pour nous apaiser et retrouver paix intérieure et sérénité.

1. D'abord, vous pouvez prendre le temps de vous connecter à votre environnement, à l'autre parent si vous pratiquez à deux. Fermez les yeux, si vous le souhaitez. Vous allez d'abord vous relier à votre mental et décider de mettre sur off, comme un interrupteur. Vous pouvez vous relier à cette image. Si elle ne vous parle pas, faites appel à l'image d'un stop, pour vous permettre d'arrêter vos pensées inutiles à cet instant. Vous pouvez aussi utiliser l'image d'un petit vélo que vous garez afin de faire une pause durant ce moment. Vous allez vous relier à votre corps, afin de prendre conscience un peu plus de la présence de celui-ci, en toucher chaque partie de la tête aux pieds. Vous prenez conscience de votre espace intérieur. Vous prenez ce temps pour vous, pour apprécier ce moment où vous êtes à l'écoute de vous-même, de votre personne et de votre corps.
2. Prenez le temps de choisir un moment où vous vous calmez, en toute sécurité. Vous prenez le temps de ressentir les sensations agréables lorsque vous vous imaginez ce temps de calme et d'apaisement. Vous allez pouvoir vous aider de la respiration : vous inspirez le calme et l'apaisement à l'inspiration, et vous les diffusez à l'expiration dans tout votre corps.
3. Quand vous ressentez, mentalement et dans votre corps, le calme et l'apaisement et que vous vous sentez en sécurité, vous pouvez mettre les mains sur votre ventre, fermer les yeux, si vous le souhaitez, et vous relier à votre corps et votre tête. Vous ressentez ce calme en vous comme un lac tranquille, comme une petite lumière, une petite luciole ou un soleil. Vous imaginez ce que vous souhaitez, ce qui vous évoque et vous ramène à cette sécurité et cette paix dans votre tête et dans votre corps. Vous prenez bien le temps, et vous prenez conscience que vous avez une petite luciole dans votre corps qui vous apaise et vous calme. Ainsi, chaque fois que vous en avez besoin, vous pouvez vous y relier et la retrouver soit mentalement soit en reprenant contact avec elle, en mettant les mains sur votre ventre et en la sentant qui sécurise votre corps et votre tête.
4. Vous pourrez réexpérimenter cette pratique quand vous en aurez besoin dans votre vie quotidienne.

La couverture de poids sécurisante et apaisante

Intentions, bienfaits et bénéfices

Cette pratique permet d'instaurer un climat de sécurité et de sérénité plus consciemment grâce à la sensation de poids sur le corps.

En la pratiquant, vous pourrez vous blottir, vous envelopper dans cette couverture et sentir son poids sur chaque partie de votre corps afin de vous sentir en sécurité et de retrouver votre cocon, votre bulle de douceur, de sérénité et de sécurité.

Mise en application

1. Vous ressentez les différentes parties de votre corps, vous en prenez conscience à travers le poids de la couverture. Vous ressentez votre propre corporalité grâce à l'éprouvé du corps.
2. Prenez d'abord le temps de visualiser et de choisir la couverture de votre choix : sa texture, sa couleur, sa forme, sa taille les détails que vous observez. Puis vous allez pouvoir vous envelopper si vous le souhaitez ou bien la poser sur vous selon votre convenance. Prenez le temps de sentir et ressentir ce qui se présente dans vos sensations, dans votre corps au contact de la couverture. Elle peut être plus ou moins lourde. Sentez son poids ou bien la légèreté à son contact…
3. Prenez le temps de sentir dans votre corps ce qui se passe lorsque vous êtes enveloppé(e), contenu(e), entouré(e) par cette couverture rassurante et contenante, comme si elle devenait une protection pour vous. Elle apporte tout le réconfort, la réassurance et l'apaisement dont vous avez besoin à ce moment-là. Cela vous fait du bien, et vous prenez le temps de bien ressentir, dans votre tête et votre corps, cet état de sérénité et de bien-être. Mémorisez et imprégnez toutes les sensations, les ressentis, les émotions agréables qui accompagnement ce moment de calme et de douceur, dans votre bulle de paix, votre espace intérieur, votre cocon de sécurité et de paix.
4. Vous pouvez prendre le temps de visualiser et de ressentir votre bébé dans cet espace de douceur et de sérénité. Vous le ressentez aussi apprécier et découvrir ce calme in utero. Sentez son apaisement et sa sérénité dans cet instant ici et maintenant. Prenez le temps de ressentir votre bébé bien posé, calme, détendu et serein. Appréciez ce moment de bien-être, d'apaisement que vous ressentez tous les deux en même temps.
5. Votre bébé ressent aussi ce moment de paix à travers cet espace de sérénité, ouvert, accueillant, bienveillant et doux. Il prend conscience que cet espace d'accueil est bienveillant, rassurant et apaisé autour lui. Il ressent également pleinement votre apaisement et votre détente

et s'autorise d'autant plus à être lui aussi pleinement apaisé et serein. Il apprécie cette ambiance sereine, calme et la ressent également pleinement dans son petit corps. Tout est calme, apaisé. Le bébé prend le temps de se blottir dans son cocon accueillant et serein et peut s'autoriser encore un peu plus à se relâcher, se détendre dans son espace, dans cet espace utérin, en totale sécurité et paix.

6. Puis vous allez pouvoir faire une pause d'accueil et laisser se poser et intégrer ce que vous avez vécu pendant et après la pratique afin d'en retirer les bienfaits et les bénéfices. Puis vous sortez progressivement de la pratique quand ce sera le bon moment pour vous.

La balancelle

Indications préalables

Vous pouvez réaliser cette pratique seule ou en duo avec l'autre parent.

Si cela est inconfortable pour vous, ne vous apporte pas de l'apaisement ou vous occasionne une gêne, vous êtes bien sûr libre, comme dans toute pratique, de l'adapter ou de l'expérimenter de façon différente afin de trouver ce qui est le mieux pour vous et votre bébé in utero.

Intentions, bienfaits et bénéfices

Cette pratique permet de sentir et d'être plus conscient de la sensation d'apaisement et de sérénité à travers le balancement du corps.

Mise en application

1. Prenez d'abord le temps de visualiser et de choisir la balancelle de votre choix : sa couleur, sa forme, sa taille. Vous pouvez vous dire par exemple : « Je vois une balancelle ronde, blanche, avec du bois ou du rotin, et qui est en suspens, tenue par une corde solide. »
2. Vous vous sentez suffisamment en confiance pour vous placer dans le creux de cette balancelle. Vous prenez d'abord bien le temps de vous y installer très confortablement. Vous prenez place, vous pouvez vous couvrir, si vous le souhaitez rajouter un petit coussin tout doux, afin de la rendre la plus confortable et sécurisante possible. Vous pouvez utiliser une chaise d'allaitement à bascule, par exemple. Vous pouvez écouter de la musique douce, relaxante. Vous pouvez chantonner en vous adressant à votre bébé.
3. Vous allez tout doucement vous balancer, d'un côté, de l'autre. Vous pouvez poser une main délicatement, doucement, sur votre ventre arrondi, et prendre déjà bien le temps de ressentir ce qui se passe en cet instant. Qu'est-ce qui se passe au niveau de votre corps, de votre tête, sous votre main ? Mais aussi, prenez un moment pour

vous connecter à ce que peut ressentir votre bébé. Reliez-vous à ce moment de détente, d'échange et d'interaction dans le mouvement, à la fois pour vous et votre bébé, pleinement consciente de ce que cela vous procure, à tous les deux. Vous appréciez ce temps privilégié, ce moment d'échange et d'interaction avec votre enfant, vous prenez bien le temps de ressentir ce lien d'amour qui vous lie et vous unit. Vous êtes au contact de vous-même, de l'intérieur, à travers la corporalité et le mouvement. Et vous êtes aussi au contact de votre bébé, de l'intérieur, dans votre corps, et aussi de l'extérieur, avec vos mains posées sur le ventre. Vous pouvez peut-être sentir votre enfant se caler, se blottir contre les parois de l'utérus et venir se nicher au creux de vos mains, tout doucement, tout délicatement. Vous prenez bien le temps d'apprécier ce moment de lien, de sécurité et de confiance entre vous. La présence du père ou de l'autre parent est possible.

4. Puis réalisez un temps de silence pour intégrer les bienfaits de ce moment d'apaisement relié au bercement doux et tranquille, à votre rythme, en étant en lien et en connexion avec votre bébé.
5. Sortez ensuite progressivement de la pratique quand ce sera le bon moment pour vous.

La place, le temps et l'espace de chacun

Intentions, bienfaits et bénéfices

Grâce à cette pratique à réaliser durant la grossesse, vous portez une attention particulière à la place, au temps et à l'espace de chacun.

Mise en application

Prenez ce temps de pratique pour vous adresser à votre bébé : « Je te sens bien présent dans mon ventre, tu prends progressivement ta place. Je prends aussi ma place. Je t'accorde et te laisse de l'espace, de la place et du temps. Je me laisse également du temps et de l'espace pour moi, pour ma personne, au niveau de mon corps et de ma tête. Je prends conscience qu'il est important aussi pour toi et pour moi que je m'accorde aussi du temps et de l'espace pour moi-même. Tu ne me demandes pas toi, bébé, de m'oublier ou de me laisser passer en dernier plan car pour t'accueillir et être présente auprès de toi, j'ai aussi besoin d'être bien là, également pour ma propre personne. Je suis là autant pour toi que pour moi, et nous nous accordons mutuellement la place, l'espace et le temps nécessaires pour chacun de nous, afin de veiller à notre propre sérénité et à notre propre apaisement au quotidien. Je m'accorde du temps et de l'espace pour être bien présente aussi à ma propre personne durant la grossesse et en projection de l'accueil physique imminent de mon bébé. »

L'arbre de la confiance

Indications préalables

Vous avez un projet bébé mais celui-ci peut parfois durer très longtemps et cela épuise, décourage, peut vous rendre moins confiant dans vos compétences parentales, affaiblir vos ressources.

Cette pratique à réaliser durant le parcours du projet bébé va vous permettre de remobiliser toute votre confiance, toutes vos ressources durant votre parcours et durant toutes les étapes de votre projet afin qu'il soit pour vous le plus serein possible.

Il est recommandé de réaliser cette pratique réservée aux futurs parents en posture debout. Si cela est inconfortable pour la femme enceinte, il est possible de s'asseoir.

Intentions, bienfaits et bénéfices

Cette pratique permet de renforcer sa confiance et d'être plus conscient de ses ressources durant le parcours plus ou moins long du projet bébé.

Mise en application

1. Vous pouvez faire venir en vous l'image d'un arbre comme s'il était devant vous. Prenez le temps d'en visualiser la taille, la couleur, la forme que vous souhaitez, et de ressentir toute la confiance, la force et les ressources présentes dans celui-ci. Cet arbre que vous visualisez peut être confronté à tous les temps, le vent, la pluie, la grisaille, l'ensoleillement, il est toujours là, bien solide et bien confiant. Quoi qu'il se passe autour de lui, il se centre toujours sur la force qu'il a à l'intérieur.
2. Vous allez pouvoir vous placer debout. Vous vous sentez bien droit(e), vos pieds sont bien ancrés dans le sol, et déjà vous prenez le temps de sentir cette confiance s'installer en vous, en toute sérénité. Vous sentez cette force progressivement prendre plus de place. Vous pouvez imaginer vos pieds comme des racines stables au niveau de votre corps, comme le tronc de l'arbre, d'abord immobile, puis vous laissez venir un mouvement, comme si le vent venait vous bousculer légèrement, secouer les feuilles de votre arbre. Cela peut représenter les moments où ce parcours du devenir parent vous apparaît long, difficile.
3. Vous ressentez ces mouvements qui vous rappellent qu'au cours de votre projet, vous pouvez être amené(e) à bouger, à être en mouvement. Vous prenez conscience que, dans ce mouvement, vous devez, parfois, vous ajuster, vous adapter, comme le fait l'arbre lorsqu'il

est confronté à la chaleur ou au gel, au fil des saisons. Cela vous permet de prendre conscience que, dans le devenir parent, le futur parent est amené, en fonction des situations, des circonstances, de son état émotionnel et de celui de son bébé, à être sans cesse en mouvement, parfois aussi en remise en question, en adaptation et en réajustement, comme le fait l'arbre dans son milieu naturel.

4 L'arbre est confiant, serein bien qu'il reçoive la pluie, l'éclair, le chaud du soleil, le vent et parfois la tornade sur ses feuilles que cela fait bouger dans tous les sens. Il reste stable, solide, en confiance dans son tronc et dans ses racines. Aussi, dans le processus du projet bébé et du devenir parent, les futurs parents doivent toujours garder en tête et se dire, comme une sorte de mantra, ceci : « Même si cela bouge, même si ce n'est pas comme je l'avais décidé, prévu, je m'adapte, je bouge et je prends le sens du vent. Je l'accepte, je l'accueille et j'en prends conscience pour pouvoir m'y adapter plus facilement et le vivre de la façon la plus sereine possible. » En sachant que tout se renouvelle parfois différemment mais que tout reprend forme. Si vous reprenez à nouveau la comparaison de l'arbre : en fonction des saisons, il n'a pas la même taille, ni la même couleur de feuilles mais il est là, toujours présent, solide et bien ancré dans le sol.

5 Vous aussi, vous pouvez moduler, vous adapter, tout en étant bien solide et confiant(e) à chaque étape, même si cela demande de traverser des moments de mouvement, d'inconfort et de réajustement dans votre parcours pour devenir parent. Plus vous oscillez le plus sereinement possible à ces changements, plus vous vous adapterez de façon plus fluide et plus vous vous sentirez confiant(e) et serein(e) au fil de ces diverses étapes et de ce parcours, plus ou moins long, en fonction de chaque expérience.

6 Prenez ce temps de pratique pour vous adresser à vous-même en tant que future maman : « Je me mets debout, je sens la force dans mes pieds. Cela monte au niveau du tronc, du bas du corps. Je peux partir du bas en mettant mes mains sur les pieds et remonter en touchant chaque partie du corps jusqu'en haut de ma tête. Je déplie mes bras, tout cela en inspirant progressivement, je bloque l'air, je me secoue et j'accueille soit la pluie, soit le vent, soit le soleil, soit la tornade ou encore les éclairs sur mes feuilles, tout en me balançant. Je m'ajuste, je m'adapte à tous ces aléas de la vie, et puis je souffle, je baisse les bras et me remets dans ma base de sécurité. Je ferme les yeux et je pose mes mains sur le ventre. Je prends le temps d'observer et de ressentir si la confiance dans ma posture et ma fonction parentale est là, présente, bien ressentie dans mon corps et dans ma tête. Je prends bien le temps de me relier à ma force, à la confiance que j'ai en moi. Quoi qu'il se passe, je me fais confiance, en mes ressources, en mes compétences. Je sens ma force et celle de mon bébé in utero. Je prends

un temps pour faire une pause et aller dans ces ressentis de force et de confiance, dans mon espace intérieur en me connectant aussi à la force que j'ai en moi et que je ressens aussi chez mon bébé in utero. »

7. L'autre parent peut également le pratiquer et se relier à son bébé, en posant une main sur le ventre de la future maman. Il peut aussi le faire en trio avec la future maman et le bébé in utero. Le trio se relie à sa confiance mutuelle, ainsi qu'à ses capacités d'adaptation et d'ajustement utiles également dans son quotidien.

La préparation à la rencontre extra-utérine

Intention de la pratique

Cette pratique est réservée aux futures mamans. Elle permet de se préparer au niveau du corps et du mental à la rencontre avec son bébé.

Mise en application

1. Prenez ce temps de pratique pour vous adresser à votre bébé : « Je t'ai entendu, t'ai ressenti, senti, et je souhaite maintenant te voir et t'accueillir. Je me sens prête à t'accueillir et tu es prêt à découvrir, toi, bébé, le monde extérieur. Je suis prête à t'accorder de mon temps, je t'ai donné de l'espace dans mon ventre, je suis prête à te donner de l'espace aussi maintenant dans mon espace de vie. Je suis prête à ce que tous les deux on crée notre propre espace, qu'on s'accorde et que l'on se lie, et se relie de façon apaisée. Je t'accorde de l'espace, du temps, ma disponibilité, mes bras, mon cœur, mon âme, et je me rappelle aussi qu'il ne faut pas que je m'oublie non plus. Tu ne me demandes pas toi, bébé, de m'oublier. Au contraire, tu me demandes d'être bien présente autant pour toi que pour moi. »
2. Prenez également un temps pour écouter la réponse de votre bébé : « Si tu t'oublies, tu ne seras pas non plus dans les meilleures conditions pour me rencontrer lors de ma naissance mais également par la suite sur les jours et mois qui vont suivre. »

La prise de conscience des capteurs corporels

Indications préalables

Dans cette pratique, vous vous reliez à votre futur bébé. Vous pouvez pour cela vous connecter avec :

→ votre bébé dans votre ventre ;

- le bébé que vous imaginez dans votre projet de devenir parent ou lors de l'attente, dans le cas d'une adoption ;
- le bébé qui a été dans votre ventre en cas de deuil prénatal.

Intentions, bienfaits et bénéfices

Cette pratique vise à renforcer le lien, la connexion avec son futur bébé pour mieux se comprendre mutuellement et retrouver, maintenir une sérénité intérieure. L'objectif est que le parent et le bébé puissent se relier à leurs sensations, leurs besoins afin de pouvoir les identifier et y répondre plus facilement.

Mise en application

Vous allez vous relier à votre corps, votre tête ainsi qu'à votre bébé.

1. Vous vous laissez déjà imprégner par le calme, l'apaisement et la sérénité en inspirant et expirant profondément. Puis vous vous répétez les mots *calme*, *apaisement*, *sérénité*, à l'inspiration, et vous diffusez ces mots à l'expiration, dans votre corps.
2. Ensuite, vous allez porter une attention particulière à votre corps. Vous allez vous relier à tous les capteurs de sensations qui existent dans tout celui-ci, autant à l'extérieur au niveau de votre peau, qu'au niveau de vos organes, vos muscles, vos cellules... Vous prenez bien le temps de les imaginer : leur couleur, leur forme, leur taille, s'ils sont en mouvement ou immobiles. Vous vous centrez maintenant sur un des plus gros capteurs, celui de votre cœur qui est relié par de petits fils à tout votre corps, des pieds à la tête. Vous prenez bien le temps de visualiser ces fils qui se relient entre eux. Vous pouvez les imaginer de la couleur jaune, verte, orange, multicolore ou toute autre couleur de votre choix.
3. Puis, vous allez maintenant imaginer que votre cœur est aussi relié à celui de votre futur bébé. Vous imaginez ce lien par ces différents capteurs, et par les capteurs de sensations de votre bébé.
4. Vous prenez bien le temps de visualiser toutes ces connexions, ces liens entre vous, ces fils. Vous imaginez leur forme, leur taille, les couleurs qu'ils ont, s'ils sont en mouvement ou bien immobiles.
5. Vous prenez le temps d'imaginer tous les capteurs dans le corps de ce petit être et les fils qui vont relier votre propre cœur à celui de votre bébé.
6. Vous prenez le temps de sentir, ressentir que ces capteurs vont être à l'écoute de vos sensations, vos émotions, à la fois chez vous et votre bébé. Ils vont vous permettre de vous relier dans l'apaisement, le calme et la bienveillance.

La préparation mentale de la maman à l'arrivée de son bébé

Intentions, bienfaits et bénéfices

Réservée aux futures mamans, cette pratique permet d'être plus consciente de ce qui est utile pour soi, afin d'être en mesure d'accueillir son bébé dans la sérénité.

Mise en application

Prenez ce temps de pratique pour vous adresser à votre bébé : « Bébé, tu es de plus en plus présent dans mon ventre. Je sens que tu es prêt à venir bientôt au monde. Tu vas bientôt être dans mes bras. Je me prépare à t'accueillir physiquement, à te voir. Je te ressens, je vais bientôt aussi pouvoir te sentir, t'embrasser, te toucher. Je ressens ce lien entre nous, je suis prête mentalement à te faire une place dans mon monde, et dans ce monde. Je me sens en sécurité et tu es, toi aussi, en sécurité. Nous sommes tous les deux sereins et prêts à nous rencontrer physiquement, à l'extérieur, cette fois, et plus à l'intérieur de mon corps. Je me sens prête et sereine à t'accueillir et te voir arriver dans ce monde. Nous sommes tous les deux prêts, calmes et sereins.

Je t'autorise et m'autorise à te laisser arriver dans ce monde, à l'extérieur de mon corps. Je suis en sécurité, et toi aussi, tu l'es, dans ce passage vers l'extérieur. Tout se passe sereinement pour toi et pour moi, nous nous faisons confiance. Je te fais confiance et tu me fais confiance. Je me sens prête physiquement et mentalement, je sens mon corps qui est prêt, je te ressens et te sens prêt aussi à l'être. Nous sommes sereins et confiants tous les deux. »

La détente, l'apaisement et la sérénité durant le processus du devenir parent

Intentions, bienfaits et bénéfices

Cette pratique permet de prendre conscience de façon plus précise de ce qui rentre en ligne de compte lorsque nous souhaitons accéder à la détente, l'apaisement et la sérénité durant notre processus de devenir parent.

Mise en application

1 Vous vous installez confortablement dans un endroit calme et confortable. Vous pouvez commencer à prendre quelques respirations plus profondes. Afin d'allonger vos expirations, vous pouvez, si vous le souhaitez, appuyer légèrement sur votre ventre afin d'augmenter l'amplitude de vos expirations, de vos inspirations et de votre respiration globale. Vous pouvez commencer à sentir que votre corps se détend un peu, au fur et à mesure que vos respirations sont de plus en plus amples et profondes.

2 Posez-vous dans votre espace intérieur. Si cela vous aide, vous pouvez poser vos mains en les frottant l'une contre l'autre. Posez-les délicatement au niveau du sommet de votre tête, sur vos yeux, vos oreilles, au niveau de votre cou, votre nuque. Déplacez vos mains de vos épaules jusqu'à vos mains et vos doigts. Prenez aussi un temps pour poser vos mains sur votre poitrine, votre ventre. Et longez vos jambes jusqu'à vos pieds. Vous prenez un temps pour ressentir votre corps à travers vos mains tout en vous sentant calme, détendu(e), en continuant à bien inspirer et à bien expirer, en prenant bien votre temps...

3 Vous pouvez maintenant vous bercer tout doucement, en croisant vos mains au niveau de vos épaules et en laissant votre corps se balancer délicatement, doucement, en appréciant ce moment de calme et de détente que vous vous accordez.

4 Vous vous reposez, vous réconfortez à travers ces bercements. Vous sentez votre corps qui s'apaise, se repose, en toute sécurité, tranquillement, en prenant bien le temps. Allongez-vous dans un endroit calme, en étant bien installé(e) confortablement.

5 Prenez un temps pour poser vos mains sur votre ventre et laisser vos mains monter à l'inspiration et descendre à l'expiration. Prenez le temps de ressentir la sérénité et l'apaisement que cela vous procure dans votre corps, dans votre tête, au niveau de l'ensemble de votre organisme.

6 Vous pouvez ensuite vous remettre en position assise, prendre un temps de pause et apprécier toutes les sensations agréables reliées à cet apaisement et cette sérénité que vous avez éprouvés à travers la pratique.

7 Puis, vous allez bouger un peu, vous étirer, bâiller, vous toucher, si vous le souhaitez, et toucher autour de vous la chaise ou le matelas sur lequel vous êtes installé(e). Et si vous avez les yeux fermés, vous pouvez, quand c'est le bon moment pour vous, les rouvrir à votre rythme.

8. Si vous le souhaitez, vous pouvez ensuite décrire ce que vous avez vécu, en le transcrivant sur un petit carnet ou autre, pour garder la trace écrite, si cela vous est utile.

Vous pourrez repratiquer cette technique quand vous le souhaiterez au cours de votre quotidien, dès que vous en sentirez le besoin.

La bulle de sérénité

Intentions, bienfaits et bénéfices

Cette pratique de la bulle de sérénité est réservée aux futurs parents. Elle leur permet de prendre conscience de ce qui facilite l'accès à cette bulle de sérénité.

Mise en application

1. Vous vous installez dans un endroit calme et serein. D'abord, mettez-vous dans une bulle de sérénité. Formez, avec vos bras, une bulle de sérénité en faisant un grand cercle autour de vous. Vous imaginez sa couleur, sa forme, sa taille, et vous prenez déjà le temps d'observer ce que cela procure en vous, d'avoir dessiné, concrètement autour de vous, cette bulle qui peut continuer à laisser passer ce qui est bon pour vous et à vous apporter tout le calme et l'apaisement dont vous avez besoin, vous, futurs parents. Vous prenez le temps d'installer ce calme et cette sérénité au niveau des contours de votre corps, et à l'intérieur de votre corps.
2. Vous prenez le temps d'écouter et de ressentir ce que cette bulle de calme vous apporte.
3. Vous tendez l'oreille comme si vous aviez un sonotone, et vous écoutez un peu plus précisément tout le calme et la sérénité dans votre corps. Votre bébé aussi ressent ce calme au niveau de votre corps ou à travers vos mains, si vous êtes l'autre parent et que vous participez aussi à la pratique.
4. Vous prenez un temps pour vous concentrer sur ce qui se passe pour vous et votre bébé lorsque cette sérénité est bien installée en vous.
5. Vous prenez le temps d'apprécier cette pause de calme spécialement pour vous, en étant tranquille, serein(e), calme et posé(e).

Vous pouvez prendre quelques minutes pour refaire cette pratique dès que vous en avez besoin dans votre quotidien.

La bulle d'ancrage au moment présent

Intentions, bienfaits et bénéfices

Cette pratique de la bulle d'ancrage est réservée aux futurs parents. Elle permet d'aider les futurs parents à se situer et à s'ancrer au moment présent.

Mise en application

1. Installé(e) confortablement, vous pouvez, si vous le souhaitez, fermer les yeux. Vous prenez le temps de vous ressourcer sur ce moment rien que pour vous, de vous détendre et d'être bien présent(e) et serein(e) dans l'instant présent. Relâchez progressivement le corps en allongeant votre respiration : vous soufflez lentement. En expirant, vous vous libérez de tout ce qui est inutile pour vous en ce moment, afin d'être bien disponible dans votre corps et dans votre tête. Vous pouvez vous relier à votre bébé à cet instant, en étant bien ancré(e) dans le sol, dans votre posture et bien disponible, à l'écoute de votre corps et de celui de votre bébé. Posez vos mains sur votre ventre, ou si vous le faites avec l'autre parent en posant votre main sur son ventre, bien conscient(e) de ce moment pendant lequel vous en profitez pleinement. Vous appréciez ce calme, ce silence, dans le moment présent. À chaque instant, vous laissez venir un peu plus le calme et la sérénité à vous-même et à votre bébé. Vous vous laissez porter par ce moment, vous laissez venir les sensations agréables, les images, les émotions agréables qui arrivent lors de cet instant.
2. Vous ressentez les battements de votre cœur qui se calment. Votre respiration s'apaise, vous vous sentez bien, tranquille, calme. Tout s'apaise à l'intérieur de vous et autour de vous, et vous prenez bien le temps de profiter de ce moment.
3. Vous pouvez laisser venir une image qui va vous permettre d'être encore davantage connecté(e) à ce moment présent. Visualisez une photo, que vous avez envie de garder un peu plus dans ce moment présent, qui vous rappelle le calme, la sérénité et l'apaisement, et vous laissez cette image s'imprégner en vous, et également se diffuser à travers votre bébé qui lui aussi profite de ce calme et de cette sérénité.
4. Vous pouvez voir apparaître également une image qui rappelle l'ancrage, comme un arbre bien solide, bien ancré dans le sol. Ressentez sa stabilité, sa sécurité, sa force et tout le calme et la sérénité que cet arbre vous évoque, et tout ce que cela provoque en vous dans ce moment présent. Vous et votre bébé êtes pleinement disponibles, vous sentez les racines de l'arbre qui le rendent solide, et, vous aussi, vous

vous sentez comme l'arbre : stables, solides, confiants et sereins dans ce moment présent.

5 Vous transmettez cette force, cet ancrage à votre bébé. Vous êtes de plus en plus stable, calme, et votre bébé aussi. Vous le ressentez bien calme, tranquille. Il apprécie autant que vous ce moment. Vous respirez encore profondément pour accueillir encore plus ce calme et le diffuser en vous, dans votre corps, et également à votre bébé. Vous profitez tous les deux de cet instant présent de ressource, de bien-être, et vous en retirez tous les bienfaits en prenant bien le temps.

6 Vous pouvez ensuite doucement bouger, vous étirer, bâiller, en prenant le temps tranquillement. Vous vous préparez progressivement à sortir de la pratique, et doucement, à rouvrir les yeux, si vous les aviez fermés durant la pratique.

Le rituel du cocon de sécurité

Intentions, bienfaits et bénéfices

Ce rituel permet aux futures mamans et à leur bébé in utero de créer un moment calme et serein par l'intermédiaire d'un cocon de sécurité. En le pratiquant régulièrement, il est possible de prendre conscience de toutes les sensations liées au calme et à la sérénité et de les intégrer par la visualisation au sein d'un cocon à plusieurs niveaux.

Mise en application

1 Installez-vous confortablement, vous pouvez fermer les yeux et retrouver votre espace intérieur. Vous vous installez dans votre posture, celle de votre choix. Vous prenez conscience des points d'appui sur le sol, du dossier de la chaise.

2 Si vous le souhaitez, vous pouvez commencer à vous apaiser, vous relâcher tranquillement, à votre rythme. Vous portez une attention particulière à votre respiration qui va s'apaiser aussi, progressivement, tranquillement. Observez son rythme, son amplitude, les mouvements au niveau de votre corps en prenant bien le temps. Afin d'installer un peu plus de calme en vous, répétez-vous à haute voix ou mentalement le mot *sérénité*. Accueillez, à l'inspiration, ce moment de sérénité, et diffusez-le à l'expiration. Et prenez le temps d'être relié(e) à vos sensations dans votre corps, au niveau de votre utérus aussi, au niveau de votre bébé in utero, à ce que cela provoque en vous et en lui lorsque vous vous laissez traverser. Imprégnez tout votre corps, vos organes, vos cellules de ce mot.

3 Vous pouvez vous répéter ce mot plusieurs fois en vous connectant bien à tout ce que cela procure en vous mais aussi à votre bébé : les

sensations, les sentiments, les images qui émergent à ce moment-là… En prenant bien le temps, adressez-vous à votre bébé : « J'accueille ce mot *sérénité*, je le diffuse en moi et je le diffuse également en toi. Tu ressens aussi tout le calme, toute la douceur de ce mot. » Et vous répétez plusieurs fois la phrase en étant bien imprégnée de cette sérénité : « Sérénité, bébé, sérénité, bébé, sérénité, bébé… » « Tu prends le temps toi aussi, bébé, de ressentir tout le calme qui circule et qui est diffusé aussi dans ton petit corps, dans tes cellules, dans tes organes, et tous les bienfaits, tous les bénéfices que cela m'apporte et que cela t'apporte aussi à toi. Prends bien le temps toi aussi, mon bébé à l'intérieur de mon corps, de sentir, de ressentir tout ce calme, tout ce temps qui se pose, comme si tu prenais bien le temps de te reposer à l'intérieur de ce nid douillet, à l'intérieur, en étant totalement serein. Nous prenons bien le temps tous les deux de profiter de toute cette sérénité qui s'est bien installée en nous. »

4 Vous sentez, tous les deux, cette sérénité et vous percevez tous les ressentis, émotions qui accompagnent cette paix. Vous associez votre bébé sur ce temps d'accueil et de diffusion de la sérénité et l'accompagnez dans le geste : vous inspirez et vous diffusez, en passant la main sur son corps, sur votre ventre pour bien la laisser se diffuser et s'imprégner en vous, dans votre corps et celui de votre bébé. Vous prenez bien le temps de profiter pleinement de ce moment de paix et de sérénité, tous les deux.

5 Vous allez maintenant vous rendre dans un cocon sécurisant et serein qui va vous permettre d'installer un peu plus cette sécurité et cette sérénité intérieure, et la faire partager à votre bébé. Vous vous imaginez rentrer dans un merveilleux cocon de sérénité et de paix. Celui-ci comporte plusieurs niveaux à l'intérieur que vous allez pouvoir découvrir, comme s'il avait plusieurs couches enveloppantes.

6 Le premier niveau de ce cocon serein et enveloppant est de couleur rouge. Il représente le socle qui va vous porter, vous et votre bébé, en toute sécurité. Vous vous sentez bien au sein de ce socle protecteur. Il vous permet de sentir tout le réconfort, l'amour qui vous unit à votre bébé in utero.

7 Le deuxième niveau est de couleur orange. Il est comme une eau toute douce et chaude qui vous réchauffe tout doucement, vous et votre nourrisson, comme une eau réconfortante et sécurisante qui vous apporte aussi beaucoup de paix à tous les deux.

8 Le troisième niveau est de couleur jaune. C'est le lieu où sont situées vos émotions et celles de votre bébé in utero. Votre bébé ressent ses émotions et les vôtres au niveau de son propre corps et du vôtre parce qu'il est juste connecté aux deux, en même temps, en continu : le sien (son propre corps) et le vôtre (puisque votre corps, votre utérus sont son monde, son univers). Lors de ce troisième niveau, prenez

un temps pour vous connecter de façon plus précise à votre centre émotionnel qui se situe au niveau de votre ventre, justement là où se trouve aussi votre bébé. Vous posez vos mains quelques instants, vous prenez quelques respirations et vous accueillez et libérez les émotions que vous souhaitez libérer, et vous vous imprégnez de toutes celles agréables que vous souhaitez garder et diffuser en vous et aussi pour votre bébé in utero. Vous prenez le temps de bien ressentir tous les bienfaits que cela vous procure. Cela vous apaise. Vous sentez que cela vous réconforte en profondeur, au plus profond de votre être et également que cela agit sur votre bébé in utero qui en reçoit aussi tous les bienfaits.

9 Le quatrième niveau du cocon est de couleur verte. Vous laissez apparaître ce que cela vous évoque : soit une prairie avec de l'herbe bien verte, toute douce, un environnement calme et serein, soit une belle forêt bien verte et étincelante qui vous apporte aussi beaucoup de sérénité. Votre cœur ainsi que celui de votre bébé se remplissent aussi de tout cet apaisement et de cette sérénité. Cela apporte des bienfaits à vos deux cœurs qui sont unis dans ce doux moment de paix et de calme. Vous pouvez passer votre main douce et caresser votre peau, votre corps, votre ventre, votre cœur, et vous ressentez l'apaisement que cela vous procure dans le corps et dans la tête. Et vous adressez tout ce calme et cette caresse toute douce à votre bébé in utero. Votre cœur et votre corps vous disent merci, et votre bébé aussi vous sourit et apprécie ce doux moment.

10 Le cinquième niveau du cocon est un bleu clair, comme un ciel qui vous renvoie à cette idée de véritable paix intérieure. Vous la laissez bien se diffuser dans votre corps et dans le corps de votre bébé in utero.

11 Le sixième niveau est un bleu nuit, comme une nuit d'un bleu sombre mais qui laisse apparaître plein d'étoiles lumineuses qui scintillent partout et vous apporte aussi beaucoup d'apaisement et de calme. Comme lors de ces douces nuits d'été où il faut chaud, lorsque vous écoutez le silence qui apporte tant d'apaisement, vous diffusez ce temps de paix, d'apaisement à votre bébé : « Écoute ce silence et apprécie aussi, bébé, ce moment où nous nous sentons tous les deux en paix. »

12 Au septième niveau, vous arrivez au cœur du cocon douillet, doux et apaisant. Il brille, il est étincelant. Vous prenez bien le temps de sentir tous les bienfaits qu'il vous procure, à vous et à votre bébé. Il vous enveloppe d'un amour intense, rassurant, infini, véritable et authentique, et vous vous sentez, tous deux, totalement sereins et en sécurité dans ce cocon central.

13 Vous prenez le temps d'accueillir ce qui vient en sensations, émotions, ressentis agréables qui accompagnent ce moment...

14 Puis, vous pouvez revenir ici et maintenant, en prenant le temps de remonter progressivement, à votre rythme. Vous revenez dans un niveau de conscience, dans un niveau de tonus et de vigilance habituels, en bougeant, en vous étirant, en baillant. Et vous pouvez réouvrir les yeux quand ce sera le bon moment pour vous.

Vous pourrez refaire cette pratique afin de retrouver cet apaisement, cette sérénité et cette paix intérieure quand vous ou votre bébé en aurez besoin.

Exercices de projection : la césarienne programmée

Intentions, bienfaits et bénéfices

Ces exercices sont à pratiquer en prévision d'une césarienne programme afin de permettre à la future maman de se projeter dans ce moment de façon plus sereine.

Mise en application

Exercice n° 1 : Cohérence cardiaque

Pratiquez régulièrement des exercices de cohérence cardiaque et utilisez cette pratique quelques jours avant la césarienne ainsi que le jour même afin d'apaiser tout votre organisme et revenir à un état d'équilibre au niveau de votre corps.

Exercice n° 2 : Visualisation vers la confiance et la sérénité

1 Préparez-vous mentalement en vous visualisant le jour J. Accueillez pour cela la confiance, le calme et la sérénité lors de l'inspiration, et à l'expiration, diffusez-les dans tout votre corps. Et à chaque inspiration et expiration, à chaque fois un peu plus, vous allez sentir que cette confiance, cette sérénité et ce calme s'installent de plus en plus dans votre corps. Pour rendre l'exercice encore plus concret, vous pouvez, à l'inspiration, ramener vos bras vers vous, puis, à l'expiration, déposer vos mains sur différentes parties du corps. Comme la confiance, la sérénité, le calme pénètrent en vous par l'appui, la pression de vos mains, tout cela pénètre et s'imprègne en vous. Vous le faites le temps nécessaire pour vous, peut-être 5 ou 10 minutes, régulièrement. Cela peut être tous les jours jusqu'au jour J, ou plus espacé en faisant ce qui est utile et mobilisateur pour vous.

2 Après cet exercice, prenez le temps d'accueillir tout ce qui s'est passé en vous. Vous pouvez noter sur un papier ce qui est apparu afin d'activer un peu plus la prise de conscience.

À savoir : la régularité de la pratique de l'exercice en étant bien ancrée et présente au niveau de votre corps vous permettra d'en retirer tous les bienfaits.

Exercice n° 3 : Visualisation concrète de la césarienne

1 Vous pouvez, si vous le souhaitez, et si l'accès à la visualisation est accessible pour vous, prendre un premier temps pour vous vous poser. En apaisant votre mental et en vous centrant sur votre corps, imaginez le déroulé de la césarienne. Vous la visualisez comme si cela se déroulait de façon réelle. Vous pouvez, par exemple, vous regarder sur un écran lors de ce moment. Et vous laissez défiler les étapes, les scènes où tout cela se passe pour vous de façon sereine, vous arrivez à toutes les passer de la manière la plus sereine possible. Vous laissez le film se dérouler jusqu'à votre rencontre avec votre bébé. Vous vous voyez et vous sentez aussi au niveau de votre corps que la sérénité, l'apaisement, la confiance et la force sont présents en vous et en votre bébé aussi. Laissez poser dans votre corps ces sensations d'apaisement et de sérénité reliées à ce jour.

2 Prenez le temps de bien vous en imprégner pour que, lorsque vous vivrez réellement la césarienne, votre corps et votre mental soient préparés. Vous aurez associé la paix et la sérénité à cet événement, et ce sera alors plus facile de le vivre de la façon la plus sereine et apaisée possible lors du jour J.

Vous pouvez pratiquer cet exercice aussi souvent que possible, et bien sûr, vous faire accompagner par un sophrologue spécialisé en périnatalité, si vous le souhaitez, afin de pouvoir le pratiquer en autonomie par la suite.

Méditation : vaincre l'anxiété et le stress du futur parent

Indications préalables

Cette pratique peut être réalisée seul, en duo ou en groupe. La posture recommandée est la position allongée.

Intentions, bienfaits et bénéfices

Cette méditation vise à développer ses capacités à diminuer son stress et son anxiété et à revenir de façon plus consciente à un niveau de sérénité et d'apaisement du corps et du mental.

Elle permet d'être en mesure d'évaluer son niveau de stress et d'anxiété. Pour cela, vous pouvez utiliser, si vous le souhaitez, des échelles de niveau de stress, d'anxiété et de niveau de calme et de sérénité.

Réduire votre stress, retrouver votre calme intérieur, améliorer votre équilibre général... Toutes ces actions vous permettent de prendre soin de vous-même, de vous apaiser, et également de prendre soin des autres car votre sérénité va aussi agir sur votre conjoint et votre bébé in utero.

Mise en application

1. Prenez d'abord le temps d'évaluer votre niveau de stress, de tension, dans votre corps et dans celui de votre bébé in utero, en fermant les yeux. Mesurez aussi votre niveau de sérénité et de calme ainsi que celui de votre bébé.
2. Puis, vous accueillez vos pensées. Vous pouvez les laisser passer avec bienveillance, sans chercher à porter une attention particulière si elles ne sont pas utiles dans l'instant présent. Vous les laissez glisser. Vous pouvez faire un geste qui accompagne cette idée de glissement par un geste de votre main le long de votre front. Vous laissez votre main et votre bras tomber dans le prolongement de votre corps pour laisser passer physiquement les pensées, les images qui sont inutiles pour vous, à ce moment-là.
3. Prenez le temps de vous détacher de vos pensées, si vous le souhaitez, avec un regard plus extérieur afin de les laisser passer plus facilement, avec bienveillance, tranquillement.
4. Portez de l'attention à votre respiration. Écoutez le mouvement naturel de votre corps. Sentez qu'il se relâche : vous sentez un peu plus les points d'appui sur le matelas, le contact de votre corps qui se pose, se repose dessus. Si vous le faites à deux (les parents), vous pouvez vous tenir la main en laissant poser ensemble vos corps et les sentir s'apaiser, se détendre progressivement. Vous pouvez également poser les mains sur votre ventre ou le ventre de la maman, et les sentir se détendre pour laisser un peu plus de place, comme si quelque chose se libérait, s'ouvrait davantage dans l'espace utérin, pour laisser le bébé bien profiter, lui aussi, de cet espace d'apaisement et de calme avec vous.
5. Vous pouvez imaginer une petite plume de la couleur de votre choix qui va venir amener la douceur, le calme et l'apaisement au niveau de votre corps. Cette plume toute douce et calmante que vous imaginez devient un antistress.
6. Imaginez que la plume se situe au niveau de votre pied droit. Elle caresse tout doucement votre voûte plantaire puis remonte tranquillement, doucement, au niveau du dessus du pied droit, de la cheville, devant au niveau de votre mollet, du genou et de la cuisse et remonte jusqu'à

votre hanche. Puis, vous allez au niveau de votre abdomen. Vous pouvez prendre un temps pour vous centrer sur votre utérus, ou pour l'autre parent, sur le bébé in utero, et vous vous concentrez sur votre bébé. Vous prenez le temps de l'imaginer aussi d'apprécier la douceur de la plume à travers votre corps, à travers les sensations de calme et de détente. Vous pouvez imaginer que la plume passe tout doucement sur tous ses contours et ressentir tous les bienfaits que cela lui procure.

7 Puis, vous revenez à vous, à votre thorax, vos épaules, bras, mains, doigts puis vous remontez au niveau de votre cou, votre tête, votre visage, vos yeux, vos oreilles, et votre front. Vous allez au niveau de votre dos, le haut, le milieu et le bas du dos, vos fesses, puis votre jambe gauche jusqu'à votre cheville, votre pied gauche, le dessus et la voûte plantaire.

8 Vous accueillez les sensations de détente qui viennent pendant et après ce moment où vous avez imaginé cette douce plume qui a caressé et apaisé tout votre corps et toutes les sensations agréables, tout l'apaisement et la sérénité que cela a provoqués chez votre bébé.

9 Vous pouvez, si vous êtes deux lors de ce moment, vous relier dans ce moment d'apaisement, de détente, ce moment où vous sentez que votre stress et votre anxiété qui étaient peut-être présents se sont libérés.

10 Vous prenez bien le temps d'apprécier ce moment, de vous imprégner de tous les ressentis, les sensations, les émotions présentes. Quand vous en ressentirez le besoin, lorsque vous sentirez que le stress, l'anxiété ou des tensions particulières arrivent dans votre corps, vous pourrez refaire cette pratique afin de revenir à ce calme, à cette sérénité, un peu plus naturellement, et d'en ressentir tous les bénéfices et les bienfaits, pour vous et votre bébé.

11 Vous pouvez sortir progressivement de la pratique en vous étirant, en baillant, en bougeant et en rouvrant les yeux.

12 Vous pouvez, à la fin de la pratique, refermer les yeux un court instant et réévaluer quel est le niveau de stress, de tension, d'anxiété dans votre corps. Vous prenez le temps d'observer si votre niveau de stress s'est abaissé, et vous évaluez maintenant votre niveau de sérénité et de calme dans votre corps et également le niveau de calme de votre bébé, après la pratique.

– Chapitre 3 –

PRATIQUES : DE LA NAISSANCE AUX PREMIERS MOIS

À RETENIR AU PRÉALABLE POUR CETTE PHASE

Il est possible de revenir à cette phase grâce à l'imagination à travers votre propre enfant intérieur dès lors que vous en ressentez le besoin, que ce soit lors de votre propre début de vie, votre naissance, votre rencontre avec votre ou vos parents, vos premiers moments ou premières fois. Vous pouvez les revivre ou les revisiter également en tant que parent, quel que soit le contexte ou le vécu.

INDICATION IMPORTANTE SUR CETTE PHASE PARENTS-BÉBÉ LORS DE LA NAISSANCE ET DE L'ACCUEIL

Les pratiques que je vous propose vont vous permettre d'entrer dans un niveau de conscience modifié. Cela peut entraîner un relâchement du corps, de la détente, voire de l'endormissement. Il est préconisé de veiller à la sécurité constante de votre bébé durant la pratique en l'installant, si cela s'avère nécessaire, dans un endroit où sa sécurité est garantie. Si ce n'est pas le cas, étant donné que les séances sont susceptibles de rabaisser votre niveau de vigilance, il sera alors indispensable de la pratiquer en présence d'un autre adulte. Vous pouvez également, si vous le souhaitez, faire appel à un professionnel qualifié et expert en accompagnement en périnatalité, parentalité et petite enfance.

PRÉCAUTIONS ET CONSIGNES AVANT TOUTE PRATIQUE DE CE CHAPITRE

Vous pouvez expérimenter ces pratiques autant de fois que vous le souhaitez. C'est d'ailleurs dans la répétition et la ré-expérimentation de ces pratiques que vous allez pouvoir apprendre de plus en plus à être à l'écoute de votre corps et de celui de votre bébé et trouver vos propres moyens d'apaisement, autant pour vous que pour votre bébé

Plus vous expérimenterez, plus ce sera facile pour vous. Plus vous aurez pris l'habitude, plus vous trouverez vos ressources de façon spontanée en vous-même et serez à même de décoder ce qui se passe pour votre bébé au niveau de son corps et de son état émotionnel.

Car apprendre à s'apaiser, cela « s'apprend » justement, en passant d'abord par savoir décoder ce qui vous tend, vous détend, ce qui se passe pour vous au niveau émotionnel et ce qui se passe pour votre bébé, et par savoir trouver vos propres moyens d'adaptation.

Ceci se fait dès la grossesse, et je vous propose de continuer à le pratiquer lors de la naissance de votre bébé, lors de ses premiers moments et premiers mois.

Si vous estimez que vous n'avez pas passé assez de temps sur cette phase d'accueil, lors de la naissance et de la rencontre avec votre bébé, vous pouvez tout à fait repratiquer les techniques que je vous propose dans ce chapitre, même au-delà du moment précis de la rencontre et de la naissance de votre enfant. Ces pratiques peuvent être réeffectuées seul, ou selon les cas, en fonction des pratiques, certaines peuvent tout à fait être repratiquées en présence de votre bébé ou de votre enfant même, des mois ou des années après. Car prendre du temps pour être à l'écoute de soi et de son enfant est quelque chose d'intemporel. Vous pouvez le faire à tout moment de votre vie. Cela aura aussi des effets bénéfiques pour vous-même, dans votre équilibre général, ainsi que sur votre enfant, au niveau de son propre équilibre, jusque dans votre relation parent-enfant.

Il est important aussi de retenir que vous devez vous approprier les mots qui résonnent en vous, qui font sens pour vous, qui vous conviennent et piocher dans les pratiques ce qui est utile et bon pour vous et votre bébé.

INTENTIONS, BIENFAITS ET BÉNÉFICES GÉNÉRAUX DES PRATIQUES DE CE CHAPITRE

Les pratiques présentées dans ce chapitre visent à vous permettre d'imprégner, dans la mémoire de votre corps, la sérénité et l'apaisement ainsi que les émotions agréables ressenties durant la phase de la rencontre avec votre bébé. L'objectif est de vous permettre de vivre ces premiers moments de façon intense, et/ou de les revivre en y intégrant de l'apaisement et de la sérénité si vous ou votre bébé en ressentez le besoin. Vous allez pouvoir imprégner, au niveau de votre corps et de celui de votre bébé, des images, des sensations en lien avec vos interactions visuelles, auditives, verbales ou non verbales. Le toucher et la gestuelle permettent de rentrer en lien, de ressentir ce qui est dit sans mot mais que vous et votre bébé sentez mutuellement lors des moments concrets de la naissance et de l'accueil. Accueillir votre corps et celui de votre bébé, et sentir, ressentir, libérer, débloquer vos émotions et les siennes vous permettront de trouver vos moyens de réassurance et d'entrer en relation en toute sérénité. Les pratiques vous permettront de vivre ce moment de découverte et d'accueil de manière plus consciente, plus posée, en vivant cette transition du bébé imaginé au bébé réel, en étant enrichi de toutes les notions vues précédemment dans la partie 1 de ce livre au sujet de la naissance et de l'accueil du bébé.

Écoutez-vous, écoutez votre bébé, sentez et ressentez afin de pouvoir accéder à plus d'apaisement, de sérénité au moment de ces premiers liens d'accueil et de rencontre avec lui, des moments si précieux dans le tout début de la vie d'un enfant, d'un être, et au moment de notre propre naissance ou renaissance en tant que parent lorsque nous avons besoin de revisiter cette période. Vous avez en effet la possibilité, même si vous n'êtes plus dans cette période d'accueil de votre nouveau-né, si vous avez un ou des enfants plus grands, parfois même bien plus grands, de revenir à cette phase à la fois pour mieux vous comprendre vous-même et pour mieux comprendre votre enfant. Ces pratiques développeront vos capacités empathiques, votre écoute émotionnelle et approfondiront votre intelligence émotionnelle.

Lorsque vous allez expérimenter les pratiques ci-dessous, vous allez pouvoir être attentif au dialogue des corps (du vôtre et de celui de votre bébé) et des sensations, à l'écoute de vos états émotionnels. Vous allez pouvoir libérer, débloquer des émotions, être à l'écoute de vous-même et également, en concomitance, à l'écoute de votre bébé en observant ses ressentis, ses sensations, son comportement, son dialogue tonique et corporel. Ceci facilitera le dialogue parent-bébé afin d'accéder à un lien juste, équilibré, suffisamment sécurisant pour votre bébé mais aussi pour vous, au moment de la naissance et de la rencontre avec votre bébé, lors des toutes premières fois et de tous vos premiers moments.

À RETENIR DE FAÇON GLOBALE SUR CETTE PHASE

Je vous propose divers accompagnements écrits pour chaque pratique. Ce ne sont que des propositions qui ne sont ni obligatoires ni figées.

Sentez-vous libre. Il est d'ailleurs fortement recommandé d'adapter et d'ajuster ce qui est utile et bon pour vous. Vous pouvez donc piocher dans les pratiques qui vous conviennent, expérimenter et mettre en application ce qui vous convient en puisant dans des parties, des passages, en sautant, en approfondissant, en omettant ou bien en modifiant certaines expérimentations, en vous faisant confiance à vous et à votre bébé, en faisant ce qui est juste, utile, et bon pour vous deux, dans le sens mobilisateur sur l'instant présent, au moment où vous pratiquez la séance. Les expérimentations peuvent bien sûr varier en fonction du moment où vous faites la séance, du contexte, de l'environnement, en fonction de votre état émotionnel et de celui de votre bébé, de votre disponibilité et de votre niveau de fatigue ou d'énergie à tous les deux.

Je vous invite à vous approprier les mots qui résonnent en vous, qui vous parlent. Prenez, dans les textes, les pratiques dont vous avez besoin, ce qui est utile pour vous. Cela peut être l'intégralité ou une partie. Sentez-vous libre de choisir tout ce qui vous fait écho. Faites-vous confiance, faites confiance à votre enfant, et je vous fais confiance.

Lors des phases du devenir parent et de la grossesse présentées dans la partie 2 de ce livre, je vous invite à rentrer dans l'état sophro-liminal, c'est-à-dire dans un état de conscience un peu modifié, similaire à l'état entre la veille et le sommeil que vous connaissez juste avant de vous endormir, encore bien présent, éveillé mais en ayant un peu abaissé votre niveau de vigilance, sans être encore rentré dans la phase d'endormissement. L'accès à cet état peut demander de l'entraînement. Il demande à être répété, réexpérimenté pour y parvenir et le sentir de façon plus précise. Cette troisième partie de mon livre correspond à la phase où vous accueillez concrètement, physiquement votre bébé. Cela demande donc un niveau de vigilance en continu pour garantir votre sécurité et celle de votre nourrisson, y compris en cas d'adoption. Donc j'attire votre attention sur le fait que, sur cette phase-là d'accueil de votre enfant, vous n'avez pas à rentrer dans un état de conscience modifié avancé. En effet, votre vigilance et votre niveau d'alerte sont toujours un peu activés, et c'est normal, pour veiller à la sécurité de votre bébé durant les pratiques. Vous pouvez avoir un niveau de conscience très légèrement modifié afin d'être bien concentré, présent à votre corps, et à celui de votre bébé, sans abaisser votre niveau de vigilance, ce qui vous empêcherait de garantir sa sécurité.

Précaution importante si vous sentez que vous n'êtes pas en mesure de tenir cette vigilance durant la pratique et que cela pourrait compromettre la sécurité de votre nourrisson (si vous faites la pratique en sa présence), ne la faites pas, ou bien faites-vous accompagner par une personne qui pourra prendre le relais, si besoin, durant la pratique. Vous pouvez sinon faire la pratique seul, sans bébé, en l'imaginant uniquement pour vous laisser aller à la détente, au sommeil si vous en éprouvez le besoin et que cela est utile pour vous, dans l'instant présent.

Sentez-vous libre de faire appel à un professionnel expert de la petite enfance, formé et expérimenté dans ces pratiques lors des premières fois et expérimentations pour vous permettre de vivre ce moment dans les meilleures conditions, pour ensuite les repratiquer en toute autonomie avec votre bébé.

À la fin de chaque pratique, je vous propose un temps pour écrire votre vécu ou vous le dire à vous-même à l'oral, afin d'exprimer ce que vous avez pu sentir et ressentir chez votre bébé, pour lui communiquer ces informations à la fin des pratiques que vous avez réalisées en sa présence.

Cette étape permet de mieux conscientiser et comprendre les bénéfices que vous a apportés la pratique, et de pouvoir aussi permettre à votre bébé de les assimiler aussi, pour lui, en vous adressant directement à lui, car toutes les informations données aux nourrissons leur arrivent de façon très claire et précise, grâce à leurs grandes capacités à ressentir leurs sensations de façon instinctive. Ils sont d'une sensibilité très aiguisée ce qui leur permet de capter ce qui se passe autour d'eux et en eux.

LES PRATIQUES

Pratique initiale

Avant la mise en application de toutes les pratiques de la phase d'accueil du bébé, je vous invite à expérimenter celle décrite ci-dessous.

Indications préalables

Vous pouvez expérimenter cette pratique de plusieurs façons :

- soit de manière concrète avec votre bébé lors de la naissance, lorsque vous le découvrez en chair et en os, à l'instant où vous l'accueillez dans ce monde, ou bien lors de la première rencontre physique avec lui, dans le cas d'une adoption ;
- soit en projection lorsque vous êtes à la fin de votre grossesse ou, à l'inverse, quelque temps après la phase d'accueil, lorsque votre bébé est âgé de plusieurs mois, ou même plus grand, et vous souhaitez revenir à ce stade, en vous y replongeant grâce à votre imaginaire.

Vous allez passer par cette pratique initiale où vous vous préparez à être dans cette présence à vous-même et à votre bébé, tranquillement.

Assurez-vous en premier lieu que durant ce moment vous ne serez pas dérangé. Vous êtes au calme afin d'être bien présent lors de cette pratique.

Intentions, bienfaits et bénéfices

Cette pratique va vous permettre d'être pleinement présent à votre bébé et à vous-même, et de rentrer dans un état de conscience légèrement modifiée lors de cette phase d'accueil pour être plus attentif et à l'écoute.

Conseils complémentaires

Je vous guide, avec le texte ci-dessous, comme si vous accueilliez votre bébé ici et maintenant.

Vous allez prendre le temps de vous installer, vous et votre bébé, dans une posture confortable et en totale sécurité pour lui et vous.

Vous choisissez un moment où vous êtes disponibles, tous les deux. Vous sentez qu'il est aussi ouvert à ce moment de lien et de partage avec vous, sur un petit temps, rien que vous deux (ou trois si vous le faites avec votre conjoint).

Mise en application

1. Prenez d'abord un temps pour observer autour de vous, la pièce, votre environnement, ce qui se trouve autour. Vous balayez la pièce du regard et observez les murs, le plafond, les objets afin de vous imprégner de l'ambiance, afin de prendre vos marques. Vous pouvez également inviter votre bébé à prendre aussi ses propres marques et, pour cela, vous lui détaillez aussi ce qu'il y a autour de lui et vous lui précisez aussi que vous êtes présent(e), ici et maintenant. Vous êtes reliés. Prenez un temps pour vous observer, adressez-lui un sourire, parlez-lui doucement, avec la voix qu'il connaît, reconnaît ou qu'il découvre. Vous adaptez votre ton, le volume de votre voix, vous pouvez lui dire des mots, des phrases pour commencer le moment de lien en conscience avec lui, sur cette pratique initiale. Vous pouvez le toucher, vous relier à travers l'échange d'un sourire avec votre conjoint, si vous faites la pratique en trio.
2. Libérez-vous de votre mental : accueillez ce qui vient dans votre tête : images, pensées, mots... Si cela n'est pas utile au moment de la pratique, vous pouvez vous en détacher. Pour cela, vous pouvez concrètement faire un geste. Passez votre main au milieu de votre front et vous dire mentalement : « J'accueille ce qui est dans mon mental, ce qui est là. » Vous prenez un temps de pause pour laisser de l'espace à votre mental – vos pensées, vos idées – et ensuite vous pouvez décider de laisser passer ce qui inutile pour vous lors de ce moment présent.

Pour cela, vous passez votre main tout le long de votre front et vous vous dites mentalement ou à haute voix selon votre choix : « Je laisse passer tranquillement, à mon rythme, ce qui est inutile pour moi », et vous laissez retomber doucement votre main le long de votre bras. Vous pouvez le refaire plusieurs fois pour bien évacuer ce qui n'est pas utile et libérer votre mental, ici et maintenant.

2 Puis, vous allez passer à la phase de prise de conscience de votre corps et de celui de votre bébé. Pour cela, vous allez toucher délicatement votre corps en posant votre main sur chaque partie : de la tête aux pieds, en allant doucement, tranquillement. Vous pouvez les nommer, les toucher en vous laissant du temps pour les accueillir, les découvrir... Vous passez dessus. Si vous êtes avec votre conjoint, il peut le faire également, et vous allez pouvoir dire à votre enfant : « Tu prends le temps d'accueillir ton corps toi aussi, mon bébé, de le découvrir maintenant que tu es arrivé dans ce monde, tu en découvres chaque partie, et tu découvres aussi le mien à travers le toucher, les sensations, les ressentis. » Vous pouvez délicatement toucher les parties du corps de votre bébé, les nommer à voix haute, ou bien les imaginer dans votre tête... Prenez des précautions quand vous touchez votre enfant lors de ces premiers moments de découverte de son corps et où il le découvre aussi de façon concrète pour la première fois. Ayez des gestes très doux, tout en douceur. Vous pouvez juste effleurer ou poser délicatement une main sur une zone, en étant toujours attentif(ve) à ce que vous montre le bébé dans son langage corporel, dans ses mimiques, les bruits qu'il fait, ses expressions, ses postures, son regard. Observez et prenez un temps pour être à l'écoute de ses ressentis, ses sensations, de ce qui se passe en lui, ce qui se vit lors de ses tout premiers instants, de rencontre, d'accueil dans ce monde extérieur qu'il découvre, où il vous rencontre pour la première fois.

4 Prenez un temps pour vous mettre à sa place, en totale empathie et bienveillance pour mieux cerner ce qui se passe en lui, ce qui se joue, et pouvoir vous synchroniser, vous ajuster à ceci en prenant bien le temps de rentrer en lien l'un avec l'autre, en totale sécurité et sérénité.

5 Prenez aussi un temps pour être à votre écoute, en toute bienveillance et empathie, sentez et soyez à l'écoute de vos ressentis, vos sensations durant cette phase de prise de conscience de votre propre corps et de celui de votre bébé, en le faisant à votre rythme, en suivant ce qui est bon et utile pour vous, ici et maintenant.

6 Puis, vous pouvez faire un balayage corporel sur vous-même puis sur celui de votre bébé, soit en le faisant par la pensée soit concrètement en touchant délicatement chaque partie de votre corps et de celui de votre bébé, si cela est possible pour lui, toujours en vous reliant, en vous connectant à ce qui se passe pour vous deux. Vous observez, vous ajustez votre toucher, votre regard, vos paroles, vos phrases en

vous adressant à votre bébé en faisant des gestes ou en adaptant des postures pour prendre en compte votre corps et le sien dans leur ensemble.

7 Prenez un temps pour porter une attention particulière à votre respiration. En posant une main sur votre ventre et une main peut-être sur celui de votre bébé, si cela est possible ou en imaginant que vous posez votre main sur son ventre. Puis, vous pouvez légèrement approfondir votre respiration pour vous faciliter cette phase, si vous le souhaitez. Appuyez légèrement sur votre ventre lorsque vous soufflez afin d'allonger progressivement votre expiration. Votre respiration va progressivement s'approfondir, de plus en plus, à chaque inspiration et à chaque expiration. Et vous allez prendre un temps pour sentir ce qui se passe au niveau de votre corps et de celui de votre bébé et accueillir ce qui vient : sensations, ressentis, émotions... Vous pouvez, à ce stade, être dans un état de conscience légèrement modifié, tout en restant bien présent(e) avec votre bébé, pour vous permettre d'être plus attentif(ve) à ce qui se passe en vous et en votre bébé, de façon plus consciente, et vous préparer aux pratiques à venir en étant dans cet état d'écoute et d'attention particulière.

La tétée de bienvenue

Indications préalables

Ce qui permet de relier et de renforcer le lien mère-enfant lors de la première rencontre et des toutes premières fois réside dans le premier regard, le premier contact du corps entre le bébé qui est maintenant à l'extérieur et sa mère, le premier « peau à peau », le premier câlin, les premiers échanges de mots et de ressentis de chacun.

Expérimentez cette pratique dès la grossesse grâce à la visualisation et à l'imagination, en vous projetant sur cette première tétée, afin de vous préparer au mieux à vivre ce moment. Le cerveau, et plus précisément l'inconscient, ne faisant pas la différence entre ce qu'il vit réellement et ce qu'il imagine, cela le préparera et vous préparera à le vivre plusieurs fois avant de le vivre concrètement.

Intentions, bienfaits et bénéfices

Cette pratique permet de vivre et/ou se préparer à ce moment de la première tétée de bienvenue en conscience, en étant plus à l'écoute de vos capacités de détente et de relâchement, et vivre ce moment de la manière la plus sereine et apaisée possible.

La première tétée permet de libérer l'hormone d'apaisement, d'attachement, de plaisir, de bonheur, et apporte une meilleure gestion des émotions, une diminution de l'anxiété et du stress grâce au contact corps à corps entre la maman et le bébé. Cette tétée de bienvenue est faite le plus souvent en « peau à peau », elle permet d'en retirer tous les bénéfices et également de stimuler la lactation. Elle favorise la relation entre le bébé et sa mère, la capacité de détente, l'accès au plaisir dans la relation avec son bébé.

Conseils complémentaires à connaître ou à avoir en tête pour la première tétée

Lors de la première tétée de bienvenue, laissez venir le bébé à travers le réflexe de fouissement. Laissez-lui le temps d'explorer, sentir, ressentir le sein et le mamelon, progressivement, en lui autorisant ce laps de temps de découverte et d'exploration. Il est aussi important pour la mère d'observer son bébé se rapprocher progressivement du sein lorsqu'ils découvrent tous les deux cette première expérience. On leur laisse un temps d'exploration et de découverte. Bien sûr, l'équipe soignante autour porte une attention particulière à ce moment-là mais uniquement si cela s'avère utile.

Le nouveau-né trouve ensuite le mamelon grâce à son réflexe inné de succion. Il commence sa découverte et son apprentissage de la succion et de la déglutition pour goûter pour la première fois le colostrum, ce lait si précieux lors de la première tétée, à la naissance du bébé.

Cette expérience doit être bien accompagnée par l'équipe soignante en étant dans le juste équilibre : il ne faut pas qu'elle soit trop présente, car ce premier temps de fusion corporelle est très important pour la mère qui développe ses propres compétences maternelles et découvre physiquement son bébé, et est en même temps décisif pour le bébé où il est acteur de cette première tétée et où il prend le temps d'observer cette ressource propre et ses compétences sur ce moment. Le bébé et la maman savent faire équipe, ils doivent valoriser leurs compétences mutuelles. Le personnel soignant peut accompagner le duo mère-bébé et intervenir uniquement si la situation montre qu'il est utile de le faire et que la mère est en demande. Parfois, l'intervention par des mots encourageants et un regard bienveillant et empathique suffit à développer les compétences du duo durant ce temps de première tétée.

Il est important pour la mère de ressentir le besoin de donner cette tétée de bienvenue. Elle doit le faire en conscience et de la façon la plus libérée possible, non pas pour faire plaisir à l'entourage ou un professionnel de santé, mais parce qu'elle ressent l'envie dans son propre corps et dans sa tête. Il est important aussi que l'équipe soignante respecte et soit en accord avec le choix de la mère. Sinon, certaines mères peuvent mal vivre ce moment et peuvent dire parfois : « Je l'ai fait à contrecœur, je ne le sentais pas, je ne le voulais pas. Je l'ai fait pour être une bonne mère, pour faire plaisir... »

Il est donc essentiel de prendre bien le temps, et de réfléchir au fait d'allaiter, de faire cette fameuse tétée de bienvenue, dès le projet de naissance. En ayant en tête, bien sûr, que le choix et les envies peuvent évoluer au cours de la grossesse et même le jour J, lors de la naissance du bébé. Une mère peut décider de ne pas allaiter durant la grossesse et lors de l'accouchement soudain a envie de le faire. Il est essentiel de laisser la mère pleinement actrice de ce qu'elle souhaite, de ce qu'elle ressent et ce qu'elle sent à la fois pour elle et son enfant. Et le professionnel doit bien entendu ne pas avoir d'a priori ou d'influence sur ce choix, il a uniquement un rôle d'accompagnement et de soutien.

Il est important ensuite de laisser la mère prendre confiance dans cette première tétée. Celle-ci l'aide à prendre aussi possession de son rôle de mère car elle représente un acte symbolique : nourrir son enfant, continuer à le faire directement comme elle le faisait par le biais du placenta. La mère garde possession de son enfant en conservant cette continuité intacte après la grossesse, en étant encore dans le corps en corps avec lui. La symbolique de la continuité et de l'utilité du corps de la mère est forte et très présente : à la fois garder son bébé non plus à l'intérieur du corps mais à l'extérieur, toujours en contact direct, et continuer grâce toujours à son corps à nourrir son bébé au-delà de la grossesse.

La mère continue à mobiliser son propre corps pour prendre soin de son bébé, comme elle le faisait lorsque celui-ci était encore in utero.

Il est important aussi de ne pas la déposséder de ce moment. Le professionnel va peut-être vouloir l'aider en positionnant le bébé ou en le tenant, mais il est essentiel qu'il soit plutôt dans l'écoute des réactions de la mère et du bébé afin de sentir jusqu'où aller dans ses gestes. En effet, le professionnel peut, sans le vouloir, mettre la mère en difficulté car elle va se positionner dans « Je ne sais pas faire donc je suis passive, on doit me guider, faire à ma place pour que j'y arrive. » La guider avec des mots peut asseoir sa confiance, sa capacité à nourrir encore son bébé à la naissance, comme elle le faisait in utero par le biais du placenta. Cette action relève ainsi de ses propres compétences et ressources où elle affirme ses pleines capacités. Elle se connecte aussi pleinement aux capacités de son bébé, qui va de lui-même se diriger vers le sein en grimpant vers le mamelon et pourra expérimenter la succion et la déglutition du lait grâce au réflexe de succion qu'il maîtrise de façon innée.

Les mères, à ce moment et durant tout ce cheminement, peuvent s'imprégner de ces mots : « Je te fais confiance, mon bébé, et je me fais confiance. Tu as des compétences et des ressources et j'ai des compétences et des ressources. Nous savons ce qui est bon pour nous. »

Bien sûr, le professionnel expert en petite enfance est là pour veiller à ce qu'il n'y ait pas de problème particulier : frein de langue, par exemple.

Il est important de créer une atmosphère favorable intime, sans trop d'intrusion de la part des professionnels afin de laisser les choses s'installer progressivement, que la mère et le bébé se sentent sécurisés pour pouvoir vivre ce moment important dans les meilleures conditions possible. Car cette première tétée est très importante dans la construction de l'allaitement maternel et doit être réalisée dans des conditions optimales, dans la bienveillance et l'écoute du duo. Cette attention du professionnel doit se porter aussi sur l'observation de la gestuelle, du corps, du verbal et du non verbal dans ce que montre la mère et également dans ce que montre l'enfant.

Exemple : Un bébé qui repousse le sein, sa mère qui perd ses moyens, dit ne pas y arriver, ou au contraire prend ses marques et montre qu'elle n'a pas besoin de l'intervention du professionnel : il faut écouter et voir ce qui est dit et aussi ce qui n'est pas dit mais que l'on perçoit dans le ressenti, à la fois du bébé et de la mère.

Plus la mère sera pleinement disponible et à l'écoute de son corps, de sa tête, de ses besoins, et aussi pleinement disponible et reliée à ceux de son bébé et à ses ressentis, plus elle aura confiance en ses compétences et ses ressources, et plus elle sera sécurisée et sereine et son bébé aussi. Plus elle sera juste et affirmée dans sa posture, plus elle pourra être en pleine possession de ses moyens et être à même de demander de l'aide aux professionnels ou bien de la refuser si elle juge et mesure qu'elle et son bébé sont capables de gérer la situation sans intervention extérieure.

Lors de mes consultations, j'ai souvent entendu des mères me dire : « Je n'ai pas osé dire que je ne voulais pas ou que cela me dérangeait, m'incommodait, que la professionnelle me tienne le sein, me rendant complètement passive », ou, au contraire : « Je n'ai pas osé demander qu'un professionnel de santé ou de la petite enfance me montre pour ne pas le déranger ou ne pas paraître la mère qui ne sait pas faire ou qui n'est pas à la hauteur… »

Lorsqu'on devient mère, on apprend aussi à dépasser ses freins, ses doutes, à se faire confiance, à prendre du recul sur le jugement d'autrui, à être consciente de ses ressources et de celles de son bébé. C'est aussi le début de la confiance parentale qui s'amorce et va se renforcer au quotidien. C'est pour cela qu'il est important de bien l'installer au début, par exemple lors de la première tétée de bienvenue, premier acte de la vie d'un bébé et de sa mère qui semble à l'apparence anodin mais qui ne l'est pas. Cette première tétée participe à instaurer la confiance parentale et la prise de conscience des compétences maternelles par un acte concret. Elle favorise aussi la prise de conscience de toutes les compétences que le bébé détient de façon innée, instinctive. Le bébé ressent, perçoit de façon très intense, et il nous guide aussi de la meilleure des façons, si on prend le temps de se mettre à son écoute, celle de son corps et de ses ressentis, émotions et sensations.

Le temps de la première tétée de bienvenue représente un moment de recueillement, de communion et d'attention mutuelle avec votre bébé.

Mise en application

1. Installez-vous confortablement, vous et votre bébé. Le « peau à peau » est indiqué afin qu'il soit bien au contact des odeurs, de la peau de sa maman et puisse se diriger vers le mamelon en se hissant, grâce au réflexe de fouissement (le contact avec la bouche ou la joue du bébé entraîne une orientation de la tête en direction du mamelon). Le bébé va progressivement atteindre le mamelon, le sentir pour, ensuite, le mettre en bouche. Il sent les odeurs qu'il connaît. Les odeurs autour du sein et du mamelon attirent le bébé, il les reconnaît puisque ce sont celles de sa mère et qu'il les a senties depuis le quatrième mois de grossesse et goûtées grâce au liquide amniotique. Vous pouvez prendre un temps pour effectuer quelques respirations profondes et vous dire mentalement en laissant infuser ces mots en vous : « Je t'accueille, mon bébé, et je me sens disponible et disposée à te nourrir, te donner le sein pour la première fois lors de ta naissance. Je me détache du jugement, du regard extérieur et je me concentre sur toi et sur moi, à ce moment précis où nos deux corps sont en fusion. Je continue à te nourrir non plus par le biais du placenta mais par mon lait maternel. Je prends bien le temps de m'installer et de profiter de ce moment où je te nourris pour la première fois. Tu découvres aussi mon visage et tu entends ma voix tout près. Tu découvres le colostrum, un liquide jaune orangé très précieux qui regorge de tous les nutriments (vitamines, acides gras) très utiles pour toi durant tes toutes premières heures de vie. Il contient aussi tous les anticorps et leurs vertus essentiels pour te protéger. »
2. Vous profitez de ce moment d'union et de lien, que pour vous deux. Vos deux corps ne font qu'un et votre bébé commence tout doucement à déglutir, à téter. Vous pouvez sentir des sensations au niveau du bout de sein. Cela peut être un peu désagréable mais la peau va s'assouplir, et ces sensations vont disparaître au fil du temps (si ce n'est pas le cas, demandez conseils auprès d'un professionnel de santé notamment auprès d'une infirmière puéricultrice), toujours en veillant à ce que

votre bébé ait une bonne prise au sein et que vous ayez une bonne position tous les deux.

3 Vous vous laissez aller, toujours dans une position confortable, pour vous comme pour lui. Vous pouvez le toucher délicatement, lui parler, entendre sa déglutition, ses petits bruits lors de celle-ci. Il prend plaisir à boire cette toute première tétée précieuse de couleur jaune or. Vous pouvez continuer à bien respirer profondément afin de vous laisser aller à ce moment, de sentir les hormones de plaisir, d'attachement, d'amour s'activer en vous et de ressentir également tous les bienfaits et les bénéfices que cela provoque chez votre bébé. Vous sentez que vos seins et la lactation sont stimulés par ce premier contact et cette première tétée, et vous prenez bien le temps de profiter de ce moment en pleine conscience. Vous vous centrez sur toutes vos émotions, vos sensations, vos ressentis agréables qui se vivent en vous. Vous prenez le temps de l'observer aussi, de le sentir chez votre bébé en profitant de ce moment. Vous pouvez vous dire et lui dire mentalement, si vous en éprouvez le besoin : « Je me sens bien disponible et apaisée lors de ce moment à deux où je prends le temps de te découvrir dans une proximité et un lien très intime et précieux. Je ressens tout le lien qui nous unit. Je te donne de l'amour, de la paix et de la sérénité durant ce moment de la première tétée, et tu m'en donnes aussi. » Lorsque ce sera la fin de la tétée, vous pouvez encore laisser votre bébé profiter de ce moment, tout contre vous, et continuer à ressentir tous les bienfaits et bénéfices que cela lui a apportés et que cela vous apporte à tous les deux en prenant bien le temps d'apprécier ce moment… Puis sortez de la pratique en respirant peut-être un peu plus profondément. Vous vous étirez, bougez et reprenez contact avec le monde extérieur, progressivement, à votre rythme.

Le premier baiser au niveau du troisième œil

Indications préalables

Vous allez pratiquer ce baiser du troisième œil en conscience, lors de la naissance, lors de la rencontre avec votre bébé pour imprégner en lui toute la sécurité et l'apaisement essentiels pour lui. Vous pourrez bien sûr aussi, et c'est d'ailleurs recommandé, le repratiquer à plusieurs moments, dès que vous sentirez que votre enfant en a besoin. Plus vous allez l'expérimenter, plus vous verrez les résultats et vous sentirez l'apaisement que cela procure à votre bébé et aussi à vous-même.

Intentions, bienfaits et bénéfices

Ce baiser du troisième œil permet de ressentir, en conscience, l'apaisement, la sécurité, la sérénité et le lien d'amour dès la naissance et lors des premiers moments, et d'en imprégner votre bébé, au niveau de tout son corps et de son être.

Mise en application

1. Vous allez prendre un temps pour vous poser tranquillement et choisir un moment où vous sentez que votre bébé est aussi disponible que vous à prendre ce temps de contact avec vous, c'est-à-dire lorsqu'il est réveillé et réceptif.
2. Cela peut être le tout premier baiser que vous lui faites lors de sa naissance ou lors des quelques heures ou premiers moments qui suivent la naissance, quand cela est possible pour vous et le bébé. Dans le cas d'une adoption, le premier baiser peut être lors de vos premiers contacts physiques, lorsque vous sentez que c'est le bon moment pour vous deux, lorsque vous êtes prêts à l'expérimenter, en confiance.
3. Vous allez prendre le temps de diriger votre bouche au niveau du centre du front de votre bébé, entre les sourcils, et vous allez le faire avec un sentiment de bienveillance absolue envers votre bébé. Cela va activer chez votre bébé la glande pinéale – en forme de cône dans le cerveau, elle sécrète la mélatonine qui régule le système veille et sommeil – et la glande pituitaire – celle qui régule le métabolisme et stimule les glandes endocrines.
4. Ce baiser du troisième œil va alors permettre à votre bébé d'enregistrer et d'imprimer, au niveau de son corps, un sentiment profond de sécurité et de bien-être.

Le premier regard à la naissance

Indications préalables

Nous avons vu dans la deuxième partie de cet ouvrage que les interactions visuelles sont très importantes. Le bébé à la naissance voit physiologiquement à 30 cm, donc lorsque le visage de la personne qu'il regarde est près de lui, il découvre pour la première fois les contours de son visage. L'ouïe du bébé in utero est active durant la grossesse, il connaît donc la voix de sa mère, il l'entend tout au long des neuf mois passés dans son ventre. Il va pouvoir maintenant associer la voix et le visage de sa mère afin de faire le lien entre les deux.

Durant la grossesse, il a également entendu la voix de l'autre parent, dans le cas où il a pu s'adresser au bébé à travers le ventre, de façon fréquente et régulière. Le bébé va donc faire la même chose avec lui : associer la voix et le visage qu'il observe de près.

Les spécialistes parlent du phénomène du « protoregard » qui vient du grec *protos*, premier.

Vous pourrez expérimenter cette pratique à tout moment lorsque vous en aurez besoin avant l'accueil de votre bébé, et également lors des premiers jours, mois, années de votre enfant, quand vous en aurez envie, besoin…

Intentions, bienfaits et bénéfices

Cette pratique permet de se préparer mentalement à ce premier regard échangé entre la mère et le bébé à la naissance, grâce à la visualisation et à la répétition, avant de le vivre concrètement. Le premier regard à la naissance crée un premier lien et un premier mode de communication entre le bébé et son parent. Il s'agit d'un dialogue « œil à œil » que l'on appelle également « la rencontre des regards ».

Les bénéfices à retirer de cette pratique sont multiples. Elle permet pour le parent de :

→ favoriser les interactions visuelles avec son bébé ;

→ initier l'accordage affectif ;

→ porter un premier regard bienveillant et sécurisant sur le nouveau-né afin qu'ils puissent, tous les deux, se refléter mutuellement – par effet miroir – toute cette sécurité, cette bienveillance et cet apaisement mutuel. Cette notion de « miroir » a été introduite par Winnicott : « La mère regarde le bébé et ce que son visage exprime est en relation directe avec ce qu'elle voit. » Ceci permet de mettre en évidence l'importance du premier regard bienveillant et sécurisant du parent vis-à-vis du nouveau-né, lors de ses tout premiers instants de vie.

La pratique permet également au bébé de commencer à :

→ enregistrer les contours du visage de son parent afin qu'il les reconnaisse et les identifie ;

→ imprégner ce visage dans sa mémoire visuelle ce qui lui permettra de s'apaiser par la suite lorsqu'il verra ce visage connu.

Mise en application

1. D'abord, vous pouvez effectuer la pratique initiale présentée plus haut afin d'être centré(e) sur votre espace intérieur et prendre un temps pour commencer à imaginer, visualiser cet instant du premier regard avec votre enfant.

2 Vous allez maintenant prendre tout votre temps pour laisser venir en vous cette image : la vision de votre bébé lors de cet instant unique, intense, de votre premier regard échangé.

3 Connectez-vous à vous-même, à vos émotions et sentez ce qui se passe en vous lors de cet échange… Ressentez cette puissance, cette intensité, cette présence, ce lien qui émane de ces yeux qui vous fixent. Observez toute la profondeur de ce regard, tout ce qu'il veut vous dire, tout ce qu'il vous dit là maintenant, à travers tout votre être, tous vos ressentis. Sentez ce lien qui se crée maintenant en face-à-face avec votre bébé qui vous découvre, vous observe et se lie à vous de plus en plus intensément à travers cette interaction visuelle si unique. Ce regard si perçant, si profond.

4 Prenez aussi le temps de vous observer : portez votre premier regard sur votre bébé et prenez bien le temps de sentir tout ce que cela provoque en vous… Ressentez ce qui apparaît sur ce moment, laissez venir les images, les mots, et au-delà des mots, laissez venir tous vos ressentis et sensations lors de ce premier regard inoubliable qui restera gravé en vous et en votre bébé à jamais et marquera le tout début de vos liens…

5 Il prend le temps de vous découvrir, de vous connaître, de vous reconnaître à travers la vue. Il y associe également votre voix et votre odeur qu'il connaît déjà. Son regard et tout son corps sont en alerte, en éveil pour marquer ce moment comme un temps de pause, d'arrêt sur image. Et vous gardez, vous aussi, en tête cet arrêt sur image et ce regard sur vous d'une profondeur jamais égalée… Prenez le temps de vous imprégner de ce regard, des sensations et de tout ce qui se passe au niveau de votre corps et votre être…

6 Prenez le temps d'accueillir ce lien, cet amour, cette bienveillance, et tout ce qui accompagne et émane de cet instant unique avec votre bébé…

7 Puis, quand vous le souhaiterez, vous pourrez faire une pause, un temps de silence où vous laissez infuser, imprégner tout ce que vous avez vécu lors de ce moment.

8 Puis, quand ce sera le bon moment pour vous, sortez tranquillement de la pratique, bougez, étirez-vous, bâillez et rouvrez les yeux.

Vous pourrez le repratiquer dès que vous en éprouverez le besoin.

Variante de la pratique

Prenez un temps pour vous adresser à votre bébé : « Nous nous regardons intensément, comme si le temps s'était arrêté. Je ressens toute la confiance que tu portes en moi dans ton regard profond, puissant, perçant et ultra-présent. Moi aussi, par mon regard profond, intense, bienveillant et positif sur toi, je t'apporte toute la confiance dont tu as besoin.

Nous nous apportons cette confiance mutuelle par ce premier regard tout en profondeur et en authenticité… Nous nous apportons également toute la force, la confiance, les ressources que nous avons tous les deux et nous ressentons cette force, cette confiance dans tout notre corps, ici et maintenant, lors de ces premiers instants où nous nous découvrons, nous nous voyons et nous sentons. Nous savons que ce moment sera gravé en nous, et dès que nous en aurons besoin, nous pourrons le retrouver comme une photographie mentale où toutes les sensations, les ressentis pourront revenir afin de pouvoir à nouveau nous reconnecter à cette force, cette confiance mutuelle, dès que nous en aurons besoin. Je te regarde, je prends le temps de me noyer dans ton regard si profond, et tu me regardes aussi avec un regard si intense et profond que nos deux cœurs se joignent et ne font qu'un en cet instant d'amour inconditionnel et infini… Je t'aime, mon bébé que je découvre, à travers ce premier regard échangé, et je ressens et sens que tu m'aimes aussi profondément. Je prends bien le temps de profiter de ce moment. Comme si le temps était en pause, et nous apprécions tous les deux ce moment comme «hors du temps» lors de la naissance, de l'accueil, de la rencontre avec toi, mon bébé. »

Le premier « peau à peau »

Indications préalables

Cette pratique se base sur la visualisation de ce temps de « peau à peau » comme si vous le viviez réellement, à travers votre imagination, afin de l'expérimenter plus intensément et plus paisiblement lorsque vous le vivrez réellement.

Elle peut également se réaliser au moment du « peau à peau » lorsque vous le vivez concrètement ou même des jours ou des mois après la naissance, autant de fois que cela est nécessaire est utile pour vous et votre bébé. Vous avez le choix et vous êtes, bien sûr, libre de réaménager et d'expérimenter la pratique comme vous le souhaitez et de vivre ce qui est mobilisateur et utile pour vous et votre enfant.

Il est possible de la pratiquer avec votre bébé prématuré lorsque l'équipe médicale a donné son aval sur la possibilité de réaliser le « peau à peau ».

Le « peau à peau » peut aussi être fait avec l'autre parent qui n'a pas porté de façon concrète le bébé durant la grossesse ou les deux parents dans le cas d'une adoption.

Le parent qui n'a pas porté le bébé peut ressentir une sensation de manque de ne pas avoir porté son bébé dans son propre ventre et corps.

Il peut avoir ce besoin vital de sentir la présence du bébé au niveau de sa propre corporalité à lui et sentir ce lien entre lui et son bébé.

Lors des tout premiers moments, le fait de maintenir le bébé sur le ventre de sa mère va permettre une continuité pour celui-ci. Il peut se (re)poser une fois qu'il vient au monde, qu'il sort de son environnement in utero afin de pouvoir continuer à (re)trouver ses repères dans un espace connu et sécurisant pour lui.

L'autre parent peut également faire l'expérience de porter son bébé lors des tout premiers moments de vie et de le poser aussi sur son propre ventre. Il peut aussi le faire assis en « peau à peau » avec le bébé directement posé sur son propre ventre et prendre un temps afin de sentir les sensations et les ressentis et les émotions qui passent à ce moment-là.

La pratique peut se faire un court instant aussi en position debout, en tenant bien votre bébé contre vous, en « peau à peau » dans une écharpe de portage par exemple, si le parent se sent à l'aise (et en ayant bien acquis la technique avec une infirmière puéricultrice formée au portage pour garantir la totale sécurité et le confort du bébé). Ce portage en « peau à peau » symbolise l'image du bébé porté dans le ventre et bien relié au ressenti du corps. Cette fois, le bébé n'est pas à l'intérieur mais à l'extérieur, et vous êtes tous les deux bien reliés corporellement à travers tous les sens et bien connectés à vos ressentis et à ceux de votre bébé, avec le bébé tout contre vous.

Intentions, bienfaits et bénéfices

L'expérimentation de cette pratique du « peau à peau » et de ses variantes permet d'activer, de développer et de renforcer le lien parents-bébé.

Cette pratique va permettre aux parents de se positionner dans un état de conscience légèrement modifiée afin d'être pleinement présents à la fois pour eux et leur bébé. Le parent et surtout la mère vont pouvoir prendre le temps de se relier à ce côté très intuitif lors de la naissance de leur bébé, où ils vont pouvoir s'approcher de ce qu'ils ressentent bon pour eux et pour leur enfant en prenant un temps de contact via le toucher. La mère va pouvoir reprendre le contrôle sur ses propres ressources, ses compétences et (re)prendre confiance en étant plus consciente des ressources et des compétences de son bébé et en cernant mieux à la fois ses propres besoins et ceux de son bébé. Nous avons vu que le toucher est vital pour le bébé, et primordial dans la construction du lien avec ses parents.

La pratique du « peau à peau » que je propose vous permet d'être pleinement connectés, présents, reliés à vous et à votre bébé. Ce lien particulier va permettre de développer et de renforcer votre confiance en percevant de façon plus fine ce qui se passe au niveau de vos corps (à travers le langage corporel de votre enfant) afin de répondre de la façon la plus juste, en restant pleinement à l'écoute de vos ressentis et de ceux de votre bébé.

Expérimenter régulièrement cette pratique va favoriser et vous préparer à ce moment de détente et de connexion avec votre bébé à travers vos deux corps afin de vous laisser aller à l'apaisement et profiter pleinement de ce moment de lien et d'amour inconditionnel qui ne se dit pas forcément avec des mots mais qui se sent et se ressent.

Mise en application de la pratique pour la maman

1. Vous pouvez faire précéder le « peau à peau » par la réalisation de la pratique initiale afin de vous centrer sur votre corps et sur celui de votre bébé.
2. Vous allez visualiser ce moment où il est posé délicatement sur votre corps, votre ventre. Vous prenez le temps de vous imprégner de ce moment où vous sentez que votre bébé va être posé sur vous et tout ce que cela vous procure comme sensations et ressentis lorsque vous sentez son corps tout chaud, tout doux qui vient se poser, se blottir délicatement sur vous. Vous prenez le temps de l'envelopper d'un lange douillet et soyeux, imprégné peut-être de votre odeur maternelle. Sentez ce contact de votre bébé qui est maintenant sur votre ventre alors qu'il était peut-être il y a encore peu de temps à l'intérieur. Sentez les sensations et les émotions que cela provoque en vous, de le sentir blotti posé sur votre ventre. Vous retrouvez peut-être la réassurance et la sécurité de sentir le poids du bébé sur votre ventre, vous connaissez bien cette sensation. Vous l'avez porté et vous avez senti cette présence dans votre corps, lorsqu'il était à l'intérieur, et maintenant vous pouvez le sentir une fois qu'il est à l'extérieur. Cette fois, vous sentez le corps du bébé directement sous vos doigts, vous pouvez sentir son odeur, le regarder intensément. Il peut aussi vous regarder. Vous pouvez lui parler directement et il peut vous répondre à travers ses mouvements, ses vocalises. Il vous répond par des petits sons ou par des mouvements au niveau de sa bouche afin de rentrer en lien, en communication avec vous. Vous ressentez, à travers ce « peau à peau », tout le lien charnel qui vous a uni sur tout le temps de la grossesse et que vous pouvez continuer à vivre lors de ce premier moment de corps à corps, si intense et profond en matière de ressentis internes, d'émotions. Vous vous laissez aller à ce contact physique inné, presque animal, instinctif comme une louve qui enveloppe son bébé, qui l'entoure, le réchauffe.
3. Vous sentez peut-être votre bébé se laisser aller sur vous, se détendre, se relâcher tout doucement, se laisser aller à la confiance et à la sécurité qu'il ressent dans vos bras. Il reconnaît les odeurs, les sensations,

se rassure et se sent confortable. Vous pouvez peut-être sentir sa petite main s'accrocher à l'un de vos doigts, comme s'il vous disait : « Je suis là. » Et vous sentez aussi ce lien à travers ce geste appelé le réflexe de « grasping » que le bébé fait instinctivement à la naissance, qui peut avoir une symbolique forte d'alliance, de lien et de contact entre vous, lors de cet instant unique. Vous sentez tout votre être et le sien lors de ce moment singulier et unique. Vous vous reliez à ce moment en laissant bien infuser tout le lien d'amour entre vous, toute la bienveillance, la sérénité et la paix que vous avez envie d'apporter, de transmettre à votre bébé et qu'il vous transmet lui aussi à travers son corps, ses mimiques, sa gestuelle, ses interactions visuelles, et vous vous laissez tous les deux traverser par cela de façon intense et profonde.

4. Prenez aussi le temps de sentir, par le biais de cette paix intérieure qui se diffuse en vous, toute la protection et la sécurité que cela procure à votre bébé et à vous-même en retour. Prenez bien le temps de sentir cela en vous et de le sentir également émaner de votre bébé.
5. Accueillez toutes les sensations de sécurité et d'apaisement lors de ce moment. Laissez poser et diffuser dans votre corps tout ce que vous avez vécu durant la pratique et maintenant durant ce petit temps de silence où vous continuez à accueillir tout ce qui se passe en vous, tranquillement, à votre rythme...
6. Puis, quand ce sera le bon moment pour vous, vous pourrez tranquillement sortir de la pratique, bouger, vous étirer, bâiller et rouvrir les yeux.

Sachez qu'à tout moment, dès que vous en aurez besoin, vous pourrez repratiquer cette expérience, de façon concrète ou grâce à votre imagination, pour retrouver l'ensemble de ces sensations et permettre aussi à votre bébé de se sécuriser, se poser et s'apaiser en retrouvant aussi toutes les sensations, ressentis, émotions agréables qui ont eu le temps de s'imprégner en lui durant la pratique. Et plus vous allez refaire cette expérience, plus vous vous relierez plus facilement à toute cette sécurité et cette sérénité, vous et votre bébé, dès que vous en aurez besoin.

Mise en application de la pratique pour l'autre parent

Prenez ce temps de pratique pour vous adresser à votre bébé : « Je prends le temps de te sentir tout contre moi et tu me sens aussi. Nous nous découvrons mutuellement, à travers tous nos sens. Je découvre la sensation de te sentir au corps à corps, de ressentir toutes les émotions qui arrivent grâce à ce contact direct avec toi. Je t'ai approché par le toucher durant la grossesse, en caressant le ventre de ta maman, en te parlant ou chantonnant tout doucement mais je ne t'ai pas senti directement en contact direct, et je prends bien le temps d'éprouver tous les bienfaits que cela t'apporte et m'apporte. Je te dis que tu es en sécurité, tu le sens et le ressens. Je te protège et je suis aussi en sécurité. On prend le temps de se découvrir sur ce lien direct de corps à corps et de cœur à cœur. Nous prenons le temps de continuer tranquillement à tisser nos liens d'amour, en toute sérénité et bienveillance, et je prends le temps de sentir ce qui se passe en moi et ce qui se passe en toi durant ce moment. Je laisse aller toutes mes émotions, mes ressentis, je me connecte et je me relie à tous tes ressentis, tes sensations afin de t'accueillir, te comprendre, te sécuriser et t'apporter tout le réconfort et la réassurance dont tu as besoin.

Je prends un temps de silence pour bien m'imprégner de tout ce que j'ai éprouvé durant ce moment avec toi, mon bébé... Je diffuse toutes ces sensations et les imprègne dans tout mon corps et dans le tien. Et quand c'est le bon moment, je peux sortir de la pratique à mon rythme, tranquillement et doucement... »

Mise en application de la pratique pour les parents adoptifs

Cette variante s'adresse aux parents adoptifs lors de leur première rencontre avec leur bébé.

1. Vous pouvez faire précéder ce temps de « peau à peau » par la réalisation de la pratique initiale afin de vous centrer sur votre corps et sur celui de votre bébé. Lors de ce moment avec lui, prenez le temps de vous découvrir dans le corps-à-corps et le cœur à cœur. Vous sentez votre bébé tout contre vous et il vous sent tout contre lui. Cela permet de vous découvrir de façon différente à travers le ressenti du corps.
2. Vous n'avez pas porté ce bébé, vous n'avez pas été présent concrètement, physiquement, durant la grossesse et les tout premiers mois de vie de votre bébé mais vous avez été très présent(e) auprès de lui par la pensée. Vous avez été lié(e) à lui déjà en l'imaginant durant tous ces mois voire années, et maintenant vous pouvez mettre un visage sur lui et vous pouvez aussi le sentir concrètement, à travers vos corps, en contact direct, de façon presque animale, instinctive. Et cela permet un lien physique très important et rassurant, pour vous deux. Vous pouvez chacun prendre le temps de vous imprégner de ce corps-à-corps pour pouvoir vivre et sentir ces sensations et ressentis au travers de votre corporalité, comme pour vivre d'une certaine façon la période de la grossesse pendant laquelle tout se vit de l'intérieur, dans le corps. Vous le vivez maintenant grâce à ce « peau à peau » dans le contact, non pas à l'intérieur, mais à l'extérieur du corps, et vous êtes aussi pleinement connecté(e) à ce qui se vit à l'intérieur de votre corps et de celui de votre bébé.

3 Vous prenez le temps de vous connecter à toutes les sensations, les ressentis, les émotions qui arrivent lors de ce moment en total lien direct avec votre bébé et avec ce qui se vit en vous.

4 Vous prenez le temps de ressentir, de sentir aussi ce qui se passe pour votre bébé à ce moment-là.

5 Vous pouvez lui dire : « Tu me sens tout contre toi et je te sens tout contre moi. Tu sens mon cœur qui bat, tu sens mon odeur et je te sens aussi tout contre moi. Tu es en sécurité et je suis en sécurité aussi. Je suis là pour toi. Nos liens du corps sont en train de se tisser, ceux du cœur aussi au travers de nos ressentis sont en train de se développer, se renforcer. Et on se découvre tranquillement, tout doucement, dans notre intimité charnelle, corporelle et dans nos tripes... Cela me fait du bien, me rassure, je me sens complet(ète) et je te sens aussi à ta place tout contre moi. Cela me permet de découvrir autrement les stades de la maternité et de la grossesse dans ce contact de "peau à peau" avec toi. Je prends le temps de profiter de ce moment. Toi aussi tu découvres mon corps et tu prends le temps de le sentir, de le ressentir pour être au fur et à mesure pleinement sécurisé en passant par tous tes sens. Tu es rassuré à l'idée de me sentir, de me toucher, t'entendre ma voix, mon cœur qui bat, tu es rassuré de voir mon corps et mon visage, et tu te laisses de plus en plus aller en totale sécurité et, moi aussi, je me laisse de plus en plus aller dans cette découverte charnelle. Nous prenons tous les deux le temps d'apprécier ce moment dans la sérénité et l'apaisement en prenant bien le temps de faire ce qui est juste et bon pour nous deux... »

6 Puis prenez une pause de silence et accueillez ce qui se passe en vous : ressentis, sensations, émotions et ce qui se passe aussi pour votre bébé... Vous accueillez pleinement ce moment spécial rien que pour vous, dans la plus grande intimité du corps à corps, à travers le « peau à peau » ...

7 Quand ce sera le moment pour vous, vous pourrez tout doucement, à votre rythme, sortir de la pratique...

L'enveloppement lors des premiers câlins

Indications préalables

Vous pouvez expérimenter cette pratique d'abord vous-même sans votre bébé, puis pratiquez ses variantes avec un lange pour votre bébé, y compris en cas de prématurité.

L'utilisation d'un lange est intéressante à plusieurs niveaux. Il permet de :

- contenir, envelopper, regrouper le bébé lorsqu'il se sent insécurisé et désorganisé (réflexe de Moro, vu dans la première partie) ;
- rassurer et sécuriser le bébé né à terme ainsi que les bébés prématurés lors des soins (toilette, bain, pesée, « peau à peau »...) ;
- maintenir la bonne température du bébé, notamment en cas de prématurité. Ainsi, le bébé prématuré n'a pas à dépenser de l'énergie pour contrebalancer son hypothermie. Cela limite également la baisse de la courbe de poids ;
- faire le lien entre les parents et le bébé en tant qu'objet transitionnel de réassurance et de réconfort maintenant le lien d'attachement (vu dans la première partie) ;
- couvrir la maman lors de l'allaitement en créant un moment plus intime avec son bébé, et plus de discrétion qui permet de maintenir la pudeur et l'intimité de la mère lors de la mise au sein du bébé ;
- cacher le sein lorsque la maman tire son lait pour le bébé prématuré ou en service de maternité quand l'utilisation d'un tire-lait est indiquée.

Intentions, bienfaits et bénéfices

Cette pratique de l'enveloppement vise à développer le sentiment de sécurité interne du bébé et de renforcer les premiers liens d'attachement et d'amour avec ses parents, dans la sérénité et la sécurité lors des premiers câlins.

Les interactions corporelles sont en effet primordiales. Les concepts de « holding » et de « handling » développés par Winnicott mettent en lumière l'importance, dans le développement du bébé, de la manière dont il est enveloppé, manipulé, caressé, touché, dont il est porté à la fois physiquement et psychologiquement par ses parents. Il est donc utile que les parents puissent ancrer et intégrer des images mentales positives par l'intermédiaire de ces pratiques afin de créer des moments d'interactions corporelles renforcées par un ressenti psychique.

Conseils complémentaires

Veillez tout d'abord à bien envelopper votre bébé avec le lange en s'assurant qu'il est bien tendu et l'enveloppe (n'hésitez pas à trouver des tutos sur Internet, afin de placer le lange et qu'il ne plisse pas au niveau du dos du bébé). Rassemblez les mains devant le bébé au niveau de la bouche, afin qu'il puisse attraper et téter ses mains si besoin.

Vous pouvez garder un moment le lange contre vous pour bien y imprégner votre odeur maternelle afin que le bébé puisse être rassuré par cette odeur connue.

Les parents peuvent apporter ce lange en service de néonatalogie pour le bébé né prématurément. Le bébé prématuré continue à sentir l'odeur maternelle connue in utero ce qui permet de le rassurer.

Mise en application de la pratique de la couverture enveloppante pour vous-même

Au préalable, vous pouvez effectuer la pratique initiale afin de vous centrer un peu plus.

1. Vous allez vous envelopper, vous entourer dans une couverture, et prendre le temps de ressentir cette sécurité interne que vous éprouvez lors de cet enveloppement dans lequel vous vous sentez contenu(e), enveloppé(e). Prenez un temps pour percevoir ce que cela vous procure au niveau de vos ressentis, ce qui se vit dans votre corps lorsque vous vous sentez entouré(e) tel un cocon grâce à cette couverture toute douce, agréable et réconfortante. Vous pouvez vous bercer tout doucement, d'un côté et d'un autre. Vous pouvez chantonner, si vous le souhaitez, ou vous pouvez vous dire des mots doux et réconfortants : « J'apprécie ce moment de douceur et d'amour pour moi, où je me câline et me réconforte en me sentant contenu(e) et enveloppé(e) de cette couverture douillette et sécurisante. » Vous pouvez croiser vos bras sur vos épaules et vous laisser tout doucement bercer de gauche à droite, ou d'avant en arrière, tranquillement, délicatement, tout doucement. Vous pouvez ensuite imaginer que vous tenez votre bébé dans vos bras, lors des tout premiers moments de câlins entre vous deux. Vous continuez ces bercements, ces câlins, et vous sentez tout l'amour et le lien se diffuser en vous. Vous prenez le temps de ressentir ce que cela vous procure en sensations, ressentis et émotions agréables, réconfortantes et sécurisantes.
2. Vous ressentez tout l'amour, la chaleur au niveau de votre corps et tout ce qui se vit en vous.
3. Vous pouvez alors vous mettre en symbiose, en empathie, et ressentir tout ce que ressent votre bébé lorsqu'il est lui-même enveloppé par un lange tout doux et que vous le câlinez, le bercez et lui parlez d'une voix douce et posée. Vous pouvez maintenant pleinement sentir et ressentir tout ce qu'il éprouve lorsqu'il est enveloppé dans un lange tout contre vous et qu'il se laisse câliner, entourer en présence de son parent, sa figure d'attachement et de lien d'amour et de sécurité. Vous allez sentir l'apaisement que cela lui procure lorsqu'il se sent désorganisé et qu'il a besoin de revenir au contour de son corps en reprenant contact avec des contours lui rappelant le nid utérin.
4. Vous aussi, lorsque vous vous emmitouflez dans une couverture douillette, vous revivez aussi cet instant qui est rassurant, où vous

reprenez contact avec votre corps à travers ses contours et ses limites, et où vous vous sentez apaisé(e) par ces sensations rassurantes.

Et quand vous le souhaitez, vous pouvez refaire cette expérience afin de ressentir à nouveau tous les bienfaits de cet enveloppement et être plus en empathie avec votre bébé lors des moments de câlins pendant lesquels vous pouvez être amené(e) à l'envelopper dans un lange.

Mise en application de la pratique du lange enveloppant et rassurant pour votre bébé

Votre bébé enveloppé dans le lange se sent sécurisé, rassuré, contenu.

Si vous avez expérimenté cet enveloppement au préalable, vous pouvez faire appel à ces sensations que vous avez éprouvées afin d'être pleinement en symbiose avec votre bébé.

1. Prenez le temps d'accueillir vos sensations, ressentis et tout ce que cela vous procure à vous deux d'avoir votre bébé enveloppé, contenu dans ce lange, bercé et enveloppé par votre voix. Il se laisse aller à la détente et l'apaisement et vous aussi. Vous pouvez aussi tout doucement vous bercer, tout en continuant à le câliner, tout contre vous...
2. Prenez un temps de pause, d'accueil de ce que vous avez ressenti durant l'expérience et ensuite vous pouvez sortir progressivement de la pratique, tranquillement, à votre rythme.

L'image et la symbolique du cordon, lien indestructible entre la maman et le bébé

Indications préalables

L'image et la symbolique du cordon en tant que lien indestructible représentent le lien d'amour invincible entre la maman et le bébé. L'image du cordon est le premier lien qui a uni concrètement le bébé et sa mère, l'a nourri, lui a apporté tout ce dont il avait besoin pour vivre in utero. Puis, c'est le premier lien, le cordon qui est coupé à la naissance, mais ce lien est tellement fort et inconditionnel que malgré le fait qu'il soit coupé à la naissance, il est toujours là. Nous ne le voyons plus de visu, il n'est plus concret, palpable mais il est perceptible dans le ressenti. La mère sent ce lien avec son enfant et celui-ci le sent également, même s'il n'apparaît plus de façon concrète. La mère peut aussi se laisser le temps de bien le ressentir en prenant bien le temps de se poser, en toute sérénité. Bien souvent, pour les mères qui ont des difficultés à sentir et ou à percevoir ce lien, cela peut signifier qu'elles se protègent de quelque chose, ou n'ont pas reçu un lien d'amour inconditionnel elles-mêmes en étant enfant.

Elles ont donc du mal le percevoir, le sentir. Je vous invite, grâce à cette pratique, à pouvoir, au fur et à mesure, le laisser vous apparaître tranquillement, en toute sérénité : le percevoir, l'identifier dans votre corps, le sentir pour permettre de rendre la connexion plus fluide et favoriser le lien avec votre bébé le plus sereinement possible, à votre rythme sans ne rien forcer, tranquillement.

Le cordon peut également nous renvoyer symboliquement à notre corde spirituelle également appelée corde d'argent qui est un lien invisible et également indestructible entre votre corps et votre esprit. Vos deux cordes d'argent - la vôtre et celle de votre bébé - sont présentes et vous relient chacun de vous deux aux énergies vitales.

Cette pratique n'est pas indiquée lorsque le lien d'amour s'avère nuisible ou néfaste pour le bébé et/ou pour le parent.

Intentions, bienfaits et bénéfices

Cette pratique sécurise, développe et renforce les liens entre les parents et le bébé. Elle permet de les rassurer, les sécuriser et d'instaurer de la confiance et de l'apaisement par effet miroir entre le duo, ou le trio, en simultané. Ils prennent ainsi bien conscience de leur lien d'amour en s'aidant de l'image et de la symbolique du cordon invisible et indestructible.

Grâce à la visualisation de cette pratique, vous allez pouvoir conscientiser un peu plus les premiers liens d'attachement. La mère peut avoir l'image du cordon qui la lie à son bébé. Puis il est coupé, et c'est la première séparation vécue des deux côtés, à la fois par le bébé et la mère. Il est parfois utile que la mère se prépare à ce moment progressivement à la fin de la grossesse même si elle sait que le lien symbolique, le lien d'amour est lui indescriptible, et qu'elle peut le trouver et le retrouver dès qu'elle en a besoin. Son bébé peut également sentir ce lien dès qu'il en a besoin lui aussi. Sentez-vous toujours libre d'expérimenter ce qui est bon, mobilisateur et utile pour vous et votre bébé.

Mise en application

1. Vous allez imaginer le cordon qui lie votre bébé et votre placenta au niveau de votre corps. Vous allez bien vous relier à lui, à tout ce qu'il a représenté pour vous durant la grossesse. Il a servi à nourrir votre bébé, à le faire grandir, à prendre soin de lui.
2. Prenez le temps de ressentir ce lien concret entre vous, tout ce que cela provoque en vous d'imaginer et de sentir ce cordon vous connecter physiquement à votre bébé. Lors de la naissance, le cordon n'est pas toujours coupé immédiatement, il peut se passer quelques minutes avant que cela soit le cas - quelques minutes pendant lesquelles la maman et le bébé sont encore liés physiquement par le cordon. Puis

arrive ce moment où il est rompu et où vous n'êtes alors plus rattachée physiquement à votre bébé. Vous sentez peut-être à ce moment-là ce que cela provoque en vous. Vous prenez le temps de ressentir vos sensations, émotions à ce moment-là...

3 Vous allez ensuite pouvoir garder en tête et en mémoire dans le corps cette idée du cordon, du lien qui vous unit et vous relie. Prenez alors conscience en visualisant, maintenant que le cordon concret palpable est rompu, qu'une autre corde, un autre lien sont toujours bien présents. Vous ressentez toujours ce lien perceptible. Il n'est plus là concrètement mais vous continuez à ressentir cette connexion entre vous et votre bébé. Elle n'est plus visible mais elle est incassable, solide, inébranlable, indescriptible. Ce lien d'amour vous unit et vous relie à votre bébé. Prenez le temps de bien sentir ce lien d'amour inconditionnel, indescriptible, intense et unique et laissez-le tranquillement vous traverser, aller de votre bébé à vous, en circulant librement de l'un à l'autre. Vous pouvez imaginer peut-être que ce lien représente un fil, un rayon de lumière, un trait de couleur qui vous lie à jamais. Il part de votre corps vers celui de bébé et vous pouvez le sentir tous les deux.

4 Vous pouvez dire à votre bébé : « Par ce lien, je te donne et tu me donnes l'amour. Je ressens cet amour qui remplit mon corps et ton corps, et je ressens tous les bienfaits et les bénéfices que cela t'apporte et que cela m'apporte. Je prends le temps de continuer à sentir, ressentir cette connexion qui circule, et je ressens ce qui se passe au niveau de mon corps et au niveau de mon bébé... » Le bébé jusqu'à 6 mois n'a pas la notion que son corps est détaché et séparé de la maman. Parfois, cela est compliqué pour le bébé qui prend conscience progressivement que sa maman est séparée de lui, il doit donc apprendre à se sécuriser au fil du temps en dehors du contact physique. La mère doit aussi permettre au bébé d'apprendre cela en le vivant de la manière la plus sereine possible. La pratique de cette technique permet à la mère de prendre conscience un peu plus du lien d'amour prenant racine dès la grossesse et pouvant être représenté par le cordon faisant le lien physiologique entre le bébé et sa mère. À la naissance, ce lien continue à travers la symbolique d'un cordon invincible, indescriptible... Cette symbolique va apporter une réelle sécurité et réassurance à la maman et au bébé qui pourront mieux vivre les temps de séparation grâce à leur lien inconscient, toujours là sous une forme différente, mais toujours présent.

5 Vous prenez le temps de bien vous imprégner de toutes les sensations agréables, les ressentis et les émotions ainsi que tout l'apaisement et la sécurité que cela provoque en vous, de sentir ce lien d'amour invincible, indestructible qui vous unit à votre bébé. Afin de l'ancrer un peu plus, vous pouvez visualiser concrètement ce fil – sa couleur, sa

taille, sa forme – et garder cette image en mémoire pour la réutiliser dès que ce sera utile pour vous.

6. Prenez un temps de silence, de pause, d'accueil et de recueillement afin de bien imprégner tous les bienfaits et les bénéfices que cela vous a apportés et vous apportera aussi au fil du temps.

Réexpérimentez cette pratique afin de profiter encore de tout ce que cela vous apporte à vous et de ce que vous diffusez aussi à votre bébé. En effet, dès que vous ou votre bébé en aurez besoin, vous pourrez ressentir à travers vos deux corps, et lui exprimer à travers vos mots et votre langage corporel ce que cela vous apporte à vous deux. Votre bébé sentira le retour d'amour et de sécurité et pourra aussi vous renvoyer, vous transmettre tout l'amour aussi qu'il a pour vous, par le biais de ce lien invisible et si précieux.

Le premier bain donné par le parent

Indications préalables

Il est conseillé de retarder au maximum le premier bain afin que le vernix caseosa, cette substance cireuse blanchâtre et grasse qui recouvre la peau du bébé le protégeant ainsi du milieu aqueux lors de la grossesse, ait eu le temps de bien être absorbé par la peau du nourrisson après la naissance. Le vernix a en effet des propriétés de protection cutanée et thermique.

La pratique du premier bain peut être d'abord réalisée par le parent en visualisant ce moment, en laissant venir les images, le déroulé et en suivant la pratique uniquement à travers l'imagination, afin de pouvoir ensuite la réaliser concrètement avec le bébé lors du premier bain.

En général, le premier bain est réalisé par l'équipe soignante dans les 24 à 48 heures après la naissance et les parents prennent leurs marques et apprennent les gestes à prodiguer au bébé lors du bain.

Certaines maternités ne préconisent le bain qu'au retour à la maison. Vous pouvez dans ce cas faire appel à une infirmière puéricultrice, afin de vous guider lors des premiers bains, si vous en éprouvez le besoin.

Intentions, bienfaits et bénéfices

Cette pratique permet de détendre, rassurer, contenir et envelopper le bébé en lui permettant lors du premier bain de revivre des sensations qu'il connaît bien, de pesanteur, de flottement, de liberté, et de mouvement.

Elle permet également aux parents et au bébé de se libérer des tensions, des émotions de l'accouchement et des premiers jours de vie. Ce nettoyage physique prend alors une dimension symbolique où chacun évacue de ce qu'il est nécessaire pour lui d'évacuer, de la façon la plus apaisée possible.

Ce moment privilégié va également développer la confiance et la sécurité mutuelle et renforcer les liens dans une ambiance contenante et sécurisante pour le duo.

Conseils complémentaires

Vous avez la possibilité, si vous le souhaitez, de pratiquer le premier bain à l'aide d'un lange pour envelopper bébé, le contenir, le sécuriser (voir l'intérêt du lange dans la pratique précédente).

Veillez à bien choisir un moment où le bébé est disposé et disponible pour le faire et vous aussi.

Le bébé doit être totalement immergé pour le maintenir toujours à une bonne température. Il ne faut pas le refroidir en sortant une partie de son corps à l'extérieur. Son nez doit toujours être à l'extérieur puisqu'il respire uniquement par le nez (ce n'est que vers 6 mois que le bébé commence à respirer aussi par la bouche). Vous pouvez immerger légèrement ses oreilles, son front et son menton, si vous sentez que cela est possible et agréable pour lui et que vous vous sentez de le faire.

L'eau du bain doit être à 37 °C. Il doit durer entre 5 et 10 minutes en fonction du bébé, de ses capacités à réguler sa température et de son confort que vous allez observer lors de ce moment.

Mise application

Vous pouvez, si vous le souhaitez effectuer la pratique initiale de connexion à vous-même et à votre bébé.

1. Je vous invite à bien vous imprégner du calme et de l'apaisement en prenant, par exemple, des temps de respiration où vous inspirez le calme, et où vous le diffusez à l'expiration, tranquillement. Veillez à faire cette pratique lors d'un moment où vous vous sentez totalement disponible et disposé(e) et que vous sentez aussi votre bébé prêt à l'être.
2. Vous pouvez la faire aussi en présence de quelqu'un, l'autre parent ou un membre de la famille ou de l'entourage, ou bien vous pouvez faire appel à une professionnelle, une infirmière puéricultrice qui vous accompagnera par sa présence, et si besoin dans la gestuelle et les manipulations avec le bébé, si vous le souhaitez. Sachez que vous êtes la personne la mieux placée pour votre bébé. Faites-vous confiance et

faites-lui confiance. Sachez aussi que vous avez toute la confiance de votre bébé et plus il sentira la vôtre, plus il sera lui-même en confiance durant ce moment.

3 Lors de ce temps du bain, sentez-vous en confiance et serein(e). Si vous avez de l'appréhension avec l'eau – ce qui peut arriver – et que la surmonter est trop difficile, la présence d'un professionnel est souhaitable et préférable.

4 Prenez ce temps de pratique pour vous dire mentalement ou vous adresser à votre bébé en chuchotant : « Prends le temps mon bébé, je vais te poser tout doucement sous l'eau tiède. Tu touches d'abord avec le bas de ton corps, tes fesses et tes pieds. Je te maintiens d'abord, bien contenu, au creux de mes mains (en rassemblant son corps en le contenant afin de lui permettre de se sentir en sécurité) et je te laisse sentir le contact de l'eau tout doucement, sur ta peau. Puis, ensuite, une fois que tu t'es bien acclimaté, je peux te laisser rentrer un peu plus dans l'eau, tout doucement et tout tranquillement. Et tu prends le temps de sentir ce que cela provoque en toi, ce contact, maintenant, sur ton corps en entier. »

5 Vous rentrez doucement votre bébé dans l'eau, bien au contact de tout ce qu'il ressent. Prenez le temps de sentir qu'il se relâche et se détend. Tout doucement, il se laisse porter par l'eau. Il se sent en confiance. Il sait que vous êtes là avec lui. Il sent aussi le contact de votre peau qui le rassure durant ce premier bain où il fait la découverte de sensations nouvelles, en même temps qu'il expérimente un retour à sa base, à la source, qui lui rappelle le nid utérin. Il peut aussi s'accrocher à vous en agrippant un doigt ou bien tenir votre bras. Cela le sécurise de maintenir ce contact, ce lien physique et corporel, primordial et vital pour lui.

6 Vous l'immergez totalement dans l'eau pour qu'il se sente bien au chaud, toujours en veillant à ce que son petit nez soit toujours bien à l'extérieur de l'eau.

7 Vous pouvez maintenant ouvrir doucement vos mains, tout en continuant bien sûr à le tenir en totale sécurité, et vous laissez votre bébé flotter dans l'eau. Veillez toujours à avoir une bonne prise au niveau de son corps pour le maintenir hors de l'eau et le laisser flotter, bouger dans l'eau, de façon libre et fluide. Vous pouvez lui dire : « Laisse-toi aller, flotter, bouger librement dans cet espace, dans ton espace. Tu te sens en sécurité. Tu es là. Je suis là avec toi, et nous profitons tous les deux de ce si bon moment qui te fait du bien et me fait du bien, et nous apporte beaucoup de réconfort et de bien-être. Profite mon bébé, prends le temps, et je prends aussi le temps de profiter de ce bon moment avec toi. »

8 Vous sentez son corps se détendre, se relâcher un peu plus, au fur et à mesure qu'il prend confiance et surtout qu'il reconnaît cet univers

et ces sensations d'apesanteur, de mouvements libres et légers qu'il a connues il y a très peu de temps in utero. Vous pouvez le laisser aller en faisant des petits mouvements de bercement, délicatement. Vous pouvez le positionner sur les rebords de la baignoire au niveau de sa tête, de son corps et des pieds afin qu'il sente bien les contours, les rebords lui rappelant aussi les parois de l'utérus. Cela l'apaise, le contient, le rassure. Il sait qu'il peut appuyer ses extrémités sur la baignoire et sentir bien les appuis sécurisants et enveloppants qu'il a aussi connus in utero et qui lui permettent ainsi un socle symbolique de sécurité.

9 Vous prenez bien le temps de ressentir à travers votre corps celui de votre bébé dans ce moment où vous le laisser aller et se détendre dans le bain. Vous lui dites qu'il peut se reposer et s'apaiser dans cet espace, que vous êtes avec lui et qu'il est bien en sécurité. Vous aussi, vous êtes bien en sécurité sur cet instant, ce moment d'échange et de partage avec lui. Puis, vous le prévenez que le bain se termine et qu'il va sortir du bain. Vous le sortez de l'eau et l'enroulez dans une serviette un peu chaude et, doucement, vous l'emmitouflez à l'intérieur, en veillant bien sûr à ce que son nez et sa bouche soient bien dégagés.

10 Puis vous pouvez, par exemple, une fois que vous avez habillé votre bébé qui est bien au chaud et en sécurité dans vos bras prendre une ou deux minutes pour lui décrire et vous dire à vous aussi toutes les sensations et les ressentis que vous avez vécus, et bien les imprégner dans votre corps et le sien.

Vous pourrez refaire cette pratique dès que vous le souhaitez avec votre bébé, soit accompagné(e) par un professionnel si vous en ressentez le besoin, ou bien seule(e) avec votre bébé, en ajustant ce que vous sentez bon pour vous deux, toujours en étant en confiance sur vos ressources et compétences.

Bonus - Pratique : Le Soin Bain enveloppé de Sonia Krief associé à ma méthode MSVP

Je vous propose en bonus cette pratique de Thalasso Bain Bébé créée par Sonia Krief et pour laquelle je suis certifiée.

Cette variante est une idée possible d'accompagnement par la voix, associée aux vibrations énergétiques de ma méthode MSVP, lors notamment des premiers bains enveloppés de votre bébé.

Mise en application

Prenez ce temps de pratique pour vous adresser à votre bébé. Cette mise en application peut être prononcée par une autre personne également.

« Nous allons d'abord nous installer et nous poser ensemble tranquillement avant le bain. Avant que tu redécouvres ce bain chaud, réconfortant, sécurisant et enveloppant.

Nous allons d'abord prendre le temps de nous poser tous les deux... Tranquillement, on peut ensemble se poser un peu plus en nous aidant de notre respiration. Pour cela, on va prendre trois grandes respirations afin de bien s'oxygéner et de libérer les tensions que nous avons dans notre corps : libérer et relâcher un peu tout cela, tranquillement, à notre rythme... J'inspire et j'expire, je relâche les tensions. Tu peux toi aussi relâcher et t'apaiser, mon bébé, tranquillement, à ton rythme, et t'apaiser tout doucement en relâchant, une deuxième fois un peu plus profondément, et puis une troisième fois... Relâchement tout doux, tout délicatement, sans rien forcer, de façon fluide... Tout va bien pour moi... Tout va bien pour toi... Tranquillement....

Je te tiens, je te porte, tu es en sécurité, et tu vas être aussi en sécurité dans le bain, porté par l'eau, enveloppé par le lange, par le contact de mes mains dans lesquelles tu peux te laisser aller à ces sensations d'apesanteur, de balancement et toutes celles que tu connais bien. Nous allons pouvoir aller ensemble dans l'eau toute chaude, enveloppante, et tu sens toute la chaleur, la douceur, tout doux.... Tranquillement... Tu peux sentir les contours, les rebords de la baignoire, sentir le contact de mes mains pour te permettre de sentir et ressentir tout ton corps, ton schéma corporel, les contours de ton corps, tranquillement, tout doucement... Voilà, tout doux... Puis tu peux sentir le fait que l'eau te porte délicatement. Tu es en sécurité, tu peux te laisser aller à la détente, au lâcher-prise tout en te sentant en sécurité et en confiance dans ton corps et dans les sensations que tu ressens... Tu peux sentir les balancements aussi, sécurisants, enveloppants, réconfortants qui vont te permettre de lâcher, de te libérer un peu plus... Tu peux ressentir ton corps, tes émotions tout en te sentant en sécurité. Tout va bien, tu ressens tout cela, et tout va bien dans ton corps... Tu ressens que ton corps peut se laisser aller, relâcher, libérer les tensions s'il y en a, tranquillement, tout doucement. Tu peux également écouter l'eau qui coule, les sons vibratoires de ma voix ou de la musique que l'on entend et qui vont te permettre de t'apaiser, te libérer un peu plus toujours totalement en sécurité, en toute sérénité... Tu es bien là... Tu ressens toutes les sensations de relâchement, d'apaisement et les bénéfices et les bienfaits que cela t'apporte, à chaque partie de ton corps, à l'ensemble de ton être, au plus profond... Tout doux... Tranquillement... Tu ressens tous tes moyens d'apaisement et toutes tes ressources que tu as en toi, et je t'accompagne et t'invite à les trouver un peu plus. Je suis à côté de toi, je te sécurise et t'enveloppe, et toi aussi tu trouves aussi tes moyens de réassurance, de sécurité que tu as en toi, dans ton petit corps qui a plein, plein de ressources qui ne demandent qu'à se développer encore et encore... Puis, tu peux écouter l'eau qui coule, tu peux sentir que le jet d'eau peut venir toucher tout doucement les parties de ton corps, tranquillement, à ton rythme.

Tu peux continuer à écouter tous les sons, tu peux écouter le son de ma voix ou bien celui de tes parents qui te parlent, sont là avec toi... te sécurisent et t'enveloppent et te permettent de trouver tes propres moyens de réassurance, en étant présents à côté de toi. Tu es en sécurité et en confiance dans ton corps... Dans ta tête... Tout doux...

Tu peux sentir les contours du bord de la baignoire, tu peux toucher, pousser ses rebords. Tu peux toucher le bras de tes parents, sentir le contact de leur peau durant ce bain enveloppant, sécurisant. Tu peux te laisser porter, bercer en toute sécurité... Tu peux prendre le temps de ressentir toutes les sensations, les émotions agréables qui sont en toi, dans ton corps, ton corps plus apaisé, relâché, détendu, libéré des tensions ou émotions qui avaient besoin d'être sorties, évacuées. Tu ressens toutes les sensations une fois que tout l'apaisement, la sécurité, les sensations de confiance, de sécurité et de réconfort sont bien posées, imprégnées et diffusées dans tout ton petit corps et dans tout ton être... Tranquillement, à ton rythme... Et ensuite, tu vas pouvoir sortir du bain. Bien au chaud, dans une serviette, tu sens tes parents et le contact de la main ou du corps de l'un de tes parents à la fin du bain, et tout va bien... Tout est tout doux... Tout est calme dans tes sensations, tes émotions, tes ressentis internes. Tout est apaisé, tout est calme...

Tu vas pouvoir t'en souvenir dans la mémoire de ton corps. Et à chaque fois que tu en auras besoin pour te sentir en sécurité et apaisé, tu vas pouvoir te remémorer et sentir toutes ces sensations de sécurité et de sérénité en toi. Tu pourras ainsi faire appel à tes capacités de ressources et d'apaisement, et à celles de tes parents également, pour que vous puissiez au quotidien les mettre à profit...

Puis, tu vas pouvoir, avec tes parents, profiter de ce moment. Ensuite, tes parents et toi, vous pouvez vous étirer, bâiller, vous toucher, reprendre contact avec votre environnement, à travers quelques respirations, et reprendre tranquillement, à votre rythme, le cours de votre journée.

En appréciant ce temps d'échange, de partage, de libération émotionnelle, de relâchement et d'apaisement du corps, de lien, d'amour, de réconfort, de sécurité et de sérénité que vous vous êtes accordés... Et pouvoir bien profiter de tous les bienfaits et les bénéfices de ce moment privilégié. »

La rencontre parents-bébé

Indications préalables

Cette pratique est destinée aux parents dont le bébé est né à terme.

Vous pouvez effectuer cette pratique lors de la rencontre concrète, et bien sûr l'imaginer en amont grâce à l'imagination. Vous pourrez également l'expérimenter par la suite après la naissance pour revivre ces instants, ou même plusieurs mois ou années après pour y apporter peut-être un autre regard.

Intentions, bienfaits et bénéfices

Cette pratique permet aux parents de faciliter leur empathie et de comprendre, d'appréhender un peu plus le vécu du bébé lors de sa rencontre avec le monde extérieur et avec ses parents.

Elle va également favoriser le lien d'attachement entre les parents et le bébé, et permettre à la maman de se préparer à la rencontre concrète avec son bébé lors de la naissance, et la vivre sereinement le jour J.

Mise en application avec l'angle de vue du bébé

Effectuez, si vous le souhaitez, la pratique initiale afin de vous recentrer.

Puis vous allez vous concentrer sur ces phrases en imaginant que votre bébé s'adresse à vous afin de pouvoir vous mettre plus facilement en lien et vous relier à ses ressentis, sensations et émotions lors de votre rencontre et également lors sa rencontre avec le monde qui l'entoure.

Le bébé vous dit : « Je suis là, je me sens, je me ressens à travers tous mes sens et tous mes ressentis. Je me sens bien là et je me découvre. Je te découvre Maman, Papa, à travers vos premiers regards posés sur moi, vos premiers sourires, votre voix, la manière dont vous vous adressez à moi, vos premiers gestes, vos premiers touchers, vos premiers mots, et les sensations et émotions qui émergent de votre côté et de mon côté. Je ressens et perçois les deux mais je ne fais pas la différence entre ce que je perçois en moi et à l'extérieur. Tout arrive à moi et je ressens tout ce qui se passe autour et en moi.

Maman, Papa, je te sens, je t'observe, je te scrute, je te découvre et redécouvre, à travers le visuel direct, le contact direct, le toucher. Je ressens ce lien qui nous unit, qui nous lie, et tu le ressens aussi toi, Maman ou Papa. Je sens et je vois que tu le ressens aussi, tout comme moi. Je découvre mon environnement, ce qu'il y a autour de moi. J'entends, je perçois des bruits que je ne connais pas. Je ressens également mon corps différemment : il ne flotte plus, mais il semble plus lourd et j'ai plus de difficultés à bouger maintenant. Je ne sens plus cette légèreté que j'ai éprouvée dans le nid utérin dans lequel j'étais porté. Je pouvais flotter et bouger de façon plus ample, mis à part à la fin où je me sentais plus à l'étroit.

Je ne sais pas où je me trouve, je ne voyais pas grand-chose là dans l'endroit où je me trouvais, et maintenant je perçois des formes autour de moi. Je perçois des formes plus rondes, sans doute des visages qui s'approchent un peu plus de moi. Cela ne m'est pas familier mais, ce qui me rassure, c'est que j'entends une voix ou même deux : elles sont connues et me rassurent. D'ailleurs, lorsque ces voix sont tout près de moi, je vois des visages, et je sens aussi certaines odeurs connues qui me rassurent et me sécurisent. Je me sens bien dans cet univers, cette odeur, et je me sens rassuré aussi quand j'entends les battements réguliers que j'entendais aussi auparavant.

Je découvre le monde extérieur une fois sorti de mon cocon utérin, ce monde tout nouveau pour moi sur certains aspects. Je ressens la faim, le froid, le chaud que je ne ressentais pas à l'intérieur. Je ne suis plus en apesanteur, je peux me sentir bien, puis un peu inconfortable dans ce monde que je découvre. Alors, j'interpelle mon entourage et je reçois la réponse de mes parents. Ils ont compris, saisi ma demande et mon besoin.

Papa, Maman, observez bien mon corps, ma façon de bouger, la façon dont je m'exprime par mes vocalises, mes petits bruits émis en réponse à vos interactions et tout le langage de mon corps qui vous permettent au mieux de répondre à mes besoins, me rassurer et me sécuriser. Vous êtes totalement en lien et en connexion avec mes ressentis et mes sensations pour les accueillir, les comprendre et y répondre. Je perçois aussi toutes vos sensations, vos ressentis, vos émotions. Je sens quand il y a une tension au niveau de votre corps à travers mes ressentis intuitifs très développés. Le fait que je sois tout près de vous et de votre corps aussi me parle et me donne des indications et des réponses. Je sais ainsi lorsque nous avons tous les trois besoin en même temps d'être sécurisés, rassurés et enveloppés. Vos câlins, votre attention, Maman, Papa, me font du bien, mon corps se laisse aller et profite de cette chaleur et de cet amour diffusés entre nous trois.

Je continue d'entendre autour de moi et en moi, de percevoir et de sentir par le toucher, le contact, des odeurs, des bras contenants et enveloppants, des sensations et des ressentis que je connais bien et qui me rassurent lors de ces tout premiers moments de vie à l'extérieur, lors de ces premiers moments de découverte… »

1. Prenez un temps pour laisser raisonner ces phrases. Associez-y peut-être des images concrètes du moment de votre rencontre ou imaginez-les grâce à la visualisation afin de bien vous imprégner et de ressentir les sensations, les émotions et les ressentis du bébé,

afin de bien les conscientiser, les comprendre, dans la bienveillance, l'accueil et l'empathie. Prenez bien le temps de laisser tout cela poser en vous et de trouver vos propres moyens de réponse, de sécurité, de réassurance pour votre bébé sur ces premiers instants... Faites confiance à vos ressentis, à votre bébé, en étant toujours bien centrés sur votre lien à tous les deux ou tous les trois et en veillant à vous apporter toute la sécurité, et la sérénité dont vous avez besoin lors de ces premiers moments de rencontre.

2 Vous pouvez ensuite faire une petite pause de silence afin de vous centrer un peu plus sur vos ressentis et ceux de votre bébé afin de bien les assimiler et les intégrer, et repratiquer cette expérience dès que vous en aurez besoin.

3 Puis, vous pouvez ensuite sortir progressivement de la pratique, bouger, vous étirer, bâiller en prenant bien conscience des bénéfices et des bienfaits que cela a pu vous apporter.

Mise en application avec l'angle de vue de la maman

Effectuez, si vous le souhaitez, la pratique initiale puis concentrez-vous sur vous et votre bébé soit en le visualisant à travers votre imagination soit concrètement dans l'instant présent au moment de la rencontre, la première fois, à sa naissance.

Vous pouvez vous imprégner de ces mots et prendre un temps pour les laisser infuser en vous.

1 Vous vous adressez à votre bébé : « Lors de notre premier lien, de notre première rencontre, je te sens sur mon ventre, je sens ton cœur battre et tu sens le mien également. Je ressens les mouvements de ta respiration, je sens ton odeur, et tu sens aussi la mienne. Je prends le temps de ressentir les sensations qui m'animent lors de ce premier lien une fois que tu es là, à l'extérieur de mon propre corps, et non plus à l'intérieur du ventre, mais sur mon ventre. J'accueille ce qui se passe en moi en cet instant précis et je profite pleinement de ce temps de première rencontre et notre découverte concrète mutuelle. Nous nous sentons, nous nous ressentons mutuellement. Nous sommes connectés, reliés par un lien indéfinissable, un lien d'amour inconditionnel. Tu me regardes, je te regarde, je te sens, tu me sens aussi. Tu m'as senti et ressenti de l'intérieur et, maintenant, de l'extérieur, nous continuons à nous sentir et ressentir, cette fois, pour la première fois en direct, de visu, en face-à-face. Tu es bien là, posé sur mon ventre. Tu étais à l'intérieur de moi dans mon ventre et tu es maintenant posé dessus, l'endroit où tu as été en sécurité, et tu ressens encore cette sécurité sur mon ventre. Tu entends encore les bruits de mes viscères, les battements de mon cœur, tu entends ma voix. Celle-ci est plus audible et plus claire, plus nette, et tu peux

mettre un visage, me regarder, m'observer. Nous sommes tous les deux, là. Dans cet instant, nous sommes tous les deux sereins, posés. Je prends le temps de te regarder, te découvrir maintenant, en vrai. Toi que j'ai longtemps imaginé, je te vois bien là, présent, bien réel. Je te vois, te sens et je prends le temps de profiter de ce moment où l'on se découvre tous les deux de visu. Je te murmure des mots, des phrases. Tu réagis à ma voix, tu la connais. Elle est familière pour toi, je sens que ma voix aussi t'apaise, te rassure. Nous prenons le temps tous les deux de profiter de ce moment de rencontre pour la première fois qui restera gravé dans ta mémoire et la mienne. Nous profitons de ce moment de découverte et nous laissons venir, diffuser le calme et l'apaisement dans cet espace-temps. Tu es posé sur mon ventre, posé sur un espace que tu connais bien, et le fait que tu sois posé là sur mon ventre me rassure, me fait du bien car tu as été dans cet espace tout le temps de la grossesse. Et je me sens aussi rassurée, apaisée de savoir que tu peux te poser encore là dans notre espace, notre intimité à tous les deux, dans notre bulle de sécurité et de sérénité à tous les deux. Nous prenons bien le temps de nous imprégner des sensations, des émotions qui arrivent ou qui sont là, dans ce moment à deux, de découverte mutuelle. J'imprime, et j'imprègne en moi en tant que mère que tu es là et que tu pourras venir te poser sur mon ventre, te reposer et t'apaiser dès que tu en auras besoin. Cela me rassure car je sais de ce fait que, même si tu es sorti de moi, tu ne m'échappes pas. Tu es toujours là, je ne te perds pas. Nous pourrons tous les deux revenir à ces sensations de corps à corps dès que nous en aurons besoin, autant dans ces tout premiers moments mais aussi plus tard. Cela constitue ma base de sécurité avec toi mon bébé, maintenant que tu es présent dans ce monde et non plus dans mon ventre. Et cela aussi constitue ta base de sécurité et de sérénité dans laquelle tu sais que tu peux revenir dès que tu en as besoin, et moi je peux à des moments continuer à te sentir, te ressentir aussi. Cela nous apaise et nous rassure tous les deux. »

2 Puis, vous prenez un temps pour encore accueillir, ressentir ces sensations, ces émotions, qui arrivent en vous durant la pratique ou juste après ou bien plus tard. Vous laissez le temps à votre corps d'assimiler cette expérience, d'en retirer tous les bienfaits. Vous prenez bien le temps, en étant plus consciente de votre capacité à ressentir et à vivre ces premiers moments de manière sereine, vous et votre bébé, bien connectés, reliés ensemble dans ce lien d'amour basé sur la sécurité et la confiance mutuelle et bien reliés à vos sensations et à celles de votre bébé.

3 Puis, vous pouvez ensuite sortir de la pratique progressivement, en bougeant, en vous étirant, et en prenant bien le temps.

La rencontre parents-bébé en service de réanimation néonatale

Indications préalables

Cette pratique est destinée aux parents dont le bébé est né prématurément. Dans ce cas, la rencontre et le premier contact se déroulent dans l'incubateur avant d'aller en service de réanimation néonatale

Lors de la naissance d'un bébé prématuré, de multiples émotions envahissent les parents. Ils accueillent aussi des sensations, des ressentis de ce que vit le nourrisson lors de cette première rencontre avec son environnement, ses parents, l'incubateur, le milieu hospitalier, son nouveau cocon qui est différent de celui qu'il a connu in utero.

L'enjeu de la pratique est alors de permettre aux parents, lors de ce moment de découverte de leur bébé, de ne pas voir ou de ne pas être focalisés que sur les fils, les branchements, les appareils qui sonnent, qui s'allument, les scopes... mais de leur permettre de découvrir cet être en face d'eux et de l'accueillir pleinement tel qu'il est, de la manière la plus sereine et apaisée possible. Les parents vont pouvoir prendre un temps pour bien prendre conscience du fait qu'ils sont entre de bonnes mains à l'hôpital, que l'équipe veille sur leur bébé, en prend soin avec tous les soins nécessaires pour lui. Par cette pratique, les parents peuvent aussi s'autoriser à accueillir leur joie de découvrir leur bébé face à eux. Ils sont aussi heureux et rassurés de l'accueillir sur un lieu où l'on va prendre soin de lui et faire ce qu'il faut pour l'aider à se développer, à grandir, avec tous les soins et l'attention dont il a besoin. Les parents sont également rassurés par le fait que l'équipe veille sur la santé de leur bébé. Ils prennent conscience qu'ils vont, eux aussi, pouvoir veiller à son équilibre et à sa santé, par leur attention, leurs gestes, leur présence physique et également par la pensée (grâce à laquelle ils vont se relier, se connecter à leur bébé). Cela va lui permettre de se sentir plus apaisé, plus en sécurité. Cela va permettre également aux parents de plus conscientiser aussi qu'il est également essentiel qu'ils veillent aussi sur eux-mêmes, pour s'apporter de la sécurité et de la sérénité lors de cette période d'accueil de leur bébé prématuré. En effet, plus ils auront bien installé cette confiance, cet apaisement en eux, plus leur bébé pourra aussi s'appuyer et se référer sur cette base de sécurité, de confiance et de sérénité indispensable à son apaisement, son bien-être et son équilibre en général. Le bébé prématuré, durant cette phase de tout début de vie, va découvrir le monde qui l'entoure, ses parents, son environnement, ses propres ressentis et sensations à l'extérieur de l'espace utérin. Durant cette première phase de son existence, il est donc crucial et essentiel de veiller à l'apaisement du bébé prématuré et que cela se fasse dans les meilleures conditions possible, à la fois pour le bébé prématuré et pour ses parents.

Intentions, bienfaits et bénéfices

Cette pratique permet aux parents dont le bébé naît prématurément de vivre ce moment de façon plus apaisée, en prenant conscience de leurs ressentis, sensations et émotions afin de les vivre plus sereinement. Ils augmentent ainsi leurs capacités d'accueil, de réassurance et de sécurité et sont alors en mesure de mieux appréhender leurs ressources et compétences, ainsi que celles de leur bébé prématuré. Par cette pratique, ils répondent de façon plus juste aux besoins exprimés par le bébé prématuré à travers ses ressentis et ses sensations.

Conseils complémentaires

Effectuez la pratique au moment de la rencontre mais également plus tard au cours de l'hospitalisation ou même lors du retour à la maison quand vous en ressentez le besoin, vous en tant que parent ou votre enfant.

Mise en application pratique

Effectuez, si vous le souhaitez, la pratique initiale, afin d'être présent(e) et centré(e) sur vous. Puis, vous allez soit vous imaginer soit vivre concrètement ce moment de rencontre entre vous et votre bébé placé dans l'incubateur. Vous êtes dans l'instant où vous le découvrez pour la première fois, juste avant qu'il rejoigne le service de réanimation néonatale. Vous prenez le temps de bien visualiser ce moment précis, tout en étant pleinement connecté(e) à votre corps, à vos ressentis et à ceux que vous percevez aussi au niveau de votre bébé.

1. Prenez un temps pour vous adresser à votre bébé prématuré : « Je touche ta main. Tu es là. Je suis là. Je te découvre, nous nous découvrons. Je t'accueille, mon bébé, dans ce monde. Et je suis là pour toi. Tu m'accueilles aussi et tu découvres le monde autour de toi, ta maman, ton papa (ou ton autre parent). Je te regarde, tu me regardes dans ta couveuse. Tu es tout petit. Tu as l'air si fragile et à la fois je vois et ressens toute ta force et tes ressources. Tu es rempli de force. Je prends le temps de te découvrir et tu prends aussi ce temps pour me découvrir. Je prends aussi le temps de découvrir notre force, à nous en tant que parents. Nous découvrons notre force mutuelle pour avancer ensemble. Tu es peut-être arrivé trop tôt pour moi mais pour toi, c'était le moment, ton moment pour venir au monde et nous t'accueillons ici et maintenant. »
2. Vous prenez alors le temps, si vous le souhaitez, d'accueillir les émotions au moment où arrive la culpabilité de ne pas avoir pu le garder dans le ventre un peu plus longtemps, culpabilité de ne pas avoir « réussi » à

l'avoir « gardé plus longtemps » : « J'accueille mes doutes, mes peurs liées à ta prématurité, et en même temps, je ressens toute ta force et tes ressources ainsi que les miennes. Nous pouvons les utiliser ensemble pour vivre ce moment où l'on se découvre pleinement le plus sereinement possible. Je prends le temps d'accueillir mes émotions agréables et les moins agréables : peur, culpabilité… Et je prends le temps de les écouter, de leur laisser la place nécessaire et utile pour pouvoir ensuite m'en libérer et les laisser progressivement se dissiper, à mon rythme, progressivement, sans rien forcer, juste dans l'accueil de ce qui est ici et maintenant, avec toi. Je te parle, tu m'écoutes et nous continuons notre découverte qui a commencé durant la grossesse et que nous allons pouvoir poursuivre lors de ces premiers moments où l'on se voit en face-à-face. Nous pouvons aussi nous toucher. Tu découvres le contact de ta peau et tu me sens aussi. Je me mets au contact de ce que tu ressens, mon bébé, et je t'accueille pleinement. Je suis là pour toi. Tu découvres aussi, toi, bébé, ce nouveau monde dans cette boîte transparente. Tous tes sens sont en éveil. Tu vois, entends et perçois tout ce qu'il y a autour de toi. Tu as peut-être aussi peur, tu ne comprends pas peut-être où tu te trouves maintenant que tu es sorti du nid utérin. Mais tu entends ces voix si familières, celle de Papa, celle de Maman. Tu me sens aussi, tu sens que je suis là avec toi et cela te rassure, te réconforte. Nous nous réconfortons, et nous nous rassurons lors de ce premier lien dans ta couveuse. Je t'apaise, te réconforte. Je prends aussi le temps d'accueillir tes émotions, mon bébé, tes sensations, tes ressentis. Je les prends en compte, je les écoute et réponds à ton besoin de sécurité, de paix et de sérénité. Nous pouvons nous écouter aussi dans le silence ou à travers des mots que je te dis tout doucement. Et tu me réponds mon bébé, dans ta gestuelle, ton regard, ton toucher, ton contact, ta présence. Tu me parles aussi à ta manière, à travers ta corporalité. Je te comprends, je comprends ton besoin et je le prends en compte. J'en prends conscience. Nous prenons conscience de notre force et de nos ressources mutuelles que nous avons ici et maintenant. Celles-ci nous apportent la paix, la sérénité lors de ce moment de découverte mutuelle, en face en face, ici et maintenant. »

3. Puis, vous allez laisser un temps d'accueil afin de bien vous imprégner de toutes ces sensations, ces ressentis, ces émotions au niveau de votre corps et de celui de votre bébé. Vous laissez tout cela se poser en vous afin d'en retirer tous les bienfaits et les bénéfices.
4. Puis, quand ce sera le bon moment pour vous, vous pourrez ressortir de la pratique, bouger, vous étirer, à votre rythme, progressivement, en prenant bien le temps de profiter de ce moment unique que vous vous êtes accordé(e) avec votre bébé.

Vous pourrez repratiquer cette expérience dès que vous en aurez besoin en étant plus conscient(e) de toutes les ressources et les capacités que vous avez mobilisées.

Conseils pratiques dans le cas de l'annonce d'un déclenchement de l'accouchement en urgence, engendrant la prématurité du bébé

Ces conseils sont à suivre dans le cas d'une annonce d'un déclenchement de l'accouchement en urgence, engendrant la prématurité du bébé afin de permettre que la rencontre du bébé soit la plus sereine possible pour les parents et le bébé prématuré.

Lors de l'annonce, les parents peuvent se dire ces mots et ces phrases : « OK, tu vas arriver. Je t'autorise, je m'autorise, et on accepte tous les deux la situation. Nous nous libérons tous les deux au niveau des émotions qui arrivent spontanément à ce moment : la colère, la culpabilité, l'anxiété. Puis, nous reprenons le cap tous les deux afin de nous permettre de nous rencontrer le plus sereinement possible. Même si c'est plus tôt que prévu, cela reste un moment d'accueil, de rencontre où nous profitons aussi pleinement de ce moment, malgré les circonstances. »

Les parents lors de cette annonce peuvent être sidérés et avoir du mal à retrouver leurs esprits. Ils peuvent alors se centrer sur la création de leur lien parents-bébé, même si la découverte de leur bébé réel ne correspond pas nécessairement à ce qu'ils avaient imaginé.

Il est important de permettre de créer et renforcer le lien pour apaiser la mère et le bébé. La mère doit pouvoir occuper son rôle vital de protection, ce qui est très structurant à la fois pour elle et pour l'enfant lors de ces premiers moments (premier contact visuel, auditif, au niveau du corps, premières interactions).

Lors de l'annonce et de l'accouchement, il est crucial de se recentrer sur les sensations, les ressentis, le contact à travers les cinq sens et de revenir à l'instant présent pour se sécuriser et s'apaiser. Vous pouvez pour cela expérimenter la pratique 28 de méditation : Être dans l'instant présent.

Plus votre lien sera établi dans l'apaisement et la sérénité, plus il sera équilibré.

Le dialogue, les échanges et interactions entre les parents et le bébé sont essentiels. Sentez-vous libre d'exprimer oralement ce que vous ressentez, ce que vous vivez vous et votre bébé durant ce moment, ce qui se joue, ce qui se passe à l'intérieur de vous et ce que vous ressentez aussi pour votre bébé. Cela permettra de développer vos propres moyens de réassurance à cet instant précis et de les trouver également pour votre bébé afin de lui permettre à lui aussi de vivre ce moment le plus sereinement possible.

Les parents peuvent, par exemple, dire : « Je me sens rassuré(e) de pouvoir t'accueillir dans un lieu où l'on va pouvoir prendre soin de toi et faire ce qu'il faut pour t'aider à grandir au chaud, en t'apportant les soins et l'attention dont tu as besoin. »

Le bébé dans la couveuse lors des premiers moments de lien avec ses parents peut aussi s'exprimer : « Papa, Maman, vous me regardez avec vos grands yeux à la fois émerveillés et apeurés. Comment peut-on se sécuriser mutuellement ensemble même en n'étant pas nécessairement en contact direct ? On peut mutuellement se sécuriser grâce aux regards et à la voix, en étant sereins à l'intérieur de nous. »

Ces phrases sont données à titre d'exemple, afin que vous puissiez conscientiser un peu plus ce moment, pour trouver vos propres ressources et vos propres réponses. Cet exercice peut se faire bien sûr après avoir vécu ce moment réellement lorsque vous souhaitez le revisiter avec un angle de vue un peu différent dans les jours, les mois ou même les années qui suivent.

Prenez un temps pour vous poser et le réévoquer avec votre enfant s'il en éprouve le besoin, que cela semble utile et bon pour vous deux.

La lumière apaisante lors de la rencontre parents-bébé en service de réanimation néonatale

Indications préalables

Cette pratique est, elle aussi, destinée aux parents dont le bébé est né prématurément. Dans ce cas, la rencontre et le premier contact se déroulent dans l'incubateur avant d'aller en service de réanimation néonatale

Intentions, bienfaits et bénéfices

Cette pratique apporte de la sécurité interne, de l'apaisement, de la sécurité et de la sérénité au bébé prématuré ainsi qu'à ses parents. Elle permet de trouver ses propres ressources et de mieux les mobiliser lors des premiers liens et contacts avec votre enfant.

Pour vous, parents, cette pratique vous prépare à vivre ou vous invite à revivre ce moment, de façon plus apaisée en prenant conscience plus précisément et spontanément de vos capacités de détente et de moyens de réassurance. Vous aurez ainsi plus de facilité à accueillir vos émotions, même les plus intenses, lors de ce moment unique de premier contact avec votre bébé, avec une particularité, sa prématurité. L'idée est avant tout de vous permettre d'accueillir votre bébé tel qu'il est, dans sa globalité et son intégralité.

Pour votre bébé, cette pratique lui permet de sentir et ressentir cette base de sécurité et de sérénité en vous. Cette base, associée à l'accueil de ses émotions de façon fluide, avec bienveillance et moins d'appréhension, participe à son apaisement.

Conseils complémentaires

Vous pouvez déjà expérimenter cette pratique en amont, durant la grossesse, dans le cas où l'accouchement est programmé et que vous savez que votre bébé va naître prématurément. Ceci vous permettra de mieux vous préparer à cette première rencontre en laissant venir cet apaisement en vous de façon plus fluide.

Vous pouvez ensuite la pratiquer au moment où vous accueillez votre bébé prématuré, et également plus tard, quelques jours, mois et même années après avoir vécu ces moments.

Mise en application de la pratique pour vous-même

Effectuez, si vous le souhaitez, la pratique initiale, puis laissez ces mots infuser en vous : «Je pars de ma base de sécurité, au niveau de mon ventre, je pose mes mains sur celui-ci. Je sens la base de sécurité dans mon ventre comme une petite lumière, une petite boule de lumière jaune ou blanche qui brille, me réchauffe, me rassure à l'intérieur de mon corps.

Elle est à l'intérieur de mon ventre au niveau de mon centre émotionnel, dans ma base de sécurité. Je prends le temps de percevoir et ressentir cette lumière qui me rassure, me réconforte, m'apaise et me sécurise. Elle peut être jaune ou blanche, ou de la couleur que je souhaite. Je prends le temps de poser mes mains délicatement sur mon ventre pour la ressentir. Puis, elle va progressivement grandir, et occuper de plus en plus d'espace dans mon ventre. Elle me rassure et sécurise tout mon espace, mon centre émotionnel puis elle va pouvoir réchauffer et apaiser mon thorax, mes bras, mes épaules, tout le haut et le bas de mon corps, et ma tête. Elle grandit jusqu'à envelopper, apaiser, réchauffer et réconforter tout mon corps, de la tête aux pieds. Tout mon corps, dans son ensemble… »

Pourquoi commence-t-on par le ventre et pourquoi la boule de lumière se situe-t-elle à l'intérieur de celui-ci ? Parce que c'est à cet endroit que se situe notre centre émotionnel.

Mise en application de la pratique avec votre bébé prématuré

1. Après avoir expérimenté cette pratique sur vous-même, vous pouvez la faire avec votre bébé, soit en le visualisant soit concrètement avec lui. Dans ce deuxième cas, posez votre main sur son ventre à l'intérieur de la couveuse.

2. Adressez-vous à votre bébé : « J'allume ta petite lumière qui réchauffe ton ventre, qui t'apporte la sécurité dont tu as besoin. Tu ressens ta petite lumière qui te réconforte, t'apaise et te permet de sentir de la sérénité au niveau de ta base émotionnelle. »
3. Puis vous allez tout doucement faire des mouvements en circulaire sur le ventre de votre bébé, tout doucement, délicatement. Laissez cette petite lumière circuler dans son ventre, progressivement, pour lui apporter du réconfort, de la sécurité. Puis cette lumière va grandir et s'étendre sur le haut puis le bas de son corps, et enfin sa tête. Vous pouvez toucher tout doucement les autres parties de son corps, si vous voyez que cela est agréable pour lui, ou sinon vous pouvez simplement les évoquer, sans les toucher.
4. Vous allez bien ressentir cet apaisement, cette sécurité s'imprégner au niveau de vos deux corps, en prenant bien le temps.
5. Vous laissez un temps de pause pour bien vous imprégner de toutes ces sensations, ressentis et émotions en vous et en votre bébé. Puis, quand ce sera le bon moment pour vous, vous pourrez ressortir de la pratique tranquillement, à votre rythme, plus conscient(e) et bien relié(e) à cet apaisement et à cette sécurité, bien installés en vous et en votre bébé.

La rencontre entre le bébé et ses parents adoptifs

Indications préalables

Cette pratique est destinée aux parents et à leur bébé dans le cas d'une adoption.

Intentions, bienfaits et bénéfices

Cette pratique vous permet de profiter pleinement et sereinement de votre rencontre à travers toutes vos sensations, vos ressentis, vos émotions, et de pouvoir les accueillir ou les libérer, si besoin.

Conseils complémentaires

Dans le cas d'une adoption, les parents adoptent un enfant, mais c'est aussi à l'enfant de décider d'adopter ses parents.

La rencontre peut se concrétiser à travers un premier câlin, en contact direct à travers le corps ou à travers un échange visuel ou auditif... Quel que soit le contexte de cette rencontre, il s'agit d'un moment où le parent adoptif dit : « Je t'accepte et tu m'acceptes », et où le bébé dit aux parents : « Ça y est, c'est bon, je vous fais confiance. Je peux me laisser dans vos bras, sans retenue. Je sais que cela est possible. Tu m'y autorises et je m'y autorise. »

La rencontre représente le premier pas l'un vers l'autre où l'on se découvre à la fois dans nos différences et nos ressemblances : à la naissance, le bébé est une découverte des plus exceptionnelles mais il n'est pas étranger à nous puisqu'il vient de l'intérieur de la maman, de ses tripes, même si parfois le parent au départ a du mal à créer le lien. Le fait que le bébé vienne de soi et a déjà tissé des liens durant la grossesse, dans le ventre, va aider à contribuer à ce lien. L'enfant adopté ne vient pas du propre intérieur de la mère, mais le parent va l'accueillir en le rendant sien et en le laissant venir dans sa propre intériorité. Le lien va se créer en s'apprivoisant, en s'accueillant mutuellement, en se découvrant. Il se construit des deux côtés mais de façon plus intentionnelle : « J'ai décidé de devenir ton parent » et « Moi je t'accepte comme parent en te découvrant aussi ». Il y a une forme d'acceptation et d'intégration de l'autre, autant chez le bébé que chez le parent, quand ils s'adoptent mutuellement, non pas de façon génétique, biologique, mais par le cœur, dans les tripes, grâce au lien qui se tisse, à l'attachement qui se crée, à l'amour qui grandit.

Mise en application

Effectuez, si vous le souhaitez, la pratique initiale afin de vous centrer sur vous et votre bébé.

1. Prenez le temps de laisser diffuser en vous les mots suivants tout en vous sentant libre d'expérimenter ce qui est bon et utile pour vous et pour votre bébé : « Je t'ai longtemps imaginé et c'est le moment où je te découvre pour la première fois. Tu as entendu parler de moi aussi. Les professionnels et les personnes qui se sont occupés de toi avant notre rencontre t'ont expliqué. Tu as compris que tu allais nous rencontrer prochainement. Tu ne nous as pas encore intégrés comme tes parents, la première fois que tu nous vois, car c'est nouveau pour toi. Nous aussi, tes parents, nous n'avons peut-être pas encore totalement intégré que nous sommes tes parents et cette rencontre va sceller notre début d'histoire. Elle marque notre naissance de parents et ta renaissance au sein de ta famille avec tes parents adoptifs. Lors de ce moment, on prend le temps de s'observer, se découvrir, s'apprivoiser tout doucement. Tu es peut-être dans les bras de la personne qui a pris soin de toi durant ce temps de transition avant notre rencontre. Tu as eu le temps d'être en confiance et en sécurité avec elle. Il faut maintenant que tu prennes aussi tout ton temps pour accepter, pour t'autoriser et nous autoriser à rentrer en lien avec toi et à acquérir ta confiance. »
2. Vous pouvez dire à votre enfant ce que vous avez à lui dire pendant cet instant de rencontre et de découverte. Cela peut être par exemple :

« Nous sommes là pour toi. Tu es en sécurité, nous allons nous découvrir tranquillement, nous apprivoiser, tout doucement. Tu peux avoir confiance en nous car nous te faisons confiance. Nous sommes fiers de devenir tes parents pour la vie. Et tu es dans nos cœurs, nous sommes une famille. Tu peux te sentir en sécurité. Nous allons prendre soin de toi chaque jour qui passe pour te permettre d'être heureux et paisible… » Vous pouvez bien sûr dire d'autres mots, d'autres phrases, ceci n'est qu'un exemple.

3 Vous vous laissez bien imprégner par toutes les sensations agréables, les émotions et les ressentis qui arrivent en vous pendant cet instant de rencontre et vous prenez bien le temps de ressentir ce qui se passe aussi pour votre bébé. Vous percevez ses réactions, ses mimiques, son langage du corps afin de voir si vous pouvez un peu plus vous rapprocher de lui ou si c'est plus confortable encore pour lui que vous gardiez un peu vos distances. Prenez bien le temps et laissez-lui de l'espace pour qu'il se sente en sécurité et serein avant d'accepter le rapprochement.

4 Vous aussi, vous prenez bien le temps de sentir que c'est le bon moment pour vous, que vous vous sentez suffisamment à l'aise et en sécurité pour vous rapprocher de lui. Vous avez attendu ce moment et ça y est : votre enfant est là tout près de vous. Vous pouvez lui dire par exemple : « Tu es en sécurité, je suis en sécurité et nous sommes en sécurité, toute la famille maintenant réunie. »

5 Vous prenez bien le temps de ressentir ce qui se passe en vous lors de ce moment et de laisser se diffuser le calme et l'apaisement pour permettre à votre bébé de se laisser aller, de s'autoriser à se détendre et à rentrer en lien tout doucement avec vous, sans rien forcer, en toute sécurité et sérénité…

6 Vous prenez le temps de vous mettre en empathie avec lui et vous vous mettez à sa place pour accueillir, comprendre, entendre ses besoins, ses attentes et pouvoir y répondre, ici et maintenant, mais aussi plus tard, dans les jours et mois à venir.

7 Prenez, vous aussi, bien le temps d'accueillir toutes les sensations, émotions aussi agréables que désagréables pour vous autoriser à les vivre, afin de cerner ensuite vos besoins et attentes, y voir aussi plus clair, être plus conscient(e) de ce qui se passe pour vous et pour lui à l'intérieur. Accueillez tout cela avec bienveillance et empathie et commencez votre chemin de vie ensemble, maintenant, tranquillement, en prenant le temps, sans ne rien forcer, en faisant ce qui est juste et bon pour vous et aussi pour votre bébé qui intègre votre cellule familiale, qui devient votre enfant pour la vie… Prenez le temps d'accueillir ce que vous avez expérimenté durant la pratique. Laissez tout cela infuser et s'imprégner en prenant un temps de silence.

Puis, sortez de la pratique tranquillement, à votre rythme, en prenant bien le temps…

Exercice : la pyramide de Maslow

Indications préalables

La pyramide de Maslow est un outil d'analyse pour le développement personnel. Elle a été théorisée par le psychologue américain Abraham Maslow, dans les années 1950.

Celle-ci établit les besoins d'un individu en fonction de leur importance. La satisfaction d'un besoin sur un des niveaux de la pyramide engendre ensuite des besoins et des attentes à l'égard du niveau suivant :

→ le 1er niveau, au plus bas de la pyramide, concerne les besoins physiologiques (manger, respirer, éliminer, dormir…) ;

→ le 2e niveau est relatif au besoin de sécurité (physique ou mentale) ;

→ le 3e niveau relève du besoin d'appartenance à un groupe. Après les besoins de sécurité, arrivent les besoins d'affection et d'appartenance, de protection procurée par l'environnement. Ce besoin permet d'être reconnu, écouté et de pouvoir communiquer ;

→ le 4e niveau a trait au besoin d'estime. Lorsque la personne a son besoin d'appartenance à un groupe satisfait, le niveau au-dessus concerne le besoin de reconnaissance, d'être apprécié, pris en compte, estimé et valorisé par ses pairs ;

→ le 5e et dernier niveau à la pointe de la pyramide correspond au besoin d'accomplissement. Il concerne la réalisation de soi : s'épanouir, faire valoir ses ressources, ses compétences, apprendre, évoluer, atteindre ses objectifs, ses buts, ses rêves.

Intentions, bienfaits et bénéfices

Cet exercice va permettre aux parents de comprendre les étapes des besoins fondamentaux de tout individu afin ensuite de trouver leurs propres socles et espaces de sécurité ainsi que leurs propres ressources pour parvenir à plus de sécurité et de sérénité vis-à-vis d'eux-mêmes et de leur enfant.

Conseils complémentaires

À partir de cette pyramide, j'invite les parents à d'abord effectuer, franchir mentalement les étapes de la pyramide lors de leur début d'aventure de parents. Également, cela pourra leur servir plus tard lorsque l'enfant grandit.

Mise en application

Je vous propose de revisiter la pyramide de Maslow afin de comprendre un peu plus le processus de la parentalité et de l'enfant dans sa construction et son développement psychique.

1. Niveau 1 – Du côté des parents et plus particulièrement de la mère, gardez à l'esprit, que lors des premiers moments avec votre bébé, vous devez continuer à veiller sur vos propres besoins physiologiques autant que possible : trouver des temps de repos, de pause, bien s'alimenter, respirer en conscience au fil de votre journée pour vous apaiser, vous relaxer… Pour le bébé, il s'agira de bien se nourrir en s'exerçant à téter, éliminer le méconium, bien respirer…
2. Niveau 2 – Ce niveau est pour moi essentiel et il est la base de mon ouvrage. Vous devez avoir une bonne sécurité interne en vous, au niveau de votre propre intérieur, afin de permettre à votre bébé de sentir et ressentir cette base de sécurité sur laquelle il pourra aussi se poser (vous pouvez vous référer à la pratique : La création d'un socle de sécurité apaisant et sécurisant). Ce niveau est essentiel et permet de faire vraiment le lien avec le fondement de ma méthode. Il est en effet crucial que le parent puisse se libérer et s'autoriser à libérer et appréhender au maximum ses peurs et ses craintes afin d'accéder à la sécurité et la sérénité, et les transmettre, les refléter au bébé qui va lui-même, par effet miroir s'il sent cette sécurité de base, l'intégrer dans son intérieur et la diffuser en lui. Le parent et le bébé pourront faire circuler cette base de sécurité simultanément, de l'un à l'autre, afin d'être les plus apaisés possible. Cela va pouvoir être entamé chez les parents, dès le projet de devenir parent, puis se consolider lors de la grossesse, lors de la naissance puis durant les premiers jours, mois, années de vie de l'enfant.
3. Niveau 3 – Votre bébé a besoin de sentir l'affection et la sécurité autour de lui afin de se sentir suffisamment sécurisé et en confiance pour exprimer librement ses besoins et ne pas les réprimer. Vous avez besoin, vous aussi en tant que parents, de bénéficier d'un environnement sûr, protecteur afin de pouvoir librement exprimer vos besoins, vous sentir écoutés, compris et entendus. J'ai pu constater que certains parents avaient du mal à exprimer leurs besoins justement parce qu'ils ne se sentent pas assez sécurisés à la fois de l'intérieur et aussi vis-à-vis de leur propre environnement. Dans ce cas, ils ont tendance à se mettre en mode verrouillage : ils sont alors bloqués, incapables de libérer leurs émotions et ressentis. J'ai pu également observer des bébés qui, dès le début de leur vie, fonctionnent de la même façon : ils sont repliés

sur eux-mêmes, et leurs émotions telles que les pleurs sont très figées et limitées. Ils s'expriment très peu que ce soit à travers leur corps ou leur voix, comme s'ils n'étaient pas en capacité de pouvoir le faire. Leur intériorité et leur environnement ne les sécurisent pas assez pour qu'ils puissent s'autoriser à le faire.

4 Niveau 4 – Lorsque votre besoin d'appartenance est satisfait, vous pouvez alors accéder à celui de reconnaissance par votre entourage familial plus élargi. Plus vous serez pris(e) en compte et estimé(e), plus votre confiance interne grandira. Vous vous sentirez plus affirmé(e) pour mettre en avant vos ressources et vos compétences. Plus votre bébé sentira cette confiance interne et cette assurance, plus il pourra aussi en bénéficier, s'en servir afin de lui aussi pourvoir montrer ses ressources et ses compétences, tout en étant pleinement en confiance.

5 Niveau 5 – Ce niveau vous permet de mieux cerner les compétences et les ressources de votre bébé dès sa naissance, et surtout d'évoluer, de s'épanouir de plus en plus au fil de sa première année de vie et des années suivantes. Plus vous allez prendre conscience tôt que la sécurité de votre enfant passe aussi par votre capacité à lui permettre d'évoluer, grandir et à s'épanouir, plus vous allez permettre à votre bébé de se développer, de s'autoriser à grandir en se sentant en confiance et serein.

Vous pourrez évidemment moduler les étapes en fonction de votre bébé, mais cela peut être intéressant que vous puissiez, à chaque étape, faire le lien avec votre propre parentalité et aussi pouvoir un peu plus comprendre et vous mettre à la place de votre enfant.

La visualisation sereine du moment de la naissance

Indications préalables

Cette pratique est destinée aux futurs parents et notamment à ceux qui ont vécu un accouchement plus ou moins difficile. Ce peut être le cas d'un travail long, douloureux qui se termine par une césarienne où la maman n'a pas bien vécu ces moments, ce qui a occasionné du stress, de l'anxiété et peut perdurer dans le temps.

Cette pratique peut être réalisée à tout moment lors de la grossesse, dans les jours qui suivent la naissance ou plus tard, dès que cela est possible pour les parents et qu'ils en ressentent le besoin. Je préfère tout de même la placer lors de cette phase d'accueil du bébé pour que les mères puissent se dire que c'est possible de la vivre en étant bien consciente de leurs capacités, de leurs ressources.

Cette pratique peut permettre aux parents d'évacuer le stress vécu lors de l'accouchement, les émotions liées à ce moment qui a peut-être été vécu comme un moment assez traumatisant. Dans un tel cas, cette expérience pourra engendrer des blocages et des difficultés qui peuvent impacter l'équilibre et la relation parents-bébé, voire la confiance de la maman dans son rôle vis-à-vis du bébé.

Grâce à cette pratique, les parents pourront revisiter ce moment de l'accouchement, avec un autre regard. Grâce à la visualisation, ils pourront revivre ce moment en étant non pas spectateurs mais bel et bien acteurs, de façon peut-être différente dans leur ressenti, avec un angle de vue différent, avec plus de recul sur les faits ou ce qu'ils projettent, si l'accouchement n'a pas encore eu lieu.

Des mères témoignent : « Cela a guéri des blessures en moi. À partir de cette visualisation, mes perceptions, mes ressentis ont changé. Cela m'a beaucoup apporté. Je suis ravie d'avoir pu la faire. Cette pratique m'a beaucoup aidée. »

Intentions, bienfaits et bénéfices

Cette pratique permet aux futurs parents de se préparer mentalement à ce moment de la naissance de leur enfant.

Pour les parents ayant vécu un accouchement et/ou une naissance du bébé difficile, la pratique les aide à reprendre confiance. Elle permet une libération et un accueil de ce qui s'est passé afin de pouvoir le dépasser ensuite.

En programmant ou en reprogrammant leur inconscient et leur corps, ils pourront appréhender ce moment de façon plus apaisée.

Cela permettra également de prévenir les dépressions du post-partum, diminuer les états de stress et d'anxiété liés à ce moment.

Mise en pratique

Effectuez, si vous le souhaitez, la pratique initiale afin de vous centrer sur votre espace intérieur.

1. Prenez un temps pour bien imprégner dans votre corps le calme, la sécurité et l'apaisement et diffusez-les dans tout votre être en vous disant : « Je suis calme et je me sens calme. »
2. Laissez raisonner ces mots, laissez-les se diffuser pour que votre conscient et votre inconscient les imprègnent, en vous aidant de votre respiration : « J'inspire, j'accueille ce calme, cet apaisement en moi, et à l'expiration, je le dépose, et je le diffuse en moi. » Vous pouvez légèrement appuyer sur votre ventre pour bien ancrer ce calme en vous, tranquillement, à votre rythme.

3 Vous allez aussi pouvoir bien sentir et ressentir ce qui se vit en vous, et vous dire mentalement plusieurs fois : « Je me sens vivant(e) et en sécurité, je ressens le plaisir d'être vivant(e), et je ressens profondément ce qui vit en moi. Je me sens bien vivant(e), je suis vivant(e). »

4 Vous pouvez également ressentir l'amour que vous portez en vous à la fois pour vous-même et à la fois pour votre bébé : « Je m'aime, j'aime mon bébé. Je suis remplie d'amour, je le sens dans mon corps et celui de mon bébé. Je sens que nous sommes tous les deux remplis d'amour et tout le plaisir, l'apaisement, et le réconfort que cela m'apporte et que cela apporte à mon bébé. »

5 Puis, vous allez visualiser cet espace-temps au moment de l'accouchement et de la naissance de votre enfant : « J'accueille avec bienveillance, amour et en étant en sécurité tout ce qui se passe durant ce moment… »

6 Et en même temps que vous allez visualiser et revivre ce moment, pour les personnes qui ont déjà vécu l'accouchement, vous allez imprégner en vous cette phrase : « Je suis en sécurité, j'ai confiance en moi. Je la ressens dans mon corps, je ressens cette sensation de confiance et de force. Je prends le temps de ressentir cette sensation agréable et je l'imprègne en moi un peu plus grâce à ma respiration tout en continuant à visualiser chaque étape durant l'accouchement et la naissance de mon bébé. Je prends le temps d'accueillir ces moments dans la bienveillance en ayant peut-être une vision différente et en ressentant des sensations, des émotions un peu différentes de celles que j'ai vraiment vécues. » Pour ceux qui n'ont pas encore vécu ce moment, vous allez pouvoir vous l'imaginer avec un peu plus de recul sur ce qui se passe, sur vous, sur l'environnement, en étant toujours dans la bienveillance et l'accueil de ce qui est, le plus sereinement et paisiblement possible.

7 Vous pouvez prendre un temps pour mieux appréhender tout ce que vous avez à libérer pour vivre ou revivre ce moment de façon plus sereine. Prenez un temps de pause et d'accueil de ce dont il vous semble utile de vous libérer, en fermant les yeux. Vous vous centrez bien sur votre intérieur, vos ressentis, vos sensations et vous vous dites mentalement : « Je libère tout ce qu'il y a à libérer, ici et maintenant, à mon rythme. Mon corps, mes cellules, mes organes et mon être dans toute sa globalité, je laisse mon corps le faire, j'ai confiance en lui et en mon être, et je laisse faire cette libération, tranquillement, au rythme qui est bon pour moi… Ici et maintenant. Et je continue aussi à la laisser faire au fil des jours à venir… Je laisse libérer tout ce qui doit partir, tout ce qui doit être évacué de mon être, tout doucement, tranquillement… »

8 Toujours en visualisant l'accouchement et l'accueil de bébé, avec bienveillance et empathie vis-à-vis de votre propre personne, de votre propre intérieur, vous prenez conscience de votre besoin d'apaisement et votre besoin de prendre soin de vous lors de la mise au monde de votre bébé : « Je prends conscience que cela m'apaise de laisser se libérer ce qui doit être évacué, ici et maintenant. Je me pose et ressens dans mon corps tout ce que cela m'apporte le fait d'avoir pris conscience de ce besoin de libération, et que mon corps et mon être sont un plus libérés. Je continue à visualiser les étapes jusqu'à la naissance de mon bébé avec ce recul, cet angle de vue un peu différent mais en étant totalement acteur(rice) de ce processus et ce moment que je me réapproprie, en étant en pleine possession de mes moyens, en me sentant en confiance, en sécurité et serein(e). J'accueille encore ce qui se passe en moi après avoir bien imprégné et diffusé tout ce que j'ai vécu durant cette pratique et tout ce que cela m'a apporté dans mon corps et dans mon être. Je ressens plus consciemment cet amour, cette bienveillance, cette sécurité et cette sérénité en moi et ma capacité aussi à l'imprégner et à la diffuser dans tout mon être. Je le fais également circuler au niveau de mon bébé que j'accueille, rencontre, découvre lors des premiers moments de sa vie et lors de ma naissance en tant que parent. Je fais une pause de silence en posant mes mains sur mon ventre pour continuer à diffuser, imprégner et ancrer tout cela… Et, ensuite, je pourrai sortir de la pratique tranquillement, à mon rythme… »

L'accueil du bébé « tel qu'il est »

Indications préalables

Cette pratique est destinée à tous les parents, que leur bébé soit né à terme ou prématurément, qu'il soit adopté ou qu'il soit atteint d'un handicap.

Cette pratique vise à accueillir son bébé tel qu'il est physiquement, dans son intégralité : « Je le reconnais comme mon enfant, qu'il soit de moi ou pas, et je l'accueille aussi qu'il soit conforme ou non à ce que j'avais imaginé. » Il faudra faire le deuil du bébé imaginé. Il s'agit de l'étape de la réappropriation et de l'investissement du bébé réel devant soi, lors de sa découverte physique.

Le bébé ne se définit pas lors de la rencontre par une particularité physique, une pathologie, une malformation, s'il est l'enfant biologique du parent ou pas. Le bébé se définit avant tout comme une personne à part entière avec ses particularités qui lui sont propres et qui font partie intégrante de lui. Il ne se définit pas par son problème physique ou sa prématurité. Il est avant tout un être pris dans sa globalité, d'où l'intérêt de permettre aux parents, dès la rencontre, de l'accueillir pleinement, cet être unique et singulier, sans le cataloguer ou le définir par exemple par le fait qu'il soit né prématuré, qu'il ait une malformation congénitale, qu'il soit né en siège, qu'il soit adopté ou quoi que ce soit d'autre. Il est avant tout un être. L'accueil de son être, tel qu'il est, est primordial lors de sa naissance et/ou lors de la rencontre avec ses parents.

Intentions, bienfaits et bénéfices

Cette pratique permet de prendre un peu plus conscience de ce qui se passe pour vous en tant que parent et pour le bébé lors de l'accueil.

Elle permet aux parents de pouvoir exprimer, ressentir tout ce que cela évoque en eux, le fait d'accueillir leur bébé, avec l'idée aussi que cet accueil se fasse le plus possible dans l'apaisement et la sécurité.

Mise en application

1. Lors de la rencontre et de l'accueil de votre bébé, répétez-vous ce mantra : « Je vois mon bébé tel qu'il est. Je l'accueille pleinement, lui. » Ne soyez pas focalisé(e), centré(e) sur une de ses problématiques ou une de ses « particularités », sinon cette singularité finira par définir votre bébé alors que vous accueillez un enfant, pas une problématique ni un contexte...
2. « Je t'accueille, toi. Tu es une personne unique. Je t'accueille pleinement, j'accepte ce que tu es, et tu m'acceptes aussi tel(le) que je suis. Nous nous acceptons, nous nous accordons ensemble durant ce moment de découverte et d'accueil dans ton intégralité, dans mon intégralité, dans ton intérieur et dans mon intérieur. Et je prends tout ce temps pour te découvrir, pour nous découvrir, nous accueillir mutuellement. Je te reconnais, tu me reconnais, nous nous sentons et nous nous ressentons. Nous prenons bien le temps de cette rencontre, de ces premiers moments de lien lors de cette découverte mutuelle. »
3. Laissez ces mots et ces phrases se diffuser en vous si cela vous parle ou vous fait écho, en prenant au préalable un temps pour vous centrer sur vous, lors d'un moment où vous êtes disponible pour le faire : « Je t'accueille, toi, mon bébé, tel que tu es. Tu es devant moi. J'accepte pleinement ce que tu es en tant que personne à part entière, de la façon la plus authentique. Tu as ton corps, ta tête, tu es un être à part entière, et tu ne te définis pas par rapport à ta prématurité, ton handicap, par le fait que tu as été abandonné, ou le fait que je ne t'ai pas désiré durant ma grossesse. Tu te définis tout simplement par le fait que tu es un être vivant qui doit être respecté, accepté, accueilli dans sa globalité. Je te

regarde en tant qu'être en mettant de côté telle ou telle circonstance ou contexte qui te définirait, qui te collerait à la peau au détriment de ton propre être, de ta personne pure, véritable, authentique. Tu es là, tu existes, tout simplement, et je t'accepte. Je t'aime pour le fait que tu sois là, présent. Tu viens d'arriver dans ce monde et je t'accepte tel que tu es, tu es libre d'être la personne que tu souhaites être dès ton arrivée dans ce monde. Et personne ne doit te définir par rapport à une circonstance, une situation. Tu n'as pas besoin d'être défini par les autres. Tu es toi, tout simplement. Tu n'es pas handicap, tu ne "nais" pas handicap. Tu n'es pas adopté, tu ne "nais" pas adopté. Tu n'es pas prématuré, tu ne "nais" pas prématuré. Tu es tout simplement toi et je t'aime tel que tu es, et surtout tu t'aimes toi tel que tu es toi, dans ton être, ton corps. »

4 Voici d'autres idées de phrases et de mots à diffuser en vous lors de l'arrivée de votre bébé, afin de l'accueillir dans sa globalité, tel qu'il est réellement, tel que nous le voyons en face de nous, contre nous. À travers ces phrases, vous l'acceptez et l'intégrez concrètement maintenant, dans votre réalité. L'accueil de votre bébé est unique. Il a ses propres particularités physiques, ses émotions, ses ressentis. Il arrive dans votre vie, dans ce monde et vous prenez en compte sa propre histoire dans la vôtre. Votre enfant est unique à vos yeux de parents et au regard de la société. Nous sommes toutes et tous des personnes uniques et singulières.

« Ça y est, je suis prêt(e) à t'accueillir, oui, tu peux venir. Je te fais de la place dans le monde extérieur. Je suis prêt(e) et tu es prêt, toi aussi, bébé, à arriver. C'est le moment de ton premier cri, de notre premier regard, de ta première tétée au sein ou au biberon, de notre premier contact en corps à corps, maintenant que tu es là, bien concret. »

« Je t'accueille tel que tu es dans l'instant de ta naissance, ici et maintenant. Je t'accueille tel que tu es dans ton authenticité et ton intégralité, que tu sois un bébé arrivé à terme, prématuré, ou adopté... » Le premier lien lors de la rencontre est un moment crucial et particulier où il y a à la fois naissance d'un bébé et à la fois naissance d'un individu devenant parent, car c'est une forme aussi de naissance concrète de l'adulte.

« Tu me regardes, je te regarde. Je te sens, tu me sens aussi. Tu m'as senti et ressenti de l'intérieur et maintenant de l'extérieur. Nous continuons à nous sentir et ressentir pour la première fois, en direct, de visu. En face-à-face, tu es là posé sur mon ventre. Tu es bien là : je te sens, ressens, vois... Je t'admire, toi, que j'ai longtemps imaginé. Je te vois enfin en vrai. Tu me regardes, m'observes, et moi aussi. Je te parle, tu m'écoutes. Tu reconnais ma voix si familière et je sens qu'elle t'apaise, te parle. Nous sommes tous les deux calmés par cet instant de première fois qui pourrait durer une éternité tellement tu apprécies ce moment et moi aussi. Je prends conscience un peu plus concrètement de mon rôle de parent. Je t'ai porté dans mon ventre ou imaginé dans ma tête, et tu es maintenant posé sur moi. Je prends bien le temps d'apprécier ce moment où j'imprime que tu es venu de mon intérieur, tu es présent, et tu pourras toujours te poser, te reposer sur moi dès que tu en auras besoin. Nous apprécions tous les deux ce premier temps de lien, d'unité, qui nous apaise tous les deux. Je t'accueille dans ton unité. Tu es unique. Je t'accueille pleinement : je t'accepte, tu m'acceptes. Nous nous accordons mutuellement durant ce moment de découverte où je t'accueille dans ton intégralité et prends bien le temps de te découvrir, de te reconnaître, pleinement. »

L'accueil d'un nouvel enfant

Indications préalables

Les parents peuvent s'imaginer ou avoir la sensation que l'attachement, l'amour et le lien qui les unit à leur premier enfant ne seront pas aussi forts lors de l'arrivée d'un deuxième ou troisième enfant. Dans le cas d'un deuil périnatal, la perte d'un bébé lors d'une première grossesse peut provoquer soit de la protection vis-à-vis des parents qui ne s'autorisent pas à l'aimer de façon spontanée par peur de souffrir de la perte éventuelle vécue lors de la précédente grossesse, soit le fait qu'ils ne conçoivent pas de pouvoir aimer un être aussi fort tellement ils ont investi affectivement ce premier enfant qui n'est plus de ce monde.

Cet investissement affectif très fort peut être rencontré aussi dans les cas où les parents ont eu un premier enfant prématuré, ou avec une pathologie dès la naissance ou dans les premiers mois de vie nécessitant une attention, une vigilance et une protection particulière de cet être un peu plus fragile qui a demandé énormément de soins et d'attention. Les parents ne se sentent pas capables de donner autant à un deuxième enfant qui arrive, ils ont peur de devoir se partager entre les deux et que chaque enfant ne s'y retrouve pas. Les parents, même dans les cas où le premier enfant n'a pas de problème de santé, peuvent aussi avoir l'impression que le temps consacré, l'attention, l'amour donnés et apportés au premier enfant ne pourra pas être donné à un deuxième. Ils ont peur que le premier en pâtisse, que celui-ci ait le sentiment de recevoir moins. Ou bien s'ils ont la sensation qu'ils ne peuvent plus donner autant au premier, ils ont peur que celui-ci en souffre...

Certains parents peuvent avoir aussi l'idée en accueillant un enfant du même sexe que cela va être similaire, que ce sera moins unique car déjà vécu avec un premier enfant du même sexe.

Intentions, bienfaits et bénéfices

Toutes les pensées, les craintes et les constats présentés ci-dessus peuvent être normaux et compréhensibles. Cette pratique vise à vous aider à les dépasser pour vous apaiser et accueillir votre deuxième ou nouvel enfant le plus sereinement possible.

Mise en application

Prenez ce temps pour vous adresser ces mots et ces phrases afin de bien les imprégner en vous : « Tu arrives dans ce monde, mon deuxième bébé. Je te vois, t'observe et je me rends compte que tu es aussi unique que ton frère ou ta grande sœur avant toi. Tu as tes particularités, tu es différent(e). Je suis moi aussi différent(e) lors de cette découverte. Cette rencontre aussi est belle, unique et je dois prendre tout mon temps pour te découvrir et t'accueillir toi, en tant que personne unique et singulière. Je dois profiter de ce moment avec toi et te permettre d'intégrer notre sphère, notre cercle de famille, avec notre premier enfant présent dans ce monde ou bien dans les étoiles, mais très présent aussi dans nos cœurs. Et je suis rassuré(e) en te découvrant car je vois que chacun trouve sa place tranquillement. Il faut juste peut-être se réajuster un peu, pour que progressivement tout le monde trouve sa place de façon naturelle. Plus je me suis préparé(e) à laisser tout le monde prendre sa place au sein de la famille, en veillant justement à ce que tout s'installe progressivement sans forcer, le plus tranquillement et le plus sereinement possible, plus cela est possible. Et je prends le temps de découvrir à quel point chaque enfant est différent et unique car ta rencontre est aussi unique et exceptionnelle que celle avec ton frère ou ta sœur. Je t'apporte aussi toute la sécurité et l'amour dont tu as besoin, et je ressens aussi l'amour que tu m'apportes, toi, dans ce temps d'accueil et de rencontre. »

Vous pouvez prendre l'image d'un cœur où il y a des compartiments. Chacun s'y installe au sein de la cellule familiale, dans un espace qui lui est propre, et tout le monde y trouve son compte. Tout le monde est sécurisé et apaisé dans cet espace d'amour. On prend le temps de laisser chacun prendre la place qui est faite pour lui dans ce cœur et cela n'impacte pas ou ne nuit pas à l'attachement ou au lien envers l'autre enfant. Au contraire, cet amour se partage et s'entremêle. Vous prenez le temps de faire cette circulation de lien d'amour en vous, en vous imaginant ce cœur ou tout autre chose qui vous permettra de mettre en forme et de matérialiser la place de chacun.

Plus vous aurez, à travers cet entraînement de visualisation, pu vivre, sentir et expérimenter cette pratique, plus ce sera apaisé pour vous et vous vous sentirez pleinement disponible pour accueillir votre bébé lors de sa venue et lors de vos premiers liens avec lui.

N'hésitez pas aussi, bien sûr, à vous faire accompagner par un professionnel de santé expert dans le domaine de la petite enfance, si vous en éprouvez le besoin.

L'accueil du bébé dans son intégralité

Indications préalables

Cette pratique est destinée aux parents dont le bébé est né prématurément, avec une maladie ou un handicap, à ceux qui adoptent ainsi qu'aux mères qui ont connu des problèmes de santé lors de la grossesse ou au moment de la naissance.

Toutes ces situations s'inscrivent de façon négative au niveau des parents. Ils les retranscrivent à travers des maux ou des mots qui s'inscrivent aussi au niveau du bébé. Dans de tels cas, l'enfant n'est plus accueilli tel qu'il est, de la façon la plus naturelle possible, car il subit de façon négative le vécu de ses parents ou même celui des générations précédentes. Accueillir son bébé, c'est l'accueillir ici et maintenant, tel qu'il est, à travers les sensations, ressentis et émotions présents dans l'instant pour ensuite pouvoir les dépasser sans être envahi d'un bagage qui ne nous appartient pas.

Intentions, bienfaits et bénéfices

Cette pratique permet d'accueillir son bébé tel qu'il est, avec son histoire : qu'il soit prématuré, à terme, adopté, avec une malformation, une maladie ou particularité physique... Il est un être unique, avec son vécu propre et le bagage qu'il porte de ses ancêtres.

Mise en application

1. N'hésitez pas à vous répéter ceci : « Je vis ce qui se passe, j'accueille. Je permets à mon bébé aussi d'accueillir ce qui se passe sans refouler les pensées pour ensuite les laisser passer et éviter qu'elles s'inscrivent comme une fatalité. » Ces pensées peuvent être celles-ci : « Il a été adopté donc je ne veux pas qu'il revive l'abandon... » ou « Il a une malformation, j'ai failli le perdre et je vis toujours avec la sensation inscrite au fond de moi que je vais le perdre » ou « Je m'empêche de l'aimer par peur de le perdre à nouveau. ». Ces observations limitent l'autonomie de l'enfant, génèrent de l'anxiété qui s'installe autant au niveau des parents que de l'enfant. Les parents peuvent par exemple se mettre à la place du bébé qui arrive et imaginer ce qu'il se dit, pour une meilleure compréhension de ce qui se passe pour lui lors de ce moment où il est accueilli par son entourage.

2. Prenez le temps de vous centrer un peu plus sur votre bébé lors d'un moment où vous vous sentez disponible et disposé(e) à le faire, en fermant les yeux, en vous mettant peut-être dans un état de conscience légèrement modifiée pour rentrer un peu plus dans votre intériorité.
3. Vous allez imaginer ce que se dit le bébé à la naissance : « Je sors du cocon et je suis à l'extérieur. J'atterris dans ce monde et je découvre tout ce qui s'y trouve. Je me découvre, je découvre les autres, ma mère, mon père, mes parents, peut-être ma fratrie et les autres personnes qui m'entourent. Je découvre aussi l'environnement, ma terre. »
4. Lors de ce moment, vous pouvez observer, sentir comment se sent votre enfant dans cet espace nouveau. Quelle place a-t-il et comment la prend-il ? Il a déjà commencé à prendre sa place au cours du projet parent et au cours de la grossesse, mais comment, concrètement, maintenant qu'il est là, la prend-il ?
5. Vous laissez bien venir les images, les idées, les ressentis et les sensations, ce que cela provoque en vous et vous évoque. Vous pouvez prendre un temps de silence puis, quand ce sera le bon moment pour vous, vous pourrez arrêter l'expérience, quand vous le souhaiterez, et la repratiquer dès que vous en aurez besoin.

L'accueil du bébé prématuré durant les premiers moments de l'hospitalisation

Mise en pratique

Prenez ce temps pour vous adresser à vous-même :

« Je me détends, je respire profondément. Je me relie à mon corps et j'invite mon bébé à détendre également son petit corps et sa tête, et à respirer calmement, paisiblement.

Nous nous sentons tous les deux paisibles. Nous avons ensemble une force qui nous permet de vivre ce moment le plus sereinement possible. Nous réunissons nos forces. Tu m'en apportes, je t'en apporte également, et nous ressentons notre force intérieure tous les deux : toi dans ton petit corps et moi dans le mien.

Nous faisons du mieux que nous pouvons. J'apprends à te découvrir jour après jour durant les soins, durant les temps où je peux être avec toi et m'occuper de toi. Je fais du mieux que je peux en tant que maman ou papa. Et toi, tu fais aussi de ton mieux durant chaque étape, lors de ces moments d'hospitalisation. Nous traversons ensemble ce moment en ayant une confiance mutuelle. Tu as confiance en toi, mon bébé. J'ai confiance en moi, mon bébé.

Je ne me laisse pas envahir par la peur quand elle n'est pas utile pour moi en tant que parent.

Je me laisse porter par notre amour mutuel durant cette période où tu as besoin de soin à l'hôpital.

Je suis en paix et toi aussi. On installe cette paix en nous progressivement. Je me remplis de cette paix dans mon rôle de parent lors de ce temps d'hospitalisation car elle m'est utile pour mieux vivre ce temps et elle te permet, toi, de te sentir aussi en paix.

Je choisis de faire confiance à mes capacités en tant que parent.

Je suis fier(ère) de moi et de toutes mes capacités et toutes mes ressources pour vivre ce moment d'hospitalisation. Et je suis capable de les utiliser à bon escient quand j'en ai besoin.

Je suis fier(ère) de toi, mon bébé, de toutes les ressources, les capacités que tu déploies durant les soins et au quotidien durant tout le temps où tu es hospitalisé en soins intensifs, en réanimation néonatale. Tu me montres chaque jour que tu es là, bien présent. Je ressens toute ta force et je t'en apporte aussi au quotidien.

Je sais aussi que tu es fier que je sois le parent que je suis à tes côtés durant ce temps d'hospitalisation. Nous vivons pleinement ce moment ensemble et nous sommes unis et en paix.

On prend un temps pour partager au quotidien des moments de lien, d'amour puissants et authentiques ensemble soit directement en se voyant ou par la pensée quand nous ne pouvons pas nous voir en fonction des circonstances durant ce temps d'hospitalisation.

Nous partageons ensemble des moments où je me sens bien, je te sens bien et nous en profitons pleinement, comme si le temps s'était arrêté pour encore plus l'apprécier. Nous partageons ensemble des moments de joie où tu te sens heureux, où je te sens heureux, et où je me sens aussi pleinement heureux(se).

Je te ressens, tu me ressens au quotidien et nous pouvons nous ajuster ensemble et nous adapter jour après jour lors de ton hospitalisation pour vivre le plus sereinement possible ce moment.

Nous avançons ensemble, à chaque étape, en nous félicitant de tous les petits et grands succès que nous franchissons ensemble durant cette période.

Tu as du courage, j'ai du courage. Nous avons ensemble du courage et de la force. Nous les ressentons ensemble et nous nous les apportons mutuellement.

Nous avons tous les deux des forces intérieures qui nous sont utiles et nous mettons tout en œuvre pour les utiliser du mieux que l'on peut.

Nous prenons un temps pour nous poser, nous détendre et profiter de ce moment que nous échangeons. Nous nous apportons ce temps de réconfort, de réassurance mutuelle par la pensée et nous prenons le temps de bien ressentir notre amour inconditionnel et notre confiance mutuelle.

Nous sommes en paix. Je suis en paix. Tu es en paix, mon bébé. Et on respire cette paix. On accueille mutuellement cette paix à l'inspiration et on la laisse se diffuser à l'expiration. »

Puis vous pouvez prendre un temps de pause afin d'imprégner et d'ancrer en vous les sensations et tout ce que cela vous a apporté, puis vous pouvez sortir progressivement de la pratique, à votre rythme.

Le dialogue du bébé prématuré

Indications préalables

Je vous invite pour cette pratique à vous plonger dans la tête et dans le corps de votre bébé prématuré lors de ses premiers moments d'existence.

Je vous invite à faire cette pratique seul afin d'être bien concentré sur votre espace intérieur pour que cela fasse bien écho en vous et que vous soyez bien disponible pour percevoir, entendre, sentir tout ce qui se passe et pouvoir vous mettre à la place de votre bébé prématuré.

Intentions, bienfaits et bénéfices

Cette pratique est conçue pour permettre aux parents d'accueillir, de comprendre leur bébé prématuré lors de ses premiers moments de vie et de sa rencontre avec le monde extérieur.

Son objectif est de développer et renforcer les capacités d'écoute, de compréhension et d'empathie des parents à l'égard de leur bébé prématuré afin de pouvoir mieux répondre à ses besoins lors de ses premiers moments.

Conseils complémentaires

Il me semble essentiel de mentionner l'intérêt et la nécessité d'envisager, au niveau des CHU, la possibilité – je dirais même la préconisation – que les parents puissent rester tout près de leur enfant, même lorsque celui-ci est en service de réanimation néonatale, que la mère soit en présence continue aux côtés de son enfant le temps de l'hospitalisation, ou du moins que les parents puissent avoir cette possibilité qui est, à mon sens, essentielle et précieuse, autant pour le bébé que pour les parents car elle permet de faciliter, de rassurer et de veiller à la sécurité physique et psychique du bébé et des parents.

Mise en application

Le bébé s'adresse à ses parents ou à son entourage et à lui-même : « Ça y est, je suis né, je suis arrivé dans ce monde. Je n'étais pas forcément prêt à arriver ici aussi tôt mais bon, maintenant, c'est fait, j'y suis !

Tout s'agite autour de moi : il y a des personnes, il y a des appareils, des machines un peu bizarres, des bruits qui m'entourent, des visages qui me regardent. Ils semblent me surveiller.

J'arrive ici dans le monde extérieur mais au regard de tous ces mouvements et ce monde autour de moi, je suis peut-être arrivé un peu tôt. Soit on ne m'attendait pas aussi tôt, soit on m'attendait mais ma présence implique du mouvement et de l'attention envers moi et des soins envers mon corps, ma personne.

Je n'étais pas forcément préparé à vivre cela et mes parents non plus, et tout ce mouvement, ces soins envers moi qui sont plus ou moins agréables d'ailleurs... mais apparemment cela semble utile et nécessaire pour mon corps et ma personne.

Je viens d'un endroit tout chaud, contenant et je sors, je suis là, dans une petite boîte transparente. J'ai des tuyaux partout sur mon corps. J'entends des bruits qui résonnent à l'intérieur de cette boîte et on me touche, on me manipule. Parfois, je sens ces sensations extérieures que je ne connais pas. Je découvre tout cela lors de ces premiers moments.

Je vois aussi des visages qui se penchent sur moi ou à travers la vitre et je me sens observé.

J'entends des voix, l'une d'entre elles retient mon attention : elle m'est familière, je la connais et cela me rassure de connaître et reconnaître quelque chose qui m'est familier.

Je sens beaucoup d'émotions venant de l'extérieur et je les ressens en moi aussi.

Je ressens quelqu'un, une présence aussi, un contact par le toucher, un regard que je connais bien. Je ressens que cette personne connue a de l'attention envers moi. Je ressens toute la joie qu'elle a de m'accueillir et, en même temps, je sens aussi peut-être de l'inquiétude et du stress qui émanent de celle-ci.

Elle me regarde, vérifie ma respiration, surveille mes tuyaux et les appareils qui sont là autour de moi. Elle surveille un appareil qui fait sans cesse un bruit strident, qui me dérange, provoque en moi une tension. Et je sens que cela provoque aussi une tension chez cette présence connue qui est à côté de moi.

Je sens que la personne qui est là pour moi a besoin d'être enveloppée, rassurée et réconfortée. Tout comme moi d'ailleurs.

Je ressens le besoin de retrouver ce contact, ce corps-à-corps, ces sensations ressenties in utero qui me permettent de me sentir apaisé et sécurisé et vont me permettre de grandir le plus sereinement possible durant mes premiers moments, jours et mois de vie.

Je sens alors que je me rapproche de cette présence si familière. J'ai toujours les fils, les machines autour mais je suis maintenant posé sur un espace : le ventre de ma mère, et je suis enveloppé de quelque chose qui me rappelle tous ces contours rassurants, sécurisés. J'entends cette voix plus près, plus précise. Je sens ce contact et ce corps qui fait aussi partie de moi [le bébé et la mère ne font qu'un pour le bébé jusqu'à ses 5 ou 6 mois de vie].

Je perçois et j'entends les bruits environnants bruyants et inconnus mais ils sont maintenant très loin. Ils ne sont plus aussi envahissants et inquiétants car je perçois maintenant d'autres bruits familiers de façon beaucoup plus marquée : ta voix, maman, les bruits de ton ventre, tes battements de cœur. Et tout cela me pose, me rassure. Je te sens maintenant aussi plus apaisée et plus sereine quand je suis contre toi et que nous refaisons encore qu'un... Je ressens tout le plaisir et le bien-être de me sentir lové, enroulé, enveloppé, de sentir la chaleur corporelle, la douceur, les odeurs, les sensations et toutes les émotions agréables que cela procure en moi et en ma maman, puisque, pour moi, nous ne faisons qu'un.

Profitons de ce doux moment de calme, de sérénité et de douceur qui nous fait du bien, me guérit et me permet de grandir et qui t'apaise et nous apaise tous les deux, maman, et moi, ton bébé. »

Le rééquilibrage du corps après l'accouchement

Intentions, bienfaits et bénéfices

Grâce à cette pratique, la mère peut se (re)connecter à ses propres ressources au niveau de son corps, prendre conscience de ses capacités, pour ensuite se réajuster, se rééquilibrer, si elle en éprouve le besoin après l'accouchement.

Cette pratique permet d'accueillir et d'accepter son corps lors des premiers moments après l'accouchement et par la suite, également, et ce, même s'il a connu des bouleversements, même s'il peut paraître un peu vide après avoir été si rempli. Il peut être marqué par ce passage et ce bouleversement de l'accouchement et l'accueil du bébé. L'enjeu est de permettre au corps de se réajuster afin de (re)trouver son équilibre afin que ces bouleversements se passent de la façon la plus fluide et naturelle possible.

Mise en application

1. Je vous propose de rentrer dans votre propre espace intérieur en démarrant, si vous le souhaitez, par la pratique initiale. Puis vous allez laisser infuser et imprégner ces mots et ces phrases en vous, pour les assimiler, les intégrer et les diffuser dans tout votre corps et votre être : « Je me relie à mon corps, je lui ai fait confiance durant l'accouchement, et si je ne l'ai pas fait suffisamment en conscience je lui fais confiance dorénavant, ici et maintenant. Je lui fais confiance et je me fais confiance... » Prenez un temps d'accueil pour que ces mots résonnent en vous.
2. « Puis, je prends le temps de profiter de mon corps, ici et maintenant, et d'en prendre soin. Je prends conscience qu'il est naturel et normal pour lui de retrouver un équilibre après un bouleversement comme l'accouchement et l'accueil d'un bébé. Je le laisse tout doucement revenir à cet état d'équilibre dans mon intériorité où tout reprend tranquillement sa place à l'intérieur de mon corps... » Prenez un temps d'accueil pour que ces mots résonnent en vous.
3. « Je sais et je sens que mon corps sait comment être et comment il doit faire pour retrouver cet état d'équilibre. Mon corps sait que pour se sentir bien, à sa juste place et en état de sérénité, il a besoin de trouver et retrouver cet équilibre. Il sait comment faire. » Prenez un temps pour poser tout cela et sentir ce qui se passe en vous et ce que votre corps vous indique, vous dit à ce moment-là...
4. Toujours en vous sentant bien en confiance avec votre corps et, si cela est un peu difficile, laissez venir un moment où vous vous êtes sentie en confiance, laissez venir les sensations et imprégnez-vous-en et diffusez-les dans votre corps...
5. Infusez cette confiance afin que votre corps, votre organisme, vos cellules et votre être tout entier puissent retrouver cet état d'équilibre si cela est utile pour vous, en prenant bien conscience que votre corps sait le faire si vous l'y autorisez, toujours en confiance et avec bienveillance.
6. Vous allez pouvoir sentir et ressentir ces réajustements qui peuvent se situer dans votre corps, qui se remet à sa place tranquillement, qui retrouve ses marques maintenant qu'il a bien pris sa place à l'extérieur. Et vous permettez à votre corps de préserver sa place et de prendre autant soin de lui, de votre être, que celui de votre bébé.

Vous allez sentir votre corps profiter de ce moment de réappropriation dans l'apaisement, la sérénité et la sécurité, pour se réajuster et se redécouvrir dans son unité. Plus il retrouvera sa sérénité en ne faisant plus qu'un comme avant la grossesse, plus vous vous sentirez apaisé dans ce corps qui est maintenant redevenu qu'à vous. Plus ce sera suffisamment sûr pour vous, plus votre bébé pourra aussi profiter de cette sécurité interne que vous allez sentir en vous dans ce réajustement. Vous pouvez, à travers la visualisation, transmettre les sensations, les émotions, les ressentis que cela vous procure et les diffuser aussi en lui afin qu'il ressente aussi l'idée d'apaisement, même si pour lui votre corps et le sien ne font encore qu'un jusqu'à ses 6 mois environ.

7 Poursuivez : « Je prends bien le temps de laisser ce moment et cet espace-temps bien s'installer en moi et en mon bébé, tranquillement. Je ne précipite rien, je laisse le processus progressivement se mettre en place pour que tout trouve sa place dans mon corps, mon être et dans celui de mon bébé. Je sais que mon corps sait ce qu'il a à faire et doit faire pour aller vers l'apaisement et la sérénité. L'état de bien-être et d'apaisement de mon intérieur est un état de base, d'équilibre naturel. Mon intérieur, mon moi profond est en phase avec mon enveloppe, mon corps physique. Et je suis en phase aussi avec le moi intérieur de mon bébé et son corps physique. Nous sommes tous les deux en phase, en toute sérénité et sécurité. Mes cellules savent aussi ce qui est utile pour elles, et je laisse l'énergie vitale traverser mes cellules et traverser mon bébé afin que nous puissions maintenir, conserver notre énergie et notre vitalité et nous sentir vivant, tous les deux. Je me sens sécurisée dans mon être profond. Je sens aussi mon bébé sécurisé dans son être profond. Mon corps sait trouver la détente, le relâchement des tensions et je laisse aller cette détente dans mon corps et dans celui de mon bébé. Cela est fluide. Je laisse se diffuser cette énergie de détente et de relâchement bienfaitrice pour moi et pour mon bébé. Je respire, je me détends, je me relâche. Et je sens aussi mon bébé se détendre, se relâcher progressivement, à notre rythme. Je profite de toutes les sensations, les émotions, les ressentis qui arrivent en ce moment. Je prends le temps de les imprégner dans mon corps et dans celui de mon bébé. Puis, je sors de la séance. Je prends des respirations amples, je peux bouger, m'étirer, bâiller, progressivement, à mon rythme. Et j'ouvre les yeux. »

L'accueil des émotions à travers le corps lors de ces premiers moments

Indications préalables

Vous pouvez effectuer cette pratique directement, concrètement lors des premiers moments avec votre bébé ou vous pouvez la faire avant, en sachant que plus vous serez préparé au niveau de votre corps et de votre mental, plus ce sera accessible pour vous de l'expérimenter à nouveau et de revenir par vos propres moyens à cet état d'apaisement et de libération vos émotions à travers votre corps.

Intentions, bienfaits et bénéfices

Cette pratique permet de (re)trouver, développer et renforcer sa capacité à se libérer et à apaiser ses émotions en passant par le corps pour pouvoir ensuite les libérer et les dépasser.

Mise en application

1. Installez-vous dans une position confortable. D'abord démarrez avec la pratique initiale afin d'être plus centré(e) sur vous et votre intérieur.
2. Accueillez vos pensées, votre état émotionnel du moment, et aussi, votre corps, votre respiration en conscience... Vous allez développer votre capacité à vous libérer et apaiser vos émotions en passant par l'accueil de celles-ci pour pouvoir ensuite les libérer et les dépasser.
3. Faites d'abord un temps de pause et d'accueil au niveau de votre ventre, siège de votre respiration et prendre le temps de la sentir, de voir ce qui se passe, ce que cela provoque en vous, en vous connectant à ces premiers moments avec votre bébé. Prenez le temps de découvrir ce qui se présente, ce que cela vous procure, ce qui se passe en vous...
4. Vous allez maintenant écouter un peu plus votre mental : laissez venir vos pensées, vos idées, ce que vous pensez, ce que vous dites lors de ces premiers moments avec votre bébé. Vous allez prendre conscience de ce qui est là, et vous allez garder en vous ce qui est utile. Détachez-vous de tout ce dont vous n'avez pas besoin, de tout ce qui inutile pour vous. Vous pouvez pour cela imaginer une fumée, un nuage, un rayon de lumière ou toute autre forme qui part de votre tête et sort vers l'extérieur. Vous vous en libérez et vous prenez le temps de sentir les bienfaits que cela vous procure lors de ces premiers moments avec votre bébé...
5. Concentrez-vous maintenant sur votre bouche et votre gorge. Laissez sortir ce qui a besoin de sortir, d'être dit, exprimé lors de ce moment d'accueil avec votre bébé. Vous prenez bien le temps d'exprimer tous

vos sentiments positifs, vos émotions agréables, votre état de bien-être et de plénitude à accueillir ce bébé dans votre vie. Ou à l'inverse, tout ce que vous avez à « vider », « sortir », « extérioriser » : cela peut être aussi les émotions et les ressentis plus désagréables que vous laissez aussi sortir. Vous pouvez pour cela expirer plus profondément, en disant une phrase pour vous aider à extérioriser cela par votre gorge et bouche. Prenez le temps d'accueillir tout cela et ce qui est un peu difficile au niveau émotionnel à sortir par l'extérieur, vous pouvez le laisser couler et déglutir afin d'avoir la sensation en vous que vous le digérez en quelque sorte. Vous laissez couler ces émotions plus difficiles à extérioriser et elles glissent en vous. Vous êtes toujours connecté(e) à ces premiers moments avec votre bébé en prenant bien le temps. Vous acceptez de digérer et d'évacuer tout cela ici et maintenant, ou plus tard, lorsque ce sera le bon moment pour vous, lorsque vous en aurez besoin. Vous prenez conscience que tout peut s'évacuer tranquillement, à votre rythme.

6 Vous allez prendre conscience de vos épaules, vos bras et votre dos et vous comprenez peut-être que la responsabilité d'un enfant vous pèse ou vous fait peur. Vous vous sentez déjà aussi peut-être fatigué(e) dans cette attention déjà continue à cet être qui vient juste d'arriver dans ce monde, mais qui a occasionné du bonheur et à la fois beaucoup de craintes et d'appréhension et de poids sur vos épaules. Sentez que vous pouvez alléger ce poids, que vous pouvez peut-être vous libérer d'un poids qui ne vous appartient pas ou que vous ne jugez plus utile pour vous maintenant, lors de l'accueil et des premiers moments avec votre bébé. Vous pouvez à chaque inspiration attraper ce qui vous pèse, et à l'expiration vous décharger de ce ou ces poids inutiles pour vous, ici et maintenant, dont vous n'avez pas besoin durant cet instant, ici et maintenant, avec votre bébé. Vous pouvez prendre conscience de ce que cela vous a procuré au niveau de vos épaules, de vos bras et de votre dos…

7 Vous allez vous centrer sur votre thorax, votre cœur et vos poumons. Vous pouvez conscientiser un peu plus de l'amour que vous portez à votre bébé, et vous pouvez peut-être accueillir ce que vous ressentez dans votre cœur, dans vos poumons. Vous laissez venir vos émotions. Il y a peut-être aussi des peurs, des peines qui remontent à la surface. Accueillez tout ce qui se présente. Et puis, vous pouvez décider de sortir ce que vous souhaitez laisser sortir ici et maintenant, en vous aidant d'une image ou d'un mot pour les évacuer le plus sereinement possible, tranquillement, à votre rythme, en étant toujours centré(e) sur ces premiers moments avec votre bébé. Prenez le temps de profiter de ces moments où vous vous sentez pleinement présent(e) et vivant(e) avec votre bébé. Et vous le sentez aussi bien là, avec vous.

8. Concentrez-vous sur votre foie. Vous pouvez sentir émerger de la colère ou tout autre chose qui bouillonne en vous. Vous vous pouvez laisser sortir cette colère de vous en imaginant une boule de feu qui sort ou toute autre image qui ne reste pas en vous, qui ne bouillonne plus en vous, mais qui peut sortir tranquillement, pour pouvoir ensuite revenir à l'apaisement.
9. Prenez un temps pour sentir un peu plus l'accueil de ces émotions en vous concentrant sur votre plexus solaire, votre ventre et vos reins. Posez vos mains sur votre ventre ou votre plexus et accueillez ce qui occasionne en vous des craintes, des peurs, du stress ou de l'anxiété, dans ces premiers moments avec votre bébé. Prenez bien le temps d'accueillir tout ce qui vient, avec bienveillance et amour envers votre propre personne. Vous laissez davantage de place à tout cela, un peu plus. Et vous prenez le temps de bien installer et poser la sécurité en vous, en votre intérieur et d'expulser toutes les peurs, les angoisses, les craintes qu'il vous semble utile de laisser sortir sous la forme que vous souhaitez, à l'aide d'une couleur, d'un mot, de votre respiration pour vous aider à vous libérer un peu plus...
10. Vous sentez que le bas de votre corps aussi se relâche progressivement. Vous prenez le temps de sentir la force, la solidité de vos jambes et de vos pieds, bien posés sur le sol et qui génèrent en vous de la stabilité, de la force et de la confiance. Reliez-vous à votre bébé et à ses premiers moments où vous vous sentez plus libéré(e) des émotions que vous avez besoin de sortir ici et maintenant. Sentez toute la paix et la confiance que vous avez en vous dans votre aventure de parent qui accueille son bébé lors de ces premiers moments et qui vont permettre une base de sécurité et d'apaisement renforcée et consolidée durant la pratique mais aussi après. Prenez le temps de sentir tout ce que cela vous a apporté.
11. Prenez le temps de vous reposer sur votre base au niveau de votre centre émotionnel, de votre plexus solaire. Vous sentez que votre mental, votre corps dans son intégralité et votre être sont plus apaisés et plus sereins. Vous ressentez toute la sécurité, le réconfort et la réassurance que cela vous procure et ce que cela vous apporte à vous et à votre bébé qui profite aussi de cette sécurité et de cette sérénité. Vous sentez tout l'amour, la vie en vous, la vie en lui et tout ce que cela provoque en vous en émotions, ressentis et en sensations positives.
12. Prenez un temps pour sentir maintenant vos premiers pas de parent dans cette rencontre directe avec votre bébé et lors de ses premiers moments. Vous visualisez chacun des pas que vous allez faire ensemble, main dans la main, en vous autorisant à accueillir vos émotions, vos ressentis, et ceux de votre bébé afin de pouvoir mieux

vous comprendre, vous découvrir, vous connaître et avancer pas à pas, tranquillement et sereinement…

13 Prenez un temps de silence pour imprégner et diffuser cela tranquillement puis vous pourrez ensuite sortir de la pratique, à votre rythme.

La création d'une bulle de sérénité et d'amour lors des premiers liens

Intentions, bienfaits et bénéfices

Cette pratique se concentre sur la création d'une bulle de sérénité et d'apaisement et de sa capacité à la retrouver dès que vous et votre bébé en aurez et en sentirez le besoin.

Mise en pratique

Effectuez, si vous le souhaitez, la pratique initiale.

1 Placez vos mains au niveau de vos pieds ou de vos jambes et, en inspirant, formez une bulle avec vos mains jusqu'au-dessus de votre tête en vous incluant vous et votre bébé à l'intérieur. Prenez le temps de sentir tout l'amour, le lien et la sérénité que vous avez au sein de cette bulle d'amour avec votre bébé. Vous visualisez une couleur, vous ressentez peut-être de la chaleur au sein de cette bulle d'amour. Personne ne peut atteindre cet espace de sécurité et de sérénité au sein de cette bulle avec votre bébé. Elle est invincible. Vous la percevez, la sentez, et elle vous apaise. Vous pouvez faire cette pratique lors de la grossesse, lors des premiers moments de lien avec votre bébé et de ses premiers mois.

2 Prenez bien le temps de sentir toutes les sensations et les ressentis qui arrivent. Pratiquez-la d'abord seul(e) puis en présence de votre bébé en lui expliquant avec vos mots et en lui décrivant cette bulle d'amour, de sérénité et de paix qui vous appartient à tous les deux.

3 Vous pouvez y revenir tous les deux ou séparément en la revisualisant dès que vous en aurez besoin à différents moments, lors de la grossesse, mais aussi lors des tout premiers moments et plus tard aussi, dès que vous en sentirez le besoin vous ou votre enfant.

4 Plus le bébé l'aura expérimentée et vous aussi, plus vous pourrez y revenir et trouver toutes ces sensations de façon plus spontanée et plus accessible en vous rassurant, vous réconfortant, vous et votre enfant, ensemble ou séparément, en toute autonomie.

Exercice rapide : la bulle de protection, de sécurité et de sérénité concrétisée à travers un mouvement

Indications préalables

Lors de cet exercice, je vous invite à dessiner votre bulle en faisant un mouvement comme si vous aviez un pinceau à la main ou un crayon. Vous tracez, vous matérialisez une bulle autour de vous et votre bébé, et vous allez vous placer à l'intérieur, tous les deux.

Vous pouvez pratiquer cet exercice dès la grossesse pour bien vous préparer à ces premiers moments avec votre bébé et la repratiquer en l'adaptant durant les premiers jours et mois après sa naissance.

Intentions, bienfaits et bénéfices

À travers cet exercice, vous prenez concrètement conscience du fait que vous avez la capacité de créer une bulle protectrice autour de vous et de votre bébé, vous englobant tous les deux, afin de vous sentir en sécurité et y revenir quand vous en avez besoin.

Mise en application

1. Focalisez votre attention sur votre respiration et votre corps, et laissez sortir ce que vous souhaitez déjà libérer en matière de tensions inutiles pour vous...
2. Sentez déjà ce que cela provoque en vous puis vous pouvez, de façon plus profonde, plus intense, en prenant une plus grande inspiration, souffler un peu plus longuement pour laisser sortir ces tensions encore un peu plus...
3. Imaginez que vous partez de vos pieds et que vous tracez une ligne faisant un cercle jusqu'au-dessus de votre tête. Vous vous englobez dans ce cercle, vous et votre bébé. Vous êtes tous les deux à l'intérieur. Aidez-vous de la respiration. Vous partez d'en bas, vous inspirez puis quand vous expirez, vous tracez le cercle. Vous pouvez faire plusieurs inspirations et expirations pour finaliser et terminer le cercle, et bien vous entourer, vous et votre bébé à l'intérieur de celui-ci. Vous vous posez et vous prenez de l'espace dans cette bulle. Celle-ci prend en compte l'intégralité de votre corps et de celui de votre bébé. Vous allez visualiser sa forme, sa couleur, sa taille et vous prenez le temps de bien vous poser et de vous installer, vous et votre bébé, lors de ces premiers moments ensemble. Vous profitez pleinement de ce moment dans votre bulle. Vous sentez peut-être son plancher, socle de sécurité à l'intérieur. Posez bien vos points d'appui : vos pieds, vos fesses à l'intérieur. Et vous vous reliez à tout ce que cela provoque en vous de

sensations agréables. Puis, vous ajoutez ce qui vous fait du bien, qui est utile pour vous au sein de cet espace. Vous pouvez également visualiser une image d'un lieu ressource dans lequel vous vous sentez bien, et vous vous imaginez dans ce lieu paisible avec votre bébé. Laissez venir une petite musique douce et apaisante, ou vous pouvez vous dire un mot ou une phrase mentalement à vous-même ainsi qu'à votre bébé. Prenez le temps de sentir tout ce que cela provoque en vous comme sensations agréables, tout le plaisir et le bien-être que vous sentez grandir en vous et que vous percevez et ressentez aussi chez votre bébé.

4. Prenez conscience de ce qui est utile dans votre espace, dans cette bulle de sérénité, de ce dont vous avez besoin pour vous sentir calme et apaisé(e) et également sentir ce qui apaise votre bébé. Vous pouvez aussi sentir qu'elle vous protège de ce qui est à l'extérieur de vous, de ce qui n'est pas utile ici et maintenant, de ce que vous ne souhaitez pas faire entrer au sein de votre espace, de votre bulle à vous et à votre bébé.
5. Prenez conscience que cette bulle peut laisser entrer ce qui est utile et bon pour vous et votre bébé lors de ces premiers moments. Et vous pouvez aussi être plus conscient(e) de ce que vous laissez entrer au sein de votre espace et de ce que vous ne souhaitez pas faire entrer au sein de cette bulle autant pour vous que pour votre bébé. Elle peut faire barrage et vous protéger de ce qui ne doit pas entrer, de ce que ne vous souhaitez pas faire entrer au sein de votre espace intime avec votre bébé.
6. Afin d'imprégner en vous un peu plus tous les bienfaits et bénéfices que vous apporte cette bulle, vous allez, à l'inspiration, accueillir le positif, et, à l'expiration, le diffuser dans votre corps et au niveau de votre bébé. Faites-le plusieurs fois...
7. Dès que vous aurez besoin de la retrouver (peut-être lors d'une situation inconfortable dans laquelle vous ne vous sentez pas à l'aise, pas en sécurité, ou lorsque vous sentez que votre confiance et votre assurance dans vos premiers pas de parents peuvent être mises à mal), vous pourrez refaire cet exercice et visualiser votre bulle autour de vous. Vous sentez qu'elle vous sécurise, vous protège et vous permet de vous adapter au mieux à la situation que vous êtes en train de vivre avec votre bébé dans ses premiers moments. Vous vous sentez serein(e), pleinement à votre place, et en sécurité, tous les deux.
8. Vous allez maintenant pouvoir ranger cet exercice mentalement comme dans un petit tiroir au coin de votre tête dans lequel vous saurez que vous pourrez le retrouver facilement lorsque vous en aurez besoin, dès que vous aurez envie de vous en servir.

9. Prenez un temps de pause pour bien ancrer, imprégner tout ce que cela vous a apporté, à vous et à votre bébé. Puis vous pouvez, quand ce sera le bon moment pour vous, arrêter l'exercice.

Vous pourrez réexpérimenter cette pratique dès que vous en aurez besoin et retrouver de façon plus consciente tous ses bienfaits et ses bénéfices.

La bulle de protection sophro-hypno-méditative

Indications préalables

Vous allez d'abord faire la pratique seul plusieurs fois afin de bien l'intégrer, puis vous pourrez la refaire en la modulant, en la revisitant à votre goût, en présence de votre bébé afin de sentir tous les bienfaits et les bénéfices que cela peut vous apporter, à tous les deux.

Intentions, bienfaits et bénéfices

Cette pratique permet de ressentir votre capacité à vous protéger, vous préserver, vous et votre bébé, grâce à l'accès à votre propre espace vital. Celui-ci prendre la forme d'une bulle de protection qui vous permet de prendre du recul, de la hauteur, de pouvoir aussi agir, réagir et sentir ce qui est utile et ce qui ne l'est pas, et laisser entrer ce qui est utile et laisser aller ce qui ne l'est pas.

Mise en application

1. Vous vous installez confortablement et vous prenez le temps de respirer tranquillement.
2. Prenez le temps de relâcher votre corps, si vous en éprouvez le besoin. Réajustez votre posture, si cela est bon pour vous. Vous pouvez commencer à vous détendre en vous imaginant en présence de votre bébé et installez-vous dans ce moment de partage et d'échange avec lui.
3. Laissez votre corps se déposer, se reposer légèrement, tranquillement, à votre rythme. Sentez un peu plus vos appuis : votre tête se pose, se repose, et avec lui votre mental. Vous laissez peut-être vos épaules s'abaisser légèrement, votre mâchoire aussi, votre langue et votre visage se détendre, si vous en avez besoin.
4. Vous pouvez fixer un point en face de vous et, quand vous le souhaitez, laisser vos paupières se fermer. Vos yeux peuvent rester à moitié ouverts ou complètement fermés, comme vous le souhaitez. Vous vous concentrez toujours sur un moment, une image ou une situation dans laquelle vous êtes avec votre bébé et vous profitez d'un moment ensemble en prenant bien le temps de le vivre.

5 Concentrez-vous un peu plus sur votre respiration qui peut progressivement ralentir. Vous sentez votre ventre qui se gonfle à chaque inspiration et qui se dégonfle à chaque expiration. Vous pouvez sentir votre corps se relâcher et se poser délicatement tranquillement, un peu plus.

6 Ressentez ce qui se passe en vous lorsque votre corps se repose un peu plus, peut-être une certaine légèreté ou une sensation de lourdeur ou tout autre chose… Vous sentez que vos pieds, vos chevilles se relâchent légèrement, puis les tibias, les mollets, vos genoux, vos cuisses, votre bassin, vos organes au niveau de l'abdomen, votre ventre puis votre thorax, votre dos. Toutes ces parties peuvent aussi se détendre tranquillement si vous en éprouvez le besoin… Vos épaules, vos bras, vos mains, vos doigts, votre visage, votre tête peuvent aussi se relâcher un peu, si vous le souhaitez. Vous prenez le temps de sentir votre corps dans son ensemble et de ressentir ce qui se vit en vous tranquillement.

7 Vous allez vous visualiser, vous et votre bébé, dans un endroit paisible. Vous êtes assis(e) et votre bébé est bien enveloppé, entouré de vos bras sur votre ventre. Vous êtes tous les deux bien confortables et bien dans cette position et dans cet instant tous les deux.

8 Vous allez pouvoir imaginer une bulle. Laissez-la venir et, grâce à la visualisation, elle va venir vous entourer vous et votre bébé dans vos bras. Vous la laissez vous englober tout autour. Vous prenez bien le temps de sentir cette bulle, de l'observer : est-elle épaisse ou fine, quelles sont sa taille, sa forme et sa couleur ? Vous prenez le temps de la toucher, et de ressentir aussi tout ce qu'elle vous apporte lorsque vous la sentez vous entourer, vous englober tous les deux dans cet espace paisible et calme…

9 Vous allez maintenant sentir et ressentir ce qui se passe en vous deux à l'intérieur de cette bulle. Prenez le temps de sentir qu'elle vous protège tous les deux. Elle permet de délimiter votre propre espace à tous les deux, et de le sentir, mais également de sentir l'espace vital de votre bébé et le vôtre, distinctement.

10 Prenez le temps de ressentir que dans cette bulle tout est calme et tranquille… Elle vous permet aussi de percevoir qu'il y a parfois des choses que vous allez vivre en tant que parent qui sont inutiles, voire nuisibles et que vous allez pouvoir décider de ne pas les laisser entrer dans cette bulle. Vous allez prendre conscience en effet que votre propre espace vital, représenté par cette bulle, peut être préservé grâce à une espèce de pouvoir que vous lui octroyez en fonction de ce que vous ressentez comme bon, pour vous et votre bébé. Elle peut avoir le pouvoir d'être infranchissable lorsque des choses qui arrivent de l'extérieur et que vous ne souhaitez pas faire tentent de pénétrer dans votre bulle (des jugements, des réflexions, des informations

angoissantes ou malveillantes…). Elle peut aussi laisser passer tout ce qui va être moteur, bienveillant, rassurant, réconfortant et bénéfique.

11 Prenez le temps de vous mettre à l'écoute et de sentir ce qui est utile et ce qui ne l'est pas pour vous, parent, ainsi que pour votre bébé et dans votre relation aussi à tous les deux. Vous laissez couler ce qui doit glisser autour de la bulle sans la pénétrer, en prenant le recul et la hauteur nécessaires. Puis, appréciez et écoutez ce qui vous permet de vous sentir paisible, calme et ce qui permet d'apaiser aussi votre lien et votre relation à tous les deux… Prenez le temps de ressentir les sensations, les émotions agréables qui s'installent en vous, toujours en vous visualisant avec votre bébé dans votre espace vital et qui vous apporte aussi de la sérénité et de l'apaisement.

12 Vous prenez le temps d'apprécier ce moment et de vous poser. Restez encore un peu dans votre calme intérieur, dans cet espace paisible avec votre bébé. Observez le calme lors de cet instant en prenant le temps…

13 Vous allez ensuite pouvoir laisser poser tout cela en vous afin de l'imprégner dans votre intériorité. Prenez le temps de vous relier à cette bulle et à cette visualisation de vous et de votre bébé dans cet espace paisible, en étant peut-être maintenant plus relié(e) à la capacité que vous avez de prendre de la hauteur ou de laisser glisser les choses inutiles ou nuisibles, plus conscient(e) aussi de votre capacité à vous protéger tous les deux. Et vous savez que vous pourrez revenir à cet espace vital et cette bulle de sécurité et de sérénité pour continuer à ressentir ce que cela vous procure et vous apporte dès que vous en aurez besoin.

14 Vous allez faire un temps de pause et de silence pour laisser tout cela s'inscrire en vous tranquillement. Puis, vous pourrez sortir de la pratique à votre rythme.

Méditation : la bulle de protection lumineuse et énergétique

Indications préalables

Effectuez cette pratique avant ou pendant votre grossesse et expérimentez-la à nouveau en l'adaptant si besoin après dans les jours et mois qui suivent la naissance de votre bébé.

Intentions, bienfaits et bénéfices

Cette méditation de la bulle de protection énergétique vous installe et vous pose, vous et votre bébé, dans le calme et la sérénité.

Mise en pratique

1. Prenez le temps d'abord de vous installer bien confortablement tous les deux, en position assise ou semi-allongée, tout en sécurisant votre bébé contre vous, par exemple, dans une écharpe en « peau à peau » ou avec ses habits, comme cela vous va.
2. Coupez votre téléphone et profitez de ce temps que vous accordez pleinement à vous et votre bébé, lors de ces tout premiers moments concrets avec votre tout-petit qui vient d'arriver au monde.
3. Vous pouvez relâcher tout doucement vos bras, votre corps, vos épaules, ressentir les points de contact du corps et le support sur le matelas ou la chaise. Prenez un temps pour ressentir vos pieds et vos fesses qui sont bien posés sur le matelas. Laissez-vous « porter » par le matelas, vous et votre bébé. Vous pouvez sentir votre visage se relâcher également, et caresser tout doucement votre bébé, les parties du corps que vous souhaitez, soit directement ou bien à travers le lange ou l'écharpe, afin qu'il sente les légers et doux appuis de vos mains sur lui pour le rassurer, l'apaiser et l'aider à ressentir son enveloppe protectrice.
4. Vous pouvez ressentir la détente et le relâchement en vous et en votre bébé qui apprécie ce moment de détente et de calme tout contre vous. Vous sentez sa respiration qui se calme. Il peut relâcher ses mains, il peut se laisser aller. Vous le sentez plus détendu, plus relâché, et vous aussi également. Vous vous laissez baigner dans cet instant de calme et de douceur ensemble, ces tout premiers moments à deux pendant lesquels vous prenez bien le temps de profiter du réconfort, de la sérénité, du calme, tous les deux, en fusion, alors que vous ne refaites qu'un comme cela était le cas encore il y a peu de temps.
5. Prenez un temps pour bien ressentir toutes ces sensations qui arrivent, en étant reliée à ce moment de partage, avec votre bébé tout contre vous ou à côté, que vous vous accordez, pendant lequel vous vous laissez reposer : repos et réconfort bien mérités après le travail et l'accouchement où votre corps a été très sollicité. Prenez le temps de profiter tous les deux de ce moment, premiers instants de pause où vous vous posez tous les deux, dans ce moment de calme.
6. Vous allez respirer profondément. Vous allez allonger de plus en plus les expirations et ressentir votre corps plus ancré, plus centré. Vous allez pouvoir évacuer les tensions inutiles accumulées, celles reliées au travail, à l'accouchement, à l'effort que vous avez dû faire, que votre corps a dû faire. Vous allez respirer et, à chaque expiration, vous laissez tout ce dont vous n'avez plus besoin. Vous relâchez tout ce qui est inutile pour vous là, maintenant, afin de veiller à votre équilibre, votre bien-être et votre propre sérénité. Vous lâchez ce qui n'est pas utile. Vous pouvez également vous adresser à votre bébé et lui dire qu'il peut

aussi relâcher toutes les tensions qu'il a eues durant l'accouchement par voie basse ou césarienne. Il a été confronté à des tensions, des contractions, du mouvement, des douleurs, du bruit, des sensations désagréables comme désagréables. Il peut, lui aussi, tout comme vous, lâcher ce qui n'est plus utile pour lui maintenant qu'il est sorti, bien là, bien présent, après l'accouchement. Prenez un temps pour ressentir les changements dans votre propre corps et ceux de votre bébé.

7 Vous allez imaginer un fil doré qui part de votre base au niveau de votre ventre, de votre utérus et également du ventre de votre bébé, au niveau du cordon. Ce fil vous relie, du haut de votre tête jusqu'à vos pieds et également de la tête aux pieds de votre bébé. Vous vous sentez bien stable et solide. Ce fil doré vous entoure tous les deux. Vous sentez votre respiration se poser un peu plus. Vous êtes pleinement présente et bien là, avec votre bébé lors de ces premiers instants. Prenez bien conscience que vous êtes bien là tous les deux, en totale sécurité. Vous sentez que votre corps et celui de votre bébé sont en totale connexion et vous prenez conscience que vous êtes en totale sécurité. Votre bébé est également en sécurité dans son propre corps et ici, présent à vous. Vous prenez conscience que vous pouvez vous sentir dans votre corps, protégé, et vous pouvez sentir une bulle, une sphère avec ce fil doré ou une autre lumière comme une sorte de protection, comme un rayon de lumière protectrice avec une couleur, une matière de votre choix, qui vous enveloppe vous et votre bébé. Ce cocon vous protège tous les deux, dans ces premiers moments de partage. Vous prenez le temps de ressentir les sensations agréables de sécurité, de sérénité. Vous avez peut-être des images qui viennent, des odeurs, des émotions. Vous avez envie de dire des mots, des phrases, des paroles à votre bébé : faites-le… Embrassez-le, cajolez-le et appréciez tous les deux ce moment où vous êtes entourés de ce cocon enveloppant, cette bulle protectrice, dans votre propre refuge intérieur à tous les deux. Vous prenez le temps d'apprécier et d'observer les sensations qui arrivent, les ressentis, le comportement de votre bébé qui est aussi dans cet espace protecteur qui lui rappelle le nid utérin. Il l'a quitté il y a très peu de temps et toutes les sensations sont très présentes et lui reviennent très facilement. Vous aussi, vous prenez le temps de profiter de ce moment qui est une continuité du temps de la grossesse. Vous sentez ce fil doré et cette lumière ou cette bulle enveloppante s'étendre au niveau de tout votre corps, et de celui de votre bébé, tranquillement, tout doucement. Vous ressentez tous les bienfaits que cela vous procure. Laissez venir les images, idées, phrases, mots dans cet espace d'apaisement et de protection.

8 Vous êtes centrée sur votre intérieur, sur vos deux corps. Prenez le temps de faire comme un nettoyage : cette lumière vous apaise,

vous nettoie et vous permet de vous libérer, vous et votre bébé. Vous retrouvez votre place, ici et maintenant, en étant bien et protégés.

9 Vous pouvez vous laisser bercer, tout doucement, tous les deux, vous mettre dans votre cocon de calme et de protection en enroulant vos bras contre votre bébé et également autour de vous-même. Vous pouvez vous prendre dans les bras en croisant les mains et attraper vos épaules. Vous vous bercez légèrement, en sentant cette protection, cette sécurité sur vous et votre bébé. Et ensuite, étirez-vous, bâillez et sentez cette protection même dans l'étirement et le relâchement de votre corps.

10 Vous prenez le temps de vous centrer, vous et votre bébé. Vous pouvez garder en tête ce moment et refaire l'enroulement avec votre bébé pour vous sentir protégés, en totale sécurité, tous les deux, au niveau de vos corps. Vous pouvez faire un mouvement autour d'un temps de câlin, bien enroulée avec votre bébé, en y associant un geste avec vos doigts, par exemple. Et vous pourrez le refaire dès que vous le souhaiterez pour réactiver toutes les sensations d'apaisement, de cocon de sécurité que vous avez vécues, vous et votre bébé. Vous pourrez le refaire avec lui ou seule, si vous en éprouvez le besoin dans les jours, mois et années à venir, pour revenir à cet état de protection et de lien apaisé et sécurisé entre vous et votre enfant.

11 Revenez ensuite doucement en reprenant contact avec votre corps, les points de contact, le sol, le support sur lequel vous êtes. Vous pouvez ensuite bouger progressivement, vous étirer, bâiller. Inspirez, expirez, puis bougez vos épaules, votre tête, vos bras, vos jambes. Étirez votre corps, bâillez puis, quand vous le souhaitez, arrêtez la pratique.

Exercice rapide : la bulle de sérénité dans le début de votre aventure concrète de parent

Intentions, bienfaits et bénéfices

Cet exercice permet de symboliser concrètement et rapidement cette bulle autour de vous afin de créer un espace de sérénité dès que vous en aurez besoin lors de la grossesse ou lors des premiers jours et mois de vie de votre bébé.

Mise en pratique

1 Joignez vos mains vers le bas et à l'inspiration, partez de vos pieds et levez les bras au-dessus de vous, en dessinant une bulle. Quand vous soufflez, vous la dessinez à partir du haut de votre tête en direction de vos pieds, en dessinant cette bulle de sérénité, tout en soufflant. Puis,

prenez un temps pour observer et accueillir vos sensations dans votre corps, votre tête, votre cœur. Vous observez votre bulle de sérénité, sa taille, sa couleur. Vous accueillez les sensations qui y sont liées. Vous pouvez prendre un temps de pause, les yeux fermés.

2 Vous pouvez faire appel à cette bulle dès que vous souhaitez créer un espace vital autour de vous, lors de la maternité par exemple, ou durant les premiers moments d'hospitalisation de votre bébé prématuré, ou dans le cas d'une adoption. Dès que vous sentez qu'une situation dans votre début de vie de parent pourrait vous mettre en difficulté ou vous déstabiliser, vous pouvez refaire cet exercice, dès que vous en aurez besoin. Et plus vous allez le pratiquer, plus vous pourrez retrouver cette bulle et cet espace de sérénité facilement. Grâce à la visualisation et à l'imagination, vous pourrez matérialiser cette bulle autour de vous.

Variante de l'exercice : l'espace de ressource et de douceur

Imaginez-vous en position assise, dans un endroit calme et paisible. Cela peut être un endroit connu ou imaginaire. Fermez les yeux et sentez les mouvements de votre respiration dans cet endroit calme et paisible. Vous pouvez progressivement allonger les expirations, tranquillement, et à chaque fois, quand vous expirez, vous pouvez entendre un son, un bruit apaisant qui part de l'extérieur de votre corps puis qui résonne en vous. Vous laissez ce bruit, ce son se diffuser dans cet espace et vous le laissez se poser et se déposer en vous. Laissez entrer les sensations qui accompagnent ce son et ce que cela provoque en vous. Vous pouvez convoquer un autre sens aussi qui vous évoque la douceur. Cela peut être par exemple le toucher d'une plume, d'une caresse délicate, l'observation de la couleur d'une fleur ou le goût d'un fruit juteux et délicieux. Laissez se diffuser toutes les sensations qui accompagnent l'évocation de ces sens. Prenez le temps de bien profiter de ce moment de douceur, de calme et d'apaisement que cela vous procure. Sentez votre capacité à pouvoir retourner dans cet espace de ressource dès que vous en aurez besoin, durant vos premiers pas de parents.

La création d'un socle de sécurité apaisant et sécurisant

Indications préalables

Le bébé, dès le tout début de sa vie, a besoin de se laisser porter et de se sentir sécurisé par des bases solides sur lesquelles il peut s'appuyer, se stabiliser et se rassurer. Il a besoin de sentir que son corps peut se poser et lâcher prise sur cette base, qui est comme une sorte de socle solide et stable. Cela peut être représenté symboliquement par les fondations d'une maison solide et sécurisante : il peut se poser et se reposer sur ce plancher quand il a en besoin, pour ensuite, à partir de ce socle, trouver en lui ses propres ressources et ses propres moyens de réassurance en sentant cette sécurité présente.

Si l'enfant ne parvient pas à se poser ou se reposer sur cette base de sécurité dès son plus jeune âge, il aura plus de difficultés, plus tard, à créer et ressentir cette sécurité lors des moments où il se posera. Dès lors qu'il a expérimenté et senti les effets positifs de ces temps de pause pour son corps et son mental, même très jeune, cet état d'inconfort ne sera pas ou peu ressenti.

Pour aller plus loin, on notera que lorsque l'enfant sent de l'inconfort à se poser, cela peut engendrer des difficultés d'attention, de concentration, des risques d'hyperactivité motrice ou mentale, et une difficulté à lâcher prise. Ce niveau de vigilance important peut même provoquer de l'épuisement, des dépenses d'énergie, des difficultés d'endormissement ou un sommeil plus léger et moins satisfaisant.

Cette pratique peut être vraiment un acte préventif de l'anxiété, de l'insécurité ou de l'aggravation des troubles de type TDAH, troubles anxieux délétères dans le développement psychique et physique de l'enfant (voir partie 1).

En ce qui concerne les parents, on notera que ceux-ci prennent conscience de leur base et la créent au cours de leur parentalité, avec leurs propres ressources. Ils peuvent la reconstruire également différemment de ce qu'ils ont vécu en tant qu'enfants. Ce socle se crée et se consolide au fil du temps, dans la découverte de leur parcours de parent et en fonction de leurs besoins propres de fondations solides, ici et maintenant, en tant qu'adultes.

Intentions, bienfaits et bénéfices

Cette pratique va permettre de conscientiser un peu plus son socle de sécurité afin de pouvoir l'utiliser pour vous, parents, ainsi que pour votre bébé dès que vous en aurez besoin, et de vous permettre d'aller vers plus d'apaisement et de sécurité interne.

Mise en pratique

1. Imaginez une sorte de socle sur lequel votre bébé peut prendre appui quand il en a besoin et vous aussi.
2. Vous pouvez aussi le représenter concrètement en présence de votre bébé. Maintenez vos mains jointes sous sa base, au niveau de ses fesses, et en le rassemblant pour le sécuriser et dites-lui : « Tu sens mes mains

sous tes fesses, tu peux te poser au niveau de ce socle quand tu en as besoin. »

3. Et, vous aussi, prenez le temps de vous visualiser également, bien contenu(e) et soutenu(e) par un socle sur lequel vous pouvez vous asseoir : par exemple sur un support assez enveloppant, confortable, stable et qui vous sécurise pour diffuser à la fois cette sécurité en vous et en même temps la transmettre à votre bébé. Vous pouvez renforcer cette transmission à l'aide de votre respiration.
4. Accueillez cette base de sécurité et soutenez votre bébé pour lui permettre ainsi de se poser dès le début de sa vie. Ce socle vous sécurise et vous apaise. Il apaise aussi votre bébé par effet miroir, en reflétant votre état émotionnel et vos ressentis de sécurité et d'apaisement en direction de votre bébé qui arrive et découvre ce monde. Il a besoin de retrouver son socle de sécurité comme il l'a connu physiquement in utero, des contours sur lesquels il peut s'appuyer. Cette base concrète grâce à votre contact physique représente un support concret et vital pour lui.

L'enfant et vous pourrez revenir à cette base de sécurité à tout moment.

Vous pouvez expérimenter cette pratique lors de la grossesse, lors des premiers moments et des premiers mois voire années de vie de votre enfant, et la refaire aussi pour vous, parent, en autonomie. L'enfant plus grand peut également effectuer cette pratique avec l'idée de retrouver en grandissant cette réassurance et cette base, en autonomie.

Méditation : être dans l'instant présent avec son bébé

Indications préalables

Vous pouvez pratiquer cette méditation durant la grossesse seule ou à deux avec votre conjoint. Vous pouvez ensuite la pratiquer avec votre bébé dès sa naissance, puis lors des premiers jours et mois de sa vie afin de profiter, vous et lui, de tous les bienfaits et les bénéfices qu'apporte cette médiation « être dans l'instant présent ».

Tout au long de la pratique, vous pouvez parler en chuchotant à votre bébé afin que, lui aussi, puisse profiter de cet instant et bien l'ancrer également en lui.

Intentions, bienfaits et bénéfices

Cette méditation permet de se rapprocher un peu plus de l'instant présent, en pleine conscience, avec son bébé, à n'importe quel moment de la journée. Elle facilite l'ancrage en pleine conscience des sensations de sécurité et d'apaisement à la fois pour vous, parent, et pour votre bébé.

Mise en application

1. Installez-vous confortablement, en position assise ou debout, afin d'être bien présente. Vos pieds au sol, vous prenez le temps de sentir vos appuis. Vous pouvez commencer à vous focaliser sur votre respiration. Vous pouvez vous tenir tête droite, comme si elle était reliée par un fil vers le ciel pour maintenir un peu plus la posture droite… Vous continuez à être attentive à votre respiration… Vous sentez l'air qui rentre et qui sort. Vous pouvez observer la respiration de votre bébé, la sentir et prendre un temps pour être dans l'attention de votre propre respiration et de celle de votre bébé.
2. Vous allez maintenant commencer à vous poser et ressentir ce qui se passe autour de vous. Écoutez les sons autour de vous et même en vous, écoutez l'environnement, la pièce et aussi votre bébé. Vous observez, sans jugement, sans chercher à analyser… Vous pouvez vous poser, sentir et ressentir ce qui se passe en vous et au niveau de votre bébé durant cette écoute et après.
3. Adressez-vous votre bébé : « Tu peux prendre le temps d'écouter tous les petits bruits qu'il y a autour de nous, ceux qui sont plus marqués, ceux qui sont tout près, et ceux qui sont plus loin de nous. »
4. Vous pouvez aussi nommer les bruits que vous entendez : « J'entends et tu entends tes petits gazouillis, tu entends ma voix, nous entendons les petits oiseaux, ou une petite musique douce ou bien on entend un bruit plus brutal et plus fort à l'extérieur… »
5. Vous pouvez dire à votre bébé : « Nous prenons le temps, tous les deux, de sentir et de ressentir tout ce qui se passe autour de nous, et ce qui se passe au niveau de notre corps, nos sensations, ce qui vit en nous, en accueillant ce qui se présente ce que nous sentons dans ce calme, et cette tranquillité. Nous apprécions de nous poser, et de nous installer dans l'instant présent, bien ancrés et bien posés, bien présents, ici et maintenant. »
6. Vous allez maintenant visualiser les objets, les meubles, les murs autour de vous. Vous pouvez fermer les yeux quelques instants pour imaginer cet espace autour de vous à travers des images mentales… Vous pouvez montrer à votre bébé l'environnement autour de lui et lui dire avec vos mots : « Tu observes aussi tout ce qu'il y a autour de toi, tranquillement, en prenant le temps. »
7. Permettez à votre inconscient de s'activer pour accéder à une conscience un peu modifiée, en étant bien présente et connectée à lui de façon plus fluide, sans rien forcer, naturellement, en prenant le temps. Sentez que votre connexion à tout ce qui est autour de

vous est plus fine. Vous pouvez peut-être ressentir des émotions, des sensations qui arrivent. Vous êtes connectée aussi votre bébé qui est bien relié à vous. Vous observez toujours, dans le silence, le calme. Vous sentez aussi la vie à l'intérieur de vous et celle à l'intérieur de votre bébé.

8 Adressez-vous à nouveau à votre bébé : « Nous nous accordons ce temps tous les deux. Nous profitons pleinement de l'instant présent, bien reliés à ce qu'il y a autour de nous, notre environnement, ce que l'on voit, ce que l'on touche. Nous sommes bien reliés à ce que l'on ressent et à ce qui vit en nous, toi ce qui vit en toi dans ton petit corps, et moi aussi ce qui se passe en moi. »

9 Vous ne recherchez rien, vous restez là et vous vous laissez aller dans cette connexion à tout ce qui vous entoure… Reliez-vous à tout cela… Observez ce qui vous apaise, vous calme le plus… en profitant pleinement de l'instant présent, des sons, des sensations. Vous pouvez sentir l'odeur de votre bébé, la vôtre, vous pouvez avoir un goût dans la bouche…

10 Vous pouvez aussi ressentir sans ne rien faire du tout, en prenant le temps d'accueillir ce qui vit en vous et en votre bébé : « Nous nous laissons, tous les deux, bercer, apaiser, réconforter par cet instant présent. Et on apprécie tous les deux ce moment de calme, de douceur, de sérénité, bien reliés entre nous et à tout ce qu'il y a aussi autour. Nous profitons pleinement. Et tu ressens et moi aussi tous les bienfaits que cela nous apporte à tous les deux. Je sens que je lâche ce qui est à lâcher pour être, là, juste présente avec toi, mon bébé, et pouvoir profiter pleinement avec toi. Je sens aussi que tu lâches ce que tu as à lâcher, pour te laisser aller et profiter pleinement de ce moment, en te sentant bien apaisé et en sécurité. Nous nous mettons dans notre espace d'apaisement, enveloppés et en sécurité… Et on profite tous les deux de ce moment, pleinement connectés à nos sensations, nos ressentis, nos émotions. »

11 « J'apprécie de prendre ce temps pour nous, afin de pouvoir profiter pleinement de l'instant présent, m'apaiser et me sentir vivante. Et toi aussi, mon bébé, tu profites et apprécies ce moment dans l'instant présent et tu ressens tout ce que cela t'apporte au niveau de ton corps dans sa globalité. Je me pose, j'accueille le silence et j'imprègne tout ce que j'ai vécu durant cette expérience avec mon bébé afin de l'ancrer, l'imprégner en moi pleinement et réexpérimenter cette pratique dès que j'en aurai besoin pour revenir à cette pleine conscience avec mon bébé. »

12 Vous pourrez ensuite sortir de la pratique, bouger, vous étirer et continuer tranquillement votre journée.

Exercice : l'ouverture de la sphère de protection symbolique

Indications préalables

Cet exercice peut être pratiqué par les parents à tout moment lors de la grossesse puis lors des premiers moments, jours et mois de bébé. Il peut être partagé avec votre bébé. Je vous conseille d'ailleurs de lui expliquer cette pratique avec vos mots.

Certaines mères peuvent avoir la sensation que le bébé in utero est dans une sphère protectrice à travers leurs corps. Lorsqu'elles mettent au monde un enfant, elles doivent se faire à l'idée de laisser le bébé sortir du cocon utérin. Elles peuvent avoir en tête une image comme celle d'une petite sphère ovale protectrice, dans laquelle le bébé est protégé de l'extérieur. Durant le temps de la grossesse, elles ont alors la sensation de protéger leur bébé à travers leur corps. La protection passe par le cocon physique de la mère et à la naissance, celui-ci disparaît. Cela peut s'avérer un peu perturbant pour certaines mamans qui souhaiteraient que cette sphère protectrice soit toujours présente une fois que le bébé est né. Cette disparation peut alors générer du stress. Certaines mères ont peur pour leur enfant qui est à l'air libre sans plus aucun contour protecteur autour de lui.

Si le bébé, au tout début de sa vie, a besoin de retrouver cet espace contenant, cet enveloppement, la mère a elle aussi besoin de recréer cette bulle de protection pour son enfant. C'est rassurant également pour elle.

Certaines mères expliquent qu'au début leur tout-petit aime bien être enveloppé, contenu. Ensuite, lorsqu'il grandit (vers 3-4 mois environ), il a moins besoin de cet enveloppement. Il a envie de plus d'ouverture pour bouger, être plus libre dans ses mouvements. Cela fait un lien avec ses acquisitions, vers 4-5 mois, lorsqu'il commence à se retourner. À ce moment-là, il veut être plus tourné vers l'extérieur pour grandir, évoluer et s'épanouir. C'est extrêmement important que les parents autorisent cela, en étant sereins à laisser aller l'enfant vers cette découverte et cette ouverture vers l'extérieur. Cela contribue grandement à l'assurance, la confiance, la sécurité de l'enfant vis-à-vis du monde qui l'entoure, en dehors de ses parents et de sa cellule familiale.

Surtout, plus les jeunes mères vivent cette ouverture de façon sereine, plus elles permettent au bébé de la vivre également de la manière la plus sereine et sécurisée possible, comme si l'ouverture de cette sphère se faisait progressivement.

Pour les parents adoptifs, l'idée de la sphère peut être également utilisée et imaginée. Au départ, elle représente la cellule familiale très proche de l'enfant : les parents adoptifs et l'enfant puis, au fur et à mesure, cette sphère peut s'élargir pour permettre au petit d'explorer, de grandir et d'évoluer en découvrant de multiples facettes différentes ou similaires à la sphère qu'il connaît.

Intentions, bienfaits et bénéfices

Cet exercice vise à sécuriser le parent, dans l'ouverture et le lâcher-prise en toute sérénité, pour que l'enfant puisse évoluer, grandir et s'épanouir en toute sécurité et en confiance au fil du temps.

Mise en application

1. Imaginez que votre bébé sort de sa bulle, comme une sphère qui va s'ouvrir progressivement, pour laisser sortir votre enfant. Vous pouvez, si besoin, recréer par l'imagination les contours de cette sphère lors des premiers moments de vie de votre bébé.
2. La sphère s'ouvre de plus en plus au fil des mois. Vous pouvez imaginer qu'elle s'ouvre progressivement jusqu'au 6e mois du bébé (à cet âge, le bébé conscientise que « maman n'est pas moi »).
3. La sphère s'ouvre un peu plus tout en maintenant sa protection. Gardez en tête qu'il est possible d'ouvrir progressivement la sphère vers l'exploration, l'accès au monde extérieur tout en permettant à votre enfant d'être sécurisé. Cela va grandement aider à la sécurité de base du bébé qui va expérimenter cette ouverture d'abord à petites doses puis de plus en plus lorsqu'il grandit. Lorsque la base de sécurité est toujours là, présente, le bébé peut se dire : « Je peux me poser sur le socle de sécurité et je n'ai plus besoin d'un enveloppement aussi marqué qu'au tout début de mon existence. »
4. Vous prenez un temps pour vous poser après cet exercice afin d'en retirer tous les bienfaits et les bénéfices pour vous et votre bébé. Vous prenez le temps de l'expliquer avec vos mots à votre enfant quand vous considérez que c'est le bon moment.

La rencontre avec son bébé ange

Indications préalables

Cette pratique s'adresse aux parents dans le cas d'un deuil périnatal.

Les parents pourront continuer, s'ils le souhaitent, à être en lien avec leur bébé. Le lien physique et perceptible concrètement n'est plus présent mais le lien d'amour entre le fœtus, le bébé peut, lui, continuer et être en quelque sorte éternel et intemporel.

Lors de cette pratique, vous pouvez vous imaginer un lien, comme une cordelette qui pourrait faire penser d'ailleurs au cordon ombilical, représentant le lien physique concret avec votre bébé. Lorsque ce dernier sera coupé, il restera ce lien symbolique, lui, indestructible. Vous allez pouvoir laisser venir l'image d'une autre cordelette de la couleur de votre choix. Je vous propose de l'imaginer plutôt dorée. Cette deuxième cordelette représente le lien d'amour, le lien affectif qui sera toujours là, comme l'amour inconditionnel qui unit une mère à son enfant même au-delà de la présence physique du bébé. À tout moment, ce lien d'amour pourra être réactivé par le biais de cette visualisation sous la forme d'une cordelette dorée, ou autre en fonction de ce qui vous parle et fait sens pour vous. La mère peut et pourra envoyer ou recevoir de l'amour de la part de son bébé ange dès qu'elle en ressentira le besoin.

Intentions, bienfaits et bénéfices

Il est important de pouvoir concrétiser la rencontre physique quand cela est possible suite à la naissance d'un bébé dans le cadre d'un deuil prénatal. Cette rencontre concrète va permettre aux parents de voir leur nouveau-né, de s'adresser à lui, de le toucher, de pouvoir poser aussi le moment en tant que « Maman, Papa ».

Cette pratique permet d'inscrire ce moment bien en conscience afin de pouvoir y revenir dès que vous en aurez besoin, l'assimiler et l'intégrer dans la partie la plus profonde de vous-même, c'est-à-dire votre inconscient.

Mise en application

1 Prenez un temps pour vous recentrer sur vous-même, puis laissez résonner ces mots et les infuser en vous, bien sûr vous pouvez en laisser d'autres venir, changer des parties, les ajuster ou les modifier afin que cela vous parle davantage et fasse plus écho en vous : « Je te découvre, je t'accueille, mon bébé. Tu as bougé dans mon ventre, je t'ai senti, ressenti en moi, dans mes tripes. Je t'ai fait une place dans mon corps, dans mon cœur. Je t'aime profondément, mon bébé. Je suis ta maman, tu es mon bébé. Tu es bien là pour moi, je te tiens, je te sens, je te porte lors de ce moment où je te découvre sans vie mais bien présent. Je peux te regarder, te câliner, te toucher, te sentir. Je peux te cajoler, te serrer tout contre moi, t'embrasser aussi, si je le souhaite. Je prends le temps de te regarder, de t'observer, là, devant moi. Tu es bien présent, même si tu n'es plus en vie. Tu es bien là, tu as ta place. Je t'ai laissé de la place dans mon corps, tu as ta place dans

mes bras et ensuite tu auras ta place dans mon cœur. Tu as ta place au sein de notre famille. Ta grande sœur ou ton grand frère t'ont fait aussi une place. Tu seras toujours là, avec nous, parmi nous, et je prends le temps de bien profiter de ce moment où je suis près de toi, avec toi. Je t'accueille dans ce monde même si tu vas bientôt devoir en sortir, toi, de ce monde. Je ne te verrai plus dans ce monde mais je continuerai à te sentir au plus profond de mon âme, ici et maintenant, et pour toujours. Je t'aime mon bébé. Je suis ta maman, tu es mon bébé et cela restera à jamais. La mort n'enlève pas le fait que tu sois mon bébé et que je sois ta maman pour l'infini. Je t'aime d'un amour inconditionnel et hors du temps. Le temps s'arrête là et d'ailleurs je ne voudrais plus qu'il y ait de temps, pour que cela s'arrête et que je puisse profiter de toi encore et encore. Je prends le temps d'accueillir ta présence, de te tenir dans mes bras, de toucher les parties de ton corps, pour garder ces images mentales qui me sont utiles, qui me font du bien et m'apportent de l'apaisement. Elles permettent aussi quelque part de t'apaiser, toi, car tu pars de ce monde, tranquille et calme. Et tu sens aussi que, grâce à ce temps passé tous les deux hors du temps, nous profitons, nous savourons ce premier moment ensemble et à la fois ce dernier. Ce sera l'unique temps gravé en moi, à jamais, que je ne veux pas effacer, qui me comble et me sécurise et me permettra de m'apaiser quand j'en aurai besoin les jours, les mois et les années qui vont suivre sans toi. Dans ce moment de rencontre où l'on se découvre mais à la fois où l'on sait que nous allons devoir nous quitter, nous nous apportons encore une fois tout l'amour que l'on s'est porté durant le temps où j'ai appris ta présence dans mon ventre et ici et maintenant. Je t'aime à jamais, mon bébé. Je ferme les yeux et je continue à te faire vivre ensuite dans mon cœur. Je te vois, te sens. Tu n'es plus là mais partout à la fois. Je me libère de toutes les émotions qui se présentent à moi lors de ce moment où je suis avec toi, la naissance, et cette première rencontre en direct mais également l'une de nos dernières. Je m'autorise à libérer les émotions qui doivent sortir ici et maintenant. Je les accueille, les accepte, je libère ce qui est à libérer et je le ferai dès que j'en aurai besoin dans les jours et mois à venir. Je continuerai à te rendre présent dans ma vie. Tu es là, tu seras partout à la fois. À jamais... »

2 Adressez-vous au bébé pour bien imprégner ces mots en vous et en lui en cet instant : « Je t'aime, je suis là, tu es là. Nous sommes là tous les deux. Je t'entoure. Je t'aime à jamais, mon bébé. »

3 Utilisez les mots qui vous parlent, que vous avez besoin de dire, d'exprimer à votre bébé. Exprimez ce que vous avez à lui dire : « Je touche ta peau de pêche, je te rassure, tu me rassures. Nous ne faisons qu'un, nous sommes unis pour l'éternité. Tu seras pour toujours avec moi. Tu seras gravé en moi. Je te laisse rejoindre les étoiles mon ange. Tu dois partir, c'est comme ça, même si je souhaite te garder encore

tout près de moi. Tu seras toujours au plus près de mon cœur, à jamais... Tu es mon bébé ange pour toujours, je suis ta maman pour toujours... » L'autre parent, un frère ou une sœur de la fratrie auront également la possibilité de rencontrer le bébé et d'établir ce lien précieux entre eux.

4. Prenez ensuite le temps de laisser tout cela s'imprégner en vous, d'ancrer les images, les sensations, les ressentis, les émotions que vous souhaitez garder. Prenez pour cela un temps de recueillement et de silence.
5. Puis, tranquillement, à votre rythme, vous pourrez sortir de la pratique, en prenant bien le temps.

Mantra : Les mots et les phrases à réciter pour soi-même ou à écouter lors de la naissance et la rencontre avec son bébé

Intentions, bienfaits et bénéfices

Les mots imprégnés dans le corps du bébé et des parents lors des premiers moments d'existence sont importants. C'est pour cela qu'il est essentiel de dire à l'enfant et se dire à soi-même des mots bienveillants, aimants, rassurants pour les imprégner dans notre corps et notre tête. Accompagner les premiers moments lors de la naissance par des mots bienveillants, aimants et les imprégner dans le corps du bébé et le nôtre garantit la confiance, la sérénité et la sécurité des deux, leur permet d'installer une atmosphère, une ambiance, un environnement extérieur et intérieur favorable à l'apaisement, au lien, à la confiance et à la valorisation de nos compétences et de nos ressources mutuelles. Cela pose les bases dès la rencontre d'une relation et d'un climat apaisant, serein, rassurant et cela permet aussi de construire un lien apaisé, sécurisant et équilibré.

Mise en application

Imprégnez ces mots et ces phrases en vous :

« Je t'aime. Je m'aime. Nous nous aimons inconditionnellement tous les deux.

Je t'écoute, je m'écoute et je nous écoute tous les deux en totale symbiose et harmonie.

Je crois en toi, en moi, je crois en nous deux, mon bébé.

Je prends le temps de t'observer. Je te vois progresser, tu apprends à chaque minute, chaque instant, chaque jour. Et je progresse et j'apprends moi-même en tant que parent. Tu m'apprends à chaque minute, chaque instant, chaque jour...

Je te fais confiance, je me fais confiance et je nous fais confiance à tous les deux.

Je suis fière de toi, de ce que tu es. Je suis fière de moi, de ce que je suis et je suis fière de nous.

Tu as le droit d'exprimer tes émotions, tes ressentis, ce que tu as en toi lorsque tu en as besoin et que cela est utile pour toi. J'ai le droit aussi et je m'autorise à m'exprimer, à exprimer mes émotions, à être à l'écoute de mes ressentis, de mes sensations, de les sentir et les laisser s'exprimer, quand c'est utile pour moi, parent.

Tu es une belle personne. Je suis une belle personne. Nous sommes tous les deux de belles personnes.

Je suis là avec toi et je suis là pour toi. Je suis là aussi pour moi-même. Nous sommes là tous les deux, ici et maintenant, et nous profitons de l'instant présent.

Suis ton cœur, tes rêves. Je suis mon cœur, mes rêves. Suivons ensemble ce qui nous fait vibrer, ce qui nous anime, nous apporte du bien, nous fait du bien, te remplit, me remplit et nous remplit tous les deux.

J'aime te regarder, j'aime me regarder, j'aime nous regarder.

Tu es unique. Tu as une valeur et une force intérieure inestimables. Je suis unique et j'ai une valeur et une force intérieure inestimables.

Nous sommes uniques et nous avons une valeur et une force inestimables. »

Sachez qu'il n'est jamais trop tard, petit ou grand, pour se dire à soi-même (ou de s'autoriser à les entendre) les phrases ou les mots que vous, parents, vous auriez aimé entendre lorsque vous étiez enfant...

Exercice : l'apaisement du bébé prématuré par la voix de sa mère

Intentions, bienfaits et bénéfices

Le cortex auditif n'est pas toujours suffisamment mature à la naissance. Amir Lahav, professeur à la Harvard Medical School de Boston, relève que des améliorations de l'audition apparaissent de façon marquée sur des bébés prématurés (nés entre la 25e et la 32e semaine de gestation) qui ont écouté des enregistrements : sur la base de l'écoute de 45 minutes quotidiennes, les bébés exposés au son de la voix et du cœur de leur mère présentent un cortex auditif plus épais que ceux du groupe témoin n'ayant pas écouté les enregistrements. Or « des études ont montré que plus ce cortex auditif est épais, mieux il fonctionne », a déclaré Amir Lahav. Lorsque le bébé prématuré entend des sons in utero trois heures par jour, cela a des effets bénéfiques sur son cerveau.

Un fœtus commence à entendre à environ 24 semaines de grossesse (6e mois). Il perçoit les sons dits à basse fréquence : le battement de cœur, les bruits au niveau des viscères de la mère et sa voix. Il est donc utile pour lui permettre de se sentir apaisé lorsqu'il naît de pouvoir se remémorer ses sensations, ses sons qu'il a vécus in utero. Cela s'avère particulièrement utile pour les prématurés car les études montrent qu'ils sont très sensibles et réceptifs à ces sons particuliers qui leur rappellent le cocon utérin et leur permettent de s'apaiser lors des bruits plus stressants pour eux, lors de leurs premiers moments de vie en incubateur dans lequel ils perçoivent des sons, des bruits mais aussi des lumières encore inconnues pour eux. On notera tout de même que les services de soins intensifs en néonatalogie sont très sensibilisés à veiller à reproduire au maximum l'univers du nid utérin lors du temps de l'hospitalisation d'un bébé prématuré.

Mise en application

Afin de permettre de réduire au maximum les sons à haute fréquence, il serait utile que la mère puisse enregistrer sa voix et murmurer à son bébé avec une voie posée et douce des phrases, des mots, de son choix et de prendre le temps d'observer ce que cela procure au niveau du bébé, l'apaisement, la sécurité. Vous pouvez demander à l'équipe de passer l'enregistrement dès le tout début de l'hospitalisation du prématuré et également tout au long de son séjour en néonatalogie.

Cela va permettre de rassurer la mère qui va pouvoir garder un contact, un lien par la voix, avec son bébé, lors de l'hospitalisation. Cela aura un effet d'apaisement et de sécurité chez le bébé.

1. Prenez le temps d'observer votre bébé. Écoutez votre voix.
2. Soyez au contact de ses ressentis et des vôtres, et soyez à l'écoute de vos sensations, de vos ressentis et des effets que cela vous procure.
3. Prenez le temps d'observer ce que vous ressentez à l'égard de votre bébé, ce que cela lui procure et lui apporte ainsi que ce que vous rapporte l'équipe médicale.
4. Vous pouvez également observer l'effet d'apaisement de votre bébé et sa sérénité.

L'équipe médicale peut également en évaluer et en observer les bienfaits et les bénéfices pour le bébé prématuré lors de ces tout premiers temps d'hospitalisation et au cours de son séjour en néonatalogie.

Les deux instruments de musique qui s'accordent

Intentions et bienfaits et bénéfices

Cette pratique permet de prendre un peu plus conscience de ce moment d'union où vous vous accordez avec votre bébé, et d'en tirer tous les bénéfices sur l'instant et après, au fil des jours et mois, en la réexpérimentant dès que vous et votre bébé en avez besoin.

Mise en application

Prenez le temps de vous accorder comme deux instruments qui prendraient leur place lors d'une partition de musique, dans laquelle chaque instrument donnerait le ton, le rythme, l'ambiance dès le début de la mélodie. Le bébé et le parent font la même chose : ils s'accordent comme deux instruments autour de la première mélodie, lors de leur rencontre en face-à-face, en direct.

Vous pouvez vous adresser à votre bébé en lui disant d'une voix posée et douce : « Nous nous accordons mutuellement tous les deux. Nous découvrons ensemble cette partition que nous allons jouer et mettre en scène ensemble. Je ressens à des moments que ton rythme s'accélère ou s'apaise, et je ressens également que parfois, c'est moi qui accélère le rythme. Je ressens des émotions qui arrivent, intenses, et je les laisse me traverser le plus sereinement possible. Je ne m'y oppose pas mais je les accueille pour qu'elles puissent être libérées et te libérer aussi, toi, pour que nos deux corps rentrent simultanément en communication, en symbiose, pour qu'ils puissent aussi échanger, interagir de la manière la plus harmonieuse et mélodieuse possible. J'accepte aussi d'être remué(e) lors de ces premiers moments et de laisser émerger tous les ressentis, les émotions qui jaillissent lors de notre rencontre où l'on se découvre tous les deux. Je découvre ta mélodie et la mienne et nous faisons en sorte de les accorder. Nous créons notre propre partition musicale en nous laissant guider aussi par notre corps, notre lien d'amour, et la sécurité et la sérénité que nous nous apportons mutuellement lors de ces premiers instants de rencontre.

Nous nous accordons avec ce qui est le plus juste pour nous deux, ce qui nous parle, nous fait du bien, nous permet de nous détendre, de nous apaiser tranquillement, sans rien brusquer, car la mélodie peut être réalisée sur un rythme très lent, très doux ou bien plus dynamique en fonction de ce dont tu as besoin, mon bébé, et ce dont j'ai besoin, moi, en tant que parent et personne.

Nous nous faisons confiance. Nous créons ensemble cette mélodie, en découvrant dans ces premiers instants, pas à pas, nos propres marques, nos propres références, nos propres besoins, nos propres attentes. Nous créons ensemble cette musique qui nous ressemble et qui nous est propre à nous deux. Nous savons ce qui est essentiel pour nous deux. Nous avons une confiance mutuelle et nous savons ce qui nous fait du bien au sein de notre duo.

Nous nous accordons comme deux instruments de musique afin que notre mélodie soit la plus juste, authentique et fluide possible lors de ces premiers moments de naissance et d'interaction. »

S'accorder un temps de pause, un espace de ressources, de calme et de sérénité avec son bébé

Indications préalables

Vous allez pouvoir visualiser que vous avez un espace intime de ressources et de calme et que vous pouvez vous placer et vous installer dedans dès que vous en avez besoin.

Votre corps, votre inconscient vous accompagnent durant cette pratique d'apaisement pour vous amener vers un moment de calme, de pause, soit en imaginant votre bébé soit en sa présence.

Vous allez avoir la possibilité de revenir dans cet espace de calme quand vous le souhaitez. Vous ressentez tout ce que cela vous apporte, tous les va-et-vient de cette connexion entre vous et votre bébé. Conscientisez tout ce que cela engendre au sein de votre duo ou de votre cocon familial.

Intentions, bienfaits et bénéfices

Par l'intermédiaire de cette pratique, les parents conscientisent leur espace de ressources et celui de leur bébé durant ses premiers moments de vie afin de les retrouver dès qu'ils en ont besoin.

Conseils complémentaires

Assurez-vous que la sécurité de votre bébé est garantie tout au long de la séance. Si vous êtes fatigué(e) et que vous allez vous endormir, vérifiez que vous avez bien mis votre bébé en sécurité avant de vous relâcher vous-même, ou veillez à ce qu'une autre personne le surveille durant l'intégralité de la séance.

Mise en application

1. Vous vous installez confortablement pour un petit temps de pause avec votre bébé pour vous détendre, profiter de ce moment d'apaisement tous les deux.
2. Vous allez imaginer que vous montez des marches pour atteindre les étoiles lumineuses, calmantes et apaisantes, vous et votre bébé.
3. Visualisez dix marches, et à la fin de cet escalier vous menant vers un moment de sérénité et de douceur, vous allez pouvoir progressivement détendre votre corps, l'apaiser, le régénérer. Et vous allez également observer que votre bébé s'apaise au niveau de son corps. Si vous n'êtes pas avec lui, vous pouvez l'imaginer. Vous visualisez que pour lui aussi le fait de gravir ces marches avec vous va lui permettre de relâcher, de s'apaiser, de libérer les tensions et se régénérer. Vous allez pouvoir vous mettre à l'écoute, être au contact de l'énergie, des ressentis de votre corps et de ceux de votre bébé. Vous allez sentir l'énergie qui circule partout et votre mental qui se pose, se repose aussi, tranquillement.
4. Vous êtes toujours attentif(ve) à votre bébé, son corps, et en même temps à vous-même. Laissez votre inconscient vous guider durant ce moment et prenez le temps de vous accorder ce temps précieux à vous-même, avec votre bébé, ou en pensée avec lui.
5. Vous imaginez monter la première marche. Vous pouvez garder les yeux ouverts et prendre le temps de vous relier à l'espace autour de vous, à l'environnement. Reliez-vous aux objets autour de vous, les murs, le plafond. Prenez le temps...
6. Vous allez monter la deuxième marche. Soyez attentif(ve) à votre corps et à celui de votre bébé. Prenez le temps de vous installer, de vous lover dans une position sécurisante et enveloppante, tous les deux, pour être totalement en sécurité en prenant bien le temps d'être attentif(ve), aussi, à la position dans laquelle votre bébé est le plus confortable et dans laquelle vous sentez qu'il se pose et se repose aussi.
7. Vous montez la troisième marche. Prenez le temps de visualiser, de vous connecter à chaque partie de votre corps et de celui de bébé. Vous pouvez les visualiser, les imaginer et peut-être les toucher, si vous êtes concrètement avec votre bébé : les pieds, les jambes, le ventre, le dos, le thorax, la tête. Prenez le temps de bien accueillir votre corps et son corps.
8. À la quatrième, prenez le temps maintenant de ressentir votre propre intériorité et celle de votre bébé. Ressentez les sensations, les ressentis, ce qui se passe au niveau de votre être, et au niveau de votre bébé dans ce moment où vous vous laissez aller à la détente, tranquillement, tout doucement...

9 Vous allez un peu plus profondément en vous au niveau de la cinquième marche, tranquillement, en restant bien connecté(e) et attentif(ve) à votre bébé. Allez un peu plus en profondeur dans le calme avec lui.

10 À la sixième, vous pouvez vous imaginer avec votre bébé, comme si vous vous observiez d'un regard plus extérieur. Vous prenez le temps d'observer ce moment avec un angle de vue différent, avec un peu plus de recul. Prenez le temps de sentir ce qui se passe en vous, dans vos sensations, en profitant toujours pleinement de ce moment.

11 À la septième, imaginez que vous êtes maintenant bien dans votre corps, présent(e) à vous-même et à votre bébé. Vous sentez l'énergie lumineuse et apaisante rayonner en vous et en votre bébé, en comprenant que vous pouvez parfois avoir un peu plus de recul pour appréhender vos ressentis, vos émotions dans votre corps et dans celui de bébé.

12 À la huitième, vous laissez tranquillement votre corps et votre bébé se poser… Laissez venir ce qui vous apparaît… Peut-être des couleurs, des images, des sensations, en étant pleinement relié(e) à lui… Il peut s'agir aussi de sensations de lourdeur au niveau du corps qui se pose un peu plus, le vôtre et celui de votre bébé, ou l'expression de votre mental qui est plus libéré, plus léger…

13 À la neuvième, vous laissez votre inconscient et votre conscient communiquer de façon plus fluide, facile, bien connecté(e) à votre être et à celui qui est avec vous, présent ou imaginé. Vous laissez votre corps et celui de votre bébé se libérer s'il en a besoin, se relâcher éventuellement. Laissez venir ce qui se passe dans vos ressentis, sentiments, des émotions… Vous pouvez prendre un temps pour vous bercer, vous envelopper au niveau de cet espace, en contact direct avec le corps du bébé ou en l'imaginant. Bien enveloppés dans cet espace, vous et votre bébé, vous prenez le temps de sentir ce qui se passe en vous. Vous appréciez ce moment à deux…

14 Puis à la dixième et dernière marche, prenez le temps de sentir l'apaisement et la sérénité de ce moment de douceur et de calme rien que pour vous, profitez du relâchement que cela vous procure… Prenez le temps d'être toujours bien connecté(e) à votre bébé s'il est avec vous. S'il s'est endormi, installez-le dans une posture confortable et en toute sécurité. Et accordez-vous, vous aussi, un petit temps de repos dans le calme, tranquillement. Vous pouvez vous assoupir pour une sieste aussi, si vous le souhaitez, en toute sécurité. Observez votre bébé bien apaisé, bien détendu, ou visualisez-le… Prenez le temps de profiter de ce moment tranquillement, bien relié(e) à toutes les sensations que cela vous a procuré pendant et après la pratique.

15 Prenez un temps de pause dans le silence et le recueillement. Puis, à votre rythme, sortez progressivement de la pratique, tranquillement.

Activer, (re)trouver et renforcer sa confiance en soi

Intentions, bienfaits et bénéfices

Cette pratique permet d'activer, de (re)trouver et de renforcer sa confiance en soi en tant que parent au début de sa parentalité et dans les mois qui suivent.

Elle invite à sentir et ressentir les sensations, les émotions et les ressources associées à la confiance parentale afin de pouvoir faire appel à cette capacité dès que cela est utile et de la conscientiser un peu plus dans son quotidien de parent.

Mise en application

1. Installez-vous dans une position confortable et prenez le temps de vous centrer sur vous.
2. Prenez un temps pour vous observer, vous entendre et vous sentir à votre place, votre rôle, votre posture de jeune parent.
3. Prenez un temps pour explorer votre corps, votre respiration. Prenez le temps de le sentir se poser progressivement. Vous pouvez être attentif(ve) à vos points d'appui : la plante des pieds, vos fesses sur la chaise ou le support sur lequel vous vous trouvez, le dos calé au niveau de son dossier.
4. Prenez le temps d'aller un peu plus en vous... un peu plus profondément à l'intérieur de votre corps... Vous vous sentez serein(e) et en sécurité... Progressivement, vous sentez tout l'amour, cette bienveillance qui vous entoure et vous touche puis pénètre toutes les parties de votre corps... Vous pouvez percevoir des sensations, des ressentis, activer vos forces et vos ressources intérieures puis observer et sentir aussi ce qui vous bloque, vous fait peur, toujours en toute bienveillance et empathie vis-à-vis de vous-même.
5. Vous allez concentrer vos forces, vos compétences, vos puissances... Vous pouvez, afin de sentir un peu plus la confiance venir en vous, laisser venir un moment, une scène, une situation dans laquelle vous avez eu une totale confiance en vous en tant que futur parent ou parent... Elle peut être imaginaire ou réelle... Vous prenez le temps de laisser venir cette situation, cette image. Prenez le temps de ressentir ce que cela vous évoque, ce que cela provoque en vous. Vous laissez venir tranquillement toutes les sensations, les ressentis que vous évoque ce sentiment de confiance : qu'est-ce qui fait que dans ce moment-là vous vous sentez en confiance ? Qu'est-ce qu'il se passe pour vous, là, dans ce moment précis... Laissez venir tranquillement.... Qui est avec vous ? Qu'y a-t-il autour de vous ? L'environnement ? Qu'est-ce qu'il y

a ici et maintenant ? Quelles sensations apparaissent à ce moment-là ? Laissez venir…

6 Vous allez observer de façon large la scène, puis vous intéresser aux détails… Vous pouvez penser à un symbole, une couleur ou un mot qui va représenter toute cette confiance que vous avez en tant que parent. Vous allez bien l'ancrer en vous, tranquillement et progressivement. Cela peut être la forme d'un ballon jaune qui grandit, grandit. Vous pouvez écarter les bras pour sentir ce ballon qui grandit, grandit. Et vous sentez toute la force que cela vous procure dans votre corps, les sensations, les ressentis qui apparaissent… Et vous ancrez tout cela dans votre être… Vous pouvez aussi associer un geste afin de bien intégrer, assimiler et ancrer en vous cette confiance que vous avez en tant qu'être et toute la confiance que vous avez aussi maintenant en tant que parent. Cela peut être l'une de vos mains que vous posez sur la cuisse et avec laquelle vous appuyez légèrement, comme si vous vous vouliez laisser un peu plus rentrer, pénétrer cette confiance à l'intérieur de vous… Vous laissez ancrer en vous cela, tout en respirant calmement. Vos sensations et ressentis s'imprègnent tranquillement en vous en gardant tout ce qui est bon et utile pour vous.

7 Vous allez maintenant vous concentrer sur une situation dans laquelle vous sentez que votre confiance parentale pourrait être altérée, peu ou pas présente, ou moins présente… Vous allez d'abord sentir ce qui se passe en vous durant ces moments : Que faites-vous ? Comment vous sentez-vous ? Que faites-vous dans ces moments où la confiance n'est pas au rendez-vous ? Vous prenez bien le temps de regarder et d'observer ce qui se passe…

8 Vous allez maintenant revenir à ce geste que vous avez fait sur la cuisse et sentir aussi ce ballon de confiance de couleur jaune qui peut revenir quand vous avez besoin. Il peut être tout petit au départ. Et plus vous allez ancrer le geste, vous poser et vous installer dans cette sensation de confiance en sentant la force et la puissance qui l'accompagnent, plus vous allez sentir cette force et cette puissance grandir en vous, de plus en plus. Vous prenez le temps de ressentir les sensations, les émotions, les ressentis qui accompagnent ce geste pendant que le ballon grandit de plus en plus, à chaque inspiration, et à chaque expiration… Vous prenez bien le temps de laisser venir et de sentir tout cela en vous…

9 Vous savez que dès que vous en aurez besoin, vous pourrez vous laissez remplir par cette confiance, par cette force intérieure. Tranquillement, sans rien rechercher de particulier, laissez faire votre corps… Faites-lui confiance et continuez à vous faire confiance en tant que parent… Vous pourrez, dès que vous le souhaiterez à partir de maintenant, refaire cette pratique et refaire ce geste, laisser venir cette image du ballon

jaune et réactiver en vous cette confiance parentale quand ce sera utile.

10 Vous pouvez décider, à partir de maintenant, de poser un acte ou de mettre par écrit quelque chose qui permet de concrétiser un peu plus encore cette confiance que vous avez installée en vous et qui va être nourrie tous les jours à partir de maintenant dans votre quotidien avec votre bébé. Et vous allez pouvoir sentir, ressentir les bienfaits et bénéfices pour vous. Et vous allez aussi les voir, les sentir aussi s'installer dans votre bébé, vous permettant à tous les deux d'être en sécurité et sereins.

11 Vous allez tout poser, imprégner et ancrer tout cela. Vous pouvez noter ce que cela vous a évoqué, appris durant la pratique, ou ce que cela vous apportera aussi dans les jours et mois à venir avec votre bébé... Vous laissez s'installer tout cela et vous vous autorisez à faire et tout simplement à être le parent que vous souhaitez « être » au plus profond de vous, dans la confiance, la bienveillance et l'amour envers vous-même et envers votre bébé.

12 Vous laissez entrer et ancrer en vous toute la confiance. Et vous prenez un peu plus conscience de cette capacité et de votre capacité aussi à pouvoir l'activer dès que vous en aurez besoin dans votre vie de parent, votre rôle, vos actes, votre posture dans toutes les situations où vous en aurez besoin, pour vous et votre bébé, afin de vous permettre d'atteindre un équilibre, une stabilité, une force, une sécurité et une sérénité très utiles et aussi importants pour vous et pour votre bébé.

13 Prenez un temps de pause et de silence pour poser et intégrer cela. Puis, quand ce sera le bon moment, vous allez pouvoir sortir de la pratique, tranquillement, en prenant le temps.

Exercice : favoriser les interactions vocales entre le bébé et son parent

Intentions, bienfaits et bénéfices

Cet exercice favorise les interactions vocales entre vous et votre bébé, afin d'être dans une écoute, une attention particulière, permettant d'échanger et de partager dans la bienveillance, l'empathie et l'amour. Cela encourage ainsi l'équilibre, la sécurité et la sérénité dans le lien entre le bébé et son parent.

Les interactions vocales sont un mode privilégié de communication qui traduit les besoins, les ressentis, les sensations du bébé et lui permet de les exprimer. Les cris et les pleurs sont le premier langage du nourrisson.

Le bébé est très sensible à l'intonation de la voix. Il ressent, à travers celle de ses parents, l'état émotionnel dans lequel ils se trouvent, dans la façon dont ils placent leur voix et donnent le ton et l'ambiance. Cela va lui permettre de décoder aussi son environnement, comment se sentent les personnes proches de lui. Il va pouvoir aussi se réajuster, anticiper et s'adapter en fonction de la voix qu'il entend, qu'il perçoit. Les interactions vocales sont donc importantes. La manière dont le parent place sa voix, exprime un sentiment à travers son intonation va contribuer à rassurer, apaiser le bébé ou bien à l'insécuriser s'il perçoit dans la voix de sa mère ou de son parent un tempo qui lui engendre, au niveau du corps, des sensations et des perceptions désagréables et des tensions dans son corps. D'où l'importance, lors des pratiques que je propose, de permettre du calme, de la douceur et de la sérénité à travers le ton de la voix, car cela va contribuer aussi à l'apaisement du bébé, à son bien-être et à sa sécurité interne.

Pour Bowlby, les interactions vocales jouent un rôle important dans l'attachement.

La mère, lors de la naissance du bébé, rentre en communication avec lui par sa voix. Elle chuchote souvent au creux de son oreille. Cela induit une réponse corporelle du bébé, dès les premiers instants de vie, et permet l'instauration d'une relation aussi sereine et apaisée entre le duo. Nous pouvons observer à ce moment-là de vie que, dès que la mère parle, cela peut provoquer et entraîner une réponse motrice de la part du bébé : il se met à bouger simultanément lorsqu'il entend la voix de sa mère.

Mise en application

1. Vous vous mettez face au bébé, proche de lui, à pas plus de 30 cm. Vous allez lui parler d'une voix douce. Vous pouvez aussi détendre votre visage, déplisser le front, afficher un petit sourire. Votre bébé va sentir cette ouverture, cette bienveillance et cette empathie vis-à-vis de lui lorsque son parent s'adresse à lui vocalement.
2. Vous allez prendre le temps d'observer ce que fait le bébé. Il va vous répondre en bougeant sa bouche, en la mettant en forme de O, en la plissant légèrement vers l'avant, en vous regardant de façon plus marquée et plus soutenue. Il va peut-être aussi émettre un son, faire une vocalise pour vous répondre.
3. Prenez bien le temps d'écouter, d'être bien présent(e) et attentif(ve) à sa réponse. Puis, vous pouvez ensuite enchaîner en lui parlant de nouveau et ainsi de suite. Vous allez pouvoir prendre plus conscience et être plus attentif(ve) à la communication, aux échanges avec votre bébé grâce à vos interactions vocales.

4 Vous allez vous répondre chacun à votre tour pour créer, renforcer ce lien, et cette attention bienveillante et aimante.

Bien sûr, vous pouvez réexpérimenter cet exercice aussi souvent que vous le souhaitez dans le plaisir de l'échange, du partage avec votre bébé dès la grossesse, à la naissance et dans les jours et mois suivants.

L'écoute du corps et du tonus

Indications préalables

Le tonus du bébé lui permet d'interagir avec le monde extérieur. Il communique, à travers son tonus, avec son entourage et son environnement, et ressent ce qu'il se passe autour de lui et également à l'intérieur de son corps.

Rappel explicatif vu en sous-partie 2 : le dialogue tonique a été découvert par Ajuriaguerra. Il permet les échanges entre le bébé et sa mère ou son autre parent. Le neuropsychiatre a découvert, dans ses études, qu'il y avait une réelle interaction entre les postures de la maman et celle du bébé ainsi qu'entre le tonus musculaire de chacun d'eux.

Si le bébé ressent de la détente corporelle de la part de la maman, cela va agir sur lui. Inversement, si la maman ressent de la détente de la part du bébé, cela va agir sur elle aussi. Et si, au contraire, il y a des tensions, des raideurs et des crispations localisées ou généralisées présentes dans le corps de la mère, cela peut affecter le tonus musculaire et le dialogue tonique du bébé et inversement. D'où l'importance par exemple que le « peau à peau » se fasse dans le dialogue tonique le plus apaisé possible afin de permettre un apaisement du duo de façon simultanée. Dès les premiers instants de vie du bébé, la mère et le bébé instaurent un dialogue tonique entre eux. Ils communiquent par le toucher. La mère peut toucher de façons diverses son bébé en l'effleurant juste délicatement du bout des doigts, en le caressant, en l'embrassant. Le bébé recherche aussi ce contact physique qui est vital pour lui et lui permet une réassurance et un réconfort, surtout lorsqu'il est établi dans un dialogue tonique sécurisant et serein entre le parent et le bébé.

D'autres études ont permis de mettre en avant que la régulation du tonus du bébé a été influencée par les flux sensoriels (tactiles, spatiales, posturaux, olfactifs, gustatifs, visuels) qu'il perçoit dans ses interactions avec les autres, son environnement.

Le tonus du bébé fluctue également en fonction de son niveau de vigilance – sommeil ou éveil – et également de son état émotionnel ainsi que de celui de son référent, le parent.

Le dialogue polysensoriel est le mode de communication entre le parent et le bébé. Il modifie le tonus du bébé et son état tonico-émotionnel.

La trame de la motricité du bébé comprend donc le tonus et l'attitude corporelle, les interactions sensori-motrices avec son milieu, son entourage et son environnement, et l'ajustement de son équilibre émotionnel.

Le tonus est donc un élément clef de l'approche motrice et est très lié à l'état émotionnel de l'enfant.

Celui-ci n'a pas toutes les ressources pour les régler avant l'âge de 5 ans. L'enfant a besoin de réconfort, de sécurité et d'empathie. Comment le faciliter ? Grâce à son parent qui va se connecter à lui, être au plus juste et reconnaître ce qu'il ressent.

À travers mes pratiques, je vous invite à être en lien, à l'écoute de votre bébé, à travers les sens, le corps, les câlins, le toucher, le contact du corps, la bienveillance et l'empathie afin d'accueillir les sensations et explorer le tonus de votre bébé en lien avec son état émotionnel.

À travers les câlins, le corps-à-corps, dans l'apaisement et les échanges dans la paix et la sérénité, le bébé va bénéficier, nous l'avons vu, d'une libération d'ocytocine. Cela va diminuer le stress chez la mère en abaissant le cortisol, l'hormone du stress.

Les pratiques que je propose vont permettre des interactions corporelles et sensorielles. Elles vont aussi activer l'hormone du plaisir et du lien d'attachement et libérer d'autres hormones : la dopamine et la sérotonine, deux neurotransmetteurs activant la bonne humeur, le calme, l'apaisement et les sensations de sérénité, de bien-être au niveau du corps et de l'être.

Tout cela contribue à l'apaisement, à l'éveil d'émotions positives, et contribue à un lien équilibré et surtout apaisé permettant l'épanouissement et le développement psychique et physique du nourrisson dans des conditions favorables.

Les interactions affectives et émotionnelles entre le parent et le bébé sont, elles aussi, importantes. Elles correspondent au climat et à l'environnement émotionnel et affectif des interactions entre le parent et le bébé. Comment est vécue la communication ? Les interactions sont-elles agréables ou désagréables, plaisantes ou déplaisantes ? Est-ce qu'elles éveillent du plaisir ou du déplaisir ?

Cela concerne les influences réciproques de ce que ressent la mère ou le parent au niveau émotionnel au tout début de la vie du bébé et ce qu'il ressent également au niveau émotionnel.

Daniel Stern évoque le terme d'accordage affectif ou d'harmonisation affective entre la mère et l'enfant. Les émotions ressenties par le bébé et ses parents constituent l'objet même de la communication dans le « jeu mère-nourrisson », dès le début de vie du bébé puis au cours des premiers jours, semaines et mois. La tonalité affective et le climat émotionnel de la mère et du bébé lors de ses premiers instants de vie permettent de faire émerger les premiers sentiments et émotions qui vont s'inscrire au niveau du bébé et du parent, que ce soient des interactions émotionnelles reliées au plaisir, au bien-être, à la sérénité, à la sécurité et à l'apaisement, ou à l'inverse reliées à des émotions telles que la tristesse, le dégoût, le rejet, l'insécurité, l'anxiété, la peur, l'angoisse...

Ces interactions émotionnelles vont être aussi déterminantes afin de garantir une sécurité et une sérénité vécues autant chez le bébé que chez le parent. La mise en application de ma méthode va permettre aux parents d'éveiller, de faciliter l'émergence des émotions agréables et sécurisantes à la fois pour le bébé et la maman afin de garantir une harmonie et un bien-être au niveau du duo et de garantir un lien équilibré et serein.

Intentions, bienfaits et bénéfices

Cette pratique vous permet de vous mettre à l'écoute de votre corps, de votre tonus, de vos sensations internes et externes comme de ceux de votre bébé.

Vous vous mettez au contact de vos émotions et de celles de votre bébé dans le dialogue tonique, les interactions sensori-motrices et l'attitude corporelle, dans un état de bienveillance, d'empathie et d'accueil avec votre bébé, lors d'un temps privilégié.

À force d'expérimentations, vous serez en mesure de retirer tous les bénéfices et les bienfaits de cette expérience, et profiter de ces moments de partage et d'échanges, de façon plus consciente.

Mise en application

Vous pouvez effectuer cette pratique avant l'arrivée de votre bébé car, plus vous l'aurez expérimentée, plus ce sera accessible pour vous et plus vous serez connecté(e) à votre corps et au sien afin de pouvoir être dans l'empathie, la bienveillance vis-à-vis de vos ressentis, sensations, tonus, à travers divers flux sensoriels et diverses interactions sensori-motrices.

1. D'abord, lors de la pratique initiale avec votre bébé, vous allez accueillir chaque partie de vos corps en commençant par votre tête et la sienne, votre visage et son visage que vous pouvez visualiser ou bien toucher délicatement, si cela est possible pour vous, que vous sentez intérieurement que cela est facile et apaisé pour vous de le faire et que votre bébé est disposé à accueillir votre toucher délicat et doux au

niveau de son visage. Vous pouvez lui dire par exemple : « Est-ce que cela te dit que je touche ton front ? Je peux poser ma main un petit temps sur ton front, qu'est-ce que tu en dis ? », d'une voix posée et douce car le bébé est sensible à la voix de sa mère qu'il connaît bien. Vous pouvez si vous le souhaitez expérimenter la pratique du premier baiser au niveau du troisième œil.

2 Puis, vous descendez au niveau de votre cou, de votre nuque. Vous les visualisez chez votre bébé. Puis, les épaules, les bras, les mains, les vôtres en les touchant ou en vous concentrant dessus. Vous pouvez prendre un temps pour mettre la petite main du bébé au creux de votre paume et vous relier à cette zone : « Ta petite main dans mes mains et on prend un temps tous les deux comme cela. » Vous pouvez caresser délicatement cette partie du corps en fonction aussi de ce que montre le bébé au niveau de son dialogue tonique et de son attitude corporelle.

3 Puis, vous allez au niveau de votre dos. Vous visualisez la zone de votre dos. Vous pouvez poser une main sur celui de votre bébé, tout doucement. Pour situer aussi cette zone au niveau de son corps, vous pouvez lui dire : « Je pose ma main sur ton dos ». Son dos a été, tout au long de la grossesse, en contact contre les parois utérines et le fait de mettre votre main sur cette zone peut lui permettre de sentir au niveau des sensations les limites de son corps avec l'extérieur. Il va se sentir apaisé par ce contact qui l'entoure, l'enveloppe. Vous êtes toujours bien relié(e) à vous, à ce que vous faites. Expérimentez ce qui vous parle, ce qui vous fait écho, et prenez le temps de sentir ce que cela vous fait d'être dans cet état d'apaisement, de sérénité et de sécurité. Vous pouvez aussi visualiser votre colonne vertébrale et sa colonne qui part du haut du dos vers le bas afin de bien conscientiser son ensemble.

4 Puis vous pouvez revenir devant. Vous vous concentrez sur votre poitrine et celle de votre bébé, puis votre ventre et celui de votre bébé. Vous pouvez toucher également cette zone. Prenez un temps pour vous relier à votre respiration et à ses mouvements ainsi qu'à la respiration ventrale de votre bébé en observant ou en visualisant mentalement son rythme, toujours en veillant à être dans ce qui est apaisant et serein pour vous et votre bébé. Prenez un temps pour laisser votre respiration s'approfondir légèrement puis un peu plus, au fur et à mesure que vous sentez l'apaisement arriver et se diffuser dans votre corps. Vous pouvez dire à votre bébé : « Tu respires, tu prends de l'air et tu souffles. Tu sens l'air et tu peux souffler tranquillement, tout doucement. On peut le faire ensemble pour te permettre de te sentir tout calme, et posé, tous les deux en profitant de ce moment où nous sommes en lien tous les deux… »

5 Puis, vous descendez au niveau du bassin, des hanches, des jambes. Vous pouvez visualiser ou toucher vos jambes et celles de votre bébé si cela

est possible pour qu'il puisse ressentir, par une sensation extérieure, cette zone, toujours de façon apaisée et douce, tranquillement, de façon lente et fluide.

6 Vous vous concentrez sur votre corps tout entier, en le visualisant dans son ensemble. Vous pouvez rassembler votre bébé, l'envelopper dans un lange et passer vos mains sur tout son corps, délicatement, pour qu'il en sente tous les contours et les sensations de l'extérieur : les sensations tactiles, les interactions visuelles avec vous, les sensations auditives et ce que la parole lui procure... « Je te rassemble au niveau de tout le corps et je t'apporte tout l'apaisement et la sérénité dans cet enveloppement. Ressens ce que cela te procure dans ton petit corps, ressens toutes les sensations, les ressentis et les émotions agréables dans ce temps d'enroulement, d'enveloppement. » Exprimez ce que cela vous apporte à vous et à lui : « Je vois que cela te détend, t'apaise. Tu bâilles, tu t'étires, tu es plus relâché, tes mains s'ouvrent, ton visage est plus apaisé, et moi aussi je sens, je ressens dans mon corps les bienfaits de te voir et te sentir bien apaisé et serein. »

7 Vous prenez bien un temps d'accueil dans le calme et le silence pour ressentir tout ce qui se passe, ce que cela vous procure à vous et à votre bébé lors de ce premier moment de lien, de connexion l'un à l'autre... Prenez ce temps de silence et d'accueil pendant une ou deux minutes, en fermant les yeux si vous le voulez et si vous êtes seul(e), ou bien en les baissant légèrement en tenant votre bébé contre vous.

8 Vous allez maintenant être dans l'attention à vos sensations, vos émotions et celles de votre bébé à travers tout ce qui se vit en vous et en lui, lors de ces premiers liens mère-bébé ou parent-bébé, un moment de connexion, d'interaction dans l'apaisement et la sérénité à l'écoute de vos deux corps, à travers vos flux sensoriels, à travers votre dialogue tonique et votre langage... Vous pouvez, grâce au contact de vos deux corps ou à travers la visualisation d'un « peau à peau » avec votre bébé, ou simplement à travers un contact d'une petite partie de son corps, ou un regard, vous relier pleinement à toutes vos sensations internes et externes.

9 Vous pouvez vous imaginer qu'il vous regarde intensément. Vos deux regards se plongent l'un dans l'autre. Imaginez ou visualisez que vous caressez ou embrassez délicatement votre bébé. Imaginez-vous poser une main sur une partie de votre corps et une autre sur le sien, et accueillez toujours les sensations en continuant à garder cette bienveillance, cette écoute, cette empathie, vis-à-vis de vous-même et de votre bébé qui vient de naître ou que vous venez de découvrir et que vous accueillez au sein de votre propre sphère intime.

10 Appréciez ce moment en prenant le temps dont vous avez besoin pour laisser s'installer en vous le calme et la paix... Vous voyez, vous ressentez que votre bébé apprécie aussi ce temps de calme, d'échange

et de lien, que ces instants sont si précieux pour lui et pour vous au tout début de son existence. Vous prenez le temps de sentir, de ressentir tout le lien d'amour qui vous unit. Et vous prenez bien le temps de profiter de ce moment de douceur, de complicité, de découverte et d'accueil de vous deux, pleinement en lien, et apaisés.

11 Vous pouvez parler avec votre bébé, lui dire les mots, les phrases qui vous viennent. Cajolez-vous, vous-même, en vous berçant si vous êtes seul(e), en vous enlaçant avec vos mains au niveau des épaules, ou bien en berçant tout doucement votre bébé. Vous vous apportez de l'amour, de la douceur mutuellement. Vous pouvez vous dire et lui dire : « Je t'aime, mon bébé. Je m'aime aussi. Je prends soin de toi, je prends soin de moi. Je nous aime tous les deux et je suis ravi(e) de pouvoir vivre ces tout premiers moments avec toi, en toute sérénité et en toute tranquillité. »

12 Prenez un temps pour ressentir tout le plaisir et toutes les sensations agréables, présentes, ici et maintenant. Prenez le temps de vous ressourcer dans ce moment de lien, comme si le temps s'était mis sur pause à cet instant et que vous preniez tout le temps nécessaire pour en profiter pleinement, en conscience, à travers tout votre corps et celui de votre bébé. Celui-ci est bien relié instinctivement à toutes ses sensations, à ses ressentis, à tout ce qui se vit en lui. C'est comme cela qu'il découvre le monde extérieur et son monde et prend plaisir à les découvrir dans un moment de calme, de plénitude et d'apaisement. Cet instant de douceur, de partage et d'échange, lors de la rencontre avec ses parents, est un de ses tout premiers moments de vie qui va s'imprégner profondément en lui et intensément au niveau de son corps et dans sa mémoire émotionnelle, dans son physique et son psychique. Il est d'autant plus précieux et important qu'il va permette de lui garantir une sécurité de base, un socle dans lequel il pourra se poser, se reposer dès qu'il sentira le besoin de retrouver du réconfort, de la réassurance, de la sécurité et de la confiance. Aussi, ce moment est très important pour lui.

13 Votre bébé et vous êtes au contact de vos émotions agréables. Vous êtes reliés à l'apaisement et à la sérénité de ce moment que vous vivez ensemble, tous les deux, en visualisation ou en direct, ce premier moment de lien concret entre vous deux. Vous prenez le temps de ressentir tout le plaisir que cela vous procure à tous les deux. Votre bébé aussi profite de ce moment de bienveillance, de lien d'amour.

14 Vous êtes tous les deux en interaction mutuelle autant dans les échanges sensoriels qu'à travers les ressentis, les émotions présentes en chacun de vous. Tout cela communique de façon fluide, spontanée et vous prenez le temps d'en ressentir tous les bienfaits.

15 Vous vous imaginez être et vivre concrètement ce moment en totale union, l'un avec l'autre, peut-être en contact direct de vos deux corps,

peut-être à travers le toucher d'une des parties du corps, peut-être en visualisation directe ou à travers une image mentale que vous vous imaginez pour vivre ce moment de paix et de lien sécurisant. Vous ressentez tout le positif que cela vous apporte en votre intérieur...

16 Vous pouvez éveiller un sentiment que vous souhaitez approfondir et ressentir un peu plus profondément au sein de votre corps et de celui de votre bébé. Pour cela, vous allez vous aider de votre respiration. Inspirez un mot relié à un sentiment - par exemple, les mots amour ou paix - puis vous pouvez l'accueillir et le diffuser en expirant, et le diffuser aussi en le disant à votre bébé : « Je te transmets ce sentiment et je le diffuse dans ton corps aussi, à travers tout mon organisme, mon corps, mes cellules et à travers ton corps, tes cellules, ton organisme... Et tu ressens bien dans ton corps ce mot se diffuser un peu plus profondément. » Vous pouvez passer une main sur le corps de votre bébé et sur le vôtre, ou vous vous visualisez en passant votre main délicatement, doucement, avec tout votre amour et en toute sérénité et sécurité pour bien imprégner ce sentiment à la fois dans votre corps et dans le sien... En prenant le temps, vous pouvez murmurer le mot que vous avez choisi, doucement, en vous adressant à votre bébé.

17 À chaque respiration, vous dites : « Tous les deux, on ressent bien ce sentiment circuler et s'imprégner en nous, tranquillement. Et on en apprécie tous les deux les bienfaits et les bénéfices. » Prenez un temps de pause pour observer et vous connecter à tous vos ressentis, vos sensations, vos émotions, à tout ce que cela vous a procuré et apporté. Observez et visualisez l'attitude, le tonus et le comportement de votre bébé afin de voir aussi tout ce que cela lui a apporté.

18 Faites un temps de silence où vous imprégnez tout cela en vous. Les images et les sensations vont s'ancrer dans votre corps. Vous vous adressez à votre bébé : « Prends bien le temps d'enregistrer ce moment en toi pour pouvoir le retrouver. Moi aussi, je peux le retrouver et connaître mes propres moyens d'apaisement. Toi aussi, tu peux décoder dans ton corps quand tu ressens de la paix et de l'apaisement afin de pouvoir t'y reconnecter de façon plus facile, plus spontanée, dès que tu en auras besoin... »

19 Puis, quand ce sera le bon moment pour vous, vous pouvez sortir de la pratique, plus conscient(e) de votre dialogue tonico-émotionnel avec votre bébé. Vous êtes désormais en mesure de développer et renforcer vos capacités à vous connecter à vos sensations et à celles de votre bébé afin de pouvoir vous apaiser et vous sécuriser quand c'est utile pour vous et votre bébé.

Dès que vous le souhaiterez, vous pourrez réexpérimenter cette pratique en vous visualisant lors de vos premiers moments dans un lien serein d'amour et de bienveillance, bien connectés à vos ressentis, vos émotions et vos sensations mutuellement. Plus vous l'aurez expérimentée, plus vous en ressentirez tous les bienfaits et les bénéfices lors du moment concret. Et, bien sûr, vous pourrez pratiquer cette technique au moment concret de la rencontre et même après, dans les jours, mois ou même années qui suivront. Et vous pourrez aussi en ressentir les bienfaits et les bénéfices.

Son propre lieu ressource, serein et paisible

Indications préalables

Vous pouvez réaliser cette pratique avec votre bébé né à terme, prématuré ou avec une pathologie particulière. Vous avez besoin de porter une attention quasi constante sur lui mais vous avez aussi besoin de prendre soin de vous et de votre bien-être pour pouvoir remplir votre bébé de ce bien-être et lui en faire bénéficier.

Vous pouvez pratiquer cette technique dès la grossesse et, bien sûr, l'effectuer dès les premiers moments avec votre lorsqu'il dort, ou lorsqu'un proche peut veiller sur lui durant 15 à 20 minutes après une tétée par exemple ou un biberon. S'il est hospitalisé, pratiquez-la sur un temps où vous pouvez vous libérer pendant 15 minutes, pendant que votre enfant est pris en charge par l'équipe ou par un proche. Plus vous expérimentez cette pratique, plus vous en sentirez les bénéfices et les bienfaits. Une fois que vous l'aurez bien intégrée, vous pourrez la pratiquer avec votre bébé en lui expliquant, avec vos mots, les étapes, pour, tous les deux, bénéficier de ce temps de bien-être et d'apaisement.

Même si vous réalisez cette pratique pour vous seul(e), votre bébé pourra en bénéficier. Lors des tout premiers moments de rencontre et de lien avec vous, s'il sent toutes les sensations de bien-être et d'apaisement en vous, cela participera grandement à son bien-être et son apaisement. Si vous voulez, vous pouvez tout à fait le faire dès le début avec votre bébé en le tenant dans les bras, bien contre vous. Afin de veiller à sa sécurité, vous pouvez avoir une personne à côté de vous, en cas d'assoupissement ou de relâchement suite à ce moment de bien-être et de ressource.

Si votre bébé est en couveuse, vous pouvez lui expliquer la pratique et la faire en lui expliquant les étapes grâce à votre voix. Vous pourrez ainsi en faire bénéficier également votre bébé prématuré ou hospitalisé, lors des premiers moments de sa vie.

Cette pratique peut bien sûr continuer à être effectuée les premiers mois et années de vie de bébé, dès que vous, parents, en avez besoin.

Intentions, bienfaits et bénéfices

Lors de l'accouchement, à la naissance de votre enfant, vous avez eu des sensations et des émotions très intenses et plus ou moins agréables. Vous avez, lors des premiers moments de vie de votre bébé, peut-être besoin de sentir et ressentir toutes ces sensations de bien-être et de calme afin de vous faire du bien à vous-même, vous apporter du bon pour vous et activer ainsi vos hormones de plaisir et de bien-être. Après l'accouchement et lors des premiers mois qui impliquent de la fatigue ainsi qu'une vigilance et une attention accrues envers votre bébé, vous avez besoin de rebooster ces sensations de bien et stimuler les hormones de plaisir et de bonheur pour vous-même.

Cette pratique vous permet de créer votre propre lieu de ressources pour faciliter votre accès à la sérénité.

Mise en application

Tout au long de cette pratique, vous allez pouvoir imaginer une douce lumière chaude réconfortante ou une eau chaude et agréable qui glisse sur le corps, ou encore une plume douce et agréable qui vient effleurer et caresser tout votre corps.

1. Une fois que vous avez fait la pratique initiale, imaginez un rayon de lumière tout chaud et réconfortant, ou des gouttelettes d'eau chaude comme une douche agréable qui viendrait envelopper votre corps, ou une petite plume qui viendrait le parcourir.
2. Vous vous laissez le temps de bien visualiser ce qui pourrait vous procurer cette douceur, ce calme et ce bien-être dans votre corps. Cela peut être ce que j'ai cité ou tout autre chose qui vous parle, vous vient dans l'instant à partir du moment où cela vous met dans un espace et un état de bien-être et de sérénité dans l'instant présent. Cela peut être un objet que vous imaginez, une sensation que vous avez ressentie et qui vous a mis dans un état de bien-être et de calme total, ou bien si vous n'arrivez pas à en trouver un, dites-vous : « Qu'est-ce qui pourrait m'apaiser, me permettre de me sentir bien, apaisé(e), ici maintenant ? » Et prenez le temps de laisser venir cet objet, cette image qui arrive en vous…
3. Puis, une fois que vous avez trouvé cet objet ou cette image, vous imaginez que la sensation provoquée par le rayon de soleil, l'eau, la plume ou autre se pose au niveau de votre crâne, de votre tête, de votre visage et descend sur votre cou, votre nuque, puis vos épaules, vos bras, vos mains puis votre dos, puis votre thorax, votre ventre, votre bassin, vos hanches, vos jambes et va jusqu'à vos pieds et vous englobe complètement, de la tête jusqu'aux pieds…
4. Prenez un temps pour bien installer et laisser circuler cette sensation agréable de bien-être, de douceur et de calme dans votre corps, mais

aussi dans vos muscles, vos organes et vos cellules. Vous prenez un temps pour bien visualiser et sentir que cette sensation pénètre et rentre dans votre corps, de plus en plus profondément... Vous vous centrez et concentrez sur cet état de bien-être et de calme. Vous le laissez rentrer de plus en plus en vous, en vous posant. L'important est de vous concentrer de plus en plus sur les sensations, les ressentis, les émotions agréables qui sont là, présents, lorsque cet état de calme, de bien-être rentre de plus en plus en vous, dans votre corps, de la tête aux pieds, et qui circule et se diffuse dans tout votre corps.

5 Vous faites une petite pause afin de prendre un peu plus conscience de toutes ces sensations de bien-être, bien installées dans votre corps. Vous les laissez se poser et s'installer encore un peu plus, avec un temps de silence et d'accueil des sensations, en étant plus conscient(e) de leur présence... Prenez le temps de profiter de ce calme, de ce bien-être dans votre corps et votre mental en y associant votre bébé s'il est présent avec vous lors de la pratique, lors des tout premiers moments de son début de vie et plus tard bien sûr dès que vous en avez besoin.

6 Vous allez vous concentrer sur cette notion de bien-être, de sérénité et laisser venir un lieu, connu ou imaginaire. Laissez venir ce lieu, imaginez-vous dedans avec votre bébé dans un total état de bien-être et de sérénité. Vous laissez venir ce qui se présente – un paysage ou une pièce : dans quelle position êtes-vous tous les deux dans cet espace, ce paysage ou cet endroit de bien-être total ? Y a-t-il des objets autour, des animaux ? Laissez venir les sons, les bruits. Vous pouvez décrire ce que vous voyez et/ou entendez à votre bébé présent avec vous : « Nous sommes tous les deux blottis l'un contre l'autre, allongés sur des petits coussins tout doux. Nous écoutons de la musique douce et calme. Nous sommes bien tous les deux dans cet instant. »

« Nous sommes dans la forêt tous les deux, bien réchauffés l'un contre l'autre. Le paysage autour de nous est magnifique, il y a du vert, des couleurs, des arbres somptueux, des fleurs étincelantes, des petits oiseaux qui chantent, un doux rayon de soleil qui réchauffe notre corps et notre cœur. Nous sommes totalement sereins dans ce lieu et on ressent dans notre corps tous les deux ce que cela nous procure en émotions, ressentis et sensations agréables... »

« On peut se laisser bercer par une douce bise. Je te berce doucement, je te chantonne une petite chanson, mon bébé. Et on apprécie de se plonger tous les deux dans ce calme et cette douceur, très utiles pour nous deux lors de nos premiers moments ensemble où nous avons besoin d'être dans notre cocon de bien-être et de sérénité, autant toi, mon bébé, que moi. Cela nous fait du bien à tous les deux. »

Vous prenez encore plus conscience de toutes les sensations qui sont là, et de tout ce que ce lieu de calme et de bien-être provoque en vous.

7. Vous allez les intégrer encore un peu plus en inspirant pour vous remplir de bien-être, en vous-même et en votre bébé. En soufflant vous les diffusez partout encore un peu plus, en vous et en votre bébé, dans chaque partie de votre corps, de la tête aux pieds, dans vos organes, vos muscles, vos os et vos cellules.
8. Vous allez pouvoir ensuite sortir de la pratique, bouger, vous étirer, bâiller et revenir ici et maintenant dans la pièce où vous vous trouvez.

Plus vous allez faire cette pratique, y compris sur des courtes périodes de 15 à 20 minutes, plus ce sera simple et efficace pour vous de retrouver votre état de bien-être et de sérénité et d'en faire profiter votre bébé. Cette pratique participera à renforcer et sécuriser vos liens entre vous. Elle permettra d'avoir des liens solides et équilibrés amenant la confiance et la sécurité à la fois pour vous et votre bébé.

Plus vous referez l'expérience, plus ce sera inscrit en vous et en votre bébé et plus vous pourrez la retrouver dès que vous ou votre enfant en aurez besoin.

Votre tête, votre corps connaîtront le chemin, la route pour accéder à cet espace de bien-être. Votre bébé aussi le prendra instinctivement en vous suivant dans l'expérience, et ensuite, lorsqu'il grandira, il pourra la fera en autonomie.

Le silence pour se découvrir et s'écouter

Intentions, bienfaits et bénéfices

Vous pourrez pratiquer cette technique lors des premiers moments de rencontre et d'accueil de votre bébé mais bien sûr aussi durant la grossesse et lors des premiers mois et années de sa vie, lorsqu'il sera plus grand également, à tout moment.

Cette pratique vous aide à vous découvrir lors des premiers moments, à prendre le temps de vous observer dans le silence et le recueillement, comme si le temps s'arrêtait, et à profiter de ce premier moment de rencontre avec votre bébé.

Mise en application

Prenez un temps avec votre bébé, pour vous découvrir les toutes premières fois. Vous allez arrêter le temps, faire un arrêt sur une image. Vous êtes là tous les deux, ensemble, et vous vous découvrez ou vous redécouvrez.

1 Arrêtez-vous et écoutez le silence. Prenez un temps pour rentrer en lien, vous et lui, dans le silence, le recueillement. Prenez un temps pour vous regarder, vous contempler, vous observer, vous écouter et vous entendre… Arrêtez-vous et prenez un temps pour scruter le doux visage de votre bébé, ses yeux, sa petite bouche, sa jolie peau de porcelaine, toute douce et délicate, sa peau de pêche. Ressentez toute cette douceur vous envahir vous aussi lors de ce temps de pause pendant lequel vous contemplez votre bébé…

2 Prenez le temps de découvrir, redécouvrir comme un arrêt sur image. Observez sa façon de bouger, les mouvements de son corps, ses positions, ses postures. Écoutez sa respiration, ses soupirs.

3 Vous vous adressez à votre bébé : « Tu es bien là, vivant, face à moi, avec tes bruits de bouche, de gorge, des petits bruits comme des ronronnements. On prend tous les deux le temps de profiter de ce moment de découverte. Je me penche ou m'approche de toi et toi aussi tu découvres un peu plus les contours de mon visage. Tu sens ma respiration, mon corps, mon odeur lors de cet instant que nous apprécions tous les deux. »

4 Mettez-vous à portée de votre bébé pour rentrer dans son monde et dans votre espace à tous les deux. Prenez le temps de découvrir et de sentir les sensations qui arrivent dans cet instant, tout doucement, délicatement, à votre rythme. Sentez ces sensations qui ne peuvent pas forcément se retranscrire en mots, par des paroles. Rentrez dans votre monde à tous les deux. Mettez-vous à la place de votre bébé afin de capter, de vous connecter à ses émotions, ses sensations, ses ressentis, d'être à l'écoute de ce qu'il vit, de ce qui se passe en lui pour mieux le comprendre, l'entendre, le percevoir et le sentir, dans ce silence calme et apaisant.

5 Dans le silence, vous écoutez plus profondément votre bébé et vous-même. Vous vous mettez en empathie avec lui, avec ce qu'il sent, ce qu'il vit, ce qu'il ressent et vous laissez diffuser toute votre bienveillance et votre amour mutuels dans cet instant de pause, de calme… Tout tranquilles, posés, vous appréciez tous les deux ce moment où vous vous écoutez dans le silence mais où beaucoup de sensations, de ressentis, d'interactions non verbales passent et circulent entre vous…

6 Avec douceur, délicatesse, bienveillance et empathie, vous vous mettez à l'écoute de son cœur, il écoute aussi votre cœur, vos ressentis. Prenez bien le temps de vous écouter mutuellement dans ce temps de silence si précieux pour vous découvrir, vous redécouvrir pleinement et de façon peut-être différente que dans votre quotidien où vous êtes plus en fonctionnement automatique et moins dans la perception de ce qu'il se passe et de ce que vous ressentez.

Dans votre quotidien, vous pouvez être amené(e)s à être plus dans le « faire » que dans l'écoute de votre être profond. Pourtant, cela peut s'avérer utile, précieux et même vital autant pour vous que pour votre bébé enfant d'aller vers cette écoute de l'être en profondeur.

La relaxation et la détente inspirées de la méthode 4-7-8 d'Andrew Weil

Indications préalables

Je me suis inspirée de la méthode de respiration 4-7-8 mise au point par Andrew Weil, médecin chercheur dans l'Arizona, pour créer cette pratique. Il l'a inventée pour permettre aux personnes de s'endormir plus facilement.

Je vous conseille de la réaliser seul dans un premier temps afin de bien vous imprégner des sensations et de l'état émotionnel recherché, c'est-à-dire du calme et de l'apaisement pour une meilleure efficacité quand vous la pratiquerez avec votre bébé.

Pratiquez-la au départ lors de moments où vous sentez qu'une base de calme est déjà présente et où les conditions du moment sont favorables pour accéder facilement à cet état. Commencez pendant un moment où vous vous sentez disponible : vous avez un peu de temps devant vous, pour vous consacrer à vous, vous avez bien dormi, ou du moins vous vous sentez suffisamment disponible pour vous accorder ce temps.

S'il n'est pas simple pour vous de venir à cet état de calme de façon spontanée, vous pouvez laisser venir une sensation, une image ou un souvenir qui le favorise et vous permet d'y accéder plus naturellement et plus spontanément.

Pour cela, mettez-vous dans un endroit où vous vous sentez bien, où vous ne serez pas dérangé, et faites en sorte que l'ambiance autour favorise déjà cet état de calme afin de vous en faciliter l'accès à l'intérieur de vous et de pouvoir le faire pénétrer en vous de façon plus fluide.

Vous pouvez expérimenter cette pratique durant la grossesse, lors de l'accueil de votre bébé et bien sûr par la suite au fil des mois.

Si vous êtes enceinte ou que vous venez d'accoucher, si vos capacités respiratoires ne permettent pas de pratiquer cet exercice, je vous invite à l'aménager autrement et à ne pas suivre les indications de la respiration à la lettre. Ce ne sont que des indications. Veillez toujours à ce qui est bon pour votre santé et votre équilibre général.

Intentions, bienfaits et bénéfices

Cette pratique permet de se relaxer, se détendre afin d'être plus conscient de ses capacités de détente et de calme lors de la rencontre et des premiers moments de lien avec votre bébé.

En pratique, elle vous aide à diminuer votre système nerveux sympathique (celui qui intervient dans des situations d'alerte et de stress) et à activer votre système parasympathique (celui qui permet l'accès à un état homéostasique, d'apaisement au niveau de votre organisme, ainsi qu'un équilibre global dans votre corps). Diminuer votre stress, votre anxiété et augmenter votre détente, votre apaisement dans tout votre être et votre organisme va avoir un effet sur votre corps et vous allez pouvoir avoir les mêmes conséquences sur le corps et l'organisme de votre bébé qui va lui aussi pouvoir revenir à cet état physiologique de bien-être et de détente car vous l'aurez amené, invité et guidé à rentrer dans le même état tonico-émotionnel que vous. Vous agissez en effet en permanence sur l'état tonique et émotionnel de votre bébé, et il agit aussi sur vous comme un effet miroir dans lequel chacun de vous reflète et transmet ce qui passe en lui, ce qui vit en lui puisque pour le bébé vous ne faites qu'un. Rappelez-vous que le bébé dans son image mentale ne fait qu'un avec son parent jusqu'à ses 6 mois) et que vous-même êtes viscéralement lié à ce bébé d'abord à travers la grossesse pour les mères mais aussi au moment de la rencontre et de ses toutes premières heures, jours et mois de vie.

Il est important de pouvoir revenir à l'état physiologique du bien-être, de la détente et de l'apaisement au niveau de votre intérieur, de votre corps.

Plus vous allez pratiquer, plus vous serez en mesure de ressentir cet état au niveau de votre corps et également l'observer au niveau de votre bébé, ceci grâce à l'action des neurones miroirs (vu en partie 1 - chapitre 2). Ceux-ci vont lui permettre en effet d'activer les mêmes zones cérébrales que vous lorsque vous êtes dans cet état de calme et de paix intérieure afin de ressentir et vivre lui aussi cet état dans son propre corps.

Conseils complémentaires

Comme cette technique amène de la détente et du relâchement, veillez à la faire en présence d'une personne qui surveillera votre bébé dans les cas où vous vous laissez aller au sommeil. Si vous l'effectuez seul, faites en sorte de rester dans un état de vigilance toujours bien maintenu pour garantir la sécurité de votre bébé. Installez-le dans un endroit où sa sécurité sera assurée, et restez attentif à votre bébé tout le temps de la pratique.

Mise en application

1. Vous pouvez, si vous pratiquez seul(e), fermer vos yeux ou les laisser ouverts, si vous êtes avec votre bébé. S'il est allongé à proximité de vous, mettez une main sur son ventre et une main sur le vôtre.
2. Évaluez votre niveau émotionnel comme sur une espèce de baromètre sur lequel vous allez mesurer, sur une échelle de 0 à 10, où vous vous situez : au niveau 0, vous vous sentez calme, en paix et détendu(e) ; au niveau 10, vous ressentez un niveau maximum de stress, de tension. Vous pouvez également évaluer le niveau émotionnel de votre bébé si vous faites la pratique avec lui. S'il est encore in utero, connectez-vous à lui en mettant vos mains sur votre ventre et concentrez-vous un peu plus sur lui.
3. Videz maintenant vos poumons : soufflez par la bouche et laissez sortir vos tensions inutiles dans votre corps, ce dont vous n'avez pas besoin ici et maintenant, pour vous et votre bébé. Vous vous dites : « Je me libère et laisse sortir ce qui n'est pas utile pour moi, ici et maintenant, et je libère aussi mon bébé. Je lui permets aussi de laisser sortir ce qu'il a envie de sortir, de libérer. » Et vous soufflez longuement pour bien laisser sortir ce qui doit sortir… À votre bébé, vous dites aussi : « Toi aussi, libère-toi de tout cela. »
4. Fermez votre bouche. Faites entrer l'air à l'inspiration par le nez pour laisser rentrer le calme en vous, tranquillement et doucement. Vous vous dites, à vous-même et à votre bébé : « Je laisse et tu laisses rentrer le calme en toi et en moi, tranquillement et tout doucement. » Vous pouvez aussi concrétiser ces paroles par un geste concret à votre égard et à son égard. Cela permet d'associer un geste à votre état émotionnel du moment. Par exemple, lorsque vous vous dites : « Je laisse rentrer en moi le calme », posez une main sur une des parties de votre corps qui vous parle, et une autre sur votre bébé. Posez une main délicatement sur le bas de votre ventre afin de ressentir toute la sécurité de votre base interne, et laissez votre bébé se poser dans vos mains comme dans la pratique sur la création d'un socle de sécurité apaisant et sécurisant. Ou bien, caressez-lui doucement la tête, une partie de son corps où vous sentez qu'il est disposé à recevoir cette caresse douce et calmante. Vous lui dites : « Tu laisses rentrer le calme en toi dans ton petit corps » et vous maintenez un petit temps la position. Vous pouvez aussi l'embrasser, le câliner. Vous faites ce qui vous parle dans l'instant, et vous laissez bien entrer et pénétrer le calme dans vos deux corps, tranquillement, tout en inspirant. Dans la méthode initiale d'Andrew Weil, l'inspiration dure jusqu'à 4. Pour cette pratique, je ne donne pas d'indication de chiffres. Vous inspirez le temps qu'il vous faut à vous et à votre bébé, pour bien laisser rentrer ce calme. Vous prenez bien le temps de sentir et de ressentir.

5 Vous allez à présent bloquer l'air. Vous laissez bien se diffuser le calme en vous. Vous laissez apparaître les sensations, les images, les émotions agréables qui arrivent à cet instant. Vous projetez et diffusez ce calme au niveau de votre bébé. S'il est in utero, vous passez la main sur votre ventre. S'il est avec vous pendant les premiers moments de lien, vous pouvez aussi y associer un geste en passant vos mains au-dessus de lui, par exemple. Ce geste représentera un ancrage de calme. Ou bien vous passez une main sur son ventre aussi si vous le souhaitez. Et vous laissez ancrer et s'imprégner ce calme dans vos deux corps en prenant bien le temps. Vous bloquez l'air autant de temps que cela est nécessaire et surtout confortable pour vous. Dans la pratique initiale, il faut compter jusqu'à 7, je vous le donne juste à titre indicatif, mais vous le faites pendant le temps qui est utile et favorable pour vous et bébé.

6 Ouvrez la bouche et soufflez doucement l'air en vidant vos poumons et en allongeant légèrement votre expiration, si cela est possible pour vous. Vous prenez le temps de bien diffuser toutes ces sensations dans l'expiration, dans votre corps et dans celui du bébé. Vous pouvez faire encore un geste d'ancrage de diffusion, de façon encore plus profonde, dans votre corps, et dans celui de votre bébé afin de calmer de façon profonde vos deux organismes. À titre indicatif, dans la méthode initiale, il est demandé de compter jusqu'à 8. Cependant, vous faites ce qui est bon et utile pour vous pendant le temps qui vous est nécessaire.

7 Prenez un temps pour vous centrer un peu plus sur votre espace intérieur et sur celui de votre bébé en posant une main sur vous et une autre sur lui. Laissez encore bien circuler tout ce qui se vit en vous et en votre bébé pendant et après la pratique. Vous sentez que vos deux corps sont liés, comme des vases communicants. Vous sentez l'effet miroir entre vous, et vous percevez de façon plus précise que votre état de calme et d'apaisement et celui de votre bébé sont intimement liés. Ce transfert est aussi lié aux neurones miroirs qui permettent de refléter mutuellement et réciproquement l'état émotionnel et tonique, et le langage du corps de l'un à l'autre sans forcément les exprimer par des mots mais à travers des ressentis. Vous renforcez ce transfert à l'aide d'un geste d'ancrage. Le toucher est un sens vital et essentiel pour le bébé, et le contact renforce ses capacités kinesthésiques, comme nous l'avons vu dans la 1ère partie de l'ouvrage.

8 Vous pouvez répéter le cycle autant de fois que cela est nécessaire et utile pour vous et votre bébé. Il est préconisé, dans la pratique initiale, de le faire quatre fois. Si vous le faites uniquement deux ou trois fois, ce sera déjà bien... Vous n'avez pas besoin de grille ou de mode d'emploi qui démontre que votre bébé est calme ou pas. Connectez-vous simplement à lui à travers vos ressentis et votre dialogue tonico-émotionnel et vous le sentirez. Faites-vous confiance et faites-lui confiance.

9 Une fois que vous avez bien pris le temps de vous connecter à vos ressentis, sensations, émotions et à ceux de votre bébé, réévaluez à la fin de la pratique vos niveaux émotionnels respectifs et comparez-les à vos états initiaux. Observez s'il y a eu un changement : où vous situez-vous et où se situe votre bébé ? Avez-vous atteint le seuil de calme souhaité tous les deux ? Mesurez à quel seuil vous vous situez tous les deux après la pratique.

Plus vous réexpérimenterez cette pratique quotidienne, plus vous en constaterez les bienfaits et les bénéfices.

CONCLUSION

Je vous ai invité à expérimenter, à travers cet ouvrage, le fait de sentir, éprouver, ressentir dans le corps et la tête. Tout s'apaise pour vous comme un lac tranquille et paisible. Tout est calme et serein. Vous entrez en connexion, en lien avec votre bébé en restant dans cet état de sérénité. Vous touchez, vous caressez, vous câlinez, vous échangez et vous partagez, à travers diverses interactions visuelles, auditives, kinesthésiques ou émotionnelles, toujours dans l'apaisement, afin de permettre à votre bébé d'éprouver cet état à de nombreuses reprises. Vous l'imprégnez dans son corps afin de garantir, développer et de renforcer la sécurité de base de votre bébé, sa paix intérieure pour qu'elle soit à jamais gravée en lui et qu'il puisse toujours y revenir, la retrouver dès qu'il en sentira le besoin, au cours de sa vie. En l'aidant à créer son équilibre général, vous facilitez le maintien dans son corps d'un état d'homéostasie bénéfique à sa santé et à son bien-être global.

La première prévention indispensable est le maintien et la préservation de l'état émotionnel, de la sécurité et de la sérénité interne du bébé en pleine construction psychique et physique ainsi que ceux de ses parents. La sophrologie est un outil intéressant dans ce cadre d'intervention pour les professionnels. Cependant, la méthode MSVP va plus loin : les parents et les enfants explorent leurs différentes parties émotionnelles, affectives, psychiques et physiques, à leur rythme et en autonomie. L'objectif est qu'ils mobilisent au mieux leurs propres ressources, leurs aptitudes et leurs compétences. Ma méthode est plus particulièrement utilisée lors de la période périnatale mais peut être mobilisée aussi au fil de l'existence.

Elle apparaît comme un outil incontournable pour les professionnels. Elle participe aussi à la revalorisation de l'expertise spécifique de l'infirmière puéricultrice, qui est un métier pivot et crucial dans le maintien, la préservation et l'amélioration du bien-être et de la santé de l'enfant et du parent.

Faire de la place, donner du temps, de l'espace, de l'amour dans notre corps et notre cœur et dans ceux de notre enfant

Faites-vous de la place au niveau du temps et de l'espace que vous vous accordez à vous en tant que parent, pour ensuite être en mesure de transmettre pleinement ces capacités à votre enfant.

Accordez-vous du temps à tous les deux, en étant pleinement disponibles.

Faites-vous de la place au niveau de votre intérieur, de votre corps et laissez de la place à votre enfant en libérant ce qu'il y a à libérer tout en vous remplissant de ce qui est utile, bénéfique et bon pour vous. Rendez-vous disponible dans votre corps, soyez son écoute et à celle de votre bébé aussi.

Faites de la place au niveau de votre propre cœur pour sentir que vous vous apportez de l'amour et, en même temps, ressentir pleinement l'amour pour votre bébé. Votre amour réciproque circule entre vous deux, de façon fluide.

Notre vision ne dépend pas uniquement de ce que nous voyons et nous percevons de l'extérieur mais aussi de ce que nous ressentons dans notre propre intérieur, notre propre intériorité.

Prenons l'exemple du bébé. Il ne perçoit pas le monde, ne le comprend pas ou plutôt ne décide pas le monde à travers ce qu'il voit ou entend, mais plutôt à travers ce qu'il sent et ressent dans son corps, son cœur et ses tripes, au plus profond de son être si pur et authentique.

L'adulte peut aussi avoir ou (re)trouver cette capacité. Lorsque c'est le cas, il comprend alors en quoi l'être humain est un être extraordinaire doté de pouvoirs insoupçonnés. À travers cet ouvrage, je vous invite à aller découvrir vos propres pouvoirs et à les révéler un peu plus, et également à prendre conscience à quel point le bébé est un être lumineux, extraordinaire, pur et authentique, et à quel point il est utile de préserver son énergie, cette lumière qu'il porte en lui afin qu'il puisse la conserver toute sa vie.

Alors, laissez nos bébés lumières éclairer ce monde et ne plus jamais les laisser s'éteindre. Faites en sorte que leur lumière brille de plus en plus et puisse grandir sur toute la Terre. Cela peut être l'image de petites lumières qui s'allument aux quatre coins du monde puis se rejoignent pour prendre plus de place et se transformer en un rayonnement flamboyant, étincelant où brillent en continu les plus belles lumières d'énergies vitales, bienfaitrices, régénératrices, qui apportent la vie, l'amour, la paix, sans jamais cesser de briller.

ENCORE QUELQUES RÉFLEXIONS...

Intérêt de la sensibilisation à la sophrologie et à la méditation

Grâce à mon approche spécifique, les parents pourront plus facilement accéder et surtout comprendre l'intérêt et l'utilité de l'approche sophrologique et de la méditation, et donc les pratiquer à l'âge adulte et les faire découvrir à leur enfant, et pourquoi pas aussi aux personnes âgées. À chaque tranche d'âge, elles ont un intérêt et des bénéfices dans l'équilibre et le bien-être des personnes.

Accueillir et accepter sa propre vulnérabilité et sensibilité

Accueillir et accepter sa vulnérabilité et sa sensibilité, c'est découvrir aussi notre force intérieure. Oui, aussi surprenant que cela puisse paraître, c'est un grand pas de passer par cette étape d'acceptation et d'accueil de sa propre sensibilité et de sa propre vulnérabilité. Laisser ces deux facettes s'exprimer, les montrer ou pas aux autres, mais au moins nous les montrer à nous-mêmes, être authentique envers nous-mêmes, pour nous dévoiler, nous montrer tel que l'on est en face-à-face, en s'exerçant, en s'entraînant à laisser émerger en nous notre propre vulnérabilité, notre sensibilité lorsque notre corps, notre être profond en ressentent le besoin. Cela passe aussi par l'écoute de nos besoins profonds et de notre corps, le laisser exprimer ce qu'il souhaite sans jugement, dans l'accueil de ce qu'il est... et de ce qui se présente, en totale acceptation de ce que nous sommes en prenant en compte notre être dans son ensemble, dans son intégralité.

S'écouter

Au premier abord, on pourrait penser que le fait de s'écouter consiste à se montrer et à être « égoïste », c'est-à-dire centré sur soi. Or, lorsque l'on s'exerce de plus en plus à s'écouter, comme une sorte d'apprentissage au quotidien, cette aptitude nous renvoie à notre état d'« être », à ce qui est essentiel et vital pour chacun de nous. À un moment donné, il peut nous arriver dans notre vie comme une sorte de déclic. Le fait de « s'écouter » n'est plus un choix, mais s'impose à nous, afin de nous permettre de maintenir notre propre équilibre interne.

Que veut dire avoir confiance en la vie ?

On a parfois des chemins ou des routes infranchissables, inaccessibles ou tumultueuses, nous entraînant dans des bouleversements, dans des chamboulements, dans des virages très serrés, à la limite de la sortie de route et parfois, on a l'impression que notre vie est toute tracée, bien définie, dans les rails et puis, il y a un stop qui se présente à nous, plus ou moins prévisible. On cherche les raisons de ce stop sur l'autoroute. On ne comprend pas spontanément pourquoi notre vie ne continue pas dans une suite logique, linéaire et prévisible.

On peut avoir du mal à comprendre que notre trajectoire n'est peut-être pas sur cette longue autoroute droite, mais plutôt sur cette route-là, à côté, qui permet un accès peut-être moins direct, plus sinueux au premier abord, mais qui prend alors tout son sens, sa saveur, son paysage et sa place, nous permettant de définir la trajectoire qui a du sens pour nous, de façon plus consciente. On peut peut-être parfois regretter cette autoroute automatique, robotisée où on avait presque aucun effort à faire. On y était habitué, elle nous sécurisait, mais peut-être aussi qu'elle n'avait plus de sens pour nous...

On peut réaliser d'ailleurs qu'après cette autoroute (ou avant), il y a des bosses, des trous, des détours, des raccourcis trop rapides, des virages trop serrés, mais que tout nous a été utile dans notre cheminement.

Tout cela a permis de nous connaître et surtout de connaître que la vie elle-même nous trace aussi un plan bien défini, visant à nous découvrir encore un peu plus. Chaque étape, chaque expérience, chaque épreuve contribuent à notre propre évolution vers une meilleure connaissance de nous-mêmes dans l'instant, ici et maintenant.

On réalise que la vie avait un grand plan pour nous, qu'elle nous y a préparés de longue date et qu'il est maintenant temps de le réaliser. Pas plus tard : maintenant ! On comprend alors qu'il n'est pas toujours utile de se torturer l'esprit à écrire le bon croquis et le bon plan de notre vie sur un papier, car elle connaît mieux quels sont le bon plan, le bon trajet qui nous conduisent vers ce dont nous avons besoin au plus profond de nous-mêmes. Alors laissez-la s'exprimer et faites-lui confiance. Ressentez ce que cela provoque en vous, de sentir et ressentir cette profonde et authentique confiance en la vie. Tout est à sa juste place. Tout arrive lorsque cela doit arriver. Nous sentons progressivement s'installer une paix intérieure et profonde qui, soyez-en sûr, ne nous quitte plus et reste toujours là à jamais...

BIBLIOGRAPHIE

- *Sophrologie, fondements et méthodologie*, Patrick-André Chéné, Ellébore, 1996.
- *La Sophrologie : Mobiliser ses ressources pour s'épanouir*, de Norbert Cassini, Eyrolles Pratique, 2020.
- *Au cœur des émotions de l'enfant*, Isabelle Filliozat, JC Lattès, 2013.
- *Pour une enfance heureuse*, Dr Catherine Gueguen, Pocket, 2015.
- *Sous le signe du lien*, Boris Cyrulnik, Pluriel, 2010.
- *Attachement et Perte*, vol. 1, John Bolwby, Puf, 2002.
- Mon mémoire de puéricultrice autour du lien d'attachement mères vulnérables et leurs bébés.
- *La Confiance en soi de votre enfant*, Gisèle George, Odile Jacob, 2007.
- *J'accueille mon bébé*, Sonia Krief, Albin Michel, 2021.
- *Prendre soin de son bébé, transmissions, astuces et confidences d'une puéricultrice*, Mariama Bouibed, Marioumir, 2020.
- *Naturopathie, grossesse, postpartum et premiers mois de bébé*, Virginie Loth, Mango éditions, 2021.
- *Enfant sécurisé, enfant heureux, éduquer au quotidien grâce au lien d'attachement*, Dr Anne Raynaud, Marabout, 2021.
- *Peau à peau, avec votre bébé prématuré*, Sandrine Herrenschmidt et al., Sparadrap, 2006.
- « Théorie de l'attachement : son importance dans un contexte pédiatrique », Susana Tereno, Isabel Soares, Eva Martins, Daniel Sampaio, Elizabeth Carlson, *Devenir*, 2007/2, vol 19.

REMERCIEMENTS

Je remercie tout particulièrement la directrice de la crèche de la gare du Nord de Béziers – Christelle – et son équipe, la maison de la parentalité – Virginie, Angélique et Céline – la Mairie de Béziers ainsi que le département de l'Hérault. Je remercie également la Communauté de communes Vallée de l'Hérault où j'ai pu intervenir. Je remercie l'École française de sophrologie de Montpellier et, notamment, Norbert Cassini et son équipe de formateurs qui m'ont permis de découvrir la sophrologie. Je remercie également Gabrielle, magnétiseuse, ainsi que Venusia,

Je remercie Katia et Angélique, toutes deux sages-femmes. La première m'a accompagnée lors de mes deux premières grossesses et m'a fait découvrir l'haptonomie. La seconde m'a fait découvrir le yoga et la relaxation lors de ma troisième.

Je remercie aussi mes collègues puéricultrices et l'ensemble des équipes santé autant dans les services intra- qu'extrahospitaliers qui accompagnent au quotidien les parents, bébés, jeunes enfants et enfants.

Je remercie Jean-Pierre médecin généraliste qui m'a permis d'intégrer la Maison de santé de Pézenas.

Je remercie bien sûr tous les parents, bébés, jeunes enfants, enfants et adultes que j'ai croisés et accompagnés durant mes vingt années de parcours professionnel.

Un grand merci à Sonia, Charlotte et Clara, fondatrices de l'École du Bien Naître (EDBN), qui me permettent de former des professionnels de la santé et de la petite enfance au sein de leur école d'accompagnement en périnatalité. Je suis très heureuse de pouvoir accompagner ces professionnels à travers toute la France avec la formation « Sophrologie Grossesse et Accueil de l'Enfant ».

Un grand merci à Caroline, consultante opérationnelle, de m'avoir accompagnée dans l'obtention de la certification Qualiopi pour mon organisme de formation. Là encore, j'ai la joie de former des professionnels de la France entière à ma méthode MSVP.

Merci également à l'école de puéricultrices du CHU de Montpellier auprès de laquelle je sensibilise les étudiantes infirmières puéricultrices à la fin de leur cursus de formation à la sophrologie et la sophro-puériculture MSVP.

Je me remercie aussi d'être devenue la femme que je suis. Je remercie mes enfants qui m'ont fait devenir mère, qui m'ont permis de vivre et d'expérimenter toutes ces phases lorsqu'on devient parent et que l'on découvre ces êtres si précieux que sont nos enfants. Je remercie toutes ces riches expériences qui m'ont tant appris et m'ont permis d'écrire ce livre aujourd'hui pour les transmettre et les partager à tous les parents et leurs enfants ainsi qu'aux professionnels.

Je remercie mes amis, en particulier Esther, ma collègue Cécile sophrologue et coach, ainsi que Katia infirmière puéricultrice. Je remercie Caroline qui m'a accompagnée et encouragée dans les étapes de l'écriture de cet ouvrage. Je remercie également Anaëlle, rédactrice, pour ses relectures.

Et enfin, un IMMENSE MERCI à mes proches, ma famille tout particulièrement mon mari et mes enfants, et ma mère, ainsi que mon père, mon frère, sans oublier mes grands-parents qui ne sont plus de ce monde mais pourtant tout près de moi et dans mon cœur.

Merci, merci, merci à toutes et à tous.

DERNIÈRE PRATIQUE POUR LA ROUTE

- **Hommage et gratitude à mon corps**

« Je tiens à m'adresser à toi, tout particulièrement, mon corps. Je tiens à te dire "merci" de m'avoir permis de contribuer à accueillir et à donner la vie...

Nous sommes ensemble depuis un bout de chemin, mais ce n'est que maintenant que je réalise à quel point tu comptes pour moi, à quel point tu es précieux et combien il est utile et vital dans tous les sens du terme que je prenne soin de toi...

Je ne te prends pas toujours en considération, je ne t'ai pas traité aussi bien que tu le méritais durant certaines périodes de ma vie...

Je t'ai parfois dénigré. Tu m'as souvent dégoûtée. Parfois, je t'ai rejeté ou tout simplement totalement ignoré. Je t'ai souvent peu écouté, peu considéré et même peu mérité...

Je t'ai souvent peu compris, peu entendu et peu ressenti. D'ailleurs, je n'ai pas senti tes propres limites ni tes propres ressources et je n'ai pas perçu ta réelle valeur, ta bonté et ta beauté.

Aujourd'hui, au milieu de ma vie, je décide, avec un peu d'appréhension tout de même, de t'écouter, te sentir et te (re)découvrir. Cela va me permettre d'y voir un peu plus clair sur les cicatrices cachées, enfouies depuis plus ou moins longtemps... Cela va me permettre aussi de connaître tes zones les plus fragilisées et, en même temps, de découvrir toute ta force jusque-là insoupçonnée... Je suis en larmes et totalement abasourdie et émerveillée par tout ce que je découvre en toi. Tu es à moi et en moi, mais je ne t'ai pourtant jamais vu comme cela. Je suis totalement subjuguée et émerveillée par tout ce que tu m'as apporté et tout ce que tu m'as permis, par toutes tes possibilités déjà explorées et par toutes celles qui restent encore à découvrir...

J'ai découvert avec la plus grande des surprises qu'une partie de moi pouvait t'aimer de la manière la plus sincère et authentique possible. J'ai envie de te rendre tout ce que tu m'as apporté en te remerciant du fond du cœur et au plus profond de mon âme. J'ai envie de te dire aussi un grand merci pour les plus beaux cadeaux que tu m'as permis d'avoir : mes enfants...

Je prends conscience de tout le plaisir, l'amour que tu m'apportes. J'accepte tout l'amour que tu me donnes. Je prends le temps de te sentir, de te ressentir au plus profond de mon âme. Je te remercie de me permettre de vivre, de grandir et je te remercie pour tout le chemin que nous avons parcouru ensemble et pour celui qu'il nous reste à vivre encore ensemble...

Mon corps, sache qu'à partir de maintenant, j'ai pris le temps de te sentir au plus profond de mes tripes. Je ne t'abandonnerai plus jamais et je ne te laisserai plus jamais. Nous formons un tout, ensemble, et cela, pour l'éternité.

Merci à mon corps qui m'a permis d'accueillir et de porter la vie, mais pas que, qui me permet aussi de porter, de tenir mes enfants dans mes bras, sur mes genoux, de les toucher, de les câliner, de les serrer tout contre moi. Merci, mon corps, de me permettre tout cela, de me permettre ce qui est essentiel à mon existence et de montrer tout mon amour à mes enfants à travers mes tripes et mon âme. Je te remercie de me faire vivre et de ressentir tout cela, d'être là et d'exister. »